Europa zwischen Weltmacht und Zerfall

gemeinsam gegen
den Wahn

Herzlich
Rainer T.

Rainer Trampert

Europa
zwischen Weltmacht und Zerfall

Schmetterling Verlag

Bibliografische Informationen *Der Deutschen Nationalbibliothek*
Die Deutsche Nationalbibliothek verzeichnet diese Publikation in der Deutschen Nationalbibliografie; detaillierte bibliografische Daten sind im Internet über http://dnb.d-nb.de abrufbar.

Für Durchsicht, Korrekturen und Anregungen danke ich Beate Koch

Schmetterling Verlag GmbH
Lindenspürstr. 38b
70176 Stuttgart
www.schmetterling-verlag.de
Der Schmetterling Verlag ist Mitglied von aLiVe,
der assoziation Linker Verlage

ISBN 3-89657-078-1
2., aktualisierte Auflage 2015
Printed in Poland

Satz und Reproduktionen: Schmetterling Verlag
Druck: Sowa, Warszawa

Inhalt

Vorwort

In der zweiten Auflage wurden ein neues Kapitel eingefügt («Der ‹Islamische Staat›, die Kurden als Infanterie des Westens und der Angriff auf Israel», Seite 64) und die Analyse um neue Entwicklungen geringfügig ergänzt. Das betraf den Krieg in der Ukraine und den Streit des Westens mit Russland, dessen Formeln an Vorkriegszeiten erinnern, und den Nahen Osten, wo durch den «Islamischen Staat» zumindest vorübergehend neue Bedrohungen und Bündniskonstellationen entstehen. Islamische Staaten und Gruppen, etwa der Iran und die Kurden, bieten sich den USA als Bodentruppen an, die USA, die sich bereits Richtung Asien orientierten, unterstützen den Krieg gegen den «IS» aus der Luft und suchen Partner für eine Koalition der Willigen. Deutschland, das gern mehr Einfluss in der Welt hätte, ist herausgefordert. Soll es gemäß NATO-Empfehlung seinen Militärhaushalt aufrüsten – zu Lasten der Entschuldung und des Massenkonsums? Sollen deutsche Soldaten an den Grenzen zu Russland üben? Sollen deutsche Waffen in Gebiete geliefert werden, in denen der Kriegszustand bereits herrscht, oder nur in Gebiete, in denen Staaten sich auf den Krieg vorbereiten oder die mit ihnen verbündeten Truppen für diverse Stellvertreterkriege mit Waffen versorgen? Die Linke und die Grünen lehnten die Waffenlieferungen an die kurdische Peschmerga mit der Begründung ab, die Waffen könnten in falsche Hände geraten. Deutschland ist der drittgrößte Waffenlieferant der Welt. Hauptabnehmer ist Algerien, Nummer zwei ist das islamistische Katar, das die ISIS, einen der Vorläufer des «Islamischen Staat», aufrüstete, auf Platz vier folgt bereits Saudi-Arabien, von wo aus die Al-Qaida unterstützt wird. In falsche Hände?

Rainer Trampert, Dezember 2014

1. Gedanken über Europa

Patrioten neigen dazu, den Ursprung des geografischen Gebildes, das ihnen am Herzen liegt, weil es ihnen eine Identität verschafft, weit in die Vergangenheit zu verlegen. Je älter, desto aufgehobener fühlen sie sich an dem Ort, wo ihre Ahnen hausten. Die deutsche Geschichte soll nach Meinung germanophiler Eiferer mit Arminus angefangen haben, dem in Rom ausgebildeten Krieger, der 9 nach Christus den Aufstand der Cherusker gegen Rom anführte und später Hermann genannt wurde. Aber wann fängt Europa an? Wenn wir die griechische Mythologie überschlagen, nach der Zeus es in Gestalt eines weißen Stieres am Strand von Kreta mit der Europa getrieben haben soll, und auch die Römer, deren Gottkaiser Augustus zwar Napoleon und Helmut Schmidt inspirierte, aber kein Christliches Abendland vorzuweisen hatte, sondern nur das Imperium Romanum, beginnt Europa mit Karl dem Großen, dem Herrscher des Frankenreiches, der 800 nach Christus zum Kaiser gekrönt wurde und in den Geschichtsbüchern «Pater Europae» oder «Leuchtturm Europas» genannt wird.

Dass Karl, den Barbarossa zweihundert Jahre später zum «Großen» kürte, sich oft in der Aachener Königspfalz aufhielt, nahm Aachen zum Anlass, seit 1950 jedes Jahr den Karlspreis an Persönlichkeiten zu verleihen, die sich um Europa verdient gemacht hätten. Das Festkomitee, dem als ständige Mitglieder der Oberbürgermeister der Stadt, der Dompropst und der Rektor der Technischen Hochschule angehören, würdigt Karl als «ersten Einiger Europas», dessen «besonderes Augenmerk» dem «christlichen Glauben» galt, «den er als entscheidende Klammer für die Einheit des Reiches betrachtet» habe. Auf Karl sei das Christliche Abendland «als Leitgedanken für die künftige politische und wirtschaftliche Einigung Europas» zurückzuführen. Der Begriff «Einigung» ist irreführend, weil er Freiwilligkeit unterstellt. Mit dem Schlachtruf: «Taufe oder Tod?!» unterwarf Karl aber Friesen, Sachsen, Alemannen, Baiern, Franken, Langobarden, Awaren, Burgunder und andere Stämme von den Pyrenäen bis zur Nordsee, von der Bretagne bis in die ungarische Tiefebene und zur Mitte Italiens. Er zwangschristianisierte die Besiegten und nahm ihnen den Zehnten ab oder – im Namen Christi – auch mehr.

Karl schreckte bei der «Einigung Europas» vor nichts zurück. Die Ermordung von 4.500 Sachsen beim Blutgericht von Verden brachte ihm den Beinamen «Sachsenschlächter» ein. Nur einmal nahm er es mit seinem christlichen Fanatismus nicht so genau: Gegen seinen Nebenbuhler, den zweiten christlichen Kaiser Michael I. in Byzanz, verbündete er sich mit dem in Bagdad ansässigen Kalifen Harun al Raschid. Der Kalif war über Karls Zuneigung so erfreut, dass er ihm als Geschenk einen Elefanten nach Aachen schickte. Es soll nicht unerwähnt bleiben, dass Historiker Karls Begabung, ein Wir-Gefühl zu erzeugen, und seinen Beitrag zur Kultur hervorheben. Er gründete Klosterschulen, in denen jeder spätere Priester das Vaterunser auswendig lernen musste, und verbreitete zum Zwecke des Bibelstudiums die lateinische Sprache. Das «Handelsblatt» erwähnt noch, dass er eine helle Fistelstimme hatte, am liebsten Fleisch am Bratspieß aß und die erste europäische Einheitswährung einführte, den Silberdenar, den er von der Golddeckung löste – ein frühes «Bretton Woods». Das Verhältnis der Nationalsozialisten zu Karl zerfiel in zwei Phasen. Zuerst hielten sie zu den Sachsen und ihren Waldgöttern, doch als sie Europa beherrschten, erhoben sie Karl zu ihrem Vorbild. «Erhebliches Aufsehen hat in der deutschen Öffentlichkeit unsere vollkommene Kurswendung in der Beurteilung Karls des Großen erregt.» (Joseph Goebbels)

Den ersten Karlspreis bekam Richard Nikolaus Graf von Coudenhove-Kalergi für seine Idee der Paneuropa-Union, aus der er ein Bollwerk gegen «Panamerika» und asiatische Mächte machen wollte. Er tat sich in den 1930er-Jahren als Kämpfer gegen den Antisemitismus hervor. 1953 folgte Jean Monnet, «der Schöpfer der ersten souveränen übernationalen europäischen Institutionen» (Montanunion). 1954 war Konrad Adenauer dran, der «kraftvolle Förderer eines einigen Europas», und 1959 George C. Marshall, weil er das «sowjetische Weltmachtstreben» eingedämmt habe und auch wegen des Wiederaufbaus Europas «durch den nach ihm benannten Marshallplan [...] und des Willens zur Selbsterhaltung der westeuropäischen Völker». Selbsterhalt klingt etwas holprig, nach irgendwas zwischen Instandsetzung und Arterhaltung, gemeint ist die antikommunistische Front im Kalten Krieg. Preisträger sind König Juan Carlos, Roman Herzog, Bill Clinton, François Mitterand und Helmut Kohl, Wolfgang Schäuble und Angela Merkel. 2002 bekam der Euro den Karlspreis, weil er «wie kein anderer Integrationsschritt zuvor die Identifikation mit Europa befördert und damit einen entscheidenden, epochemachenden Beitrag zum Zusammenwachsen der Völkerfamilie leistet». Das würde man heute wohl so nicht wiederholen. Nie war ein Sozialdemokrat unter den Preisträgern, obwohl Helmut Schmidt und Giscard d'Estaing ein kongeniales Paar der Europapolitik gebildet hatten.

2013 bekam die litauische Präsidentin Dalia Grybauskaitė den Preis «in Würdigung ihrer bedeutenden Verdienste um eine vertiefte Integration der Europäischen Union und der aktuellen Krise». Mit ihrem «rigiden Sparprogramm» habe sie Litauen aus der Krise geführt, nun strebe sie Litauens Eintritt in den Euroraum an.

Ihre Sparmaßnahmen trieben, kurz gesagt, alte Menschen in die Armut und viele Arbeitskräfte wegen der Lohnkürzungen aus dem Land. In ihrer Dankesrede las Grybauskaitė den Festgästen im Thronsaal von Aachen ordentlich die Leviten: «Wir haben keine Euro-Krise!», behauptete sie und forderte die Anwesenden auf: «Macht eure Hausaufgaben! [...] trefft harte und schmerzliche Entscheidungen!» Dann nannte sie die Führungsrolle Deutschlands «ein wirkliches Beispiel für verantwortungsvolle Politik». Das hörten die Gäste gern. Der Karlspreis 2014 geht an den EU-Ratspräsidenten Herman Van Rompuy. Der gibt sich bescheiden: «Die Auszeichnung übersteigt die Bedeutung meiner Person.»

Karl ist insofern ein würdiger «Pater Europae», als man in der europäischen Geschichte immer wieder auf die Symbiose von Kultur und Mord, Romantik und Tod, Gebet und Blutbad, Zivilisation und Vernichtung trifft. Walther von der Vogelweide brachte diese Symbiose im 12. Jahrhundert auf den Nenner: «Gottes Wille und der nur allzu verständliche Raub irdischer Güter sind versöhnt im Kreuzzug.» Abends sang er dann am offenen Feuer: «Under der linden an der heide, da unser zweier bette was, da mugt ihr vinden schöne beide gebrochen bluomen unde gras. Tandaradei.» Ganz ähnlich Martin Luther, der den christlichen Glauben mit der bedingungslosen Unterwerfung unter die weltliche Obrigkeit verknüpfte und dadurch den Preußen und Nationalsozialisten den Einstieg in ihr Tun erleichterte. Heinrich Heine schrieb: «Wenn er des Tags über mit seinen dogmatischen Distinktionen sich mühsam abgearbeitet, dann griff er des Abends zu seiner Flöte, und betrachtete die Sterne und zerfloss in Andacht.» Sofern er sich nicht gerade kasteite oder mit dem Tintenfass nach dem Teufel warf. Auch bei Luther finden wir die typische Symbiose von Mordaufrufen gegen aufständische Bauern und Juden und dem Flötenspiel.

Nicht alles darf Europa allein aufgebrummt werden. Die Kreuzzüge, die Inquisition, die Streckbank und der Scheiterhaufen, die Hexenverfolgung, antijüdische Verschwörungsfantasien und Pogrome, das Ausmerzen der Hälfte der Einwohner Amerikas und die Kolonisierung der Welt haben Europäer betrieben, sie sind aber gesinnungsethisch ebenso christliches Teufelswerk. Die französischen Revolutionen und den Code civil sollte man nicht den Franzosen, die russische Revolution nicht den russischen Kommunisten wegnehmen, so wie Deutschlands ausufernder Nationalismus, der Blutsmythos und die Steigerung des Antisemitismus bis zum systematischen Völkermord nicht europäisiert werden dürfen. Ein Rückblick auf hervorstechende Stationen europäischer Geschichte und Personen ist unerlässlich, weil Europäer immer dann, wenn ihnen nicht viel gelingt, ihren Geist erobernd in die Welt senden – so auch heute. Je tiefer die eigene Krise, desto überlegener stellen sie ihre Kultur heraus. Der Philosoph Peter Sloterdijk wollte als Antwort auf den «Abhörskandal» der NSA eine europäische Dateninfrastruktur aufbauen, und zwar «eine, die mit dem Menschenbild Europas vereinbar» sei. Welches Menschenbild ist das? Karl der Große, Kaiser Barbarossa, Jeanne d'Arc, Wolfgang A. Mozart, Pierre Augustin Beaumarchais, die Familie Medici oder der deutsche Baron Heinrich Carl von Schimmelmann, der reichste Europäer Mitte des 18. Jahrhunderts, der seinen Sklaven, wie es bei Pferden üblich ist, ein großes S in einem Herz als Brandzeichen in die Haut sengte und ihnen nach Fluchtversuchen ein Bein abhackte?

Jedes Schulkind lernt die Jahreszahlen der europäischen Kriege, Überfälle und Vertreibungen, weiß, was die Bartholomäusnacht war. Wurde Europa ausnahmsweise mal mit Frieden in Verbindung gebracht, beendete es gerade ein fürchterliches Gemetzel, wie der Westfälische Friede vom 24. Oktober 1648 den 30-jährigen Krieg. Der linke Politikwissenschaftler Joachim Hirsch ist der Meinung, die westfälische Ordnung sei eine «wesentliche Grundlage» der «staatlichen Souveränität» gewesen; erst «die neoliberale Globalisierung [...] besiegelt den vorläufigen Untergang der westfälischen internationalen Ordnung, die das moderne Staatensystem bis in das 20. Jahrhundert geprägt hatte». Dass die neoliberale Globalisierung, wenn es sie denn gibt, nicht an allem schuld sein kann, erkennt man daran, dass die Staaten damals zwar vereinbarten, die Landeshoheit dürfe «von niemandem jemals unter irgendeinem Vorwand tätlich gestört werden», aber schon ein Jahr später marschierte Cromwell nach Irland, und es begann der englisch-niederländische Seekrieg. Sieben Jahre später fiel der schwedische König Gustav in Polen ein, und dann immer so weiter, bis Deutschland die Nachbarn in zwei Weltkriege stürzte.

Europa ist Martin Luthers ursprüngliche Mehrwerttheorie: «Dass der Herr im Haus mehr Güter hat denn sein Knecht, und doch der Knecht mehr arbeiten muss denn der Herr [...] das will Gott also haben.» Und Luthers Verdikt zum bedingungslosen Gehorsam: Knechte und Mägde sollten für «seuberliche Arbeit noch lohn zugeben und fro werden», dass sie einen Herrn hätten. Luther tauschte die Befreiung vom «römischen Gott» ein gegen die Arbeitssklaverei und frühe Dingwerdung des Menschen im Sinne des Funktionierens ohne Ausweg, den die katholische Beichte und der Ablasshandel noch gestatteten. Dass er zum

Erschlagen der Bauern und Abbrennen jüdischer Synagogen aufrief, passt genauso in die deutsch-europäische Tradition wie die Verharmlosung seiner Mordglocken zu einer «deftigen Sprache». Luther verlor den Glauben an katholische Wunderwerke, glaubte aber umso heftiger an den Teufel. Woanders wurden die Europäer vom Calvinismus erzogen, der Askese, Zucht, dem Fleiß und Arbeitseifer. Der Chef der Partei Alternative für Deutschland (AfD) Bernd Lucke ist Calvinist, aber nicht alle Calvinisten gehören zur rechtsradikalen Mittelschicht.

Wo der Protestantismus den Menschen das Leben austrieb, gediehen besonders gut Industrialisierung, Kolonisierung, technische Erfindungen, Sklaverei, Aufklärung, Bildung von Nationen und die Prägung des modernen Nationalgefühls. Jene Bevorzugung der eigenen Landsleute, gleichgültig wie verdorben und grobschlächtig sie sein mochten, vor den Angehörigen derselben Klasse in anderen Ländern und jene Verbeugung vor dem Vaterland, diesem imaginären Wert, für den es in den Tod zu gehen lohne. So entstanden in Europa die Idee vom Individuum und die Idee von der Selbstaufgabe des Individuums für einen höheren Zweck. Während die europäischen Nationen zu Weltmächten aufstiegen, verfielen die Sitten. Karl Marx schrieb: «Die Entdeckung der Gold- und Silberländer in Amerika, die Ausrottung, Versklavung und Vergrabung der eingebornen Bevölkerung in die Bergwerke, die Eroberung und Ausplünderung von Ostindien, die Verwandlung von Afrika in ein Geheg zur Handelsjagd auf Schwarzhäute, bezeichnen die Morgenröte der kapitalistischen Produktionsära.»

Marx zitiert William Howitt: «Die Barbareien und ruchlosen Gräueltaten der sog. Christlichen Racen, in jeder Region der Welt und gegen jedes Volk, das sie unterjochen konnten, finden keine Parallele in irgendeiner Ära der Weltgeschichte, bei irgendeiner Race, ob noch so wild und ungebildet, mitleidlos und schamlos.» Mit der Entwicklung der kapitalistischen Produktion, schrieb Marx, habe «die öffentliche Meinung von Europa den letzten Rest von Schamgefühl und Gewissen eingebüßt [...] Jene nüchternen Virtuosen des Protestantismus, die Puritaner», setzten 1744 «Preise fest für jedes indianische Skalp: für männliches Skalp, 12 Jahre und darüber, 100 Pfund, für männliche Gefangene 105 Pfund, für gefangene Weiber und Kinder 55 Pfd., für Skalps von Weibern und Kindern 50 Pfund [...] Das britische Parlament erklärte Bluthunde und Skalpieren für ‹Mittel, welche Gott und die Natur in seine Hand gegeben› [...] Der außerhalb Europa direkt durch Plünderung, Versklavung und Raubmord erbeutete Schatz floss ins Mutterland zurück und verwandelte sich hier in Kapital.» Die Unterjochung der Welt geschah, «um den Verwandlungsprozess der feudalen in die kapitalistische Produktionsweise treibhausmäßig zu fördern und die Übergänge abzukürzen. Die Gewalt ist der Geburtshelfer» der Industrialisierung, Aufklärung und Zivilisation.

War das 17. Jahrhundert in Frankreich, England und den Niederlanden eine Blütezeit der Zivilisation und des Selbstbewusstseins, herrschten in der Folge des 30-jährigen Krieges auf dem Boden des späteren Deutschland Unsicherheit, Todesangst, Erniedrigung, Soldatentum, Rachlust und das unkontrollierte Besäufnis als großes gesellschaftliches Ereignis. Es dauerte nicht lange, da brachte Immanuel Kant mit seinem Kategorischen Imperativ, dass «alles aus der Maxime seines Willens als eines solchen zu tun» sei, «der zugleich sich selbst als allgemein Gesetzgebenden zum Gegenstand haben könnte», die Vernunft in Einklang mit dem Preußischen Staatsgesetz. In Zentraleuropa kassierten Duodezfürsten an jeder Straßenecke Zölle, da hatte sich die französische Bourgeoisie schon «durch die kolossalste Revolution» an die Macht gebracht und die «englische Bourgeoisie die Industrie revolutioniert» (Marx/Engels). Die als Deutsche sich Fühlenden litten darunter, kein Vaterland zu haben und anderen unterlegen zu sein. Sie redeten sich ein, sie seien das Opfer des Weltgeschehens und empfanden das als ungerecht, weil sie sich im Geiste überlegen wähnten, eben dieser «aufgeblasene und überschwängliche Nationalhochmut, der einer ganz kleinlichen, krämerhaften [...] Praxis entspricht». (Marx/Engels)

Der Aufstieg des deutschen Nationalismus und die deutsch-französische Erbfeindschaft begann 1813 mit der «Völkerschlacht» bei Leipzig, in der Preußen, Russen und Habsburger Napoleons Resttruppe besiegten, die Restauration der Adelsherrschaft in Europa einleiteten und zivilisatorische Errungenschaften, die Napoleon in Europa verbreitet hatte, wieder beseitigten. Ein paar Dinge wurden beibehalten: Aufhebung der Leibeigenschaft, Rathaus statt Kirche, Scheidungsrecht, Müllabfuhr, städtische Friedhöfe und technische Neuheiten wie der Telegraf als Beginn der Datenfernübertragung, der Meter, der Liter, das Kilogramm. Andererseits hatte Napoleons Kontinentalsperre gegen England die Versorgung der Preußen mit allerlei Waren erschwert, und dass Napoleon sich selbst zum Kaiser krönte, enttäuschte nicht nur Ludwig van Beethoven: «Nun wird er auch alle Menschenrechte mit Füßen treten, nur seinem Ehrgeize frönen. Er wird sich nun höher als alle anderen stellen, ein Tyrann werden.» Der 200ste Jahrestag der «Völkerschlacht» wurde 2013 ausgiebig gefeiert. 6.000 dickbäuchige Hobbykrieger spielten mit Kanonen und Pulverdampf die Völkerschlacht nach.

Damals dichtete Ernst Moritz Arndt: «Ich will den Hass gegen Franzosen, ich will ihn immer!» Und hob die Vaterlandsliebe in einen religiösen Rang: «Das ist die höchste Religion, das Vaterland lieber zu haben als Herren und Fürsten, als Väter und Mütter, als Weiber und Kinder.» Theodor Körner dichtete nach der Völkerschlacht: «Lützows wilde Jagd». Die Farben der Lützower Freikorps waren schwarz-rot-gold. Heinrich von Kleist hatte die Ode «Germania an ihre Kinder» verfasst: «Schäumt ein uferloses Meer über die Franzosen her! Eine Lustjagd, wie wenn Schützen auf der Spur dem Wolfe sitzen! Schlagt ihn tot! Das Weltgericht fragt euch nach den Gründen nicht.» Turnvater Friedrich Ludwig Jahn sammelte Jugendliche, um sie durch Turnen, Raufen und Kriegsspiel «zu richtigen deutschen Jungs» umzuerziehen. «Nur ein gesunder Körper, kraftvoll und geschmeidig, kann einem Feind etwas entgegensetzen im Kampfe.»

Heinrich Heine wies ironisch auf die deutsche Gefolgschaftsmentalität hin: «Als Gott, der Schnee und die Kosaken die besten Kräfte des Napoleon zerstört hatten, erhielten wir Deutsche den allerhöchsten Befehl, uns vom fremden Joche zu befreien [...] und wir erkämpften die Freiheit, denn wir tun alles, was uns von unseren Fürsten befohlen wird.» 1828 schrieb Heine in «Reise von München nach Genua» ein glühendes Bekenntnis zu Europa: «Der Haupthebel, den ehrgeizige und habsüchtige Fürsten zu ihren Privatzwecken sonst so wirksam in Bewegung zu setzen wussten, nämlich die Nationalität mit ihrer Eitelkeit und ihrem Hass, ist jetzt morsch und abgenutzt; täglich verschwinden mehr und mehr die törichten Nationalvorurteile, alle schroffen Besonderheiten gehen unter in der Allgemeinheit der europäischen Zivilisation, es gibt jetzt in Europa keine Nationen mehr, sondern nur Parteien [...]» Da war der Wunsch Vater des Gedankens, denn Johann August Wirth, deutscher Patriot in der Vormärzbewegung, korrigierte auf dem Hambacher Fest (1832): «Deutschland [...] sollte die erste Stelle einnehmen in der Gesellschaft der europäischen Staaten!» Heine sah ein, dass er sich geirrt hatte, und schrieb 1835 einen Brief an die Franzosen: «Lächelt nicht über meinen Rat, über den Rat eines Träumers, der euch vor Kantianern, Fichteanern und Naturphilosophen warnt. [...] nehmt euch in Acht! Ich meine es gut mit euch, und deshalb sage ich euch die bittere Wahrheit. Ihr habt von dem befreiten Deutschland mehr zu fürchten, als von der ganzen Alliance [...]. Es mag in Deutschland vorgehen, was da wolle, es mag der Kronprinz von Preußen oder der Doktor Wirth zu Herrschaft gelangen, haltet euch immer gerüstet [...] das Gewehr im Arm.»

1871 siegte Preußen-Deutschland über Frankreich, die Deutsche Nation wurde gegründet und nach einigen Krisen folgte der rasante wirtschaftliche Aufschwung Deutschlands, der das Nationalgefühl unterfütterte. Während die USA gegen Ende des 19. Jahrhunderts Großbritannien als Weltmacht überflügelten, wurde auf dem Kontinent Deutschland immer stärker. «Es ist nicht verwunderlich, dass für viele deutsche Menschen diese Erfahrung des erstaunlichen, kaum vorhersehbaren Umschlags von der Tiefe zur Höhe, von der Schwäche zur Stärke dann auch zur Verherrlichung der Stärke führte, zu der Vorstellung, dass ein Hochhalten der Rücksicht auf andere, der Liebe nichts als Heuchelei sei.» (Norbert Elias) Die Verherrlichung der Stärke blieb eine Zeit lang staatlich reguliert durch die preußische Befehl-und-Gehorsam-Struktur, die dem Staat die Macht verleiht, sie dann loszulassen, wenn es ihm beliebt, für die Vernichtung der Gegner im Krieg oder der Juden und anderer stigmatisierter Gruppen.

Der passende Philosoph war Friedrich Nietzsche: «Was ist gut? – Alles, was das Gefühl der Macht, den Willen zur Macht, die Macht selbst im Menschen erhöht [...] Nicht Zufriedenheit, sondern mehr Macht; nicht Friede überhaupt, sondern Krieg; nicht Tugend, sondern Tüchtigkeit [...] Die Schwachen und Missratenen sollen zugrunde gehen; erster Satz unsrer Menschenliebe. Und man soll ihnen noch dazu helfen. Was ist schädlicher als irgendein Laster? – Das Mitleiden der Tat mit allen Missratnen und Schwachen [...]» (aus: «Der Antichrist»). Nietzsche formuliert das moderne Gesetz der Marktphilosophie: In der Marktwirtschaft legitimiert der Sieg sich durch sich selbst. Marktwirtschaft ist die Übertragung der darwinistischen Naturordnung auf die menschliche Gesellschaft. Sie betreibt die permanente Selektion unter Staaten, Unternehmen und Individuen nach den Kriterien: stark und schwach. Unternehmen ruinieren Konkurrenten, starke Staaten plündern schwache, unten regelt der Arbeitsmarkt, welches Individuum einen Preis erzielt und welches auf Halde kommt. Auf die Stärke, Durchsetzungsfähigkeit, die Ellenbogen kommt es an. Der Sieger benötigt keine Moral, der Verlierer macht sich verdächtig, irgendwas hat ihm gefehlt.

Der neue Gott ist die Produktivität, die mit dem Gedanken der Herrenrasse verschmilzt, während im nationalen Größenwahn gleichzeitig die Minderwertigkeit haust, die nach Satisfaktion ruft. Wenn nicht im Krieg, dann in der Kultur. Jedes Jahr pilgert die deutsche Elite nach Bayreuth, um sich an Richard Wagners Oper «Die Meistersinger» zu laben, in der der Jude Beckmesser vom Handwerksburschen über die Bühne geprügelt wird, weil er nicht singen kann – womit Wagner die Kulturunfähigkeit des Juden symbolisieren wollte. Wagner formulierte im 19. Jahrhundert den Gedanken des eliminatorischen Antisemitismus: «Bedenkt, dass nur eines eure Erlösung von dem auf euch lastenden Fluche sein kann: die Erlösung Ashavers, – der Untergang!» (1850).

Aus Wagners Bayreuther Blättern: «Uns Deutschen könnte diese große Lösung – nach der es keinen Juden mehr geben wird – eher als jeder anderen Nation möglich sein. Die Deutschen sollten nach Überwindung aller falschen Scham diese letzte Erkenntnis nicht scheuen.» Drei Jahre später (1853) schrieb Georg Weerth, der mit Marx und Engels in der Redaktion der «Neuen Rheinischen Zeitung» saß, aus Südamerika an Heinrich Heine: «Neger und Maulesel sind die Tiere, die mir am meisten verhasst sind. Wie verehre ich dagegen das weiße Fleisch und die wiehernden Pferde [...] Wäre ich ein großer Tyrann – was ich leider nicht bin –, so würde ich die Neger samt ihrer ganzen kouleurten Sippschaft zur Sklaverei zurückführen und auf jede fernere Vermischung mit Weißen die Todesstrafe setzen. Ich schäme mich, indem ich dieses niederschreibe.»

Die Dreyfus-Affäre löste 1894 nicht nur in Frankreich, sondern in ganz Europa eine Welle des Antisemitismus aus. In Russland häuften sich Pogrome. Von 1890 bis 1914 gab es in Europa diverse Prozesse gegen Juden wegen angeblicher Ritualmorde. 1903 verfasste die Geheimpolizei des russischen Zaren Nikolaus II. die «Protokolle der Weisen von Zion», eine Hetzschrift, in der die Verfasser ein Treffen von Juden und Freimaurern erfanden, die einen Plan zur Erringung der Weltherrschaft ausheckten. Nikolaus II. verbot die Fälschung. Sie kam trotzdem in Umlauf und gab der Wahnvorstellung von einer jüdischen Weltverschwörung Nahrung. Bis heute werden die Protokolle von islamischen Verschwörern verteilt. In den Protokollen fand sich alles, wovor Herrscher und Kleinbürger sich damals fürchteten. Juden wollten «Freiheit, Gleichheit, Brüderlichkeit» verbreiten, Autoritäten kritisieren, Turbulenzen an Börsen auslösen, ein Netz von Tunneln bauen, um Städte in die Luft zu sprengen, mit der neumodischen Impfung Krankheitskeime auf gesundes Blut übertragen. Bis heute haften der Impfung Gerüchte an. 1935 wurde in der NS-Zeitschrift «Weltkampf» behauptet, dass die Impfung eine jüdische Erfindung sei, um arisches Blut zu verunreinigen.

Der Europäer hält sich Aufklärung und Humanismus zugute und überspielt, dass sich auf dem Gebiet der hoch entwickelten Zivilisation das entfaltete, was landläufig als barbarisch bezeichnet wird: Sklaverei, Kolonisierung, Unterjochung, Folter, Weltkriege. Betuchte europäische Touristen kauften sich nur zum Vergnügen Tickets, um in den USA aus dem fahrenden Zug auf fliehende Indianer zu schießen – als Ferienattraktion. Und inmitten der europäischen Zivilisation entwickelte sich die Symbiose aus Bildung, preußischer Tugend und einem auf dem Blutswahn basierenden Antisemitismus, der in den industriell organisierten Völkermord mündete. Dazu gab es den italienischen Faschismus, den spanischen Franquismus, die griechische und die portugiesische Diktatur und überall Hilfstruppen des NS-Regimes beim Fangen und Abtransport der Juden.

Die Europapolitik des NS-Regimes verfolgte das Ziel, Europa nach völkischen Kriterien zu ordnen: Juden zu ermorden, Slawen als Sklaven für Deutschland arbeiten zu lassen, «Kulturdeutsche» ins Reich einzugliedern. Nach der Machtergreifung teilte Hitler den Führern der Reichswehr seinen Plan mit, im Osten «Lebensraum» zu erobern und mit der Germanisierung Europas zu beginnen. Frankreich sollte dauerhaft besetzt werden, um ihm die Großmachtambition «auszutreiben», England und Italien waren als Verbündete eingeplant. Europa sollte geteilt werden in einen Ostbund (Baltikum, Balkan, Ukraine, Wolgaland, Georgien), einen Westbund (Holland, Flandern) und einen Nordbund (Dänemark, Schweden, Norwegen). Der Ostraum sollte mit Bauern «germanischen Blutes» besiedelt werden. Die Tiroler wollte Hitler in die Krim, dem «Gotenland», umsiedeln. Reichswirtschaftsminister Walther Funk erläuterte: «Die kommende Friedenswirtschaft muss dem großdeutschen Reich ein Maximum an wirtschaftlicher Sicherheit garantieren und dem deutschen Volke ein Maximum an Güterverbrauch zur Erhöhung der Volkswohlfahrt.» Damit wurde Ludwig Erhard betraut. Doch die Propaganda musste auf die «Rettung Europas vor dem Bolschewismus» umsatteln.

2. Die Vereinigten Staaten von Europa aus antiamerikanischer Absicht

Peter Sloterdijk sieht die «Weltkultur» nicht in den USA, aber «in Frankreich und Deutschland ehrenvoll vertreten». In Washington sei «der Realinfantilismus an der Macht». Fürs Fernsehen genügt das. Jürgen Habermas und Jacques Derrida schwärmen von der «Wiedergeburt Europas», weil «die moralische Autorität Amerikas in Trümmern» liege. In seinem «Manifest für Europa» selektiert Habermas: Ein Kerneuropa soll es sein, mit Frankreich, Deutschland und Polen. Gerhard Schröder hatte Russland statt Polen mit ins Boot nehmen wollen. Der Philosoph denkt an König Johann III. Sobieski, der maßgeblichen Anteil an der Vertreibung der Osmanen hatte, als die Wien und Europa überrennen wollten, der Politiker denkt an die Energieversorgung. Alarmistisch fällt der Hilferuf von Daniel Cohn-Bendit aus: «Europa wankt!» Bald werde «kein europäischer Staat mehr Mitglied der G8 sein» und Deutschland «keine Bedeutung mehr haben». Es sei denn in einem vereinten «postnationalen» Europa mit einer tatkräftigen «europäischen Armee, die in der Lage ist, in den jetzigen Konflikten zu intervenieren». Ein verzweifelter Schrei nach Weltgeltung. Fast so moralisch wie sein Freund Joschka Fischer, der nur als Sühne für Auschwitz Belgrad bombardieren ließ. Wie schaffen es Dänen nur, ohne G8 zu leben? Cohn-Bendit projiziert seine Weltmachtfantasie auf Europa, weil ihm Deutschland im Reigen der Weltmächte zu fitzelig vorkommt. Europa als verlängertes Objekt der Weltmachtambition konterkariert die Behauptung, es sei ein postnationales Projekt. Europa wird gedacht als Supernation unter deutscher Führung.

Als europäischen Initiationsritus gegen Amerika und die Finanzmärkte wertet Habermas das Gefühl der Solidarität «unter den europäischen Bürgern», das sich «am 15. Februar 2003 an den in ganz Westeuropa überwältigend übereinstimmenden Reaktionen auf den abenteuerlichen Krieg von Bush junior» gezeigt habe. Damals hatte Gerhard Schröder «Nein!» zum Krieg gegen Saddam Hussein gesagt, weil es kein deutscher Krieg war. Jedenfalls hatte Bush junior nicht angeboten, das Öl mit Deutschland zu teilen. Im Gegenteil, er warf deutsche Betriebe, die Saddam die Technik für die Giftgasproduktion lieferten, raus. Was Habermas vergaß: Viele Europäer standen damals an der Seite der USA: Briten, Polen, Balten und andere. Die Idee von den Vereinigten Staaten von Europa war nie frei von Antiamerikanismus, Weltmachtfantasie und Kulturchauvinismus.

Wer die Idee von den Vereinigten Staaten von Europa zuerst hatte, ist nicht sicher. Giuseppe Garibaldi, der Vorkämpfer für die italienische

Nation, soll ein Anhänger des geeinten republikanisch-demokratischen Europa gewesen sein. Der schottische Journalist und Schriftsteller Charles Mackay behauptet, dass er den Begriff «Vereinigte Staaten von Europa» 1848 als Erster publiziert habe. Bewiesen ist, dass ein Jahr später, 1849, der französische Schriftsteller Victor Hugo, der «Notre-Dame de Paris» (Der Glöckner von Notre-Dame) geschrieben hattte, auf dem Pariser Pazifistenkongress verkündete, der Tag werde kommen, da sich «die Vereinigten Staaten von Amerika und die Vereinigten Staaten von Europa [...] die Hände reichen werden». Es kam anders. Europa wurde durch Nationalismen und die von Deutschland losgetretenen Kriege, seinen Völkermord und Größenwahn, Europa zu «germanisieren», erschüttert.

Die Vorstellung von den Vereinigten Staaten von Europa geht auf die Vereinigten Staaten von Amerika (1776) zurück. Benjamin Franklin, Erfinder des Blitzableiters und einer der Gründungsväter der USA, Mitautor der Unabhängigkeitserklärung und US-Diplomat in Frankreich, schickte 1778 den Entwurf einer Bundesverfassung für die Vereinigten Staaten von Europa an einen Freund aus seinen Pariser Zeiten und schrieb dazu: «Gelingt dies, dann sehe ich nicht ein, weshalb Ihr nicht in Europa das Projekt Heinrichs IV. verwirklichen solltet durch die Schaffung eines Bundesstaates und einer großen Republik aus all den verschiedenen Staaten und Königreichen und durch eine ähnliche Verfassung, denn auch wir mussten viele Interessengegensätze versöhnen.» Heinrich IV. hatte nach vielen Kriegen und dem Bußgang nach Canossa mit Fürsten den reichsweiten Landfrieden geschlossen, in dem vereinbart worden war, Friedensbrecher körperlich zu züchtigen. Ein Jahr danach wurde er von seinem Sohn gestürzt.

Der Sozialdemokrat Hildebrand schlug 1910 die «Vereinigten Staaten von Westeuropa» vor, die wirken sollten «gegen die Neger Afrikas, gegen eine islamistische Bewegung großen Stils, zur Bildung einer Heeres- und Flottenmacht gegen eine chinesisch-japanische Koalition». Im Ersten Weltkrieg stritten die russischen Kommunisten in ihrer Auslandssektion über die Losung der Vereinigten Staaten von Europa. W. I. Lenin beendete den Disput vorläufig in seiner Schrift: «Über die Losung der Vereinigten Staaten von Europa.» Sie hätten lange über die republikanischen Vereinigten Staaten von Europa gesprochen und betont, «dass die Losung sinnlos und verlogen ist, wenn die deutsche, die österreichische und die russische Monarchie nicht auf revolutionärem Wege beseitigt werden». Außerdem müsse man nach dem ökonomischen Inhalt und Sinn der Losung fragen, schrieb er, und kam zu dem Schluss: «Vom Standpunkt der ökonomischen Bedingungen des Imperialismus, d. h. des Kapitalexports und der Aufteilung der Welt durch die ‹fortgeschrittenen› und ‹zivilisierten› Kolonialmächte, sind die Vereinigten Staaten von Europa unter kapitalistischen Verhältnissen entweder unmöglich oder reaktionär.» Das klingt klug.

Die vier Großmächte Europas, England, Frankreich, Russland und Deutschland, würden, so Lenin weiter, eine halbe Milliarde Menschen und ein fast siebenmal so großes Territorium «über den halben Erdball» kontrollieren. Nehme man die asiatischen Staaten dazu, dann würde ein Häuflein von Großmächten auf der hohen Stufe des Kapitalismus die Ausraubung von rund einer Milliarde Erdbewohnern organisieren. «Vereinigte Staaten von Europa sind unter kapitalistischen Verhältnissen gleichbedeutend mit Übereinkommen über die Teilung der Kolonien.» Auf einer solchen Basis eine gerechte Verteilung des Einkommens in Europa zu predigen, sei kleinbürgerlicher, «philiströser Stumpfsinn». Nach dem Sieg über Frankreich 1871, so Lenin, «erstarkte Deutschland etwa drei- bis viermal so rasch wie England und Frankreich, Japan annähernd zehnmal so rasch wie Russland». In diesem Sinne «sind auch die Vereinigten Staaten von Europa möglich als Abkommen der europäischen Kapitalisten [...] worüber? Lediglich darüber, wie man gemeinsam den Sozialismus in Europa unterdrücken, gemeinsam die geraubten Kolonien gegen Japan und Amerika verteidigen könnte, die durch die jetzige Aufteilung der Kolonien im höchsten Grade benachteiligt und die im letzten halben Jahrhundert unvergleichlich rascher erstarkt sind als das rückständige, monarchistische, von Altersfäule befallene Europa. Im Vergleich zu den Vereinigten Staaten von Amerika bedeutet Europa im ganzen genommen ökonomischen Stillstand.» Die Vereinigten Staaten von Europa würden nur «die Organisation der Reaktion zur Hemmung der rascheren Entwicklung Amerikas bedeuten».

«Die Vereinigten Staaten der Welt (nicht aber Europas) sind jene staatliche Form der Vereinigung und der Freiheit der Nationen, die wir mit dem Sozialismus verknüpfen – solange nicht der vollständige Sieg des Kommunismus zum endgültigen Verschwinden eines jeden, darunter auch des demokratischen, Staates geführt haben wird.» Deshalb sei die Redaktion des Zentralorgans zu dem Schluss gelangt, «dass die Losung der Vereinigten Staaten von Europa eine falsche Losung ist». Lenin kann dem Gedanken eines europäischen Imperialismus gegen die Vereinigten Staaten im Streit um die Aufteilung der Welt nichts Fortschrittliches abgewinnen. Im Gegenteil, das altbackene Europa würde nur die fortschrittlicheren USA hemmen. Er plädiert für die kommunistische Gesellschaft, in der Staaten der Vergangenheit angehörten. Bis zum endgültigen Verschwinden eines jeden Staates könne man mit sozialistischen Forderungen eventuell «die Vereinigten Staaten der Welt (nicht aber Europas)» fordern, wenngleich auch diese Losung falsch sei.

Leo Trotzki, Gründer der Roten Armee und Volkskommissar für Auswärtiges und das Kriegswesen, hob 1923 die linke Variante der Vereinigten Staaten von Europa aus antiamerikanischer Absicht aus der Taufe: «Ich meine, dass es an der Zeit ist, neben der Parole ‹Arbeiter- und Bauernregierung› eine andere aufzustellen: ‹Die Vereinigten Staaten von Europa›.» Die treibende Kraft des Ersten Weltkrieges seien die kapitalistischen Produktivkräfte gewesen, «die über den Rahmen der europäischen Nationalstaaten hinausgewachsen sind. Deutschland stellte sich die Aufgabe, Europa zu ‹organisieren›, d. h. den europäischen Kontinent unter seiner Leitung wirtschaftlich zu vereinigen, um später den eigentlichen Kampf mit England um die Weltherrschaft zu beginnen. Frankreich machte sich zur Aufgabe, Deutschland zu zersplittern [...] Großbritannien provoziert und protegiert die französische Politik der Zergliederung und Aushungerung Europas, – es tut das nicht offen, sondern in der traditionellen englischen heuchlerischen Weise. Die Folge davon ist, dass unser unglückseliger Kontinent zerrissen, zersplittert, erschöpft, desorganisiert, balkanisiert – in ein Tollhaus verwandelt ist.» In den engen Zollschranken, die Versailles Europa aufgezwungen habe, könne sich der Kontinent nicht entwickeln. «Er muss diese Grenzen sprengen, wenn er dem ökonomischen Ruin entgehen will», der Ausweg sei eine «enge wirtschaftliche Kooperation der europäischen Völker, als das einzige Mittel, unseren Kontinent vor der wirtschaftlichen Zersetzung und Unterjochung durch das überstarke amerikanische Kapital zu retten».

Der imperialistische Anspruch Deutschlands, Europa zu beherrschen, wird von Trotzki als Antrieb der Produktivkräfte und selbstlose Bereitschaft glorifiziert, den Kontinent zu organisieren und wirtschaftlich zu vereinigen, um den Krieg gegen Großbritannien um die Weltherrschaft antreten zu können und den Kontinent im Kampf gegen die USA vor Zersetzung zu retten. Derart beschränkt hat wohl niemand den Deutschen Imperialismus verherrlicht. Gegen ihn seien Frankreich und Großbritannien nur Kräfte der Zersplitterung. Natürlich weiß Trotzki, dass er dem deutschen Größenwahn das Wort redet, und so gibt er zu bedenken, dass es sich bei seinen Überlegungen nicht «um die künftige sozialistische Weltwirtschaft» handele, «sondern um die Frage, wie das gegenwärtige Europa aus der Sackgasse herauskommen könnte». Die Losung «Vereinigte Staaten von Europa» weise den Ausweg, gebe Aussicht auf Rettung und werde «eben dadurch die werktätigen Massen auf den revolutionären Weg» bringen. «Man darf nicht den Umstand übersehen, dass die Gefahr seitens US-Amerikas, das den Verfall Europas mit allen Mitteln fördert und sich schon bereit macht, das europäische Erbe anzutreten, die Notwendigkeit eines Zusammenschlusses der einander entgegenarbeitenden europäischen Völker und die Bildung der ‹Vereinigten Staaten der europäischen Arbeiter und Bauern› besonders dringlich macht.» Plötzlich wird aus dem Imperialismus unter deutscher Hegemonie ein europäischer Arbeiter- und Bauernstaat.

Danach vertieft er das konfuse Geschwafel, das nur einen Sinn hat, den Antiamerikanismus: «Diese Gegenüberstellung von Amerika und Europa ergibt sich aus der Verschiedenheit der objektiven Lage der europäischen Länder und der transozeanischen mächtigen Republik und richtet sich natürlich keineswegs gegen die internationale Solidarität des Proletariats oder gegen die Interessen der amerikanischen Revolution.» Natürlich nicht! «Wir fassen ‹Arbeiterregierung› jedenfalls als eine Etappe zur Diktatur des Proletariats auf. Darin erblicken wir den ungeheuren Wert der Parole. Aber auch die Parole ‹Vereinigte Staaten von Europa› hat eine gleichwertige, parallel laufende Bedeutung. Ohne diese ergänzende Parole bleiben die europäischen Probleme in der Luft hängen.» Aber sicher doch! Der Einfachheit halber verschmelzen das europäische Imperium und das revolutionäre Europa: «‹Vereinigte Staaten von Europa› – diese rein revolutionäre Perspektive – sind die nächste Etappe der revolutionären Bewegung in Europa, die sich aus dem schneidenden Gegensatz zwischen Europa und Amerika ergibt.» Nein, das ergibt sich gar nicht! Wer für die Revolution ist, steht nicht auf der Seite des einen gegen den anderen Imperialisten. Trotzkis Idee vom Kampf gegen Amerika konfisziert sein Denken derart, dass dann auch noch die Kommunisten «unseren Kontinent» (als wäre der europäische Imperialismus das sozialistische Vaterland) vor der «Zersetzung und Unterjochung» durch die USA «retten» müssten. Dieser Kampf an der Seite ihres Kapitals soll dann beiläufig «die werktätigen Massen auf den revolutionären Weg» bringen. Das antiamerikanisch legitimierte Europa ist kein revolutionäres Projekt, aber zu allen Zeiten aktuell.

Ein Jahr vorher, 1922, begann der Humanist Richard Coudenhove-Kalergi («Den ersten Weltkrieg empfand ich als Bürgerkrieg zwischen Europäern: als Katastrophe erster Ordnung») für das «Pan-Europa» zu werben. 1923 schrieb er mitten im grassierenden Nationalismus das Buch «Pan-Europa». Sein europäischer Staatenbund sollte von Portugal bis Polen reichen und Paneuropäische Union oder Vereinigte Staaten von Europa heißen. Nach außen sollte sein Europa ein Bollwerk gegen das «neue System von Weltmächten» sein, zu denen er Panamerika (eine Union der USA mit Lateinamerika), das Russische Reich, das Britische Reich und Ostasien mit den Mächten China und Japan zählte. Käme es nicht zu dieser Union, drohe Europa das Schicksal einer «amerikanischen Wirtschaftskolonie». Da stimmt er mit Trotzki überein. Die eigenen Kolonien und Mandate sollten nicht in die Selbstständigkeit entlassen, sondern gemeinsam «bewirtschaftet» werden. Frieden und Humanismus waren demzufolge für Europäer reserviert, die versklavten Menschen in den Kolonien sollten für sie arbeiten. In den 1930er-Jahren publizierte Coudenhove-Kalergi Schriften gegen den Antisemitismus und verlegte die Studie seines Vaters: «Wesen des Antisemitismus». Er gründete 1924 die Paneuropa-Union, ein Verein gegen den Nationalismus, dem Albert Einstein, Thomas Mann und Konrad Adenauer beitraten, aber auch der erzreaktionäre Europapolitiker Otto von Habsburg. Kalergi erhielt 1950 den ersten Karlspreis der Stadt Aachen. Der Europarat lehnte seine Europafahne ab, weil sie das christliche Kreuz abbildete, nahm aber seinen Vorschlag, die von Friedrich Schiller gedichtete und von Ludwig van Beethoven vertonte «Ode an die Freude» als Europa-Hymne an.

3. Die Fundamente der EU, der deutsch-französischen Freundschaft und der deutschen Hegemonie in Europa

Die Aufklärung über die Anfänge ist unerlässlich, weil in ihnen die Fundamente gelegt wurden für die Überwindung der deutsch-französischen Erbfeindschaft, dem Herzstück der EU, und die erst heute wahrgenommene deutsche Hegemonie, die mehr mit der NS-Produktion und den Bedingungen der 50er-Jahre zu tun hat als mit der aktuellen Krise und dem Euro. Außerdem muss die in der Linken weit verbreitete romantische Reminiszenz an die gute alte Zeit nach dem Zweiten Weltkrieg, die im Gewand der guten «keynesianischen Nachkriegsjahre», des lieben Ludwig Erhard und der tollen «sozialen Marktwirtschaft», die von dem bösen «Neoliberalismus» verdrängt worden sei, und anderer Mythen umhergeistert, kritisch reflektiert werden. Als Helmut Kohl mit seiner geistig-moralischen Wende zu den 50er-Jahren zurückwollte, ahnten Linke noch, dass er auf die 55-Stundenwoche und die Beseitigung des Anspruchsdenkens hinaus wollte. Diese Erkenntnis ist der Stimmung gewichen, dass früher alles besser war.

Im Leitantrag der Partei Die Linke hieß es 2013: «Die Idee einer ‹sozialen Marktwirtschaft› war eine Antwort auf den Schock von Krise, Faschismus und Krieg und resultierte daher aus den Erfahrungen mit einem entfesselten barbarischen Kapitalismus.» Das Soziale an der Marktwirtschaft war keine Antwort des Staates auf den Faschismus und den Kapitalismus, sondern wurde dem Staat, dem Kapital und Ludwig Erhard mühevoll abgerungen. Linke Professoren loben die «keynesianisch geprägten ‹sozialdemokratischen Jahrzehnte› nach 1945» (Altvater) und die «sozial-staatlichen keynesianischen Strukturen der Nachkriegszeit» (Hirsch). Sarah Wagenknecht plakatierte Erhards Buchtitel «Wohlstand für alle» neben ihrem Schriftzug und erzählte in einer Talkshow: «Ludwig Erhard wäre bei uns mit seinen Ansprüchen am besten aufgehoben.» Leider regiere heute nicht Erhards Wille, sondern «der Wille der Banker». «Kurzum», schrieb Altvater, «zu Beginn des 21. Jahrhunderts kehrt das Elend nach Europa zurück, das in den keynesianisch geprägten ‹sozialdemokratischen Jahrzehnten› nach 1945 erfolgreich verdrängt worden war.»

Drei Irrtümer über diese Epoche sollen korrigiert werden. Der erste Irrtum: Die Tagesschau zeigte im Herbst 2013 Bilder von der Abschiedsfeier deutscher Soldaten in Kundus. Der Sprecher kommentierte: «Nie sind so viele deutsche Soldaten nach dem Zweiten Weltkrieg gestorben.» Das ist falsch recherchiert und beleidigt über 30.000 westdeutsche Soldaten, die in den Kriegen der französischen Fremdenlegion in Nordafrika und Indochina sowie 1948 beim Überfall der arabischen Staaten und Palästinenser auf Israel gefallen sind. Viele SS-Mörder, die untertauchen mussten, Soldaten aus Rommels Afrikakorps, das auf dem Weg zu den Juden aufgehalten wurde, fast die komplette Leibstandarte-SS «Adolf Hitler» und andere Begleitbataillone gingen 1945 in die Fremdenlegion. Sie hatten nur das Töten gelernt, und alle Legionäre bekamen eine neue Identität, die sie ein Leben lang behielten. Auch Abenteurer, gewöhnliche Kriminelle und junge Arbeitslose zog es in die Legion. Die erste deutsch-französische Jugendbegegnung entstand also gleich nach 1945 im Wüsten- und Dschungelkrieg.

Die Legionäre nahmen einen breiten Raum ein. Die Illustrierten zeigten Fotos von den meist exotischen Fronten, die Gesellschaft litt mit ihren Söhnen, las die Briefe an die Lieben zu Hause und sang auf Festen die Frontlieder. Freddys Legionärslied «Heimweh» war der erfolgreichste Schlager der 50er-Jahre. Andere Hits waren «Der Weg nach Haus ist schwer, für einen Legionär» oder «Leila», in dem der sterbende Legionär vor dem Frauenhaus in Algier ein letztes Mal von Leila gequält werden will. Für viele Deutsche war der Krieg nicht zu Ende, sondern nach Indochina geschwappt. Im Bertelsmann-Bestseller: «Ich radle um die Welt» schrieb Heinz Helfgen, er sei in Burma «der Tigerhölle entronnen» und begegnete vielen «schlitzäugigen Gesichtern», aber in Vietnam hörte er Stimmen, die «einmal am Rhein sangen und grölten». «Servus Landsleute!» Servus Heinz! In der Legion sind «die gute Hälfte Deutsche», schrieb er. In Hanoi wohnte er einer Parade bei. Legionäre marschierten in «Galauniform mit weißen Gamaschen und schneeweißen Stulphandschuhen» vorbei. Ein US-Korrespondent raunte ihm zu: «That looks damned like Germany!» That looks nicht nur so, das sind «deutsche Truppen!», sagte Heinz zu ihm, und hatte «das Gefühl eines gewissen Stolzes und einer geheimen Wut darüber, dass diese deutschen Soldaten, die einen großen Teil des Kampfes gegen den Weltkommunismus zu tragen haben, nicht offiziell als deutscher Beitrag im Kampf um die Freiheit der Welt anerkannt werden!». Bertelsmann bewies nebenbei, dass die Alphabetisierung ein Beitrag zur Verblödung sein kann.

Petra L. schrieb an die Illustrierte «Mein Traum»: «Durch Ihre Rubrik ‹Träume, die in Erfüllung gehen können› habe ich jetzt einen anregenden Briefwechsel mit einem deutschen Fremdenlegionär in Indochina bekommen. Zuerst dachte ich an Schwindel; und heute möchte ich fragen, ob ‹Mein Traum› denn auch in Indochina gelesen wird.» Die Redaktion antwortete: «Die Fremdenlegion in Indochina hat zum größten Teil deutsche Legionäre. Man liest dort ‹Mein Traum› sehr gern.» Die Deutschen seien willkommen, denn «sie drücken leicht auf den Abzug». Der 24-jährige Hans Nagel berichtete im «Spiegel»: «90 Prozent der Mannschaften waren Deutsche, 10 Prozent Tschechen, Polen und anderes Ostvolk [...] Mein Freund Heinz Müller war SS-Mann gewesen, wie wir überhaupt viele SS-Leute unter uns hatten.» Die Offiziere «waren Franzosen, die Unteroffiziere meistens Elsässer». Nagel war 1950 mit indonesischem Schwarzfieber nach Hause geschickt worden.

Im Südwesten Deutschlands hingen Großplakate, auf denen unter Palmen halbnackte, blumengeschmückte schwarze Frauen Legionäre anlachten. Kommt in die Legion – ich bin eure Beute! Konrad Adenauer wandte sich 1953 im Bundestag gegen die «systematischen Werbekampagnen». 150.000 deutsche Kriegsgefangene seien sofort in die Fremdenlegion überführt worden, weitere 75.000 seien ab 1948 dazugekommen. Jeder zweite Legionär sei ein Deutscher, gab Staatssekretär Hallstein bekannt. Die SPD beklagte 33.000 «gefallene oder verschollene» Legionäre. Bevor der Cognac-Produzent Jean Monnet (Karlspreis 1953) die Europäische Union initiierte und Robert Schumann, Charles de Gaulle, Konrad Adenauer und Ludwig Erhard mit der Montanunion den EU-Prozess einleiteten, hatten deutsche Wehrmachtssoldaten und die Waffen-SS mit ihren französischen Waffenbrüdern schon die «Erbfeindschaft» beendet.

Andere Wehrmachtssoldaten gingen in arabische Staaten und organisierten 1948 den Krieg gegen das neu gegründete Israel. Als die UNO beschloss, auf dem britischen Mandatsgebiet Palästina zwei Staaten zu gründen, nahm Israel das Angebot an, während die Palästinenser und arabische Staaten die Zwei-Staaten-Lösung ablehnten (bis heute). Fünf Staaten und die Palästinenser zogen gegen das neue Israel in den Krieg. Die arabischen Offiziersstäbe waren voller Nazi-Offiziere. Die Illustrierte «Revue» schrieb damals: «‹Die Deutschen sind uns am liebsten›, sagten die Syrer und holten sich deutsche Offiziere [...] Der Krieg der arabischen Liga gegen Israel hatte einen seiner Höhepunkte erreicht. Es war ein wilder, schlecht organisierter Krieg [...] An Soldaten hat es den jungen arabischen Nationalstaaten nie gefehlt. Was sie vor allem brauchten, waren erfahrene Offiziere. Die arabischen Agenten [...] hatten leichtes Spiel. Überall konnten sie deutsche Offiziere finden, die eine Existenz suchten [...] Unter General von Strachwitz bildeten sie die erste illegale deutsche ‹Militärmission› nach dem Kriege [...] Hauptmann Keil wurde Führer einer ‹Kommando-Kompanie›, die sich aus Jugoslawen, Palästinensern, Syriern, Libanesen, Irakern und Ägyptern zusammensetzte. (Sie) wurde als eine Art Rollkommando überall dort eingesetzt, wo die Juden Durchbrüche erzielt hatten. Der ehemalige deutsche Hauptmann machte seine Sache gründlich und wurde [...] mit einer syrischen Tapferkeitsmedaille ausgezeichnet.»

Die gute alte Zeit der Linkskeynesianer begann also damit, dass deutsche Soldaten auf Juden, Vietnamesen, Algerier und Marokkaner schossen. Dafür kann man Keynes nicht verantwortlich machen, deshalb gleich weiter zum zweiten schwerwiegenden Irrtum: Ludwig Erhard und sein angeblicher Keynesianismus. Erhard hatte seit «Stalingrad» im NS-Reichswirtschaftsministerium in einer Arbeitsgruppe mit dem Chef der Deutschen Bank, Hermann Josef Abs, und dem späteren Bundesbankchef Kurt Blessing an dem NS-Wirtschaftsplan für die Zeit nach dem Krieg zu arbeiten. Ihr Chef war Otto Ohlendorf, der an der Ostfront die mörderische SS-Einsatzgruppe D geleitet hatte. Während Erhard, als Chef der westdeutschen Sonderstelle Geld und Kredit, Abs und Blessing nach 1945 wieder hohe Ämter bekleideten, wurde ihr Chef in Nürnberg zum Tode verurteilt und aufgeknüpft. Ihr Hauptproblem war die hohe Staatsverschuldung. Die Nazis hatten Geld gedruckt, so viel sie konnten, um die Kriege zu finanzieren. Die Löhne und Renten waren immer weniger wert, und die Verschuldung des Reichs war in astronomische Höhen geklettert. Die NS-Schulden betrugen 1943/44 bereits 450 Milliarden Reichsmark (RM). Das waren 500 Prozent der Wirtschaftsleistung. Heute ist alles über 60 Prozent krisenverdächtig. Die privaten Sparkonten waren verspielt, und nur der in den 1930er-Jahren verhängte Lohn- und Preisstopp hielt die Inflation im Zaum.

Ludwig Erhard hatte als NS-Reichsexperte einen Plan entworfen, der zu großen Teilen von den West-Alliierten übernommen wurde. Er sah für die verarmten Massen die Streichung der privaten Ersparnisse, Lohnstopp und jährliche Preissteigerungen von 20 Prozent, für die Kapitalisten und Banker den Bestandsschutz für Aktien- und Sachwertbesitz vor, damit sie im Erhard'schen Sinn als «Hüter» der neuen Marktwirtschaft schalten und walten konnten.

Das sogenannte Hitler-Geld wurde 1948 beseitigt: Für 100 Reichsmark auf dem Sparkonto gab es 6,50 DM. Der Lohnstopp wurde trotz rasender Inflation eingehalten. Familien kamen nur durch Schwarzarbeit bis in den späten Abend und durch Kinderarbeit über die Runden. Rentner hungerten und besuchten Verwandte und Bekannte, um sich aufzuwärmen, Zuchtanstalten vermieteten Kinder an Bauern. Die Produktivität rannte den Löhnen viel schneller voraus als heute. Von 1938 (= 100) bis 1953 waren die Nominallöhne auf 168 und die Preise auf

209 gestiegen. 1955 wurden in der westdeutschen Industrie über 52 Stunden in der Woche gearbeitet, in den USA 39,7.

Die Unterstellung, dass die sozialen Reformen, die ihren Namen verdienten, irgendwas mit der keynesianischen Staatspolitik zu tun hatten, scheint auf der falschen Sehnsucht nach einer Staatsharmonie zu beruhen. Der Irrtum ist deshalb so fatal, weil er das handelnde Subjekt intellektuell beseitigt und durch eine prokapitalistische Staatsdoktrin ersetzt. Tatsächlich hat der BRD-Staat die Verbesserungen gewährt zur Befriedung von sozialen Bewegungen wie die gegen die Wiederbewaffnung und den Atomtod.

Geholfen hat, dass man im Frontstaat des Kalten Krieges für Stabilität sorgen wollte. Der Staat gab nichts. Allein für die Durchsetzung der Lohnfortzahlung im Krankheitsfall mussten die Metallarbeiter in 38 Betrieben Schleswig-Holsteins einen Winter lang streiken (Oktober 1956 bis Februar 1957). In drei Urabstimmungen widersetzten sie sich der Gewerkschaftsführung. Das hatte weder mit Keynes noch mit Erhard zu tun. Keynes' Theorie ist eine prokapitalistische Krisenbewältigungsstrategie, keine Sozialpolitik. Es bedarf kaum der Erwähnung, dass die «sozialstaatlichen keynesianischen Strukturen der Nachkriegszeit», in der Konrad Adenauer, Ludwig Erhard, Heinrich Lübke und viele Nazis regierten (im Außenamt der BRD gab es mehr NSDAP-Mitglieder als im NS-Staat), reaktionär, kulturell erstickend und wirtschaftspolitisch neoklassisch waren.

Erhard war der sozialpolitische Rechtsaußen in der Adenauer-Regierung. Er verfluchte den «Versorgungsstaat», den er einen «modernen Wahn» nannte, und keiner rief das Proletariat so oft zum «Maßhalten» auf wie er. Erhard trug maßgeblich dazu bei, dass die Löhne in der BRD, gemessen an der Kaufkraft, so niedrig waren wie 1914. Als 1955 gestreikt wurde, schrieb er einen offenen Brief «an alle Hausfrauen»: «Für Sie ist es eine Beruhigung, dass Sie regelmäßig Ihr Haushaltsgeld erhalten [...] Übertriebene Lohnforderungen und steigende Preise müssen allerdings gefährden, was wir erreicht haben [...] Helfen Sie mir, Besonnenheit und Einsicht zu wecken, dass Maßhalten bei Lohnforderungen entscheidend (ist) für unser aller Zukunft [...] Ich bin Ihr Bundesgenosse.» Die Einladung der Hausfrauen zum Kampf gegen ihre streikenden Männer erinnerte genauso an den Nationalsozialismus, bei dem Erhard in der Führungsetage saß, wie sein Aufruf, Opfer für die Nation zu bringen. 1958 verlangte Erhard im Bundestag vom Volk «materielle Opfer für die Bewahrung des Lebens der Nation. Es stünde uns viel besser an, anstatt die 45-Stunden-Woche noch zu unterbieten, wieder eine Stunde mehr zu arbeiten.» – «Männer, von denen man viel verlangt, haben für Schmerzen keine Zeit. Sie bevorzugen [...] Schmerzmittel wie Migränin.»

Der dritte Irrtum betrifft die wahre Ursache des westdeutschen Wirtschaftswunders und die heutige deutsche Hegemonie in Europa. Die deutsche Hegemonie basiert auf dem weitgehend intakten Industriepotenzial, das Millionen Zwangs- und Sklavenarbeiter im NS-Staat aufgebaut hatten. 1948 standen in Westdeutschland 14 Prozent mehr funktionsfähige Industrieanlagen als 1935. Ein Drittel der Fabriken war nagelneu. Die Bombardements der Alliierten hatten die Infrastruktur (Häfen, Brücken, Straßen) und Wohngebiete zerstört, um die Kriegsbereitschaft der Deutschen zu schwächen. Bergbau, Stahl- und Maschinenbau waren kaum in Mitleidenschaft gezogen worden, sodass die Arbeitskräfte gleich mit der Industrieproduktion loslegen konnten. Nach einer Untersuchung des Deutschen Instituts für Wirtschaftsforschung (DIW) stellten ausländische Zwangsarbeiter im August 1944 26,5 Prozent der Beschäftigten in Deutschland. Ende 1944 arbeiteten 8,8 Millionen Zwangsarbeiter und KZ-Häftlinge in der Industrie. Das Fundament der westdeutschen Prosperität bildete also die auf der höchst vorstellbaren Ausbeutung bis zum Tod basierende moderne Industrie. Nur aus diesem Grund konnte Franz Josef Strauß am 2. September 1957 schon das vermelden, was nach den Medienberichten heute erst geschaffen worden sein soll. «Die Welt» zitierte Strauß mit den Worten: «Wir sind die wirtschaftlich stärkste Macht Mitteleuropas geworden. An unseren Kassen stehen die ehemaligen Sieger Schlange. Bei uns sind die alle verschuldet.» Das war 1957, als niemand an den Euro dachte.

Die BRD war ohne Bestrafung, Buße und Geschichtsbewältigung im Schoß des Westens angekommen und setzte ihre antibolschewistische Politik mit anderen Mitteln fort. Sie startete den Prozess in der beginnenden Europäischen Union mit großen Wettbewerbsvorteilen, während die DDR durch die Demontage und Reparationsleistungen zurückgeworfen wurde. Natürlich half die Großzügigkeit der West-Alliierten, die der BRD 1953 die Hälfte ihrer Schulden erließen. Vor allem half der 1950 beginnende Korea-Krieg, der die BRD mehr begünstigte als andere Europäer. In der Erwartung eines neuen Weltkrieges stellten die westlichen Alliierten ihre Produktion auf Schwerindustrie und Kriegsproduktion um, und die BRD, deren Eisen- und Stahlproduktion limitiert worden war, wurde Konsumgüterlieferant des Westens. Da sie mit Konsumgüter-Aufträgen überschüttet wurde und auf eine funktionierende Industrie zurückgreifen konnte, entwickelte sie schnell ihre berühmte Exportwirtschaft. Die BRD versorgte die Welt mit Konsumgütern wie heute China, bekam jeden Kredit und Marshallplan-Hilfe. Als die Löhne anzogen, ging es den Westdeutschen besser als den Siegern im Zweiten Weltkrieg. Sie konsumierten so viel Schokolade und Südfrüchte, dass der holländische Außenminister sich entrüstete: «Eine solche Verfressenheit auf Pump steht den Deutschen nicht zu!» Ludwig Erhard wurde aufgefordert, den «überhöhten Konsum» zu Lasten der angestiegenen Auslandsschulden zu stoppen.

Frankreich setzte sich früh für eine westeuropäische Integration unter Einschluss Westdeutschlands ein. 1946, ein Jahr nach dem Krieg und der Judenvernichtung, erklärte General Charles de Gaulle pathetisch: «Die Deutschen sind die Söhne Europas, und ohne Rom kann ich Europa nicht begreifen.» Rom! Welche Genugtuung für die Deutschen, die sich zwölf Jahre lang mit dem Cäsarengruß begrüßt hatten. Mit einer derartigen Offerte durften die Nazis, die in der westdeutschen Wirtschaft, Politik und den Behörden wieder den Ton angaben, nicht rechnen. Die konservative französische Zeitung «Le Figaro» setzte in ihrer Ausgabe vom 11.11.49 sogar auf die schnelle Wiederbewaffnung der BRD: «Nutzen wir die schreckliche Erinnerung, welche die Deutschen an den Einmarsch der Russen haben, und ihren Abscheu vor dem Kommunismus.» Das musste man den Deutschen nicht zweimal sagen.

Frankreich wollte Deutschland wirtschaftlich und politisch einbinden, um die von Deutschland ausgehende Bedrohung für sein Territorium und für Europa in den Griff zu bekommen, die BRD wollte in das westliche Bündnissystem, um der Bestrafung zu entgehen, der antisowjetischen Sicherheitspartnerschaft anzugehören und seine ökonomische Stärke in einem Wirtschaftsraum nutzen zu können. Frankreichs Außenminister Robert Schumann legte den nach ihm benannten «Schumann-Plan» vor: Die Montanunion, die die Kohle- und Stahlproduktion (das industrielle Herz der von Preußen und Deutschland inszenierten Kriege) einer gemeinsamen Verwaltung unterstellte. Allen Europäern sollte der Bezug der «Grundstoffe für ihre industrielle Produktion zu gleichen Bedingungen» zur Verfügung stehen. Schumann erklärte am 9. Mai 1950: «Solange Europa nicht vereint war, haben wir Krieg gehabt.» Die Vereinigung erfordere, «dass der jahrzehntealte Gegensatz zwischen Frankreich und Deutschland ein Ende nimmt». Schumann genoss das Vertrauen der Bundesdeutschen, weil er als Lothringer im Ersten Weltkrieg in der deutschen Armee gegen Frankreich gekämpft hatte. Hinter dem Plan stand Jean Monnet, der irgendwann die Vereinigten Staaten von Europa wollte, aber zunächst auch nur die Deutschen an die Leine legen wollte: «Uns war klar, dass wir Rahmenbedingungen brauchten, um eine deutsche Dominanz wie 1918 zu verhindern.» Monnet gründete 1955 trotzdem das Aktionskomitee für die Vereinigten Staaten von Europa.

Die Montanunion (1951) war der Grundstein des europäischen Binnenmarktes. Frankreich wollte mit der Europäischen Gemeinschaft für

Kohle und Stahl (EGKS) Kontrolle über die kriegswichtige deutsche Industrie ausüben und die Ressourcen selbst nutzen. Die um die Westintegration bemühte BRD erkannte die Möglichkeit, die bis dahin durch das Ruhrstatut beschränkte Industrieproduktion zu beleben und sich einem gemeinsamen Markt ohne Schranken zu nähern. Die EGKS war eine Behörde für die Festlegung von Preisen, Produktionsquoten und Absatzmodalitäten, die der SPD-Politiker Carlo Schmidt ironisch einen «europäischen Planungsapparat» nannte. Das war falsch, denn die integrierte Zollunion schuf die Voraussetzung für die offene Konkurrenz ohne nationale Schutzmechanismen. Nach der Montanunion folgten die Europäische Wirtschaftsgemeinschaft (EWG) und die Europäische Atomgemeinschaft (Euratom). Italien, Belgien, Luxemburg und die Niederlande traten der Montanunion bei. Der niederländische Agrarminister Sicco Leendert Mansholt schlug die Zusammenarbeit der Bauern, Außenminister Dirk Uipko Stikker die Beseitigung von Handelsbarrieren, Frankreichs Verteidigungsminister René Pleven die europäische Verteidigungsgemeinschaft vor. Die BRD wurde in den Europarat aufgenommen, wo der britische Delegierte Winston Churchill ebenfalls für eine europäische Armee plädierte, einschließlich deutscher und türkischer Verbände. An der deutsch-französischen Grenze am Rhein demonstrierten Studenten für die «Europäische Föderation» zur «Rettung der europäischen Kultur». Sie hissten das Plakat: «Stürmt die Bastille Nationalstaat!»

Aus der Verteidigungsunion wurde nichts, und in der Außenpolitik verfolgten die europäischen Schwergewichte BRD, Frankreich, Großbritannien, Italien und Spanien von vornherein nationale Interessen. Frankreich gründete 1959 eine Gemeinschaft mit seinen ehemaligen Kolonien: Senegal, Mali (Soudan), Benin (Dahomey), Elfenbeinküste, Gabun, Kongo (Brazzaville), Madagaskar, Mauretanien, Niger, Obervolta, Tschad, Zentralafrika. Auch nach ihrer offiziellen Unabhängigkeit oblag Frankreich deren Außen- und Militärpolitik sowie die Währungs- und Wirtschaftspolitik. Die Amtssprache blieb Französisch. Nur Touré, der sozialistische Präsident von Guinea sagte, er ziehe «der Sklaverei im Reichtum eine Armut in Freiheit vor».

Am 6. September 1960 unterzeichnen französische Intellektuelle, darunter Simone de Beauvoir, Jean-Paul Sartre, Françoise Sagan und Simone Signoret, das «Manifest der 121» gegen Frankreichs Kolonialkrieg in Algerien: «Gibt es nicht Fälle, wo die Gehorsamsverweigerung eine heilige Pflicht wird oder der Verrat mutige Achtung vor der Wahrheit bedeutet? [...] Wir achten und billigen [...] die Verweigerung des Wehrdienstes gegen das algerische Volk (und) das Verhalten jener Franzosen, die es als ihre Pflicht erachten, den im Namen des französischen Volkes unterdrückten Algeriern Hilfe und Schutz zukommen zu lassen.» Dreißig Intellektuelle wurden zu Gefängnisstrafen verurteilt. De Gaulle verhindert die Anklage gegen Sartre mit der Bemerkung: «Voltaire verhaftet man nicht.» Frankreichs Algerien-Krieg kostete eine Million Algerier/innen das Leben. Eine halbe Million französische Soldaten und Legionäre führten seit 1954 Krieg gegen die Befreiungsfront FLN und den islamistischen Widerstand. Die Aktion werde beendet, sagte de Gaulle, «wenn in einem Jahr nicht mehr als zweihundert Menschen durch Attentate ihr Leben verlieren».

Die Westbindung der BRD schwankte zwischen der deutsch-französischen und der deutsch-amerikanischen Freundschaft – je nachdem, welche Freundschaft der eigenen Macht- und Wirtschaftsentfaltung gerade nutzte. Als die Europäische Verteidigungsgemeinschaft (EVG) stockte, trat die BRD in die von den USA geführte NATO ein. Der europäische Einigungsprozess hatte nie das Ziel, die nationalen Konkurrenzen zugunsten der Einheit einzuebnen, sondern durch die Beseitigung der Handelshemmnisse voll zu entfalten. Der französische Ministerpräsident Charles de Gaulle beließ es aus diesem Grund bei dem «Europa der Vaterländer». Zu seinen Lebzeiten blieb die europäische Integration schon deshalb unvollendet, weil er den Beitritt Großbritanniens verhinderte, um den «angloamerikanischen Einfluss» zu begrenzen.

Adenauer bestand auf der Wiederbewaffnung der BRD, um einerseits Schritt für Schritt volle staatliche Souveränität zu erlangen und andererseits, weil er ständig den Angriff der Sowjetunion erwartete und die «politische Ordnung» in Frankreich und Italien als «nicht gefestigt» ansah – schon wegen der «starken kommunistischen Parteien». In der BRD hatte man die KPD verboten, nachdem sie in Wahlen auf 1,5 Prozent gerutscht war.

Die UdSSR trachte danach, sagte Adenauer, «die Bundesrepublik möglichst unversehrt in die Hand zu bekommen», wodurch sie Europa dominieren und zur «stärksten wirtschaftlichen, militärischen und politischen Macht der Erde» aufsteigen würde. «Das würde den Sieg des Kommunismus in der Welt, auch über die Vereinigten Staaten, bedeuten.» Europa wurde durch Handel und Wandel und Antikommunismus zusammengehalten. Mehr Wertegemeinschaft war nicht. Man erfreute sich an jeder Diktatur, nur im Westen musste sie sein. 1962 sagte Adenauer: «Unser Ziel kann – das ist meine feste Überzeugung – nicht ein Europa der Sechs bleiben (Bundesrepublik, Frankreich, Italien und die Benelux-Staaten). Auch Spanien muss dazukommen. Spanien muss wegen seiner geografischen Lage, wegen seiner Geschichte, seiner Tradition, seines unersetzlichen Beitrags zur europäischen Kultur ein wesentlicher Bestandteil auch des kommenden geeinten Europa sein.» Als er das sagte, war Spanien eine Diktatur unter der Führung des Caudillo Franco, dem Adolf Hitlers Fliegerstaffeln – Guernica ist in Erinnerung – 1936 an die Macht verholfen hatten.

Am 1. Januar 1958 traten die Verträge der Europäischen Wirtschaftsgemeinschaft (EWG, Römische Verträge) und der Europäischen Atomgemeinschaft (Euratom) in Kraft. Danach sollten zwischen der Bundesrepublik, Frankreich, Italien und den Benelux-Staaten die Zölle und andere Handelshemmnisse binnen zwölf Jahren abgebaut und ein gemeinsamer Markt aufgebaut werden. Die Zollunion sollte für alle Warengattungen gelten, unter den Mitgliedsländern sollte Waren-, Kapital- und Dienstleistungsfreiheit herrschen. Auf die EWG entfiel damals 13 Prozent des Welthandels, auf die USA 15 Prozent. Die Wochenarbeitszeit betrug in der BRD 46 Stunden und in den USA 39,8. Im selben Jahr gaben 200 Personen des öffentlichen Lebens das Manifest für die politische Einheit Europas bekannt. Darunter Robert Schumann, der erste Präsident des Europaparlaments in Straßburg: «Wir, Europäer, die wir [...] am 22. Juni 1958 in Straßburg zusammenkamen, unserer Verantwortung gegenüber unseren Ländern und Europa bewusst, überzeugt davon, dass die Solidarität der freien Nationen mehr denn je ihr bester Schutz sowohl gegen die äußeren wie die inneren Gefahren ist, die ihre Grundfreiheiten bedrohen [...] verpflichten uns, den Aufbau eines Vereinigten Europa durch eine vollständige Anwendung der Verträge der Montanunion, des Gemeinsamen Marktes und der Euroatom (Europäische Atomgemeinschaft) sowie die Errichtung einer europäischen politischen Autorität zu erstreben.» Die äußere Gefahr war die Sowjetunion, die innere der Kommunist. 1958 belegte die EWG amerikanische Autos mit einem Einfuhrzoll von 29 Prozent, Italien sogar mit 45 Prozent. Dadurch wurden der Kapitalimport und die Beschäftigung zu Lasten der Warenimporte angekurbelt. Wer in den europäischen Markt wollte, sollte in Europa produzieren. Für Unternehmer bedeutet fremdes Kapital Markterweiterung und Konkurrenz zugleich. Stagniert der nationale Markt, soll ausländisches Kapital ihm auf die Beine helfen, wächst er, will das inländische Kapital allein profitieren.

Es war nicht Willy Brandt, der zuerst die neue Ostpolitik in die Wege leitete, sondern Charles de Gaulle, der als Erster für die Anerkennung der Oder-Neiße-Linie als polnische Westgrenze und für einen Prozess von Entspannung (détente), Verständigung (entente) und Zusammenarbeit (coopération) plädierte auf dem Weg zur Auflösung der Blöcke zu einem «Europa vom Atlantik bis zum Ural» mit einer Friedensordnung. Alles unter Ausschluss der USA. De Gaulle vereinbarte mit der sowjetischen Führung regelmäßige Konsultationen und verkündete 1966 demonstrativ den Austritt Frankreichs aus der NATO. In diesen Jahren steigerten die USA ihren Kriegseinsatz in Vietnam – sie warfen zwei Millionen Tonnen Splitter- und Napalmbomben. Insgesamt starben zwei Millionen Menschen. 1968 walzte die Sowjetunion den Prager Frühling mit Panzern nieder. Im selben Jahr leitete die Tet-Offensive des Vietcong die amerikanische Niederlage ein. In Westdeutschland zerbrach das schöne Bild vom American Way of Life, ohne dass die Sowjetunion zum Sympathieträger wurde. In der Epoche des Kalten Krieges starben viele Millionen Menschen bei der Verteidigung der Kolonien und der eigenen Einfluss-Sphäre – in Korea, Algerien, Vietnam, im Kongo, in Angola. General Curtis LeMay (USA) sagte: «Wir haben [...] jeden Ort in Nordkorea niedergebrannt und auch manche in Südkorea, wir haben 20 Prozent der Bevölkerung Koreas durch direkte Kriegseinwirkung getötet oder durch Verhungern und Erfrieren.»

«Die Geschichte lehrt uns, dass Machtkonstellationen von begrenzter Dauer sind», schrieb Helmut Schmidt 1987 und meinte die Macht Westeuropas, das er auf dem Weg zur vierten Weltmacht neben den USA, der Sowjetunion und Japan wähnte. Die Voraussetzungen seien gut. Der Europäische Rat habe die Grundlagen für ein gemeinsames Währungssystem geschaffen und «die kollektive wirtschaftliche Kraft der EG-Mitgliedsstaaten, besonders ihre weltwirtschaftliche, alle anderen Staaten und Staatengruppierungen weit überragende Rolle gibt Europa heute potenziell ein unerhörtes politisches Gewicht». Sogar «Verteidigungskraft» sei genug vorhanden. Aber die Gefahr sei groß, dass Europa seine Chance wieder einmal verschlafe. Nur er, Helmut Schmidt, hätte wohl das Zeug dazu, aber ein Deutscher käme «nach Hitler, Auschwitz und Potsdamer Abkommen zur Führung nicht in Betracht». Pech für Europa! Und so werde Europa es wohl wieder einmal versäumen, die Währungen durch eine gemeinsame zu ersetzen, «um danach allmählich einen Gleichlauf unserer nationalen Haushalts- und Finanzpolitiken zu erreichen, eine integrierte Verteidigungsarmee zu schaffen» und Europa eine gesamtstrategische Führung zu geben. Ab 1987 wurde mit der Einheitlichen Europäischen Akte der durch nichts verfälschte, grenzenlose Wettbewerb in einem EU-Binnenmarkt anvisiert, der Europa zu einem gewichtigen Wirtschaftsraum in der Weltkonkurrenz machen sollte und der, das wird in der Theoriedebatte oft übersehen, viel entscheidender für das Anschwellen der Disparitäten im Euroraum war als die im Euroraum heute fehlende Möglichkeit der Währungsabwertung.

1989 und 1990 waren bedeutende Jahre für Europa. Am 9. November 1989 fiel die Berliner Mauer und am 28. November legte Helmut Kohl ohne Absprache mit anderen Regierungen im Bundestag den 10-Punkte-Plan zur Aneignung der deutschen Ostgebiete vor und versetzte Europa in Angst und Schrecken. Die britische Regierungschefin Margaret Thatcher war entsetzt: «Wir haben Deutschland zweimal besiegt, und jetzt sind sie schon wieder da!» Der sowjetische Außenminister Schewardnadse äußerte gegenüber Genscher, das habe sich «nicht einmal Hitler erlaubt», und Mitterand, der die DM als «deutsche Atombombe» bezeichnete, erklärte gegenüber Thatcher, dass Europa ohne eine gemeinsame Währung und eine Europäische Zentralbank dem deutschen Willen ausgeliefert sein werde. So kam es, dass der Streit zwischen der französischen «Schöpfungstheorie» und der deutschen «Krönungstheorie», nach der der Euro erst am Ende einer Angleichung der Staatsverschuldung und anderer Stabilitätskriterien eingeführt werden sollte, zugunsten der Schöpfungstheorie entschieden wurde. Häufig liest man, dass der Euro das deutsche Zugeständnis für die Zustimmung Frankreichs zur deutschen Wiedervereinigung war. Das stimmt so nicht. Auch Deutschland wollte den Euro, es verzichtete lediglich, da ihm die Wiedervereinigung wichtiger war, auf besondere Auflagen bei der Euro-Einführung. Helmut Kohl sagte: Die Alternative zur Währungsunion heiße «zurück zu Wilhelm II., das bringt uns nichts».

Mit der Revision der Nachkriegsordnung avancierte Deutschland zu der voluminösen «Mittelmacht», von der seine Eliten stets träumten. Deutsche Politiker sangen fortan bei jeder Gelegenheit und an jedem Ort das Deutschlandlied und schwenkten die schwarz-rot-goldene Fahne. Deutschland machte sich daran, den Osten ökonomisch zu durchdringen. Die USA bildeten bei der Wiedervereinigung und der Expansion den stärksten Rückhalt für Deutschland. Die USA wollten zum einen die Zerschlagung ihres jahrzehntelangen Gegenspielers (eine potenzielle Macht weniger auf dem Globus), zum anderen wurde der BRD der Einsatz zur Niederringung des Sowjetreichs entgolten. Allein die vollen Schaufenster hatten eine magische Anziehungskraft auf Osteuropäer ausgeübt. Beim Anblick der Warenfülle vergaßen sie, dass der Konsum in der kapitalistisch organisierten Welt im Durchschnitt irgendwo zwischen Guatemala und Argentinien liegt. Solange die BRD sich dem strategischen Konzept der USA unterordnete, bekam sie ihre separaten Wünsche erfüllt, ob Adenauer die Amnestie für NS-Schwerverbrecher oder den Erlass der Hitler-Schulden forderte. Der einzige unerfüllte Wunsch blieb die Atombombe, um die Adenauer und Strauß die USA gebeten hatten.

1990 wurde die Umsetzung des bereits am 14. Juni 1985 zwischen Deutschland, Frankreich und den Benelux-Staaten vereinbarten schrittweisen Abbaus von Grenzkontrollen beschlossen (Schengen II). Gleichzeitig wurden die Außengrenzen für Flüchtlinge geschlossen und die Abschiebung über die Regel, dass jeder Flüchtling dorthin vertrieben werden darf, wo er zum ersten Mal europäischen Boden betrat. 2005 wurde der freie Personenverkehr im sogenannten Schengen-III-Vertrag, der die «Bekämpfung des Terrorismus, der grenzüberschreitenden Kriminalität und der illegalen Migration» regelt, gegenüber Drittländern und für Personen aus Drittländern stark eingeschränkt. Die EU gab mit der Möglichkeit der «verdachtsunabhängigen Kontrollen» Polizisten nahezu unbegrenzte Vollmachten, Menschen nach äußeren Merkmalen zu kontrollieren, d. h. nach rassistischem Gutdünken. Täglich werden mehrere Tausend Schwarze oder nach dem Augenschein von Polizeibeamten fremd aussehende Menschen ohne Verdacht an die Wand gestellt, kontrolliert und öffentlich bloßgestellt. Ein deutscher Arzt mit schwarzer Hautfarbe fürchtet um seine Berufsausübung: «Was sollen meine Patienten denken, wenn ich täglich von Polizisten öffentlich an die Wand gestellt werde?» 2013 wurden von der deutschen Polizei 3,7 Millionen «verdachtsunabhängige Kontrollen» durchgeführt. Selbst André Konze von der Hochschule für Polizei, Münster, stellte fest, dass es ein «Racial Profiling» gibt.

Auf dem Weg zum Euro folgten 1993 die Maastrichter Stabilitätskriterien, 1994 das europäische Zentralbanksystem, 1996/97 der Stabilitätspakt, der die Haushaltsdefizite auf drei Prozent und die Gesamtverschuldung auf 60 Prozent des BIP begrenzte. Ab 1. Januar 2002 gab es den Euro dann als Zahlungsmittel. Ein europäisches Parlament mit Entscheidungsbefugnis wurde aus guten Gründen nicht entwickelt. Das Pendant zu den Vereinigten Staaten von Amerika entspräche weder den divergierenden Interessen der europäischen Nationen, noch hätte es einen Rückhalt im Massenbewusstsein. Mehr als der im Lissabon-Vertrag festgeschriebene «Einklang mit dem Grundsatz einer offenen Marktwirtschaft mit freiem Wettbewerb» ist nicht drin. Auch die kurzzeitig aufkeimenden Hoffnungen auf ein «soziales Europa», das dem Binnenmarkt folgen sollte, fielen schnell in sich zusammen. Durch die entfesselte Konkurrenz gerieten die Sozialsysteme und Löhne zusätzlich unter Druck.

Die NATO und die EU sammelten im Osten die Abtrünnigen der Sowjetunion über Mitgliedschaften, Allianzen und Freundschaftsverträge ein und signalisierten der Welt auf diese Weise, dass nur sie die Macht hatten, Nationalstaaten zu vergeben und zu nehmen. Russland hatte sie eingebüßt. Den Balten wurden neue Nationen geschenkt, den Jugoslawen der Nationalstaat genommen. Letten, Kosovaren, Turkmenen, Moldawier, wer immer behauptete, er habe bislang in einem Völkergefängnis gesessen, bekam einen eigenen Staat. Der Begriff Völkergefängnis ließ einen Geist aus der Flasche, der das Leben in der Schweiz oder das Zusammenleben von Menschen, die verschiedene Volkstänze tanzen, als widernatürlich begreift. Heute wird der einstige Sieger des sowjetischen Zerfalls selbst von diesem Geist heimgesucht. Nebenher ging es im Krieg gegen Serbien, wie die «FAZ» schrieb, auch um die «geoökonomische Verknüpfung der westlichen Schwarzmeerküste [...] für den Transport russischer, kaukasischer oder auch zentralasiatischer Energieträger» und die «Versorgung Südost- und Mitteleuropas auf dem Land- bzw. Flusswege», die beide «politische Stabilität» auf dem Balkan erforderten (27. 5. 1999). Joschka Fischer habe Deutschlands Macht «im großen Spiel um die Öl- und Gasressourcen» entfaltet. Deutschland könne mit Fischer «Ordnungsmacht in Asien» werden, vorbei an «Möglichkeiten, die den Vereinigten Staaten fehlen». Gerhard Schröder und Jacques Chirac schmiedeten dann intensiv an dem europäischen Machtblock «Paris—Berlin—Moskau» gegen die USA. Das Nein zur Teilnahme am Irak-Krieg war ein Schritt auf dem Weg zu einem eigenen kerneuropäischen Imperium.

Auf eine lange Kette deutsch-französischer Männerfreundschaften (Adenauer und de Gaulle, Helmut Schmidt und Valéry Giscard d'Estaing, Helmut Kohl und François Mitterand, Gerhard Schröder und Jacques Chirac) folgte dann das Tandem Merkel-Sarkozy. Wie groß dabei der Anteil der Symbolpolitik war, zeigt das Protokoll des Bundespräsidenten Theodor Heuss vom 8. Juli 1958. Adenauer habe ihm besorgt mitgeteilt, «de Gaulle [...] stehe der Bundesrepublik völlig ablehnend gegenüber. Sein einziges Ziel sei die Hegemonialstellung Frankreichs in Europa.» Herzenseuropäer waren Helmut Schmidt und Valéry Giscard d'Estaing. In ihre Regierungsepoche fielen die Bewältigung des linken Terrorismus, der Ölkrise und die Entscheidung über die Raketenstationierung. Schmidt und d'Estaing brachten die europäische Einheit am stärksten voran. Sie vereinbarten den Europäischen Rat, die regelmäßigen Treffen der Regierungschefs, die Direktwahl des Europäischen Parlaments und den Euro.

Was in dem EU-Prozess mit dem Wunsch begann, Deutschland einzubinden, führte geradewegs in die deutsche Hegemonie. Die freie Konkurrenz, das von Zöllen, Normen und anderen Handelsbarrieren befreite Spiel der Kräfte, der freie Kapitalverkehr, die Flexibilisierung der Arbeit und der Ausschluss von Währungsabwertungen, lief auf die

Herrschaft der Nation mit der stärksten Wettbewerbskraft zu. Bernd Ulrich («Die Zeit») schrieb 2011: Lange habe es im deutschen Interesse gelegen, «die eigene Stärke nicht zu zeigen, um nicht die historischen Vorbehalte zu mobilisieren. [...] Allein, so funktioniert es nicht mehr. Schon in der Finanzkrise, erst recht mit der europäischen Währungs- und Schuldenkrise, wurde von Deutschland als wirtschaftlich gesündester Macht Führung verlangt [...] Vom Bösewicht der Weltgeschichte hatte man sich [...] emporgearbeitet, um nun in Europa zu etwas zu werden, was die USA lange Zeit für die Welt waren: die Nation, die alles regeln soll und die jeder hernach beschimpfen darf [...], einerseits Retter und andererseits Imperialist.» Allein, dieser Imperialist ist noch weit entfernt von seinem Zenit. Die Wirtschaftsleistung der Welt betrug 2011 knapp 70 Billionen US-Dollar. Deutschlands Anteil belief sich auf fünf Prozent, der Anteil der EU auf 25 und der der USA auf 21 Prozent. Und Deutschland steht da ohne Wirtschaftswachstum und liegt militärisch hinter Frankreich und Großbritannien.

4 a. Über die Krise, den Aufstieg und Fall von Weltmächten und die größte Industrialisierung aller Zeiten

Die Krise werde die Welt «so stark verändern wie der Fall der Mauer», meinte Wolfgang Schäuble, «die Gewichte zwischen Amerika, Asien und Europa verschieben sich dramatisch.» Genauer gesagt: Die Epoche der westlichen (abendländischen) Weltherrschaft unter spanischer, britischer und amerikanischer Flagge, die 1492 mit der Entdeckung Amerikas begann, mit Sklaverei, Industrialisierung und Kolonisierung fortgesetzt wurde, in zwei von Deutschland losgetretene Weltkriege mündete und von der Sowjetunion nicht wirklich infrage gestellt werden konnte, geht zur Neige. Der Westen wird seine Vorherrschaft an neue Mächte verlieren oder mit ihnen teilen müssen. Die Welt bekommt es mit zwei Supermächten zu tun, den USA, die ein Viertel der Weltwirtschaft und die Hälfte des Welt-Militärs repräsentieren, und China, das in 30 Jahren einen Industriekomplex aufbaute, für den die USA 160 Jahre benötigten.

Die Nachindustrialisierung spült weitere Mächte nach oben und verschiebt die Machtstrukturen innerhalb der Blöcke. Asien wird immer chinesischer, Europa immer deutscher. Der Unterschied besteht darin, dass Asien die Boomzone und Europa das Sanierungsgebiet des Weltkapitalismus ist. Die gegenwärtige Krise unterscheidet sich von der großen Depression nach 1929 dadurch, dass sie keine Weltwirtschaftskrise ist. Nur der demokratisch verfasste und mit leidlichen Sozialsystemen ausgestattete Kapitalismus in den USA, Europa und Japan durchläuft eine schwere Krise, während die halbe Welt sich auf den Weg der größten Industrialisierung aller Zeiten begeben hat: China, Brasilien, Indien, Südkorea, Singapur, Taiwan, Malaysia, Saudi-Arabien, Türkei, Indonesien, Mexiko, Südafrika.

Theorien müssen überarbeitet werden. Etwa die Dependenztheorie, nach der die Industrienationen von der dauerhaften Unterentwicklung der übrigen Welt lebten. Die Epoche, in der die reichen Länder die armen so ausnahmen, dass die Ausbeutung zugleich die strategische Ausbeutbarkeit einengte, wich einer Epoche, in der Schwellen- und Entwicklungsländer ihre Industrialisierung vorantrieben und Gläubiger der «Ersten Welt» wurden. Wer auf die USA als Abonnementsfeind programmiert ist, muss sich umorientieren. Imperialismus ist kein Privileg der USA und der europäischen Kolonialmächte mehr.

Der Bedeutungsverlust des Westens gegenüber den Aufsteigern bildet sich ab im Niedergang seiner Industrie, die einen höheren Wertschöpfungs- und Multiplikationseffekt hat als andere Sektoren. Seit 1970 halbierte sich in Europa der Anteil des produzierenden Gewerbes an der Wertschöpfung auf 15,3 Prozent (Schätzung 2014). Dem Versuch der Reindustrialisierung in Großbritannien, Frankreich, Italien und Spanien werden kaum Chancen eingeräumt. Dagegen ist Deutschland durch seine stabilere industrielle Basis und die Umschichtung von Wertmasse aus der europäischen Peripherie nach Deutschland ohne soziale Verwerfungen durch die Krise gekommen. Durch die anhaltende Stagnation stehen die USA und Europa heute vor verschiedenen Zerreißproben. In Europa wächst die Kluft zwischen Deutschland und dem Süden, einschließlich Frankreich, in den USA die zwischen dem privaten Reichtum und der öffentlichen Armut. US-Konzerne sind die größten der Welt. Gegen Apple mit einem Börsenwert von 490 Milliarden US-Dollar und einem Barvermögen von 180 Milliarden, Exxon mit einem Börsenwert von 434 und Google mit einem von 363 Milliarden US-Dollar nimmt sich der größte deutsche Konzern Volkswagen mit einem Börsenwert von 122,5 Milliarden US-Dollar einerseits fast bescheiden aus. In den USA ist die öffentliche Armut andererseits so groß, dass in Detroit die Straßenlampen nicht repariert werden und in Chicago, der drittgrößten Stadt der USA, 49 Schulen schließen mussten.

Auf der anderen Seite des Globus platzt China aus allen Nähten wie die USA und Deutschland in den Jahrzehnten vor 1913 – nur viel schneller. In den vier Krisenjahren 2007 bis 2011, in denen der Westen in den Abgrund blickte, wurde in Asien ein – gemessen an der Wirtschaftsleistung – zusätzliches Deutschland geschaffen. In den zehn Jahren von 1999 bis 2009, in die 2008 die Lehman-Pleite fiel, wuchs die Wirtschaftsleistung in Deutschland um insgesamt 8,6 Prozent, in China um unbeschreibliche 166 Prozent, in Indien um 93,8, Indonesien um 65, Südkorea um 53,6 und Brasilien um 38,5 Prozent. Dass die Wirtschaftsleistung der führenden europäischen Macht pro Jahr um 0,9 Prozent und die chinesische um 17 Prozent wächst, übertrifft die Kräfteverschiebung von 1850 bis 1913 bei Weitem. Damals stieg der Anteil der USA an der weltweiten Industrieproduktion von 21 auf 50 Prozent und der deutschen von 16 auf 21,5. Gleichzeitig halbierte sich der britische Anteil von 42 auf 21 Prozent und Frankreich fiel von 21 auf neun Prozent zurück. Deutschland genoss damals einen Ruf wie China heute. Seine Konsumwaren galten als billig und schlecht, sodass England 1877 darauf bestand, ihre Untauglichkeit mit «Made in Germany» zu kennzeichnen.

Von 1980 bis 2011 sank der Anteil der USA am weltweiten Güterexport von 16,4 auf 10,7 Prozent, der Anteil der EU von 22,7 auf 13,9

Prozent und der Japans von 9,7 auf 5,9 Prozent. In derselben Zeit stieg Chinas Anteil von 1,3 auf 13,7 Prozent. Der Containerumschlag hat sich von 2000 bis 2012 auf fast 600 Millionen Stück verdreifacht. Der sogenannte Fordismus blüht und gedeiht – allerdings nicht gleichermaßen. Die 15 größten Container-Häfen der Welt sind in der Rangfolge des Umschlags: Shanghai (China), Singapur, Hongkong (China), Shenzhen (China), Busan (Südkorea), Ningbo-Zhoushan (China), Guangzhou (China), Qingdao (China), Dschabal Ali (Dubai, Vereinigte Arabische Emirate), Rotterdam (Niederlande), Tianjin (China), Kaohsiung (Taiwan), Port Klang (Malaysia), Hamburg und Antwerpen (Belgien).

China ist die größte Handelsnation der Welt mit einem Handelsvolumen von 4,2 Billionen Dollar, vor den USA mit 3,9, Deutschland mit 2,7 und Japan mit 1,4, die zweitgrößte Nationalökonomie hinter den USA, der größte Industriestandort und der reichste Gläubiger der Welt. Die Hälfte des weltweiten Wirtschaftswachstums entfällt auf China. Der neue Gigant wird die USA schon in wenigen Jahren als stärkste Wirtschaftsmacht ablösen, es sei denn, in China bricht Demokratie aus, oder das Land wird durch seine sozialen, religiösen und ethnischen Zentrifugalkräfte auseinandergerissen. China verschiebt nicht nur die wirtschaftlichen Kräfteverhältnisse, sondern auch den Wertekanon. Die Symbiose aus Marktwirtschaft und Diktatur triumphiert als Erfolgsmodell. Der Markt kennt keine Ethik, seine Philosophie ist das tautologische Prinzip: Der Sieger ist gut, weil er gesiegt hat, der Verlierer taugt nichts, weil er verloren hat. Der Mensch kann hilfreich und edel sein, meldet sein Betrieb Konkurs an, war er a priori eine Niete in Nadelstreifen. Die DDR hatte verloren, also musste ihr Geheimdienst die Akten auf den Tisch legen. Westdeutschland hatte gewonnen, also werden die Akten unter Verschluss gehalten oder geschreddert, wenn Spuren zu den mordenden Nazis verwischt werden sollen.

Ganz ohne Demokratie ist China nicht. Es pflegt eine Art Lobby-Demokratie. Im Zentralkomitee treffen sich 300 Lobbyisten, um die Verteilung der Pfründe auszuhandeln. Soll mehr Geld in die Staatsbetriebe, den Versorgungseinrichtungen der alten Kader, in die Joint Ventures im Gegenzug zu technischem Know-how aus dem Ausland oder in private Unternehmen, in die hoch verschuldeten Regionen und Kommunen oder ins Militär fließen? Sollen die Wanderarbeiter in den Großstädten Wahl- und Wohnrecht bekommen? Im November 2013 beschloss das Komitee eine Urbanisierungswelle, die Industrialisierung der Landwirtschaft, die Beschleunigung der Aufrüstung und die Fokussierung der Wirtschaft auf die Versorgung. China leitet den Strukturwandel zugunsten eines verbesserten Konsums ein. Nach dem staatlichen Plan sollen die Löhne um 13 Prozent im Jahr steigen; tatsächlich stiegen sie 2012 um 22 Prozent. Gleichzeitig steigt die Inflation. Inzwischen soll das Leben in Shanghai teurer sein als in New York.

2012 flossen zum ersten Mal mehr ausländische Direktinvestitionen, die den internationalen Kapitalverkehr und Firmenkäufe beziffern, in Schwellen- und Entwicklungsländer (680 Milliarden Dollar) als in die Industriestaaten (549 Milliarden Dollar). Um Europa machte das internationale Kapital regelrecht einen Bogen: 35 Prozent weniger Direktinvestitionen. Die Dynamik geht von den Schwellenländern aus, die den stagnierenden, unter Schulden und Kriegskosten ächzenden alten Imperien wichtige geostrategische Räume und Rohstoffe abjagen und überall auf der Welt bilaterale Zollunionen und Militärbündnisse schmieden. Wo der finanziell klamme Westen abzieht, dringen nachwachsende Industrieländer ein. «Die westliche Einflusssphäre, die sich [...] nach dem Mauerfall beträchtlich ausgedehnt hatte, schrumpft. Andere, vor allem China, stehen bereit, um die Freiräume zu füllen», analysierte die «Neue Zürcher Zeitung» (NZZ). China sichert sich in Afghanistan und im Kongo Seltene Erden, in Äthiopien fruchtbare Böden, am Golf Ölquellen; China ist der Hauptgläubiger der USA und bot auf dem Gipfeltreffen der 16 mittel- und osteuropäischen Staaten an, ihre Exportverluste im Euroraum zu ersetzen und in deren Energiewirtschaft und Infrastruktur (Hochgeschwindigkeitsstrecke Budapest–Belgrad) zu investieren. Voraussetzung sei, dass die osteuropäischen Staaten die «Ein-China-Politik» akzeptierten. Dahinter verbirgt sich der chinesische Gebietsanspruch auf das hoch industrialisierte Taiwan. Chinesisches Kapital dringt überall in Europa vor. Letztes Beispiel ist die Übernahme einer Beteiligung von 14 Prozent an der französischen PSA Peugeot Citroën durch den chinesischen Konzern Dongfeng. China hält dadurch eine gleich hohe Beteiligung an dem Autokonzern wie der französische Staat.

Die chinesische Expansion und der «Pazifik»

1914 wurde das Attentat auf das österreichisch-ungarische Thronfolgerpaar zum Anlass genommen für den Ausbruch des Ersten Weltkrieges, diesmal könnte es eine Insel sein. China will Taiwan heim ins Reich holen und begehrt Inselgruppen und Wassergebiete von den Südkurilen bis Indonesien, eigentlich überall im Pazifik, wo Öl-, Gas- und Fischreichtum geortet wurden oder vermutet werden. China erklärte die Aneignung von «biologischen und nicht biologischen Ressourcen» in rund zehn Meereszonen zu seinem Recht, obwohl die Gebiete wechselweise oder gleichzeitig von Russland, Japan, Südkorea, Taiwan, den Philippinen, Vietnam, Malaysia, Brunei und Indonesien beansprucht werden, und richtete über der japanischen Inselgruppe Senkaku (chinesisch: Diaoyu) eine Luftverteidigungszone ein. Als chinesische Kriegsschiffe vor den Philippinen aufkreuzten, sagte deren Präsident Benigno Aquino III.: «Denkt daran, dass das Sudetenland Hitler gegeben wurde, um den Zweiten Weltkrieg zu verhindern.» Der ehemalige australische Premierminister Kevin Rudd mahnte in der Zeitschrift «Foreign Policy»: «Dies sind keine gewöhnlichen Zeiten in Ostasien. Mit den Spannungen, die von den widerstreitenden Territorialansprüchen im Ostchinesischen und Südchinesischen Meer ausgehen, ähnelt die Region zunehmend einer 21.-Jahrhundert-Neuauflage des Balkans von vor 100 Jahren – ein Pulverfass auf dem Wasser.»

Die USA und ihre engsten Partner Japan und Südkorea ließen demonstrativ Kriegsschiffe in der Verbotszone kreisen, Japan will mehr «militärische Verantwortung übernehmen» und steigert seine Militärausgaben in den kommenden fünf Jahren um 170 Milliarden Euro. Sein rechter Ministerpräsident Shinzō Abe brüskierte China (und zugleich den Verbündeten Südkorea) mit dem Besuch des Yasukuni-Schreins zu Ehren japanischer Kriegsverbrecher. Die Bedeutung ist so, als wenn Angela Merkel am Grab von Rudolf Hess einen Kranz niederlegte. Die prosperierenden Mächte werden nach Meinung des Harvard-Historikers Niall Ferguson den westlichen Wohlstand nicht erreichen, «ohne dass es zu weltweiten Verteilungskämpfen kommt». Der frühere Verteidigungsminister Karl-Theodor zu Guttenberg urteilte auf seiner letzten Sicherheitskonferenz: «Wir gehen in gefährliche Zeiten.» Der Rohstoffbedarf der «aufstrebenden Mächte» trete mit unseren Bedürfnissen in Konkurrenz, «dies kann zu neuen Spannungen, Krisen und Konflikten führen».

Der amerikanische Verteidigungsminister Chuck Hagel erklärte Anfang Juni 2013 auf der Sicherheitskonferenz in Singapur, die USA werden ihre strategische Orientierung in Richtung Asien fortsetzen und bis 2020 60 Prozent ihrer Seestreitkräfte in Asien stationiert haben. Die USA seien in Asien mit modernsten Waffensystemen präsent, um, wenn es nötig sei, in die Dispute um Inseln und Meere in Nordostasien und im Chinesischen Meer einzugreifen sowie sich gegen chinesische Cyberattacken zu wehren. Hagel warnte China, mit seinen geografischen Ansprüchen Ernst zu machen und vor den Raketenversuchen und Kriegsankündigungen seines kleinen Satelliten Nordkorea. Und weil China eben aus allen Nähten platzt, steht die asiatische Nachkriegsordnung vor einem Scherbenhaufen. Die USA, so scheint es, nehmen ihre Funktion als Schutzmacht Japans, Südkoreas, Taiwans und der Philippinen ernst. Der Flugzeugträger «USS George Washington» und die 7. US-Flotte wurden in das Konfliktgebiet beordert und die Sicherheitsgarantien für Japan und Südkorea, wo allein 28.000 amerikanische Soldaten stehen, erneuert, «mit nuklearen und konventionellen Waffen». Die USA haben des Weiteren Beistandsverträge mit Taiwan und den Philippinen, auch Vietnam und andere asiatische Länder bitten die USA um militärischen Schutz vor China. Der Bündnisfall ist in Asien schnell ausgelöst. Da die USA ihr Militärpotenzial nicht verdoppeln, sondern aus Gründen der Haushaltssanierung dezimieren, ist die Drohgebärde in Asien nur beizubehalten, wenn das Militär woanders abgezogen wird: aus Afghanistan, Europa, dem Nahen und Mittleren Osten, an dem die USA das ökonomische Interesse zunehmend verlieren (s. S. 50 u. 62), seit bei ihnen der Fracking-Rausch ausgebrochen ist.

China bastelt gleichzeitig an einer asiatischen Union unter seiner Führung. Chinas Hoffnung ist seine Wirtschaftskraft und die wachsende Abhängigkeit der anderen Länder von ihr. Auf dem Gipfel der 21 Staaten der Asiatisch-Pazifischen Wirtschaftskooperation (Apec) im Oktober 2013 hielt Präsident Xi Jinping eine Grundsatzrede, in der er für einen von den USA unabhängigen asiatischen Wirtschaftsraum und eine asiatische Investitionsbank warb. Die Apec umfasst drei Milliarden Menschen, die Hälfte des Weltsozialprodukts (Wachstumsraten von sechs Prozent) und 45 Prozent des Welthandels. China baue «einen Asien-Pazifik-Raum, der die Welt führt», sagte Xi. Es werde in den nächsten fünf Jahren Waren für zehn Billionen Dollar importieren, über 500 Milliarden Dollar im Ausland investieren und «mehr als 400 Millionen Touristen ins Ausland senden». Taiwan lieferte 2012 28 Prozent seines Exports nach China, Südkorea 25, Japan 20, die Elektronikhersteller Thailand, Malaysia, Indonesien und Philippinen jeweils 13 Prozent. Thailand, Südkorea und Vietnam werden heute von Feriengästen aus China so überschwemmt wie Mallorca von den Deutschen.

Japan lieferte 1990 erst 31 Prozent seiner Exporte in den asiatischen Raum (2,1 Prozent nach China), heute sind es 56 Prozent. Für China ist Japan nach den USA der zweitgrößte Abnehmer. Inzwischen sollen zehn Millionen Chinesen in japanischen Fabriken arbeiten. Doch mit den Konflikten begann 2013 eine Entflechtung der beiden Giganten. Japan brach seinen Investitionsschwerpunkt «China» ab. China rutschte bei den japanischen Auslandsinvestitionen von Platz eins auf vier, noch hinter Indonesien, Indien und Thailand. Die Unternehmen gaben als Grund Sicherheitsbedenken an. Schon 2012 hatte die chinesische Führung die Massen gegen japanische Geschäfte und Produkte mobilisiert. Es kam zu gewalttätigen Ausbrüchen, Fensterscheiben der Konsulate gingen zu Bruch, Japaner mussten Schutzräume aufsuchen.

Es mag der Wunsch Vater des Gedankens gewesen sein, als der amerikanische Senator McCain die chinesischen Vertreter auf der Münchner Sicherheitskonferenz 2012 mit der Prognose beunruhigen wollte, dass der «Arabische Frühling auch nach China kommen» werde. Denkbar ist das. «Die Fliehkräfte in vielen asiatischen Gesellschaften werden oft nur durch das Wirtschaftswachstum unter Kontrolle gehalten», schrieb die «Frankfurter Allgemeine Zeitung» (FAZ). Chinas Aufstieg wird durch ethnische, soziale und religiöse Aufstände bedroht. 2011 wurden in China 130.000 gewalttätige Protestaktionen registriert. Eine Folge der ethnischen Zerklüftung und der Lebensumstände. Die Gewässer sind verseucht, die Böden vergiftet, in Peking fällt das Atmen schwer, Millionen Wanderarbeiter sind völlig rechtlos und werden mit niedrigen Löhnen abgespeist. Der Kampf zweier Linien ist entbrannt. Eine Strömung in Chinas Führung favorisiert die Ausrichtung des Landes nach den Kriterien des Westens, die andere warnt vor der Gorbatschowisierung des Landes. Der Parteichef Xi Jinping schwor: «Die Apokalypse der Sowjetunion wird sich in China niemals wiederholen. Das werde ich mit aller Kraft verhindern.» Bei den meisten Aufständen in China ging es gegen Landraub, Korruption, Zwangsumsiedlungen, Umweltschäden, Vergiftungen, Arbeitsbedingungen, ethnische und religiöse Verbote (in Tibet verbrennen sich Mönche, in Xinjiang tobt der Bürgerkrieg zwischen Han-Chinesen und Uiguren). China ist das Land mit den meisten Hinrichtungen (an zweiter Stelle steht der Iran) und der größten Anzahl von Menschen, die für immer verschwinden.

China dehnt sich weit über den Pazifik aus. Es hat mit Afghanistan ein Partnerabkommen vereinbart über die Ausbeutung der Rohstoffe und Hilfen für den Aufbau des Landes nach dem Abzug der NATO-Truppen. China dringt über seine Partnerschaft mit dem Iran bis zum Persischen Golf vor und breitet sich unter Anwendung eines modifizierten Kolonialmodells in Afrika aus. Die China Petrochemical Corporation (Sinopec) ist beteiligt an der Firma Apache, die in Ägypten Öl und Gas fördert, sie hat sich in Angola eingekauft und fördert Öl in Brasilien, Nigeria und Brunei. Die chinesische Harbin Electric ist beteiligt an der Kohleförderung in der Türkei, die CNPC/PetroChina an der Gasförderung in Mosambik, die chinesische CIC an der französischen GDF Suez, andere chinesische Energiekonzerne fördern Kohle in Indien und Öl in Kanada und Saudi-Arabien. China bezieht nicht nur seine größte Ölmenge aus Saudi-Arabien, inzwischen liegen chinesische Kriegsschiffe im Hafen von Jeddah.

China kommt bei seiner Expansion zugute, dass es keinem Staat die fehlenden Menschenrechte vorwirft und sein Ruf nicht durch die Kolonialgeschichte lädiert ist. Wo China Fuß fasst, benehmen seine Eliten und Wachmannschaften sich wie Sklaventreiber. Sambia, einst britische Kolonie und heute in chinesischer Hand, ist voller Kupfer, Kobalt, Zinn, Blei, Uran, Gold und Silber, Kohle und Eisen. Das Land ist der größte Kupferexporteur Afrikas. Die meisten Kupferminen werden von chinesischen Konzernen und Armeen kontrolliert. Während in den Minen Südafrikas das Tragen von Schutzhelmen Pflicht ist, vergeben die chinesischen Herren Schutzhelme nur als Preise an «Helden der Arbeit». Der sambische Minenarbeiter muss sich den Minimalschutz durch ein halbes Jahr Schwerstarbeit «verdienen». Als Minenarbeiter 2010 gegen die Sklaverei protestierten, schossen chinesische Aufseher in die Menge und richteten ein Blutbad an.

Im Kongo lassen Söldnermilizen Arbeitssklaven nach Tantal buddeln, aus dem Koltan für Handys und PCs gewonnen wird. Dreihundert chinesische Unternehmen tragen im Kongo Mineralien ab. Das «Centre for African Studies» in Cambridge spricht von einem «neuen Wettlauf um Afrika» nach der Besetzung Afrikas durch die europäischen Kolonialmächte im 19. Jahrhundert. China ist nach den USA und Frankreich der drittstärkste Wirtschaftspartner Afrikas. Auch Indien, Saudi-Arabien und andere Staaten tummeln sich in Afrika, und nicht immer suchen sie mineralische Bodenschätze. In Äthiopien hat ein indischer Investor eine Fläche von der Größe Mallorcas gepachtet, auf der er Rosen und Treibstoffpflanzen anbaut. Einheimische Bauern und Viehzüchter wurden vertrieben, der Konzern stellt Arbeitskräfte für siebzig Cent Tageslohn ein. Chinesische, südkoreanische und saudi-arabische Firmen eignen sich ebenfalls afrikanische Böden an, um Nahrungsmittel- und Industriepflanzen zu züchten und ihre klimabedingten Verwüstungen zu kompensieren. Fruchtbare Böden werden auf Vorrat gekauft, aber die dort Ansässigen bereits heute vertrieben. China benötigt den Vorrat für seine 1,5 Milliarden Menschen, weil die Wüste Gobi fruchtbares Land frisst und sich bereits bis Peking ausgedehnt hat.

Im Unterschied zu Europa und den USA hatte China Afrika schon früh als Kontinent der Zukunft im Blick. Eine riesige Landmasse mit Reichtümern und Anbaugebieten, dazu 800 Millionen Menschen als potenzielle Arbeitskräfte und Konsumenten. China erließ 31 afrikanischen Staaten die Schulden. Tausende chinesischer Ärzte und Krankenschwestern gingen nach Afrika, noch mehr Militär. China baute in Namibia dem Präsidenten einen Palast und brachte so Arbeitsbrigaden und Wachleute ins Land. In Algier baute es einen hypermodernen Flugterminal, in Ghana eine Kaserne, in Ruanda ein schlüsselfertiges Außenministerium, in Sierra Leone Luxushotels, Golfplatz und Kongresszentrum, in Togo ein Fußballstadion. Überall bauen Chinesen mit Hilfe der Afrikaner Straßen, Brücken, Schulen, Telefonnetze und Bahntrassen, siedeln sich chinesische Kaufleute an und betreiben Spielotheken, Garküchen, Motorradläden, verkaufen Reis in den Slums von Johannesburg. Überall entstehen chinesische Kramläden. China knüpft Beziehungen, die in Europa am Rassismus scheitern würden. Jedes Jahr dürfen mehrere Tausend junge Afrikaner/innen in China studieren, und Zehntausende Afrikaner werden in China weitergebildet. Der Nachteil der Umarmungsstrategie liegt in der fast lückenlosen Okkupation. Chinesische Firmen erledigen fast alles.

Henry Kissinger, ehemaliger Sicherheitsberater und Außenminister der USA, schrieb 2001 in seinem Buch «Die Herausforderung Amerikas»: «Wenn China im Inneren stabil bleibt, ist es zur Großmacht prädestiniert und wird als solche wohl eher in der Lage sein, die Vereinigten Staaten herauszufordern. Aber es wird nicht die einzige sein: Indien, Brasilien und Russland verfügen über ähnliche Optionen und haben dabei in mancherlei Hinsicht weniger Hindernisse zu überwinden [...] Angesichts einer drohenden Hegemonie in Asien – durch welches Regime auch immer – würde Amerika ebenso dagegen einschreiten wie im Zweiten Weltkrieg gegen Japan und im Kalten Krieg gegen die Sowjetunion.»

Vorerst beschleunigt die chinesische Expansion die Verhandlungen über die Erneuerung der transatlantischen Partnerschaft einschließlich Japan und anderer US-Verbündeter in Asien. Der amerikanische Politikwissenschaftler Richard Rosecrance empfiehlt in seinem Buch «The Resurgence of the West» die Wiederauferstehung des Westens aus der Ära des Kalten Krieges. Nach den historischen Erfahrungen erhöhten der Aufstieg einer neuen Weltmacht und der Abstieg der alten die Kriegsgefahr. Eine westliche Allianz sei in der Lage, die Weltwirtschaft zu dominieren und durch ihr militärisches Gewicht genug Abschreckungspotenzial aufzubringen, um die große Schlacht zu verhindern.

Die nachholende Industrialisierung und die Neureichen

Der Aufschwung der Schwellenländer hat für die traditionellen Zentren Vor- und Nachteile. Er steigert die Mehrwertmasse, von der sie profitieren, lässt aber gleichzeitig neue Konkurrenten hochkommen. Die Bilder aus Asien zeigen Wolkenkratzer, Glitzerfassaden, Hochgeschwindigkeitszüge, Bergwerke, Smog und Kloaken, Staudämme, Verwüstungen, Elektroautos und Solaranlagen. Der Aufschwung wird von drei Säulen getragen: klassische Industrie (Automobil, Kohle, Öl, Beton, Elektrizität), Hightech-Industrie (digitale Fabriken, Verwaltungen und Konsumgüter), grüne Industrie (Solar, Wind, Wasser, Elektromobilität). Die Nachindustrialisierung basiert auf einem hohen Ausbeutungsgrad, der an Arbeitsbedingungen in England um 1800 erinnert, einschließlich einer schroffen Klassengesellschaft. Auf der einen Seite feiern neue Milliardäre mit einem elitären Hofstaat, auf der anderen Seite stehen Hunderte Millionen rechtlose Wanderarbeiter, die sechseinhalb Tage in der Woche arbeiten, kaserniert leben und ihre Familien an vier Tagen im Jahr sehen.

Die Hälfte der Exporte der Schwellenländer geht in die alten Industriestaaten, die einen Teil ihrer Konsumgüterproduktion wegen des niedrigeren Lohnniveaus in ihren «verlängerten Werkbänken» im Ausland produzieren lassen und sie importieren müssen. Die USA beziehen 18 Prozent der Importe aus China, 14 aus Kanada und zwölf aus Mexiko. Ohne Billigwaren aus Asien wäre die Armut in den Zentren sichtbarer. Da die Produzenten weit weg sind, werden die Arbeits- und Lebensbedingungen nur wahrgenommen, wenn Menschen sich aus den Fenstern einer Apple-Fabrik in den Tod stürzen, in Bangladesch Tausende in einer Fabrikbaracke verbrennen, in Kambodscha streikende Textilarbeiter erschossen werden oder im reichen Katar ausländische Arbeiter verhungern. Die meisten Europäer betrachten nur den Nutzen. Früher war es die Auslage im Kolonialwarenladen (der Sarotti-Mohr), heute sind es preisgünstige T-Shirts und Smartphones. 2012 wurden in China in 18.000 Fabriken Textilien zum Exportwert von 160 Milliarden Dollar hergestellt, in Bangladesch in 5.000 Fabriken für 20 Milliarden Dollar, in Vietnam in 2.000 Fabriken für 14, in Indien in 11.000 Fabriken ebenfalls für 14 Milliarden Dollar. Es folgten Indonesien (7,5), Kambodscha (4,3), Pakistan (4,2) und Myanmar (1,0). Die Konzerne zahlen in Bangladesch 20 Cent die Stunde, gearbeitet werden 15 Stunden am Tag an sieben Tagen die Woche, Kinder spielen in giftigen Rinnsalen der Ledergerbung. Alle großen europäischen Firmen lassen in Bangladesch produzieren: C & A, Otto, H & M, Metro, Tchibo, Kik, Benetton.

China will in der nächsten Dekade 250 Millionen Bauern zusätzlich als Wanderarbeiter in die Städte holen. Der Architekt Wang Shu sagt: «Wir haben hier 120 Städte größer als Chicago. Und sie alle sind im letzten Jahrzehnt auf das Zehnfache angewachsen und haben ihre Geschichte dabei komplett ausradiert. Es ist, als habe einer 120 Atombomben auf China abgeworfen.» Auch im deutschen Wirtschaftswunder wurden Traditionsbauten abgerissen, Bäume als Verschandelung des Industriedesigns wahrgenommen und die Ästhetik eines Atompilzes bewundert. Der neue Industrieboom schafft Mammutstädte und erschließt gleichzeitig die letzten Freiflächen: Meere und Wüsten, Berge, Wälder und Ackerflächen für Vergnügungsparks, Windenergieparks, Stauseen für die Stromspeicherung, Strom- und Gasautobahnen, Industriepflanzen, Solaranlagen, dazu Bohrlöcher, Tanks, Mischfabriken und Rohre für das Fracking, bei dem ein mit Chemikalien versetztes Wasser-Sand-Gemisch in die Erde geschossen wird, um in großer Tiefe Risse («Fracks») ins Schiefergestein zu brechen, damit Öl und Gas entweichen können. Wenn die Erderwärmung anhält, wird die Arktis ein riesiges Schürfgebiet, und wenn die politischen Verhältnisse es zulassen, wird die Sahara der Solarenergiepark für Europa.

Ein besonderer Indikator für die industrielle Entwicklung bleibt das Automobil. 2010 stieg die Zahl der Kfz-Neuzulassungen in China um 35 Prozent, in Indien um 33 Prozent, in Russland um 39 Prozent, in Brasilien – auf hohem Niveau – um elf Prozent, während sie in Deutschland um 31 Prozent fielen. Europa befindet sich im freien Fall. Von 2007 bis 2012 war der weltweite Verkauf neuer Kraftfahrzeuge um 18 Prozent gestiegen und in Europa um 24 Prozent gesunken. Der europäischen Autoindustrie steht eine Vernichtung von Kapazitäten bevor. Während der Neuwagenabsatz in den USA nach der Teilverstaatlichung der Automobilwirtschaft im ersten Halbjahr 2013 wieder um acht Prozent anzog, sanken die Verkäufe in Europa weiter um sieben Prozent, in Deutschland sogar um acht und in Japan um neun Prozent. Europa verzeichnete in den ersten sechs Monaten 2013 den niedrigsten Fahrzeugabsatz seit zwanzig Jahren. In China stiegen die Autoverkäufe 2013 um 14 Prozent. Das Entwicklungspotenzial der neuen Industriemächte in diesem traditionellen Sektor ist riesig. In den USA kamen 2011 auf 1.000 Einwohner 860 PKW, in Deutschland 700, in China 19, in Indien noch weniger. Die Angleichung der Verkehrsdichte ist ein Drei-Milliarden-PKW-Programm, eine Dimension, die die Erde auf der bisherigen Ölbasis kaum hergeben dürfte.

Deutschland und Japan haben bewiesen, dass nachholende Industrialisierungen unter Weltmarktbedingungen möglich sind. Südkorea, Taiwan, Singapur, China und Brasilien folgten. Aber gegen die Marktmacht der alten Imperien ist eine nachholende Entwicklung nur als national ausgerichtete, protektionistische Wirtschaft möglich, die von der Währung bis zur Kontrolle der Importe und Kapitalansiedlungen im Widerspruch zum Weltmarktsystem steht. Für die Entwicklung des Agrarlandes China zu einem konkurrenzfähigen Industrieland bedurfte es einer diktatorisch überwachten Disziplin, der Entrechtung der Bevölkerung für die industrielle Aneignung von Böden und Räumen, einer hohen Ausbeutungsrate, Gewerkschafts- und Streikverbot, Zwangssparen zu Lasten des Konsums für die Kapitalbildung, eines Weltmarktes, der die Billigwaren aufnimmt, Importbegrenzung für die Entwicklung der eigenen Industrie, Währungsmanipulation, Vorschriften für die Ansiedlung ausländischen Kapitals, begrenzten Abzugs von Mehrwert (Gewinn) aus dem Land, Verpflichtung des ausländischen Kapitals zum Reinvestieren. Es gab Ausnahmen: Südkoreas Aufstieg begann mit der Entscheidung der USA, das Land als Drehscheibe für seine Asienkriege zu nutzen. Im Koreakrieg finanzierten sie 70 Prozent des südkoreanischen Verteidigungsetats und 50 Prozent der Staatsausgaben. Im Vietnamkrieg wurde die Truppenstationierung mit der Verpflichtung entgolten, jahrelang einen festgelegten Warenkatalog aus Südkorea zu beziehen.

Die meisten Länder Afrikas finden keinen Anschluss an den Aufschwung der Schwellen- und Entwicklungsländer, weil in ihnen Macht und Ohnmacht krasser aufeinanderprallen. Der Kapitalismus kann nur existieren, wenn er seine Produktionssphäre ständig revolutioniert, um sich Konkurrenzvorteile zu verschaffen, und wenn er expandiert und dabei Märkte und Rohstoffe erobert und seine Investitionen und Transportwege militärisch sichert. Er wird nicht von sich aus die Entwicklung vorantreiben, sondern sie unter dem Aspekt der kostengünstigen Ausbeutung von Plantagen, Bergwerken und Bohrlöchern betrachten. Für die ausgeplünderten Länder bleibt nichts. Rohstoffe erlangen oft erst in den Händen des Händlers und Kapitalisten ihren hohen Wert. Das Wenige, das dem Land bleibt, holen sich Stellvertretermilizen, staatliche Truppen, Händlerringe, die Wegezoll kassieren, Staatsparteien und jede Menge korrupte Familien. Ein Land kann sich nur entwickeln, wenn es erstens einen größeren Wertanteil im Land behält und zweitens seinen Kapitalstock vermehrt, statt den Wert zu verzehren. Dazu bedarf es aber eines stabilen Staates mit funktionsfähigen Sicherheitsorganen. Das ist der Unterschied zwischen Asien und Afrika. In Asien achten autoritäre Staaten darauf, dass ein großer Teil des Mehrwerts in die Kapitalbildung fließt und damit in die Entwicklung: Maschinen, Infrastruktur, Informatik, Forschung. In Afrika werden die Werte als Konsum vernichtet, für Waffenkäufe verzehrt oder von korrupten Eliten auf Auslandskonten deponiert.

Anders als in der Epoche des Kalten Krieges, in der die USA und die Sowjetunion die Welt in Einflusssphären aufteilten, bekommen die USA und China es heute mit einer Reihe aufsteigender Mächte zu tun, die sich zu regionalen Großmächten entwickeln. Zu den Hauptkonkurrenten der beiden zählt Deutschland, das sein historisches Ziel, die Hegemonie in Europa zu erringen, realisiert hat. Angela Merkel erläuterte den verdutzten Deutschen, die sich noch immer in der Opferrolle wähnten (entweder litten sie unter dem «Teuro» oder fühlten sich als Zahlmeister Europas) die neue Lage mit einem Satz, den sie verstehen konnten: «Deutschland ist das Amerika von Europa.» Seitdem haben Deutsche für Europa etwas mehr übrig. Zu den konkurrierenden Staaten zählen auch Japan, das sich militärisch erneuert, die Krisenstaaten Großbritannien und Frankreich, das sich um ehemalige Kolonien kümmert, die in Kriege um die regionale Hegemonie verwickelten Saudi-Arabien und Iran im Nahen und Mittleren Osten.

Russland, der Rohstofflieferant Europas, dehnt seinen Einfluss in dem von den USA weitgehend freigegebenen Nahen und Mittleren Osten aus, hat aber große Probleme beim Aufbau seiner «Eurasischen Union», die mit einem eigenen Zollsystem das geopolitische Bindeglied zwischen der EU und Asien werden soll. Die EU unter deutscher Führung drängt an Russland vorbei nach Asien und will mit ihrer Initiative «Östliche Partnerschaft» die Ukraine, die Republik Moldau, Georgien und andere ehemalige Sowjetrepubliken gewinnen. Im Osten drängt China mit günstigen Krediten in das rohstoffreiche Kasachstan ein. Andere Konkurrenten mit Weltgeltung sind Brasilien, das die Herrschaft der USA über Südamerika spürbar eingedämmt hat und zu einem veritablen Industrie- und Ölkoloss aufsteigt, Saudi-Arabien, Südkorea, Indien, Indonesien, die Türkei und andere asiatische Staaten. Die Gewichte sind allerdings sehr unterschiedlich. Die USA erwirtschaften ein Bruttoinlandsprodukt (BIP) von 16.000 Milliarden US-Dollar, China erreicht 7.400, Deutschland 3.400, Brasilien 2.500, Indien 1.680, Südkorea 1.100, Indonesien 842, Saudi-Arabien 580, die Türkei 550 Milliarden US-Dollar.

Im Durchschnitt erwirtschafteten Chinesen 2012 pro Kopf nur 6.500 Dollar. Das lag knapp vor Ägypten. Griechenland kam auf über 20.000, Brasilien auf 11.000 und Südafrika auf 7.000 Dollar. Das ist aber nur die halbe Wahrheit, denn China zerfällt in den reichen Küstenstreifen und das arme Binnenland. Die Hälfte der Chinesen erfährt von dem Wirtschaftswunder nur aus dem Fernsehen oder durch Postkarten der Wanderarbeiter.

Brasilien wird in drei Jahren der drittgrößte Automobilmarkt der Welt sein und schickt sich an, das «Norwegen» Südamerikas zu werden durch eine Kombination von Industrieproduktion, industrieller Landwirtschaft und Ölexporten. Es hat die Förderrechte für sein Offshore-Feld Campo de Libra an ein Konsortium vergeben: Shell (Großbritannien/Niederlande), Total (Frankreich), die staatlichen chinesischen

Konzerne CNPC und CNOOC sowie die staatlich kontrollierte brasilianische Petrobras. Brasiliens Anteil an den Öleinnahmen beträgt 41,65 Prozent. Das wären in dreißig Jahren 336 Milliarden Euro. Durch den Aufstieg Brasiliens und Mexikos, das seine Ölindustrie privatisieren will, um amerikanische Investoren für die Förderung der Schieferöl- und Gasvorkommen per Fracking zu locken, wird Lateinamerika weiter gespalten. Während Krisenstaaten wie Argentinien und Venezuela für Kredite im Finanzmarkt neun bis 13 Prozent Zinsen zu zahlen haben, können Brasilien und Mexiko sich für vier Prozent refinanzieren. Der schwindende politische Einfluss der USA und das wachsende Selbstbewusstsein Südamerikas sind daran zu erkennen, dass die Gemeinschaft Lateinamerikanischer und Karibischer Staaten (CELAC) die von Washington gegründete Vereinigung amerikanischer Staaten (OAS) verdrängt. Im Januar 2014 tagte die CELAC demonstrativ in Havanna. Brasilien ignoriert die amerikanischen Sanktionen und baut auf Kuba rund 40 Kilometer westlich von Havanna in einem Joint Venture den größten Containerhafen der Karibik mit angrenzendem Industriepark, und es modernisiert den internationalen Flughafen von Havanna.

Angestachelt durch den ökonomischen Aufstieg und begünstigt durch seine geografische Lage schickt das Schwellenland Türkei sich an, eine von der EU losgelöste geopolitische Drehscheibe zwischen Europa, Asien und dem Golf zu werden. Die Türkei düpierte die NATO-Staaten, indem es China einen Auftrag für Luftabwehrraketen offerierte. Durch den anhaltenden wirtschaftlichen Aufschwung hat die Partei des Islamisten Recep Tayyip Erdoğan sich trotz der laizistisch-kemalistischen, linken und westlichen Traditionen, die das Gesicht der Aufstände prägen, zehn Jahre im Amt gehalten. Erdoğans Herrschaftssystem wird indes immer stärker durch das antagonistische Nebeneinander von Moderne und Islamismus gefährdet. Wenn ökonomischer Fortschritt und liberaler Geist genauso voranschreiten wie die verordnete religiöse Regression, muss es krachen. Hinzu gekommen ist die juristische Verfolgung von mafiösen Strukturen im Staat (Begünstigung von Verwandten, Geldwäsche, heimlicher Handel mit dem Iran, Goldschmuggel, Schmiergeld in Schuhkartons). Erdoğan reagiert in autokratischer Hektik mit Säuberungen im Beamtenapparat und Verhaftungen von Demonstranten, mit Verschwörungsfantasien («dunkle ausländische Kräfte») und einer tendenziellen Abkehr vom Westen. So wie das Außenamt Reisewarnungen ausgibt, gab das «Handelsblatt» eine Investitionswarnung für die Türkei aus: «Türkische Wirtschaft in Gefahr! Nach Bestechungsaffären fürchten die Ratingagenturen um Kreditwürdigkeit und Stabilität.» (9.1.14).

Am Golf entwickelt sich Saudi-Arabien industriell und militärisch. Die Wirtschaftsleistung wächst im Jahresdurchschnitt um fünf Prozent. 2013 belief sie sich auf 744 Milliarden Dollar. Öl- und Gasexporte trugen nur noch die Hälfte dazu bei. Die saudischen Devisenreserven und Investitionen im Ausland summierten sich 2013 auf knapp 900 Milliarden Dollar. Die Staatsverschuldung, die in Europa bei 100 Prozent der Jahreswirtschaftsleistung liegt, beträgt in Saudi-Arabien 2,7 Prozent. Die Zeitschrift «Middle East Economic Digest» (MEED) beziffert die geplanten Projekte des Staates für die saudische Infrastruktur und Industrialisierung bei 1.000 Milliarden Dollar. Wie in China werden Industriestädte aus dem Boden gestampft und das Land kreuz und quer mit Eisenbahnnetzen durchzogen. In Riad entstehen sechs moderne Metrolinien, die ohne Personal fahren. Saudi Aramco baut das größte Gaskraftwerk der Welt. Der Öl- und Gasanteil am saudischen Stromverbrauch wird sich bis 2020 durch den Ausbau der Solarenergie halbiert haben. Saudi-Arabien mausert sich zum Solarenergiefabrikanten Nordafrikas. Die saudische ACWA Power baut im Süden Marokkos bei der Wüstenstadt Ouarzazate das größte Solarthermiekraftwerk der Welt.

Saudi-Arabien und Katar planen den Kauf deutscher Solarfirmen, die dem chinesischen Konkurrenzdruck nicht gewachsen sind und vom deutschen Staat nicht mehr gar so großzügig gefördert werden — zur Eindämmung der Energiekosten. Obschon 700 deutsche Firmen in Saudi-Arabien tätig sind, haben China, Frankreich und Südkorea die größeren Anteile am Wirtschaftsboom. Dass die Golf-Allianz aus Saudi-Arabien, Vereinigte Arabische Emirate (VAE) und Kuwait der ägyptischen Junta gleich nach dem Putsch zehn Milliarden Dollar Aufbauhilfe gewährte und verbindlich erklärte, alle ausfallenden Subventionen der USA und der EU zu ersetzen, war das Signal, als Ordnungsmacht am Golf auftreten zu wollen. Der politische Machtanspruch in der Region wird durch eine beispiellose militärische Aufrüstung untermauert. Saudi-Arabien bestellte 2011 bei den amerikanischen Waffenkonzernen Lockheed Martin und Boeing für 60 Milliarden Dollar Kampfflugzeuge und Hubschrauber. Der saudische Auftrag entspricht dem Auftragsvolumen der Bundeswehr für Kriegsgeräte in einem Zeitraum von zehn Jahren. Die EADS und BAE Systems lieferten 72 Eurofighter an Saudi-Arabien und zwölf an Oman. Heckler und Koch stellten Saudi-Arabien eine Fabrik zur Produktion von Gewehren in die Wüste. EADS-Cassidian baut für Saudi-Arabiens Grenzen ein neuntausend Kilometer langes Sicherungssystem.

Schwellenländer sind in ihrer Sozialstruktur stärker zerrissen als hoch entwickelte Industrieländer. Chinas Küstenregion ist in der Moderne angekommen, das Innere nicht. Auch Indien, Vietnam und Indonesien weisen Industriekomplexe neben dem zurückgebliebenen Landleben auf. Indien zeigt, mit welcher Wucht Moderne und Mittelalter aufeinanderprallen. Indien ist Atommacht und produziert in Hightech-Zentren qualifizierte Software, gleichzeitig herrscht ein finsteres Kastenwesen und eine Religion, die bei Vergewaltigungen den Mädchen die Schuld zuweisen. In Russland schwankt Putin zwischen willkürlicher Verhaftung und Freilassung. Die Begnadigungen der Pussy Riots, Greenpeace-Aktivisten und von Michail Chodorkowski demonstrieren Machtfülle; die Geste besagt: Ich hätte sie auch töten können! Russland schwankt zwischen Moderne und Oligarchendiktatur mit einem Putin und einer mittelalterlichen Kirche, der jede Abweichung von der Norm verdächtig vorkommt.

Einige Schwellenländer leiten den Übergang vom Exportmodell zu einem tragfähigen Binnenmarkt mit steigendem Massenkonsum und beginnender sozialer Absicherung ein. Chinesen gaben 2012 102 Milliarden Dollar für Auslandsreisen aus. Das waren 40 Prozent mehr als im Vorjahr und zum ersten Mal mehr als die 84 Milliarden Dollar, die Deutsche und Amerikaner jeweils für Ferien ausgaben. Das spricht zunächst nur dafür, dass die Zahl der gut verdienenden Mittelschicht wächst. Mehr noch als in China wächst in Brasilien eine breite, kaufkräftige Mittelschicht heran, deren Haushaltseinkommen sich dem europäischen nähert. In den Schwellenländern wachsen die Ansprüche. Untere Schichten und Aufsteiger wollen partizipieren in Form höherer Einkommen, Freiheiten und sozialer Versorgung.

Die Verschiebung der Weltfinanzen

Als Richard Nixon im Februar 1972 Mao Tse-tung besuchte, war von Geschäften noch nicht die Rede. China war «Dritte Welt», und die USA wollten Mao für eine Allianz gegen die Sowjetunion gewinnen, weil ihre Niederlage im Vietnam-Krieg absehbar war und sie eine sowjetische Expansion befürchteten. Mao unterlag dem Irrtum, dass die Sowjetunion die Hauptgefahr sei. Tatsächlich stand sie vor dem Kollaps, weil das vom Westen angezettelte Wettrüsten immer größere Teile ihrer Wirtschaft in Beschlag nahm und einen dramatischen Verlust der Versorgung in Gang gesetzt hatte. Wenn Barack Obama heute nach Peking fliegt, bittet er um chinesische Kredite, ohne die der amerikanische Staatshaushalt zusammenbrechen würde, eine reguläre Bewertung der chinesischen Währung und um die Bevorzugung von General Motors und Ford bei der größten Motorisierung der Geschichte. Zu bieten hat er die Abnahme eines Viertels der chinesischen Exportwaren.

Die gleichzeitige Existenz des stagnierenden «alten» Kapitalismus und des expandierenden «neuen» spiegelt sich in den Weltfinanzen. Die nach ihren Anfangsbuchstaben benannten BRIC-Staaten (Brasilien, Russland, Indien, China) halten mehr als die Hälfte der weltweiten Devisenreserven. Hauptschuldner sind heute nicht mehr Südamerika oder Afrika, sondern die USA und europäische Staaten. Brasilianische oder indonesische Staatsanleihen sind heute sicherer als italienische oder französische, marokkanische sind sicherer als spanische. Der Bestand an bestbenoteten Staatsanleihen auf der Welt ist von 8,6 Billionen Euro auf 3,1 Billionen geschrumpft. Zu den sicheren Anlagehäfen zählen heute Uruguay, Bolivien, Brasilien, Indonesien, Peru, Kolumbien, Hongkong, die Philippinen; und zu den unsicheren Ländern zählen die Europäer Griechenland, Zypern, Spanien, Portugal, Irland und Italien. Die Umkehrung der Verhältnisse ist noch etwas ungewohnt, schafft aber auch Ordnung. Vor dreißig Jahren bangte der Norden um die Rückzahlung seiner Kredite – immer wieder gab es Schuldenerlasse. Heute bangen Länder der ehemaligen «Dritten Welt», ob ihre Kredite an Europa jemals zurückgezahlt werden.

Der Verschuldungsgrad ist eine Kennziffer, die den Aufstieg und Fall von Weltmächten anzeigt. Alle Staatsschulden auf der Welt beliefen sich im Oktober 2013 auf 58,3 Billionen US-Dollar. Davon entfielen 16,7 Billionen oder 29 Prozent auf die USA. Die Schuldenobergrenze der USA stieg in fünf Jahren von sechs Billionen (2008) auf 16,7 Billionen (Oktober 2013). Die größten Gläubiger der USA waren zu diesem Zeitpunkt China mit US-Anleihen im Wert von 1.397,3 Milliarden Dollar und Japan mit 1.135,4 Milliarden. Mit großem Abstand folgten Brasilien (256,4 Milliarden Dollar), Taiwan (185,8), Schweiz (178,2), Belgien (167,7), Großbritannien (156,9) und Deutschland mit 56,3 Milliarden Dollar. Die zwölf Staaten des Öl-Kartells OPEC hielten zusammen 257,7 (das meiste davon Saudi-Arabien), in den karibischen Steueroasen waren 287,7 Milliarden US-Dollar versteckt. Die Verschuldung der USA hält die Welt in Atem, die Risiken sind aber derzeit nicht hoch. Zum einen beläuft die amerikanische Auslandsverschuldung sich nur auf ein Drittel der Gesamtschulden. Die meisten Schulden hat der US-Staat im Inland und – soweit ihm die Finanzinstitute zuzuordnen sind – bei sich selbst. Er steht bei staatlichen Pensionsfonds mit 5,8 Billionen Dollar in der Kreide, bei der Zentralbank Fed mit 1,9, bei Privat-Haushalten mit 1,2, amerikanischen Investmentfonds mit 1,0, den Bundesstaaten und Gemeinden mit 0,5, US-Banken mit 0,4 und US-Versicherungen mit 0,3 Billionen Dollar.

So schnell wird der Dollar nicht von dem Rang der ersten Weltwährung zu verdrängen sein. Bei den finanziellen Gewichten wird häufig die Gesamtbilanz vernachlässigt. Die amerikanischen Schulden sind hoch. Aber die Konzerne, der Staat, die Finanzfonds und Privatpersonen der USA verfügen andererseits über eine extrem hohe Anlage an Fremdwährungen. Wenn der Dollar unter Druck gerät und infolgedessen abwertet, sinken auf der Passivseite der amerikanischen Bilanzen (Banken, Unternehmen) die Dollarverbindlichkeiten, während die auf der Aktivseite gehorteten Fremdwährungen relativ oder absolut aufwerten. Die USA würde durch Dollarabwertungen zunächst immer reicher werden. Die Bedeutung des Dollar wächst auch durch die Sicherheit des amerikanischen Systems. Nirgendwo auf der Welt sind der Kapitalismus und das Recht auf Eigentum sicherer als in den USA. Wer die Wahl hat, sein Vermögen in China, Europa, Südamerika, Afrika, dem Nahen und Mittleren Osten oder in Nordamerika (USA, Kanada) nach Sicherheitskriterien zu deponieren, würde immer den Dollar wählen. Vielleicht wäre Australien eine Alternative. Alle anderen Räume auf dem Globus sind Erschütterungen ausgesetzt.

Trotzdem leidet die Reputation der USA unter dem politischen Boykott der Tea-Party-Abgeordneten, wenn sie ihre Museen schließt und eine Million Beamte, immerhin das Gerüst des Staates, in den unbezahlten Zwangsurlaub schickt. Im Oktober 2013 musste die Weltmacht ihre selbst verordnete Schuldengrenze überschreiten. Zahlungsunfähigkeit war nicht wirklich zu befürchten, weil die USA jederzeit jede Menge Dollar drucken können. Doch inspirierte das interne Gezeter andere Mächte, sich Gedanken über eine Erosion und Zahlungsunfähigkeit der USA zu machen. Der politische Konflikt war diesmal mehr als ein Geplänkel. Die Tea-Party-Bewegung, die sich bei den Republikanern eingenistet hat, ist mit den faschistischen Bürgerparteien, die in Europa aufkommen, zu vergleichen. Sie repräsentiert einen Teil der weißen Mittelschicht, die zu den Verlierern gehört und eine panische Angst davor hat, dass weiße Amerikaner europäischen Ursprungs bald in der Minderheit sein werden. Leute, die sich dem Ku-Klux-Klan nahefühlen, sehen in dem farbigen Präsidenten die Kassandra ihres Niedergangs. Sie würden für seinen Sturz die Welt draufgehen lassen und die Apokalypse für ein Gottesurteil halten.

Die Zahlungsunfähigkeit der USA würde die Weltökonomie, die sich auf den Dollar als sicheren Anlagehafen und Leitwährung verlässt, in den Abgrund stürzen. Die Banken würden keine Kredite mehr geben, Aktienkurse brächen ein, die Leute stünden an den Geldautomaten Schlange, Pensionsfonds, die einen Teil ihres Vermögens in Dollar-Papieren anlegen müssen, weil sie von einer Ratingagentur die Bestnote benötigen, hätten US-Anleihen auf den Markt geworfen und sich deutsche oder chinesische gekauft. Die bei den Banken liegenden US-Anleihen im Wert von einer Billion Dollar büßten ihren Wert ein, ebenso Dollar-Guthaben, von denen China, Japan und Saudi-Arabien 2,5 Billionen besitzen. Das ganze Dollar-Drucken würde nichts mehr nutzen, wenn China mit einem frei handelbaren Renminbi auf den Markt kommt. Dann würde ein wachsender Teil des Welthandels in Renminbi berechnet werden, und die USA müssten sich für Importe aus China mit dem sinkenden Dollar Renminbi besorgen. Außerdem ist eine Weltmacht, die ständig mehr Wert verbraucht, als sie produziert, dem Untergang geweiht. Von den Staatsausgaben der USA müssen jedes Jahr zwanzig Prozent geliehen werden, weil sie nicht durch Einnahmen gedeckt sind. Deshalb präsentierte China sich während des Klärungsprozesses in den USA schon mal als neue Weltmacht. «Washington hat den Bankrott des Vertrauens in das US-Finanzsystem nur aufgeschoben, nicht aufgehoben», schrieb die chinesische Nachrichtenagentur Xinhua und forderte eine «De-Amerikanisierung der Welt».

Wird die Staatsverschuldung an der Wirtschaftsleistung des Landes gemessen, liegt Japan mit 238,0 Prozent des BIP weit vorn. Es folgen Italien mit 127,0 Prozent, die USA mit 106,4, Frankreich mit 90,2, Großbritannien mit 88,8, Kanada mit 85,3 und Deutschland mit 81,9 Prozent. Die Eurozone ist nur unbedeutend geringer verschuldet als die USA. Der Prozess der anwachsenden Schulden drückt einerseits eine wirtschaftliche Unterlegenheit gegenüber dem Ausland aus und sollte irgendwann beendet werden. Andererseits wird besonders in Deutschland um Schulden mehr Aufhebens gemacht als nötig. Der Krisenautor, der Mann von der «Wirtschaftswoche», der Bund der Steuerzahler, der Rechtspopulist, der linke Krisentheoretiker in Endzeitstimmung, sie alle beklagen einen Berg von Schulden, die wir unseren Kindern und Enkeln hinterlassen und die sie nie werden zurückzahlen können, ohne zu sagen, dass sie gar nicht zurückgezahlt werden müssen.

China hatte im Januar 2014 Devisenreserven von 3,8 Billionen Dollar angesammelt, davon waren 35 Prozent US-Papiere, die nicht unbedingt Ausdruck einer gewollten Geldanlage sind, sondern aus ökonomischen Zwängen entstehen. Chinesische Firmen beliefern die USA mit tausend Konsumgütern, und China erzielt, da es nicht in gleichem Umfang in den USA einkauft, einen hohen Exportüberschuss, der 2012 bei 315 Milliarden Dollar lag. Die Firmen benötigen, da sie Vorprodukte, Maschinen, Löhne, Rohstoffe in China kaufen und bezahlen, die chinesische Binnenwährung Yuan, können die eingenommenen Dollar aber auf dem Finanzmarkt nicht in chinesische Währung umtauschen, weil sie nicht frei handelbar ist. Also werden die Dollar in China bei der chinesischen

Zentralbank gegen Yuan getauscht. Da die chinesischen Firmen in den USA nichts einkaufen, sondern sich auf dem heimischen Markt reproduzieren, bleibt die Zentralbank auf Bergen von Dollar sitzen und muss befürchten, dass der Dollar aus politischem Kalkül oder wegen der rasanten Notendruckerei an Wert verliert.

Ein großer Teil der chinesischen Dollarreserven ist in amerikanischen Staatsanleihen angelegt. China hat den USA über die Krise hinweggeholfen, hat ihre Kriegsgeräte und alles andere, wofür der Staat sich Geld leiht, mitfinanziert. Als die amerikanische Notenbank Fed Zinserhöhungen ankündigte, zu denen es dann vorerst nicht kam, fielen die alten US-Staatsanleihen in chinesischem Besitz im Wert, weil neue Staatsanleihen mit höheren Zinsen angekündigt waren. Trotz allem zählt der US-Dollar noch immer zu den sicheren Währungen. Von 55 Prozent der Weltwährungsreserven ist bekannt, in welcher Währung sie gehalten werden. Davon waren im Oktober 2013 61,9 Prozent US-Dollar, 23,8 Prozent Euro, 3,8 Yen, 3,8 Pfund-Sterling, 1,8 Kanadischer Dollar, 1,7 Australischer Dollar, 0,3 Schweizer Franken und 2,8 Prozent Sonstige. Dass ein Teil der Forderungen Chinas an die USA entwertet werden könnte, ändert nichts an Chinas Aufschwung – weder am Zuwachs der eigenen Industrieproduktion und schon gar nicht an den Schürfrechten, die China überall auf der Welt erwirbt. China setzt die Dollars ein, kauft in Asien und Afrika, in den USA und Europa Böden und Firmen und lässt afrikanische Arbeiterkolonnen in den Bergwerken unter Aufsicht des eigenen Militärs oder gekaufter Milizen arbeiten. Die von China gehorteten ausländischen Staatsanleihen sind einerseits vom Verlust bedrohte Papiere und ebnen andererseits die Wege zu neuen Eroberungen.

Die «Financial Times» hat die Bonität der Länder nach den Kriterien der drei amerikanischen Ratingagenturen Moody's, Standard & Poor und Fitch bewerten lassen. Es ist nicht wichtig, was man von ihnen hält, bedeutender ist, dass alle Investoren der Welt sich nach deren Ratings richten. (Dass die Ratingagenturen Hilfsinstrumente der US-Administration bei der Zerstörung Europas sind, wie manche Linke vermuten, gehört in den Bereich der Ufo-Sichtung.) Ergebnis: Die Kreditwürdigkeit der Nationen hat sich seit der Krise dramatisch verschoben. 2007 erhielten 16 Länder die Bestnote AAA, heute elf. Rausgefallen sind u. a. die USA, Großbritannien und Frankreich. Die sicheren Staatsanleihen (AAA) sind von elf Billionen Dollar auf vier geschmolzen. Die kreditwürdigsten Staaten sind heute Deutschland, Kanada, die Niederlande, Australien, Singapur, Schweden, Dänemark, die Schweiz, Norwegen, Finnland und Luxemburg. Folgende Länder haben ihre Bonität in der Krise verbessert: China, Uruguay, Bolivien, Brasilien, Indonesien, Peru, Kolumbien, Hongkong, die Philippinen und die Türkei. Die größten Verlierer sind die europäischen Staaten Griechenland, Zypern, Spanien, Portugal, Irland und Italien. Europa hat seinen Status als Ort für sichere Geldanlagen verloren. Die Ausnahme ist Deutschland.

«Die Kraft des Krieges sind unbegrenzte Geldmittel» (Cicero) – Appeasement und die Sanierung der USA

Imperialismus war immer komplizierter, als er in Flugblatt-Texten behandelt wurde, vor allem wurden die Niederlagen sowie die Kosten der Kriege und die Verwaltung eines Protektorats übersehen. Schon in Kolonialzeiten haben die Herrschenden bisweilen falsch gerechnet. Das Britische Empire ist nicht nur, aber auch an den teuren Besetzungen gescheitert. Tee und Baumwolle haben oft nicht das eingebracht, was für den exzessiven Lebensstil der britischen Kolonialherren, ihren Hofstaat, Transporte, das Militär zur Sicherung von Plantagen, Häfen und Seewegen, Maschinen und Rüstung, Arbeitskräfte und korrupte Fürsten ausgegeben wurde. Marx stellte der Beherrschung der Welt «eine sehr gewichtige Gegenrechnung gegenüber [...] Die Militär- und Marineausgaben, die aus der Tasche des englischen Volkes auf Rechnung Indiens bezahlt werden, haben sich mit der Ausdehnung des indischen Herrschaftsgebietes ständig erhöht [...] Fügt man die Folge endloser Eroberungen und ständiger Aggressionen hinzu, in die die Engländer [...] verwickelt sind», könne die Unternehmung auf einen Verlust hinauslaufen. Die Merkel-Regierung hat das bislang beherzigt. Sie überlässt Frankreich die Bombardierung von Tripolis und die Scharmützel in Mali und Zentralafrika und lässt ihre Ausbilder hinter der Front Kontakte knüpfen oder präsentiert ein Lazarett-Flugzeug.

Der Kapitalismus muss expandieren, aber der Wertraub soll die Kosten der militärischen Variante erst einmal einspielen. Heute lassen sich Länder noch weniger als früher mit einem Kanonenboot und einigen Regimentern in Schach halten. Und der Bildung von Protektoraten sind durch die abnutzende Wirkung asymmetrischer Kriege enge Grenzen gesetzt, in denen unterlegene, aber bis zur Sinnlosigkeit indoktrinierte Kräfte sich und ihre Kinder opfern. Die USA sind fähig, Regierungen zu beseitigen, aber kaum oder gar nicht in der Lage, Länder so zu befrieden, dass die Ausbeutung gelingt. Im islamischen Raum finden sie wegen der kulturellen Antagonismen kaum Partner, die mitmachen. Vorerst hilft man sich mit Killerdrohnen, die eine Kriegführung im Frieden gestatten. Sie sind die adäquate Antwort auf den asymmetrischen Krieg, ein Anschlag auf Dschihadisten, die ihrerseits mit Anschlägen auf Personen und Einrichtungen, die sie als ungläubig einstufen, vorauseilen. Beide verursachen Kollateralschäden und senken die Hemmschwelle. Hier hat der Fanatismus die Angst vor dem Töten besiegt, da hilft die Cyber-Anonymität. Noch ist der Schaden der konventionellen Landkriege, der Flächenbombardements und der Landminen größer. Das Assad-Regime soll weit über 100.000 Menschen getötet haben.

70 Prozent der Amerikaner gehen davon aus, dass die USA heute weniger respektiert werden als in der Vergangenheit, 80 Prozent ziehen die Behandlung nationaler Probleme der Verbreitung von Demokratie und Menschenrechten vor. Was sollen militärische Abenteuer, wenn sie die Scharia mit Todesstrafe und den Hass auf die USA, die Juden und Homosexuelle sowie Stammesfehden hinterlassen? Der Krieg gegen die Serben war der letzte Krieg des Westens, der in eine kontrollierbare Ansammlung von Staaten mündete. Seitdem konnte in keinem Fall ein Regime installiert werden, das die Beziehungen zum Westen verbesserte. Karsai scheidet aus, weil er nicht mehr als der «Bürgermeister von Kabul» ist, der sich zudem auf eine Allianz mit den Taliban und China vorbereitet. Der Irak ist faktisch dreigeteilt (Schiiten, Sunniten, Kurden) und umkämpft. Libyen zerfällt in Stammeskriegen. Man sollte außerdem festhalten, dass es weder dem Westen um die Rechte von Frauen und Mädchen ging, noch freuten die einheimischen Männerkulturen sich über den Eingriff in ihre Zuchtanstalten. Anders sieht es für die Profiteure aus. In Afghanistan ist die westliche Streitmacht der größte Wirtschaftsfaktor. Alle kassieren ab: Warlords, Beamte, Taliban, Transportunternehmer. Das US-Militär beschäftigt 4.000 Lastwagen, mit denen afghanische Transportunternehmer im Jahr 2,6 Milliarden Dollar einnehmen. Davon müssen Subunternehmer bezahlt werden, die ihrerseits Schutzgelder an die Taliban zahlen – pro Lkw-Durchfahrt 1.500 bis 2.500 Dollar Wegezoll, zahlbar in bar oder Waffen.

Der erste Irak-Krieg kostete der westlichen Allianz 51,1 Milliarden Dollar. Der Afghanistan-Krieg und der zweite Irak-Krieg kosteten nach Berechnungen der Brown-University allein die USA bis heute 1.407 Milliarden Dollar fürs Militär, 743 für die Militärverwaltung, 455 Milliarden Dollar für Anforderungen an den Grenzschutz, 259 für Zinsen, 135 für die Veteranenversorgung und 104 Milliarden Dollar für den Wiederaufbau. Der Schuldenberg der USA ist zu 25 Prozent allein auf die zweite Irak-Invasion zurückzuführen. Auch andere Staaten leiden unter den Kriegskosten. Nach einer DIW-Studie kostete Deutschland der Afghanistankrieg 36 Milliarden Euro. Den höchsten Aderlass hat Israel, das für die Abwehr von Attentaten und Raketenbeschüssen sowie die Gefahrenprävention 6,8 Prozent des BIP ausgibt. Allein die Raketenangriffe von Saddam Hussein hatten Israels Volkswirtschaft 3,2 Milliarden Dollar gekostet. Der Angriff der Hisbollah, der 2006 35 Tage dauerte und 6.000 Gebäude zerstörte, eine Million Israelis in die Flucht trieb und den Tourismus einfror, hat die israelische Wirtschaft 1,3 Prozent des BIP gekostet. Der Zweite Weltkrieg hatte die Vereinigten Staaten 4,4 Billionen Dollar gekostet. Die Schulden der USA waren 1945 mit 120 Prozent des BIP höher als heute. 1952 folgte der Korea-Krieg, dann der Vietnam-Krieg, in dem Richard Nixon 1971 – da hatte der Krieg der US-Wirtschaft 690 Milliarden Dollar entzogen – zu einer Schocktherapie greifen musste: Lohn- und Preiskontrolle, Importsteuern, Aufhebung der Goldbindung des Dollars. Der Dollar verlor ein Drittel seines Werts. Martin Luther King hatte vorher darauf hingewiesen, dass der Vietnam-Krieg nicht nur töte, sondern auch der amerikanischen Wirtschaft wie ein «dämonisches, destruktives Saugrohr» Mittel entziehe. Der Krieg sei ein «Feind der Armen».

Das Stockholmer Institut für Friedensforschung SIPRI ermittelte für 2011 folgende Militärausgaben: USA 711 Milliarden Dollar (4,7 Prozent des BIP), Saudi-Arabien 48,5 Milliarden (8,7), China 143 (2), Russland 71,9 (3,9), Großbritannien 62,7 (2,6), Frankreich 62,5 (2,3), Japan 59,3 (1,0), Indien 48,9 (2,6), Deutschland 46,7 (1,3). Seit dem Terroranschlag vom 11. September 2001 haben die USA acht Billionen Dollar für das Militär und den Heimatschutz ausgegeben – das entspricht der Hälfte ihrer Staatsschulden. Der Heimatschutz steht vermutlich in keinem Verhältnis zu der realen Gefahr. Pro Jahr kommen 23 US-Amerikaner durch Terroranschläge ums Leben, während sich 30.000 gegenseitig erschießen. Das «Wall Street Journal» schrieb schon 1987: «Die USA sitzen nun in jenem hintersten Winkel, in dem sich Großbritannien zwischen 1926 und 1944 befand. Solche Nationen leben von vergangenem Ansehen, saugen fremdes Kapital auf und sind nicht in der Lage, genügend Finanzmittel für einheimische Investitionen aufzubringen.» Die Industrieproduktion verfiel, die Handelsbilanz der USA war 1971 das erste Mal seit 1893 defizitär, in den 1980er-Jahren wuchsen die Schulden des US-Haushalts um 342 Prozent. Hohe Militärausgaben belasten die Wirtschaft, weil sie theoretisch Konsum sind, Kapital verzehren statt akkumulieren. Die Reproduktionskraft einer Wirtschaft sinkt, wenn Arbeitskräfte Zeit und Ressourcen verschwenden für Dinge, die explodieren oder verrosten, statt einen Beitrag zur Modernisierung zu leisten. Kriege belasten nur dann nicht, wenn der Verlust durch den Raub fremder Wertmasse kompensiert wird. Ein historisches

Beispiel ist das Kaputtrüsten des Sowjetblocks. Der Westen initiierte ein Wettrüsten, das in der wirtschaftlich schwächeren UdSSR immer größere Anteile der gesellschaftlichen Arbeitszeit verschlang, sodass die Wirtschaft nicht mehr instand gesetzt wurde und der Konsum sank. Als Michael Gorbatschow die sowjetische Industrie der Marktwirtschaft übergab, wurde sie konkurrierendes Kapital und zur Hälfte beseitigt, weil sie der westlichen Produktivkraft nicht gewachsen war.

Die USA kündigen eine Sanierung ihrer Wirtschaft an. Sie werden ihre Militärausgaben kürzen, Landkriege weitgehend einstellen und mithilfe des Frackings eine Reindustrialisierung beginnen. Bisher gelang mit dieser Methode eine Steigerung der Erdgasförderung in den USA um 30 und der Ölförderung um 50 Prozent. Der Ölpreis ist um 20 Prozent, der Gaspreis um geschätzte 30 Prozent gesunken. Wohnungs- und Produktionskosten sinken, die USA werden kaum noch Energie importieren müssen und verlieren deshalb das Interesse an der Golf-Region. So wie es aussieht, avancieren die USA zum kostengünstigsten Standort der hoch entwickelten Welt und eventuell zum Exporteur von Flüssiggas. Ihre Energieimporte und die Verschuldung werden sinken. Der Energieimport der USA belief sich 2005 auf 60 Prozent des Verbrauchs, 2015 werden nur noch 24 Prozent erwartet, eine Menge, die sich nebenan aus Mexiko beziehen lässt.

Das Fracking löst eine neue Industriewelle aus. Überall entstehen neue Pipelines, Gaskraftwerke, petrochemische Werke, Straßen, Schienen- und Stromnetze, Flüssiggashäfen und Spezialschiffe für den Flüssiggasexport. Der Raubbau gefährdet den Boom und belastet die Umwelt. North Dakota ist eine Flammenhölle, weil an jedem Loch überschüssige Mengen abgefackelt werden, in Pennsylvania ist mancherorts das Trinkwasser verseucht, aus Wasserhähnen strömt leicht entflammbares Gas. Hauseigentümer wurden großzügig entschädigt, mussten aber unterschreiben, mit niemandem darüber zu sprechen. «Wenn ein GAU passiert, ist die Party zu Ende», sagt Gary Hufbauer vom «Petersen-Institut». In Europa hat sie noch nicht begonnen. Auf Wunsch von Polen und Großbritannien hat die Europäische Kommission das Fracking freigegeben.

McKinsey schätzt, dass die Gewinnung von Schiefergas und Schieferöl den Vereinigten Staaten bis 2020 jedes Jahr einen Wert von 700 Milliarden Dollar bringen wird. Die amerikanische Industrie legte 2012 bereits um sechs Prozent auf 348 Milliarden Dollar zu, während die deutsche stagnierte. Neben den steigenden Löhnen und Transportkosten in Asien führt die Senkung der Energiekosten zu einem Rückfluss von amerikanischem Kapital in die USA. Der Konzern ET Water Systems, der Bewässerungsanlagen produziert, hat seine Fabriken von China nach Kalifornien verlegt, General Electric (GE) seine Produktion von Waschmaschinen, Kühlschränken und Heizstrahlern von China nach Kentucky. Wenn die USA sich zu einem Produzenten von Massenwaren entwickeln, könnte es passieren, dass Europa aus dem Osten und dem Westen mit preisgünstigen Waren überschwemmt wird. Insbesondere dann, wenn der zollfreie transatlantische Binnenmarkt entsteht. Die Deutsche Industrie- und Handelskammer (DIHK) befürchtet, dass die geplante transatlantische Freihandelszone «zu Lasten Deutschlands» gehen werde, mit der Verlegung von energieintensiven Industrien von Europa in die USA sei zu rechnen: Aluminium, Chemie, Stahl, Kunststoff und Dünger.

In China wurde ebenfalls ein Schiefergas-Bonanza freigelegt. Vierzig Prozent der Vorkommen liegen aber in der Provinz Sichuan an der Grenze der indischen und ostasiatischen Erdplatte. Die Region erlitt 2008 eine Erdbebenkatastrophe, bei der 70.000 Menschen ums Leben kamen. Bei der dreijährigen Bohrsimulation wurden 2.700 Erdstöße registriert. Im chinesischen Forschungsbericht heißt es: «Mit dem Beginn der Einführung von Wasser unter Druck in die Bohrung zeigte sich eine deutliche Zunahme der seismischen Aktivität.» Durch den Frackingboom wird die Macht der zwölf OPEC-Staaten weiter schwinden. Seit dem Ölpreisschock 1973 wird nach eigenen Feldern und Energiealternativen geforscht. Russland entdeckte große Öl- und Gasfelder, in der Nordsee wurde Öl gefunden, die Atomenergie, neuerdings regenerative Energien und das Fracking wurden forciert. In den dreißig größten Industriestaaten (OECD) sank der Anteil des Öls an der Energieversorgung von 52 Prozent in 1970 auf 33 Prozent. In Asien steigt der Bedarf, sodass von zehn Fässern, die die OPEC-Staaten liefern, heute sechs in den Asien-Pazifik-Raum gehen. Saudi-Arabiens Öl im Wert von 360 Milliarden US-Dollar pro Jahr geht zu 14 Prozent nach Japan, 13 in die USA, zwölf nach China, zehn nach Südkorea und acht nach Indien.

Die USA werden den Nahen Osten nicht völlig aufgeben. Wegen der Sicherheit Israels, der Kontrolle über die Energiepreise und für den Fall, dass die Eigenversorgung nicht wie erhofft funktioniert.

Ihr Interesse an diesem Raum hat aber spürbar nachgelassen. Mit der Beendigung der US-amerikanischen Landkriege ist es auch um die NATO stiller geworden. NATO-Generalsekretär Anders Fogh Rasmussen schloss in Syrien eine Beteiligung der NATO aus: «Ich sehe keine weitere Rolle für die NATO.» Ivo Daalder, ehemaliger NATO-Botschafter der USA, spricht von einer neuen («vierten») NATO-Funktion: Umbau der NATO zu einem Dienstleister. Die NATO halte Dienstleistungen bereit, die von Mitgliedsländern für schnelle Kriege geleast werden können. «Noch vor Jahren hätten wenige Diplomaten oder Politiker so deutlich gesagt, dass die Zeit der großen Interventionskriege zu Ende geht.» («FAZ», 28. 5. 13) Daalder sagt, man habe aus den Kriegen im Irak und in Afghanistan die Erkenntnis gewonnen: «Unsere Möglichkeiten, ganze Gesellschaften zu verändern, sind begrenzt. Wenn wir es schaffen, dann nur zu hohen Kosten.» Aber «sollte eines Tages eine nordkoreanische Rakete in Alaska oder irgendwo anders an der amerikanischen Westküste einschlagen, dann wäre das der Bündnisfall».

Der «Islamische Staat», die Kurden als Infanterie des Westens und der Angriff auf Israel

Obama verordnete den USA eine «Selbsteindämmung». Sätze wie: «Amerika ist nicht der Weltpolizist» oder «Wir müssen auf Kriegsziele verzichten, die über das hinausgehen, was zu vernünftigen Kosten erreichbar ist» kündigen eine imperialistische Auszeit an, in der die USA die Finanzen ordnen und die Reindustrialisierung vorantreiben werden, aber auch mit einem Teil ihres Militärtrosses vom Golf und Europa nach Asien umziehen werden. Gary Hufbauer sagt, der Grund für die amerikanische Präsenz im Nahen Osten sei das Öl gewesen, auch wenn das kein Präsident habe sagen mögen. «Wenn wir energieunabhängig werden, wird sich das dramatisch ändern.» Man werde «keine großen Landkriege mehr führen». Erste Anzeichen waren, dass die USA im Oktober 2013 die Lieferung «großformatiger militärischer Systeme» an Ägypten aussetzten. Ihre jährliche Zahlung von 1,3 Milliarden Dollar konnte ohnehin mit Saudi-Arabien nicht mithalten, das gemeinsam mit den Vereinigten Arabischen Emiraten (VAE) und Kuwait viel Geld in die Militärdiktatur pumpt, um sie für jene Allianz sunnitischer Staaten zu gewinnen, die gegen den Iran und den neuerdings im sunnitischen Lager konkurrierenden «Islamischen Staat» («IS») um die Vorherrschaft am Golf und in Nordafrika kämpft, und auch, um zu demonstrieren, dass Saudi-Arabien sich als künftige Regionalmacht von den USA emanzipieren will.

Die Appeasementpolitik der USA im Nahen und Mittleren Osten umfasst den Versuch einer Befriedung des Konflikts zwischen Israel und den Palästinensern, die Aufwertung der irakischen Regierung, die Schonung des Assad-Regimes in Syrien, die auch auf der Furcht vor der Talibanisierung des Raumes durch die islamistische ISIS («Islamischer Staat im Irak und in Syrien») und andere Dschihadisten basiert, und die Beendigung des Iran-Boykotts, wenn der Iran denn von der Atombombe ablässt. Am Dschihadismus im Irak sind die USA nicht schuldlos. Sie haben mit der Entmachtung der Baath-Partei Hunderttausende sunnitische Beamte arbeitslos gemacht und das schiitische Regime von Nuri al-Maliki an die Macht gehievt, das die Sunniten weiter ausgrenzte und die spärlichen ökonomischen Überschüsse bevorzugt den Schiiten zukommen ließ. Das erklärt den Zuspruch aus der sunnitischen Bevölkerung für den «Islamischen Staat», begründet oder rechtfertigt aber weder das wahnhafte Sendungsbewusstsein noch die Massaker.

Mit dem Appeasement wollen die USA den Iran in einem zerfallenden Raum als Ordnungskraft gewinnen. «Washington ist nicht mehr interessiert an einem Übergang zur Demokratie, sondern will einzig und allein Ruhe in Syrien wiederherstellen», sagte Louay Safi, der Sprecher der «Syrischen Nationalen Koalition». Auch Saudi-Arabien und Israel befürchteten, «dass eine amerikanisch-iranische Annäherung nur das Vorspiel zu einer Abwendung von den Golfmonarchien, ja vielleicht sogar zu einer Art Outsourcing der Sicherheit am Persischen Golf an Teheran werden könnte», schreibt Volker Perthes, Direktor der Stiftung Wissenschaft und Politik.

In den Verhandlungen mit dem Mullah-Regime wurden tatsächlich reihenweise Essentials über Bord geworfen. Der Iran darf auf Handel und Geldfreigabe hoffen, obwohl er Kriegspartei ist, die Hisbollah und die Hamas bewaffnet, Israel vernichten will und sein Raketenprogramm fortsetzt. Er senkt nur den Grad der Urananreicherung. Der Iran setzte zusätzlich 12.000 neue Zentrifugen zur Anreicherung ein und bezeichnete Israel als «tollwütigen Hund». Alles wie gehabt. Das Appeasement verschiebt die Machtverhältnisse zugunsten des Irans, ohne dass der Frieden näherrückt. Saudi-Arabien reagierte auf die Aufwertung seines Gegners mit der Ankündigung, man werde seine eigene atomare Aufrüstung mit Hilfe Pakistans betreiben. Der Golf-Kooperationsrat (GCC), in dem Saudi-Arabien, Katar, Kuwait, Bahrain, Oman und die VAE sitzen, vereinbarte den Aufbau eines gemeinsamen «Militärkommandos», das die arabische Welt «vor nicht arabischer Einmischung» schützen soll. Die Hinwendung der USA zum Iran «wäre das Ende der privilegierten Beziehungen Saudi-Arabiens mit Washington [...] Die Folge ist eine unerwartete saudisch-israelische Allianz gegen die amerikanisch-iranische Annäherung» («FAZ», 9.11.13).

Der schnelle Machtzuwachs des «IS», der über die ISIS hinaus von den schiitischen Machthabern des Irak kaltgestellte Offiziere, Soldaten und Beamte aus Saddam Husseins Baath-Partei rekrutierte, hat die Lage im Nahen Osten verändert. Der «IS» köpft Menschen und trägt die Köpfe wie Trophäen durchs Land, um anderen Angst einzuflößen.

Das gelang ihm derart überzeugend, dass heute die Kurden, der Iran, die Schiiten im Irak, Ägypten, Jordanien, Syrien, Saudi-Arabien, der Libanon, Kuwait und die Vereinigten Arabischen Emirate die USA darum bitten, doch zumindest vorübergehend im Nahen und Mittleren Osten zu bleiben und die Stellungen des «IS» wegzubomben. Die verfeindeten Peschmerga von Massud Barzani und die Arbeiterpartei PKK sowie ihre Bruderorganisation in Syrien kämpfen Schulter an Schulter, und noch während die PKK im Westen als Terrororganisation eingestuft wird, ist sie im Nahen Osten bereits heimlich die Infanterie des Westens. Der saudische Großmufti Aziz al Scheich hat den «IS» als Feind Nummer eins des Islam bezeichnet (was die Unterstützung der Dschihadisten durch reiche saudische Familien nicht ausschließt). Der «IS» schmiedet unfreiwillig neue Bündnisse zwischen dem Westen und dem islamischen Raum. Der Amerikaner, der mit seinem Haupttross schon weiterziehen wollte, wird nun bedrängt, den «IS» doch zumindest aus der Luft zu bekämpfen.

Die Gefahr, die vom Sendungsbewusstsein der islamistischen Mordschwadrone ausgeht, stellt zweifellos eine Existenzbedrohung für Staaten im Nahen und Mittleren Osten sowie in Nordafrika dar.

Nur bei den Kurden wirkt sie nebenher als Anschub für ihre Staatsgründung. Sollten Katar, aus dem der «IS» unterstützt wird, und die Türkei, die dem «IS» durch Ölkäufe aus den besetzten Quellen und die Freigabe ihrer Grenzen für Truppenbewegungen hilft, mit dem «Islamischen Staat» und den mit ihm geistig verwandten Moslembrüdern und der Hamas ein sunnitisches Reich auf den Böden Syriens, Iraks und Palästinas bilden wollen, wird der Iran mit seinem Millionenheer vermutlich einschreiten, um seine Existenz zu sichern. Andere bedrohte Staaten werden sich anschließen. Der Iran bot den USA eine Kriegskoalition an. Er wäre bereit, die Bodentruppen zu stellen, wenn die USA den Boykott des Iran aufhebe. Der «IS» hat die Einnahme Jordaniens und Kuwaits angekündigt, er will in Bahrain und Marokko einmarschieren, weil dort noch christliche Kirchen und Synagogen stehen, und in Saudi-Arabien die Kaaba sprengen. Man kann nicht ausschließen, dass er an seinen überbordenen Welteroberungsplänen erstickt.

Die Interessen des Westens lassen sich nur schwer unter einen Hut bringen. Die Talibanisierung des Nahen und Mittleren Ostens soll gestoppt werden. Doch schon die Bewaffnung der kurdischen Verbände wirft das Problem auf, dass die Waffen für die Durchsetzung eines kurdischen Staates gegen die Türkei, ein NATO-Staat, und für innerkurdische Machtkämpfe eingesetzt werden. Ein kurdischer Staat kollidiert mit den Interessen des Westens, der die Dreiteilung des Irak verhindern will, weil in diesem Fall 60 Prozent an den Iran fiele (der schiitische Raum), zehn Prozent an die Kurden und 30 Prozent an den «Islamischen Staat», der sich bei einem Zerfall des Irak umso leichter etablieren könnte. Das Bündnis mit dem Iran verprellt Saudi-Arabien und umgekehrt. In jedem Fall wird die «IS»-Dynamik dazu führen, dass arabische Staaten ihre Diktaturen festzurren, soweit sie dazu noch in der Lage sind und nicht zerfallen wie in Libyen. Denn die politischen Führer des «IS» erinnern süffisant an den ägyptischen Demokratieversuch, der in die Herrschaft der Muslimbruderschaft mündete. So wie in Ägypten werde man in allen islamischen Ländern in freien Wahlen eine Zustimmung von 70 Prozent der Bevölkerung erzielen.

Auch für Israel wächst das Gefahrenpotenzial durch die vom «IS» ankündigte Allianz mit den Palästinensern, die empfänglich sind für Parolen, die die Auslöschung Israels verkünden. Angesichts der vielen Kriege und Kämpfe um die regionale Vorherrschaft zwischen diversen sunnitischen Dschihadisten, die zunächst von Saudi-Arabien, Katar, Kuwait und den Emiraten unterstützt wurden, und dem Iran und dessen Verbündeten, dem Assad-Regime, der schiitisch dominierten irakischen Regierung und der Hisbollah, muteten Israel, das Westjordanland und Gaza für Jahre wie Ruhezonen an. Während an ihren Grenzen der Krieg tobte, vereinbarten Israel, Jordanien und die palästinensische Autonomiebehörde eine Meerwasserentsalzungsanlage bei Aqaba und eine Wasserleitung vom Roten Meer zum Toten Meer.

Offenbar als Vorgriff auf die neue islamistische Machtausdehnung ließ die Hamas drei junge Israelis ermorden und begann mit ihrem Raketenangriff auf Israel. Israels Problem besteht nicht erst seit heute darin, von Feinden wie der Hamas, der Hisbollah, dem Iran und neuerdings dem «Islamischen Staat» umgeben zu sein, die den jüdischen Staat auslöschen und Juden töten wollen. Zu den Feinden zählen auch die hinter den Dschihadisten stehenden Katar und die Türkei. Nach der arabischen Zeitung «Al Hajat» wollte die Führung der Hamas den ersten ägyptischen Kompromissvorschlag zum Frieden mit Israel annehmen, aber Katar und die Türkei hätten für diesen Fall angedroht, der Hamas die Unterstützung zu entziehen. Dagegen kann Israel sich nur selbst schützen angesichts von UN-Blauhelmen, die von Terrormilizen im Vorbeigehen eingesammelt werden, der amerikanischen Appeasementpolitik, die eine Kooperation mit dem Iran anstrebt, und einer EU, die nichts Besseres zu tun hat, als die «Einstellung jeglicher Kooperation mit israelischen Einrichtungen» zu verlangen, «die auf den Golanhöhen, im Westjordanland und in Ostjerusalem aktiv sind», und damit den Vormarsch der Israelfeinde fördert.

Dabei muss Israel in Kauf nehmen, von einer antijüdischen Gesinnung angeklagt zu werden. Zwar würde keine Gemeinde und kein Staatsgebilde auf dem Erdball sich jeden Tag mit hundert bis zweihundert Raketen beschießen lassen, ohne diesen Beschuss mit militärischen Mitteln stoppen zu wollen, aber Israel wird mit anderen Augen gesehen. Jede Nation feiert ihre Nationalfeiertage und die Helden ihrer Nationalbewegungen, nur Israels Nationalidee, der Zionismus, wird verurteilt, obwohl kein Nationalgedanke auch nur eine annähernde Dringlichkeit begründen kann, Schutz vor Verfolgung, Pogrom und Vernichtung bieten zu müssen. Die Hamas wollte den Krieg, wie die Medien nahezu übereinstimmend kolportieren, weil er eine gute Gelegenheit war, um ihr demoliertes Image aufzubessern. Wie muss es um eine Welt bestellt sein, in der sich das Image durch den Judenmord verbessern lässt? Vor allem bei Linken, aber nicht nur bei ihnen, hat sich ein verkehrter Täter-Opfer-Ritus in die Gehirne geschlichen: Da jeder Schuss auf Juden als legitimer Widerstand interpretiert wird, steigert jede Hamas-Rakete die vermeintliche Schuld Israels.

Die «Junge Welt» druckte den Brief von Gottfried Gründel ab, der die Schuld ausdehnt: «Die Hamas bezieht die Legitimation ihres Raketenbeschusses aus dem fortbestehenden Landraub durch die illegalen israelischen Siedlungen.» Das ist mit Sicherheit nicht der Fall, denn Israel hat in Gaza alle jüdischen Siedlungen abgebaut. Seitdem hat die Hamas Israel dreimal mit Raketen angegriffen – jeder Beschuss übertraf den vorherigen. Dass die Kriegsgefahr mit dem Abbau jüdischer Siedlungen steigt, ist insofern logisch, als religiöse Fanatiker den Abzug als Sieg auslegen, dem nun der endgültige zu folgen habe. Es gibt in Deutschland humanistische Bewegungen, die in einem Atemzug «No Border» für alle Menschen fordern, aber speziell für Juden den Abzug aus palästinensischen Gebieten. Zwar sind 20 Prozent der israelischen Einwohner Palästinenser, aber das von Palästinensern beanspruchte Gebiet soll völkisch rein und also judenfrei sein.

Damit nähern wir uns dem wahren Motiv. Die Hamas beruft sich heute noch auf die «Protokolle der Weisen von Zion», die der russische Zar schon vor über hundert Jahren als Lügenschrift verboten hatte (in Gaza fallen Wissen und Bewusstsein hinter den beschränkten Zaren zurück) und auf den Befehl des Propheten: «Die Muslime werden sie (die Juden) töten.» Demzufolge heißt es in der Charta der Hamas, man werde «Allahs Banner auf jeden Zoll Palästinas hissen», Israel also auslöschen. Diesem göttlichen Auftrag werden die Eiferer nachkommen, stets und völlig unabhängig von Siedlungen. Die Kausalität von Krieg und Siedlung ist nur eine Propagandaformel, wie auch die Anklagen gegen die Mauer in Jerusalem oder die Checkpoints. Beide Maßnahmen haben bis heute Tausenden das Leben gerettet – vor allem Juden und arabischen Moslems in Israel, aber auch arabischen Selbstmordattentätern. Es hat sich eingebürgert, nicht den Judenmord zu kritisieren, der die Ursache für israelische Sicherheitsmaßnahmen ist, sondern die Sicherheitsmaßnahmen selbst.

Israel wollte den Krieg nicht, seine Regierung hat die Hamas eine Woche lang aufgefordert, den Raketenbeschuss zu beenden, und Israel hat darauf verzichtet, in Gaza weiter vorzudringen, um die Raketennester auszuradieren. Das wird Israel nun als Schwäche ausgelegt, die die Hisbollah, die über zehnmal mehr Raketen verfügen soll als die Hamas, geradezu ermuntere, heißt es, Israel zu beschießen.

Europa: Das Krisengebiet des Weltkapitalismus und die neue deutsch-französische Kriegsfreundschaft

Als hätten die verantwortlichen Regierungen in Europa vereinbart, Zuversicht auszustrahlen, wird ein Wachstum von 0,1 Prozent nach einem Einbruch von 25 Prozent als Trendwende verkauft. Der Zustand der EU und der Eurozone ist schlechter, als die Propaganda es weismacht. Die europäische Wirtschaft tritt auf der Stelle, und die OECD warnt eindringlich vor der Unterkapitalisierung der europäischen Banken, vor allem der deutschen. Die Arbeitslosigkeit ist hoch, die Jugendarbeitslosigkeit, die in einigen Ländern auf über 60 Prozent gestiegen ist, hätte die Tagesschau für Tunesien oder Ägypten als normale Ursache für Aufstände gemeldet. Die Staatsschulden steigen, obwohl die Sozialkassen geplündert werden. Während Asien sich im Aufschwung befindet und Nordamerika sich regeneriert, bleibt Europa in der Krise stecken. Verglichen mit 2008 schrumpfte die Wirtschaftsleistung in Irland und Griechenland jeweils um 25 Prozent, in Italien um knapp zehn, in Portugal um sieben und in Spanien um sechs Prozent. Trotz aller Spardiktate stieg Griechenlands Staatsverschuldung 2013 auf 321 Milliarden Euro oder 176,2 Prozent des BIP. Die EU wird an der Umschuldung Griechenlands nicht vorbeikommen. Insgesamt beliefen die Schulden der 17 Euro-Staaten sich Ende März 2013 auf 8,75 Billionen Euro (Eurostat). Das entsprach einer Euro-Schuldenquote von 92,2 Prozent. Dramatisch gestiegen war sie in Griechenland (plus 24 Prozent), Irland (plus 18), Portugal und Spanien jeweils um 15 und Zypern um 13 Prozent. Italiens Schuldenquote stieg mit fünf Prozent moderater.

Die europäische Kapitalbildung stagniert, der Raum zerfällt in arme und reiche Länder, und die nationale und regionale Regression weitet sich aus. Schotten, Katalanen und andere Separatisten fallen in Stammeskulturen zurück, das internationale Kapital macht einen Bogen um Europa und die Führungsmacht Deutschland investiert immer weniger im eigenen Land. Die Abtretung von Souveränitätsrechten an die EU, die Voraussetzung für einen schlagkräftigen Block wäre, ist der entgegengesetzten Entwicklung gewichen. Und während die USA die Krise zur Bereinigung des Bankensektors genutzt haben (seit 2008 wurden 500 Banken geschlossen, davon 450 durch Fusionen und Übernahmen, die dem Staat nichts gekostet haben), schleppt Europa seine Zombiebanken weiter mit. Durch die Aufblähung beträgt die aggregierte Bilanzsumme der europäischen Banken 400 Prozent der EU-Jahreswirtschaftsleistung, die USA kommen nur auf 100 Prozent. Der Vergleich deutet an, dass Europa eher das Gebiet des Finanzwuchers ist als die USA. Die USA wollen das Bankenwesen auf ihrem Territorium nicht durch marode europäische Banken gefährden und haben deshalb beschlossen, Europas Banken den strengeren amerikanischen Eigenkapital- und Liquiditätskontrollen zu unterwerfen.

Europa steht vor der nächsten Sanierung der Banken auf Staatskosten. Ab November 2014 wird die EZB mit der Aufsicht von über 120 europäischen Großbanken beginnen, deren Bücher Firmen- und Privatkredite enthalten, die abgeschrieben werden müssten. Die faulen Kredite in den europäischen Banken werden auf bis zu 300 Milliarden Euro geschätzt. Unbekannt ist, wie viele dubiose Aktiva in den Schattenbanksektor ausgelagert wurden. Die Banken könnten die Verluste mit einer Eigenkapitaldecke, die 2018 erst drei Prozent der Bilanzsumme erreichen soll, obwohl sie laut EZB seit Ausbruch der Krise von Aktionären mit 225 Milliarden Euro und von Regierungen mit 275 Milliarden unterstützt worden sind, nicht tragen. In den USA liegt das Eigenkapital heute bereits bei sieben Prozent.

Im Gegensatz zu den USA hat Europa seine Bankenkrise verschleppt. Bei der Durchforstung der Großbanken durch die EZB und der kleineren Banken durch nationale Aufsichtsbehörden wird man eine große Differenz zwischen Buch- und Realwerten entdecken. Die Angst vor einem Kollaps ist so groß, dass Banken sich nicht trauen, die wertlosen Aktiva abzuschreiben. Marode Banken helfen sich dadurch, dass sie uneinbringliche Firmenkredite gegen neue Kredite mit längeren Laufzeiten oder gegen sogenannte «Debtor Warrants» austauschen. Das sind Kredite, die als «tote» Kreditforderungen in den Büchern bleiben und erst in der Zukunft unter ominösen Bedingungen wiederaufleben sollen. In

Griechenland soll der Anteil dubioser Kredite an Mittelständler und Private binnen kurzer Zeit von 15 auf 25 Prozent angewachsen sein. In den Niederlanden wackeln die Immobilienkredite, in Deutschland die Kredite für die Containerschifffahrt. Außerdem hat der Staat die Abwicklung der Bad Banks, in denen faule Aktiva von den Pleitebanken lagern, abzuwickeln. Ex-EZB-Direktor Jörg Asmussen sagt: «Die Euro-Zone braucht einen ähnlich gründlichen Prozess» wie den in den Vereinigten Staaten.

Man wird viele Banken abwickeln. Für diese Fälle soll die EU sich auf eine Haftungskaskade einigen: Für die Verluste kommen der Reihe nach zuerst die Eigentümer der Bank auf. Danach sind Gläubiger bzw. Investoren von Anleihen dran. An dritter Stelle haften die Einleger oder Sparer ab einer Schutzgrenze von 100.000 Euro. Reicht das nicht, wird ein Abwicklungsfonds angezapft, der von den Banken bis 2025 auf 55 Milliarden Euro aufzustocken ist.

Drei Prozent Eigenkapital und ein Fonds von 55 Milliarden reichen hinten und vorne nicht. Bei einer Abschreibung von nur vier Prozent der Aktiva wäre die Bank pleite. Also werden Staaten zur Refinanzierung herangezogen. Möglicherweise in Gestalt des ESM-Fonds, der mit seinen zugesagten Krediten von 700 Milliarden Euro eigentlich Staaten retten soll. Aber wenn der griechische Staat beim nächsten Crash seine Banken retten «muss», wird er sich das Geld beim ESM-Fonds als Staatshilfe zurückholen.

Europa bleibt vorerst ein fiktiver Machtblock, ein Koloss, der in der Wirtschaftsleistung mit den USA gleichauf ist und China weit übertrifft, aber mit seinem ökonomischen Gewicht nicht als Nation handelt, sondern als Konglomerat konkurrierender Nationalstaaten, die ihre eigenen Interessen auf Kosten der Nachbarn verfolgen und Ressentiments als Kultur verbrämen, die unbedingt erhabener sein soll als die amerikanische. Die EU ist unfähig, eine koordinierte Expansion und eine gemeinsame Krisenpolitik hinzubekommen. Die Gemeinsamkeiten reicht für das Betreiben eines Binnenmarktes und das Hochziehen von Wällen gegen Flüchtlinge. Europapolitik ist eine chaotische, von Konkurrenzen geschüttelte Außenpolitik und eine permanente Krisenregulierung, die sporadisch von antiisraelischen Beschlüssen aufgelockert wird. Lange Zeit war die deutsch-französische Brigade in Donaueschingen, die von Mitterand und Kohl 1987 ins Leben gerufen worden war, nur eine als Sprachlabor verunglimpfte Symbolarmee, die mal beim Hochwasser in Bayern zur Stelle war und ansonsten einmal im Jahr über die Champs-Élysées defilierte. Im Zuge der französischen Afrika-Kriege darf sie sich nun als Ausbildungsbrigade in Mali nützlich machen.

Während Großbritannien seine Allianz mit den USA pflegt und sporadisch damit droht, aus der EU auszusteigen, sofern die Kompetenzen nicht wieder nationalisiert werden, und Deutschland unabgestimmt in Richtung Osteuropa expandiert, geht Frankreich seinen separaten Interessen in den ehemaligen afrikanischen Kolonien nach. Mit zwölf afrikanischen Staaten vereint Frankreich eine Währungsunion, der Franc CFA (Communauté financière d'Afrique), der mit festen Wechselkursen an den Euro gebunden ist. Und Frankreich bezieht aus Grenzgebirgen zum Niger das Uran für seine Atomanlagen und -bomben. Hin und wieder werden französische Ingenieure gekidnappt, die teuer freigekauft werden müssen. Aus solchen Erwägungen vertreibt Frankreich dort Islamisten und kümmert sich um die Präsidenten. Frankreich darf die Region ausbeuten, wird im Gegenzug aber als Schutzpatron gebucht. Mit Zentralafrika verbindet Frankreich eine «Vereinbarung über militärische Partnerschaft». Seit 2000 hat Frankreich über zehnmal in afrikanischen Staaten interveniert, u. a. in der Elfenbeinküste, im Kongo, in Tschad, Mali und Zentralafrika. Diese Einsätze kann Frankreich, das finanziell vor dem Ruin steht, nicht mehr allein bezahlen. Deshalb forderte Frankreich, die Einsätze zu europäisieren. Nachdem Frankreich auf den deutschen Sanierungskurs eingeschwenkt war, willigte Deutschland ein, seine Ausbildungskräfte in Mali von 180 auf 250 aufzustocken und für Zentralafrika ein fliegendes Krankenhaus bereitzustellen.

Europa handelt nicht geschlossen genug, um Einfluss auf das Weltgeschehen zu nehmen. Als Deutschland und Frankreich sich unter Gerhard Schröder und Jacques Chirac als Gravitationszentrum eines kontinentalen europäischen Imperiums anboten – von der Achse Paris–Berlin–Moskau war die Rede –, flackerte die Supermacht auf, die es mit den Vereinigten Staaten und den neuen asiatischen Mächten aufnehmen sollte. Schröder und Chirac setzten auf die Spaltung Europas in einen weltmarktfähigen Kern und ein peripheres Europa (Europa der zwei Geschwindigkeiten). Ihre Vision war ein imperialistischer Avantgardismus, bei dem der produktive Kern – mit Russland als Energieversorger und perspektivische Industriemacht – zur Weltmacht aufsteigen sollte, ohne auf unrentable Staaten Rücksicht zu nehmen. Der Plan ließ sich nicht verwirklichen. Heute lebt die Achse Paris–Berlin aus Not wieder auf.

4 b. Das Tauziehen um die Ukraine und der Bruch mit Russland

Die kurze Ost-West-Partnerschaft ist schon wieder Geschichte. Der allseits attestierte Rückfall in den Kalten Krieg, der durch das Ringen um die Ukraine ausgelöst wurde, schwächt Europa dramatisch. Drei Risse gehen durch den Kontinent. Der erste ist der große Riss zwischen Ost- und Westeuropa, der sich im Krieg um die Ukraine spiegelt. Da stehen sich nicht nur West- und Ostukrainer gegenüber, sondern der Westen und Russland. Die NATO stuft Russland als «Bedrohung für die euro-atlantische Sicherheit» ein und rückt mit Panzern, Kampfjets und Bodentruppen gen Osten vor, baut in Estland, Lettland, Litauen, Polen und Rumänien Kommandos für Aufklärung, Logistik und Einsatzplanung auf, weitet die Militärmanöver in Polen und der Ukraine aus und will die NATO-Russland-Gründungsakte kündigen, in der Russland und der Westen vereinbart hatten, sich nicht als Gegner zu betrachten. Die NATO-Staaten werden es unter normalen Umständen dabei belassen, statt einen Weltkrieg zu riskieren, auf den sie nicht vorbereitet sind. Wohl auch deshalb nicht, weil der Krieg zwischen den NATO-Staaten und Russland weitere Kriege und Machtverschiebungen auf der Welt auslösen würde. Die komplette militärische Bindung des Westens wäre geradezu eine Aufforderung an China, Indien, den Iran und andere Mächte, ihre Gebietsansprüche militärisch zu regeln.

Ein zweiter Riss geht mitten durch die Staatengemeinschaft der EU. Nicht jeder Staat kann oder will sich den Boykott Russlands und die damit einhergehenden Krise für die eigene Wirtschaft erlauben. Auf dem EU-Sondergipfel, der weitere Boykotte gegen Russland beriet, äußerten Finnland, Österreich und die Südstaaten Europas Bedenken gegen weitere Sanktionen. Die Ökonomie und die Staatshaushalte der EU werden zudem belastet durch die Erfüllung der NATO-Auflagen. Wie schon der Krisenprotektionismus befördert auch der Bruch mit Russland und die Sanktionspolitik die Renationalisierung der europäischen Wirtschaft und ihren Verfall.

Der dritte Riss geht durch das Bürgertum, mitten durch die Allianz aus Staat und Kapital, Politik und Wirtschaft. Das europäische Bürgertum ist tief gespalten. Die kapitalverwaltende Sektion warnt, seinen Geschäftsinteressen folgend, vor antirussischen Sanktionen. Eines ihrer Organe, das «Handelsblatt», warf dem Westen am 13. März 2014 «Pitbull-Politics» gegenüber Russland vor: «Ohne nachzudenken, geht man auf den anderen los, mit der animalischen Härte der Instinkte [...]

mit gefletschten Zähnen, aber ohne Hirn.» Dagegen ist das Bürgertum, das in Politik und Medien den Ton angibt, von einem antirussischen Fanatismus berauscht, der selbst alten Haudegen aus der Epoche des Kalten Krieges Angst macht. Der ehemalige Generalinspekteur der Bundeswehr, Harald Kujat, sieht in dem Partnerschaftsvertrag der EU mit der Ukraine, dessen politischer Teil im März 2014 vereinbart wurde, «einen deutlichen Schritt der Eskalation». Und Peter Scholl-Latour stellte bei Maischberger fest: «Wenn man die deutschen Medien und deutschen Politiker hört, meint man, das großdeutsche Reich hätte den Krieg gewonnen.» Recht hat er. Deutsche Politiker, Zeitungsleute und TV-Moderatoren behandeln die Ukraine und besonders die Krim wie deutsches Territorium, das Putin mit seinen Russen in Uniformen ohne Abzeichen ihnen gestohlen hat.

An Straßenkreuzungen auf der Krim, die alten Wehrmachtssoldaten bekannt vorkamen, standen deutsche Kriegsberichterstatter und meldeten stündlich, wo der Russe stand. Neben ihnen drei nickende Krimtartaren, die für Echtheit bürgten. Mit Bedauern erwähnten sie die Umsiedlung der Tartaren durch Stalin und verschwiegen, dass Krimtartaren an der Seite der NS-Wehrmacht gegen die Sowjetunion marschiert waren. In Kiew nahmen Kamerateams Europapolitiker auf dem Maidan so auf, dass von den neben ihnen platzierten Faschistenführern nur die Füße eingefangen wurden. «Echte Faschisten» nach Auffassung des ehemaligen EU-Erweiterungskommissars Günther Verheugen, «die von der EU mit Geld unterstützt wurden» und mit denen «unser» Außenminister einen Vertrag abschloss über Neuwahlen, den sie aber verwarfen, weil sie den Putsch vorzogen. Wem die Krim zu mickrig vorkam, der erfand Länder, in die der Russe demnächst einmarschieren werde. Estland, Lettland, Litauen, Polen. Immer wenn Deutschland im Osten expandiert, will der Russe angeblich zum Atlantik. Henry Kissinger machte darauf aufmerksam, dass jemand, der die Ukraine wie eigenes Territorium behandelt, keine Außenpolitik betreiben kann: «Für die EU ist es an der Zeit zu erkennen, dass [...] die Unterordnung aller strategischen Elemente unter innenpolitischen Erwägungen dazu geführt hat, dass aus Verhandlungen über die Beziehungen der Ukraine gegenüber der EU eine kapitale Krise geworden ist [...] Der Westen (der Ukraine) ist weitgehend katholisch, der Osten russisch-orthodox. Der Westen spricht Ukrainisch, der Osten größtenteils Russisch. Jeder Versuch eines Flügels, den anderen zu dominieren, [...] würde zu Bürgerkrieg und Spaltung führen. Missbraucht man die Ukraine für eine Ost-West-Konfrontation, dann wäre für Jahrzehnte jede Chance vertan, Russland und den Westen

[...] in ein kooperatives internationales System zusammenzubringen.» So wird es kommen.

Der Westen steht vor einer großen geopolitischen Herausforderung, die seine politischen Fraktionen unbedingt haben wollten. Einer von ihnen, der harmlos erscheinende Frank-Walter Steinmeier, teilte den Europäern mit, dass Deutschland beim Kampf um den Osten den Ruin der EU nicht scheuen werde: «Würde der territoriale Hunger Russlands über die Krim hinausgehen, dann wären das ernste Folgen bis hin zu eskalierenden wirtschaftlichen Auseinandersetzungen, bei denen beide Seiten großen Schaden nehmen würden.» Das Opfer wird schwer zu vermitteln sein. Nach allen Umfragen sind die deutsche Wirtschaft, die deutsche Bevölkerung und die Menschen in Südeuropa nicht bereit, Wirtschaft und Lebensstandard zu Bruch gehen zu lassen, damit Milliarden in den Korruptionskanälen der Ukraine verschwinden. Schon gar nicht wegen der Krim. Wenn der Ukrainer Nikita Chruschtschow sie nicht vor sechzig Jahren der Ukraine geschenkt hätte, wäre sie heute russisch; viele Europäer hätten bis gestern Stein und Bein geschworen, dass die Krim russisches Territorium ist. Der Ausgewogenheit halber sei gesagt, dass die USA die Krim ebenfalls wie ihr eigenes Territorium behandelt. Als die Krimrussen sich für den Anschluss an Russland ausgesprochen hatten und ihr Votum mit Tanz und Feuerwerk feierten, brachten Fernsehsender der USA fortlaufend die Meldung: «Die Krim ist verloren!» Wie kann jemand etwas verlieren, was ihm nicht gehört?

Auf der einen Seite der ideologischen Bruchlinie sammelt sich die wirtschaftliche und strategische Vernunft des Imperialismus, auf der anderen die politische Triebtat, die im enthemmten Invasionsgehabe schwelgt. Während der Manager die Geschäfte im Auge hat, muss der Staatspolitiker Traditionen, ethnische Gesinnungen, nationale Identitäten und allerlei Aversionen einbeziehen. Nicht die Wirtschaft, sondern die politische Gesinnung hielt die deutsch-französische Erbfeindschaft aufrecht und kultiviert heute die Russenphobie. Als gehe es um die späte Realisierung von Hitlers «Ostbund», dem einst die Ukraine, das Baltikum, der Balkan, das Wolgaland und Georgien angehören sollten. «Östliche Partnerschaften» heißt das heute. Das Baltikum und der Balkan gehören inzwischen zur EU und damit zum deutschen Hoheitsgebiet, Georgien und Moldawien sollen folgen (die Reise der Außenminister Deutschlands und Frankreichs in beide Länder wurde wegen der Situation auf der Krim verschoben), die Annexion des Wolgalandes bedarf allerdings der vorherigen Zerschlagung Russlands. Die Standardfrage des TV-Moderators, ob der Politiker denn meine, dass Putin sich von Sanktionen beeindrucken lasse, appellierte unverhohlen für einen Militäreinsatz.

Der politische Triebtäter will Deutschland am Hindukusch, auf der Krim und an der Wolga verteidigen. Die wirtschaftliche Vernunft sagt: «Was soll ich mit der Westukraine, diesem Stück Ackerland.» Die Politik will jedes Moorgebiet, auf das deutsche Soldaten einst ihren Fuß gesetzt haben. Der Wirtschaftsmanager will Russland als Rohstofflager in sein Machtgebiet integrieren, der politische Führer will Russland besiegen und die Krim zurückholen, weil dort die deutschen Väter und Großväter im Lazarett gelegen haben. Das «Handelsblatt» polemisierte gegen das Politblatt «FAZ»: «Der Leitkommentar der FAZ-Redaktion fordert unverhohlen zum Losschlagen gegen Russland auf: Der Westen müsse seine ‹militärische Abwehrbereitschaft stärken und auch demonstrieren›. Die Sätze lesen sich wie geistige Einberufungsbescheide. Die Lehre Nummer eins der Vergangenheit scheint bei den geschätzten Kollegen vergessen: Kriege beginnen immer damit, dass man sie denkt.» Das ist aufgeklärte Vernunft. Dagegen gebärdet Bundespräsident Gauck sich als Kriegstreiber, der Putin jeden Flecken Erde wegnehmen will. Er kann in seinem Rachefeldzug gegen Bolschewisten, die keine mehr sind, keine Rücksicht darauf nehmen, dass Putin Gebiete begehrt, in denen Russen russisch sprechen. Bei Gauck schimmert durch, dass Deutschland da vorrücken soll, wo einst deutsche Knobelbecher marschierten.

In der «FAZ» vom 3. März 2014 bedauerte Berthold Kohler: «Es werden nicht noch einmal britische und französische Truppen auf der Krim landen, um wie im 19. Jahrhundert die Vergrößerung des russischen Reiches zu verhindern.» Wohl auch nicht noch einmal die deutsche Wehrmacht im 20. Jahrhundert, die er geflissentlich überging. Eine Woche später, am 10. März, resignierte Kohler: «Ein Krieg auf der Krim hätte die Frage, ob der Westen eine militärische Aggression Russlands auch militärisch beantworten würde, viel schärfer aufgeworfen als die erfolgte stille Okkupation. Der Westen ist überaus froh, darauf bisher keine Antwort geben zu müssen. Sie wäre nur allzu klar.» Die klare Antwort wäre Krieg, wollte er andeuten, vielleicht ein Weltkrieg, um den dieser gerissene Putin ihn betrogen hatte. Über den Ursprung dieser Kriegssehnsucht lassen sich nur Vermutungen anstellen. Vielleicht ist in seinem Leben sonst nichts los, vielleicht kann er seinen Russenhass nicht im Zaum halten, vermutlich handelt es sich um den Vergeltungstrieb nach zwei verlorenen Kriegen.

Krieg oder doch kein Krieg, die eigene Wirtschaft in die nächste Krise treiben oder doch lieber nicht? Manchen Liberalen rauchte der Kopf. Konfus schrieb die Wochenzeitung «Die Zeit» (6. März 2014) auf der ersten Seite, dass Putin noch im 19. Jahrhundert lebe, «im Zeitalter der Machtpolitik» mit «Einverleibung und Herrschaft», während der Westen «zumal Europa», bereits «im 21. Jahrhundert» lebe, in dem man sich auf dem Markt messe. Für Liberale ist die Selektion von Starken und Schwachen in ständiger Konkurrenz der ganze Sinn der Zivilisation. Doch auf Seite drei derselben Ausgabe ließ «Die Zeit» sich dann langatmig darüber aus, wie sehr sie selbst im 19. Jahrhundert steckt. Sollte Putin sich die industrielle Ostukraine aneignen, könne der EU «eine kaum lebensfähige Westukraine in den Schoß fallen – ohne viel Industrie, ohne große Häfen und mit vielen Äckern und Weiden, die der abgeschottete EU-Agrarmarkt gewiss nicht braucht». Dann sollte die EU doch lieber die ganze Ukraine erobern. Die Diffamierung des Landgewinns ist unangebracht, denn der Kapitalismus des 21. Jahrhunderts ist durch die nachholende Industrialisierung der halben Menschheit ein Rohstoff-Vielfraß, wie es ihn noch nie gab. Aber dann käme es strategisch auf Russland an und nicht auf die Ukraine, wenngleich ein paar Schürfrechte für das riskante Schiefergas-Fracking in der Ukraine an Chevron vergeben wurden. Doch die Beute ist nicht annähernd so groß wie der russische Rohstoffreichtum und muss zudem erst gegen den Widerstand der Swoboda-Faschisten durchgesetzt werden, die «fremdländische Konzerne» nicht auf ihren «Heimatboden» lassen wollen.

Warum vollzieht die EU den Bruch mit Russland? Sie hätte die Hände nicht nach der Ukraine ausstrecken müssen oder gemeinsam mit Russland eine Lösung suchen können. Stattdessen hat sie Putins Angebot, eine Kontinentalachse «von Lissabon bis Wladiwostok» zu bilden, schroff zurückgewiesen, von der Ukraine eine Entscheidung zugunsten der EU verlangt und so die innere Zerreißprobe forciert. Putin hatte immer wieder angkündigt, dass Russland sich nicht damit abfinden werde, dass der Pufferstaat Ukraine an die NATO falle. Dem Westen wurde nichts genommen, was ihm gehörte, während der russische Machtbereich die Hälfte der Bevölkerung und 14 Staaten, von denen heute zehn NATO-Mitglieder sind, verlor. Von russischer Seite verlief die Auflösung des Sowjetreiches friedlich. Nur als Georgien das von Russen bewohnte Südossetien überfiel, um die NATO in einen Krieg gegen Russland zu ziehen, gab es ein Scharmützel. Russland fühlt sich nicht nur eingekreist, es wird eingekreist, und, wenn es nach dem Willen der USA geht, mit einem Raketenschild umstellt, dessen Kurzstreckenraketen von der Ukraine aus in einer Minute Moskau erreichen können. 2018 sollen die Raketen stationiert sein. John F. Kennedy spielte 1962 mit dem Atomkrieg, falls die Sowjetunion ihre Raketen in Kuba stationiere. Die Entfernungen sind ähnlich. Dass es u. a. auch um die militärische Einkreisung Russlands geht, bestätigte die deutsche

Verteidigungsministerin Ursula von der Leyen mit ihrer Forderung nach einer verstärkten NATO-Präsenz «an den Ostgrenzen».

Die USA verhalten sich, an ihren Interessen gemessen, einigermaßen vernünftig. Ihre Wirtschaftsbeziehungen zur Ukraine und zu Russland sind nicht der Rede wert. In der Energieversorgung sind die USA mittlerweile nahezu autark, und sie müssen im Unterschied zur EU für nichts haften. Wirtschaftssanktionen betreffen sie nicht, und für den Fall, dass ein Krieg ausbricht, sind sie weit genug entfernt und könnten ihre Macht auf die zerdepperten Altmächte EU und Russland ausdehnen. Für China gilt dasselbe. Zumindest die US-Republikaner denken über einen Krieg nach. «Wirtschaftliche Sanktionen sind wichtig», sagte ihr ehemaliger Präsidentschaftskandidat John McCain, «aber wir sollten die Ukraine militärisch unterstützen, damit sie sich verteidigen kann.» Zu bezahlen hätte das die EU im Rahmen des neuen «Partnerschaftsabkommens» und des politischen Drucks als Folge der hundert Versprechungen, die EU-Politiker der Ukraine im Überschwang des Geländegewinns gemacht haben. Einerseits genießen die USA politische Handlungsfreiheit, weil sie keinen wirtschaftlichen Schaden befürchten müssten, man könnte ihr insofern eine kluge Teile-und-herrsche Politik unterstellen. Andererseits hätte sie wohl kaum ein Interesse an einem Machtblock «Russland-China», auf den die Entwicklung zutreibt. Ihr geht es vermutlich eher um die Zerschlagung Russlands, dem ewigen Konkurrenten.

Unter Gorbatschow und Jelzin konnte der Westen die aus der Konkursmasse herausfallenden Staaten ohne großen Aufwand einsammeln. Inzwischen ist Russland aber wieder ein ansehnlicher Störfaktor in diversen Konflikten. Russland sorgt im Iran für das Gelingen des Atomprogramms, in Syrien für die Stärkung des Assad-Regimes, setzt sich als neuer Freund der Emirate am Golf fest und arbeitet an der Partnerschaft mit China. Über allem steht, dass die USA um ihre Reputation als Weltmacht bangen müssen. Eine Weltmacht kann nicht ständig konsequenzlose rote Linien ziehen, ohne den Ruf zu verlieren, die Funktion einer ernst zu nehmenden Schutzmacht ausüben zu können. Die ständigen Androhungen von spürbaren Maßnahmen begründen insofern eine reale Kriegsgefahr, als eine imperiale Macht, die ihren Androhungen nichts folgen lässt, ihre Autorität verliert. Jugoslawien hatte noch gezeigt, dass die USA fähig sind, bornierten Ethnien und Nationalisten bei prowestlichem Wohlverhalten eigene Staaten zu geben.

Im Irak und in Libyen ging von den USA nur noch die Macht aus, einer Führung den Staat zu nehmen, ansonsten hinterließen sie Chaos. Die «TAZ» zitiert einen Aktivisten aus Bengasi über die Mächte des

Westens: «Sie haben Libyen den religiösen Extremisten aus Katar und Saudi-Arabien übergeben und lassen uns seit drei Jahren im Stich.» Das Chaos in Libyen könnte größer nicht sein. Dschihadisten ermorden Christen, im Kongress haben ultrakonservative Muslimbrüder das Sagen, in der östlichen Cyrenaika kontrollieren die Milizen der Ansar al-Scharia und die Islamische Armee das Geschehen, andere Islamisten werkeln an einem Kalifat von Mali bis Syrien, kidnappen Politikerkinder, sammeln bei Ladeninhabern Schutzgelder ein und demolieren Schönheitssalons. Die NATO ließ Georgien allein, in Afghanistan müssen die Freunde des Westens sich vor den Mordkommandos der Taliban verstecken, die syrische Opposition fühlt sich verraten, Israel und Saudi-Arabien beklagen die amerikanische Appeasementpolitik mit dem Iran. Anders als in Libyen, aber nicht weniger unruhig wird es in der Ukraine zugehen, wenn die Milizen von Swoboda, des Rechten Sektors und russische «Selbstverteidiger» aufeinander losgehen.

Was die USA nicht können, können Deutschland und die EU schon gar nicht. Ein strategischer Plan der deutschen Ost- und Europapolitik ist nicht auszuschließen, wahrscheinlicher ist, dass keiner existiert. Man könnte vermuten, dass Putins Eurasische Union kaputtgemacht werden sollte. Tatsächlich wurde Putins Staatensammlung zur Bildung der von Moskau geführten Union gebremst. Putin wollte Kasachstan, die Ukraine, Weißrussland und Armenien von Anfang an dabei haben, später sollten Aserbaidschan und andere Staaten Zentralasiens dazukommen. Nun bleibt ihm von der Ukraine nur die Krim. Aber was hat die EU damit gewonnen? Die Eurasische Union wäre ein riesiger Modernisierungsauftrag für die deutsche Wirtschaft geworden, und Deutschland hätte seinen Einfluss in Kooperation mit Russland bis nach China ausdehnen können. Welchen Sinn machen der Gewinn der Westukraine und die Sanktionen gegen Russland, mit denen Deutschland sich die nächste schwere Krise in die EU holt und Russland zwangsläufig in eine strategische Allianz mit China treibt? Warum macht Deutschland sich zum Geburtshelfer eines asiatischen Wirtschaftskomplexes, in dem die Kombination von chinesischer Industrieproduktion und schier unerschöpflichen russischen Ressourcen (eine beschleunigte Industrialisierung Russlands ist nicht ausgeschlossen) einen Sog auf viele Boomländer der Erde ausüben und die EU weiter an den Rand des Weltgeschehens drängen wird?

Warum sucht der EU-Hegemon Deutschland das Bündnis mit den Faschisten von Swoboda und dem Rechten Sektor sowie mit korrupten Oligarchen-Parteien in dem europäischen Armenhaus, dessen Angliederung an die EU im ersten Schritt dreißig Milliarden Euro kosten und später ein Fass ohne Boden sein wird. Der Maidan hat Janukowitsch davongejagt und mit ihm die russischen Kredite, die dringend benötigt werden, um Importe zu bezahlen und die Parteien der Oligarchen und Faschisten in der Interimsregierung weiter mit Geld zu versorgen sowie die neue Nationalgarde zu finanzieren, darunter, wie Fernsehbilder zeigten, Freiwillige vom Maidan in Uniformen mit der aufgenähten «Wolfsangel», dem Symbol der SS-Division «Das Reich». Die EU könnte die Ukraine bankrottgehen lassen, dann jedoch im Namen des Westens. Hat man mit der Ex-DDR, Griechenland und anderen europäischen Krisenstaaten nicht genug Regionen zu alimentieren? Gegen die Ukraine ist Griechenland reich. Das Pro-Kopf-Einkommen ist in Griechenland fast siebenmal und in Russland fast viermal so hoch wie in der Ukraine.

Als hätten sie ihre Sinne nicht beisammen, stürzten Guido Westerwelle, John McCain und viele EU-Politiker, die bis dahin keiner kannte, wie Elmar Heinrich Brok (CDU) und Rebecca Harms (Die Grünen), sich auf die Bühnen des Maidans, um an der Seite der Faschistenführer von Swoboda und dem Rechten Sektor, die den Ton auf dem Maidan angaben, Beifall zu erheischen. Alle Parteien des Putsches gegen Janukowitsch waren ihnen lieb und teuer: Vitali Klitschkos «UDAR» (Fausthieb), die von der Konrad-Adenauer-Stiftung unterstützt wird, Arsenij Jazenjuks Partei «Vaterland», deren Chefin die korrupte Oligarchin Julia Timoschenko ist, und Oleh Tjahnybok von «Swoboda» (Freiheit), die neben dem Rechten Sektor das Gros der bewaffneten Milizen auf dem Maidan-Platz stellte und treibende Kraft des Putsches war. Auf die Partnerschaft mit Faschisten angesprochen, sagte Elmar Brok, Vorsitzender des Auswärtigen Ausschusses des EU-Parlaments: «Ich glaube, das Hauptproblem ist zurzeit der Präsident [...] und Swoboda ist nicht das Thema.» Wenn der Sieg des Faschismus über den gewählten Präsidenten, der seine Macht genauso wie alle anderen vor ihm für den Aufbau einer Günstlingswirtschaft nutzte, in Europa kein Thema ist, was bleibt dann von den Exportartikeln Menschenrechte und Demokratie? Tjahnybok versprach auf dem Maidan die Beseitigung der «jüdisch-russischen Mafia». 2012 hatte er dem jubelnden Volk zugerufen: «Schnappt euch die Gewehre, bekämpft die Russensäue, die Deutschen, die Judenschweine und andere Unarten!» Mit diesem Mann hat Steinmeier einen Staatsvertrag ausgehandelt, neben dieser Gestalt tönte Guido Westerwelle: «Hier schlägt das Herz europäisch!» Selbst die fanatische ukrainische Schriftstellerin Katja Petrowskaja, die in jeder zweiten deutschen Talk-Runde sitzt, sagte über Swoboda: «Diese Leute haben eine positive Rolle bei der Absetzung von Janukowitsch gespielt.»

Swoboda ist hervorgegangen aus der Organisation Ukrainischer Nationalisten (OUN), die im Zweiten Weltkrieg «Soziale Nationale Partei der Ukraine» hieß, die «Wolfsangel» trug und sich als Hüterin der «weißen europäischen Rasse» gegen «die asiatische Horde» und als Dependance des europäischen Faschismus verstand. Aus dem Spektrum der OUN wurde die SS-Division «Galizien» aufgestellt. Jaroslaw Stezko schrieb 1941, dass die OUN «auf der Vernichtung der Juden» bestehe und «die deutschen Methoden der Ausrottung der Judenheit in die Ukraine» bringen wolle. Überall im Westen der Ukraine wehen heute die schwarz-roten Fahnen der OUN, und Tjahnybok feiert die OUN und deren Führer Stepan Bandera als ukrainische Helden im Kampf «gegen Juden und den anderen Abschaum». In ihren Hochburgen L'wiw (Lemberg), Ternopil und Iwano-Frankiwsk, wo Swoboda in Wahlen bis zu 30 Prozent erzielte, stehen die Kader stramm vor dem Denkmal von Bandera und rühmen dessen Massaker an Juden, Polen und Kommunisten als nationale Befreiungstaten.

Bis heute halten die Fußballfans von Karpaty L'wiw bei Heimspielen ein Transparent mit Banderas Bild hoch. Denis Lewin von der freien ukrainischen Eisenbahngewerkschaft und der linken Organisation Borot'ba berichtete, dass die rechte Front linke Gruppen mit Gewalt vom Maidan-Platz vertrieben («das Programm auf dem Maidan wird von Rechtsradikalen diktiert») hat. Das Fernsehen zeigte, wie Swoboda-Kader die Fernsehstudios überfielen und den Chef mit Prügel zum Rücktritt zwangen. Der Anführer war der Swoboda-Abgeordnete aus dem Ausschuss für «Pressefreiheit» in der Interimsregierung. Die Swoboda und der Rechte Sektor stellen dank deutscher Außenpolitik in dem neuen Machtapparat den Stellvertreter des Präsidenten, den Verteidigungsminister, den Generalstaatsanwalt, den Sicherheitschef und andere Minister sowie Kontrolleure der «Pressefreiheit».

Die deutschen Regierungsparteien und – noch schamloser – die Bündnisgrünen spielen die Bedrohung bewusst herunter, weil sie mit den Faschisten im Boot sitzen. In der Bundestagsdebatte vom 13. März 2014 erlaubten die Grünen sich ein selten schmutziges Spiel. Marieluise Beck stand am Mikrofon und salbte etwas von einem Europäischen Haus, das Gorbatschow sich gewünscht habe und das «nie so bedroht» gewesen sei wie heute. Sie verlangte «einen hohen politischen und wirtschaftlichen Preis für Russland» und fügte hinzu: «Ja, es gibt rechte Kräfte in der Ukraine.» Aber die gebe es nur «wegen Putin». Während Frau Beck dumm daherredete, schleimte ihr Kollege Volker Beck ans Saalmikrofon und fragte – wie abgesprochen – nach der Situation der Juden («die macht uns alle besorgt»). Und ob sie dem Hohen Hause «etwas dazu sagen» wolle und könne. Selbstverständlich. Marieluise Beck war «mit unterschiedlichen jüdischen Organisationen zusammengetroffen», und da habe sie «gelernt, dass es ganz klargelegt worden ist, dass hier mit einem Stereotyp gearbeitet wird, nämlich dem vermeintlichen ukrainischen Antisemitismus, der sehr stark bemüht wird aus der russischen Propaganda, und dass der Antisemitismus zu einem Kampfinstrument geworden ist in dieser Desinformationskampagne». Alles vermeintlich, alles Propaganda? Am Tag des großen Sieges über Janukowitsch meldete n-tv im Streifband: «Massen bejubeln Rede von Timoschenko auf dem Maidan – Rabbi fordert Juden zum Verlassen von Kiew auf!» Wollte der Rabbi nur Panik machen?

Die jüdischen Organisationen, fügte Frau Beck hinzu, hätten auch dargelegt, «dass es 2013 in der Ukraine drei antisemitische Übergriffe gegeben hat mit vier verletzten Personen» und «in den vergangenen Wochen» zwei Überfälle auf Synagogen, die aber auf russische «Provokationen zurückzuführen» seien. Im Januar wurden ein hebräischer Lehrer angegriffen und ein Rabbinerstudent niedergestochen, im Februar wurde eine Synagoge in Brand gesteckt, Anfang März wurde der jüdische Friedhof von Kolomyia geschändet, und während Frau Beck sprach, wurde der Rabbiner Hillel Cohen auf der Straße geschlagen und mit antisemitischen Sprüchen beschimpft. Aber, sagte die grüne Politikerin aus Deutschland, wir sollten nicht «dem Missbrauch des Antisemitismus in diesem Desinformationskrieg folgen». Es gibt also Antisemitismus, wir sollen uns von ihm nur nicht beeindrucken lassen.

In derselben Parlamentsdebatte erläuterte uns Karl-Georg Wellmann, der für die CDU im Auswärtigen Ausschuss sitzt, dass es überall Faschisten gebe, «in Italien, in Griechenland, aber wir können doch nicht deshalb von der Unterstützung dieses Regimes, was offenbar die breite Unterstützung der Bevölkerung hat, absehen, weil da einige unästhetische Figuren sind, die sie reinnehmen mussten, um den Maidan zu integrieren». Weiß der Mann, was er sagt? Wenn die Faschisten in die Regierung genommen werden mussten, weil der Maidan sonst nicht zu integrieren gewesen wäre, dann muss der Maidan voller Faschisten gewesen sein. Was er zweifellos auch war.

Steinmeier und seine französischen und polnischen Kollegen saßen mit Klitschko und dem Swoboda-Chef Tjahnybok am Verhandlungstisch und vereinbarten mit Janukowitsch das Abkommen über die Neuwahlen, das vom Maidan-Rat, in dem Rechtsradikale den Ton angaben, verworfen wurde, weil er den Putsch bevorzugte. Der Maidan-Rat, dem das Vorschlagsrecht für die Interimsregierung zufiel, besetzte die Posten mit Mitgliedern der Vaterlandspartei von Julia Timoschenko, mit Faschisten und radikalen Nationalisten. Als die neue Regierung als erste Amtsmaßnahme die russische Sprache im Land verbot, zogen «Selbstverteidiger» der russischsprachigen Bevölkerung zum Parlamentsgebäude in der Krim-Hauptstadt Simferopol und ernannten einen prorussischen Präsidenten.

Die Regression der Politik zum James-Bond-Film – und warum die Konfliktanalyse sich der Russenphobie widmen muss

Die Propaganda macht es den Europäern nicht leicht. Die ihnen zugespielten Freunde und Feinde wechseln mit der geopolitischen Großwetterlage. Wer gestern Freund war, ist heute Feind und umgekehrt. Der ukrainische Präsident Janukowitsch war all die Jahre, in denen Deutschland und die EU mit ihm das Assoziierungsabkommen aushandelten, ein guter Freund. Kein TV-Kanal, keine Zeitung machte auf goldene Wasserhähne in seiner Wohnung aufmerksam. Selbst die Grünen bekamen bei seinem Anblick gute Laune, weil es, Janukowitsch sei Dank, mit Europa voranging. Wut kam erst auf, als ihnen der Geländegewinn durch die Finger glitt. Auch die Oligarchin Julia Timoschenko war «unsere» Freundin. Der ehemalige Sicherheitsberater Helmut Kohls, Horst Teltschik, meint, Putin habe zu Recht gesagt: «In der Ukraine hat ein Gauner den anderen abgelöst. Und jetzt haben wir eine provisorische Regierung, die aus dem gleichen Clan von Timoschenko stammt, die bekannterweise korrupt war, die Teil des Systems war.» Ein großer Freund Europas war Wiktor Juschtschenko, der Mann der orangenen Revolution und Präsident der Ukraine von 2005 bis 2010, dem das Gesicht verätzt wurde. Er hatte Bandera am 22. Januar 2010 posthum den Ehrentitel verliehen: «Held der Ukraine!». Kein Witz: Juschtschenko, der den Massenmörder ehrte, wurde von Hillary Clinton für den Friedensnobelpreis vorgeschlagen.

Verglichen mit heutigen Politikern waren Gerhard Schröder und Helmut Kohl große Denker. Kohls Sicherheitsberater Horst Teltschik sieht in der neuen deutschen Ostpolitik eine «Dimension von tragischer Größe. Sie wird die Beziehung Russlands zum Westen erheblich beeinträchtigen.» 25 Jahre erfolgreiche Einbindung Russlands in Europa werde gefährdet oder «vielleicht sogar zerstört». Unter Schröder war der Russenhass nicht so prägend wie heute, weil Schröder den Versuch unternommen hat, sich von den USA und ihren damaligen Kriegen zu emanzipieren und an die Stelle der transatlantischen Partnerschaft die Vision einer kontinentalen Machtachse Paris–Berlin–Moskau zu setzen. Damals war Putin «unser» Freund, weil er das Russenreich wieder ordnete und für die deutsche Wirtschaft begehbar machte. Putin wollte den Deutschen Ostpreußen als Freihandelszone schenken, und er schlenderte 2005 gemeinsam mit Schröder und Jacques Chirac zur 750. Geburtstagsfeier durch Kaliningrad (Königsberg) – zum Eingewöhnen. Damals träumten deutsche Literaten, Dichter, Journalisten, Politiker, Historiker, Ökonomen, die «FAZ» und Philosophen von dem kontinentalen Reich unter der Führung Deutschlands, die ihm schon wegen der Mittellage in diesem Machtblock gegen Amerika und Asien zufallen würde. Der Feind hieß damals George W. Bush.

Heute ist der Russe wieder der Feind und die Politik beim James-Bond-Film angekommen. Im Unterschied zu Bond ist die Welt aber nicht durch einen einzelnen Kommunisten oder Asiaten bedroht, sondern gar nicht. Aber die Grimasse des Feindes ist so verzerrt wie im Film oder in der Epoche der finsteren Bedrohungspropaganda in der McCarthy-Ära und bei Adenauer und Erhard, als die CDU gegen die SPD plakatierte: «Alle Wege des Marxismus führen nach Moskau!» «Der Brandstifter!», titelte der «Spiegel» und bildete Putin als überdimensionalen, fies dreinschauenden Weltherrscher ab, dem Barack Obama, David Cameron und Angela Merkel nur bis zum Bauchnabel reichten. Merkel wedelte hilflos mit der weißen Fahne der Kapitulation. Kritische Historiker wissen, was passieren kann, wenn Deutsche sich als Opfer des Weltgeschehens empfinden. Putin, in der Schröder-Ära noch der Freund Deutschlands, wird verunglimpft als Stalin, Hitler oder Kaiser Nero, weil «uns» die Halbinsel abhanden kommt, die «uns» nicht gehört. Gestern sollte Deutschland am Hindukusch verteidigt werden, heute auf der Krim und morgen? Wenn es nach Bundespräsident Joachim Gauck geht, überall auf der Welt. Während Deutschland also am Hindukusch verteidigt wird, gesteht man Russen nicht einmal zu, NATO-Raketen vor der Haustür verhindern zu wollen.

Hat der Russe nicht schon alle deutschen Nahtstellen besetzt? Zwar kaufen über 6.000 deutsche Firmen in Russland alles, was ihnen in die Finger kommt, aber deutsche TV-Anstalten mahnen von morgens bis abends, dass Russen im Besitz von deutschen Gasspeichern seien. Siemens habe sich, klagte ein Grüner, den Tränen nahe, von der Ukraine ab- und Russland zugewendet. Der Europapolitiker Graf Lambsdorff (FDP) forderte Schalke 04 auf, seine Gazprom-Werbung zu beenden, Schalke-Fans verlangten, dass ihr Vereinspräsident Tönnies den Bau seines Schlachthofes in Russland stoppt, die Europa-Grünen um Rebecca Harms wollten Gerhard Schröder wegen seiner Nähe zu Russland Redeverbot in Europa erteilen, der Deutsche Bob- und Schlittenverband suchte einen Schuldigen für die Medaillenpleite in Sotschi und bestrafte den Bobfahrer Manuel Machata mit einem einjährigen Berufsverbot, weil er dem russischen Bobfahrer Alexander Subkow eine Kufe aus seinem Privatbesitz überlassen hatte, was unter Bobpiloten durchaus üblich ist. Besonders begehrt sind Fotos, die Putin und andere Russen mit einem bösen Blick abbilden – möglichst mit einem slawischen Einschlag. «Wie Napoleon!», sagte die Kassiererin bei Aldi, als sie Putins verschlagenes Gesicht auf dem «Spiegel»-Titel mit der Headline «Der Brandstifter» sah. Sie wusste nicht, dass Napoleon den Deutschen Zivilisation gebracht und «der Russe» die Hauptlast der Befreiung Europas von Adolf Hitlers Mordregime getragen hatte.

Die offiziellen Gründe für den Anspruch des Westens auf die Ukraine sind hohle Propaganda. Das ukrainische Regime ist keinen Deut weniger homophob als das russische und eher antisemitischer. Die russische Kleptokratie wird von der ukrainischen locker übertroffen. Wie will man einerseits den Hass auf Putin erklären, wenn man andererseits um ein gutes Einvernehmen mit dem Iran bemüht ist, dessen Staatschef Rohani die Urananreicherung weiterbetreibt, von der Vernichtung Israels kein Deut ablässt und Hunderte öffentlich hinrichten lässt, darunter auch Kinder? Wie will man das Bündnis mit ukrainischen Faschisten erklären, die mit dem Front National und der NPD paktieren, die in Deutschland just verboten werden soll? Selbst wenn Deutschland ganz altruistisch und gegen seine ökonomischen Interessen hätte helfen wollen, fällt ein System-Check zwischen Russland und der Ukraine keineswegs zugunsten der Ukraine aus. Eine wirtschaftliche Erklärung gibt es für das Vorpreschen ebenfalls nicht.

Das Völkerrecht, auf das alle sich berufen, existiert nicht. Völkerrecht wird gesprochen von den UN-Vetomächten USA, Russland, China, Frankreich und Großbritannien oder von der gesamten UNO, in der über hundert Despotien jedweder Schattierung versammelt sind. Völkerrecht richtet sich nach den Machtinteressen. Die Zustimmung der UNO zu einem Krieg wird beantragt, bei Ablehnung wird eine Koalition der Willigen einberufen. Als die Türkei völkerrechtswidrig Nordzypern überfiel, um die Türken zu «schützen», vergab der Westen keine einzige Sanktion, weil die Türkei NATO-Mitglied war und ist. Die Befürworter der Ostexpansion der EU geben das zu und berufen sich darauf, dass völkerrechtswidriges Verhalten sich nicht wiederholen solle. Eine billige Ausrede, denn der deutsche Kampf gegen den Separatismus auf der Krim oder in der Ostukraine ist der totale Bruch mit der deutschen Völkerpolitik. Deutschland hat allen möglichen nationalbornierten Gruppen ein nationales Selbstbestimmungsrecht eingeräumt, das sie der russischsprachigen Bevölkerung in der Ukraine verwehrt. Bei der Zerschlagung der Sowjetunion sollten 15 Bevölkerungsgruppen, die vorher in der UdSSR vereint waren, jeweils das Recht auf eine eigene Nation bekommen. Als Jugoslawien zerschlagen werden sollte, um in Südosteuropa Ordnung zu schaffen, wurde das Zusammenleben verschiedener Ethnien in einem Staatsgebilde von der deutschen Politik als naturwidriges «Völkergefängnis» verunglimpft. Jeder Gruppe wurde eine Nation zugestanden: Kroaten, Slowenen, Bosnier-Herzegowinern, Mazedoniern, Montenegrinern, Kosovaren, sogar Serben.

Jede ethnische und nationale Borniertheit ist eine Niederlage des Bewusstseins, weil die Reflexion zugunsten eines stammesgeschichtlichen Kollektivs beseitigt wird und weil bestritten wird, dass Menschen verschiedener Traditionen gut zusammenleben könnten. Aber Demokratie fragt nach dem Mehrheitswillen und nicht danach, wie dumm dieser Wille ist. Wenn die Mehrheit der Mazedonier unter Berufung auf Alexander den Großen einen eigenen Staat haben will, ist das unklug, aber demokratisch. Wenn die russische Mehrheit der Krim-Bewohner einen eigenen Staat haben oder russische Provinz werden will, ist das klug und demokratisch. Klug wegen der Verdreifachung der Renten und um der Putsch-Herrschaft der Faschisten und Russenfeinde zu entkommen.

Der Skandal liegt darin, dass die deutsche Politik die tragende Rolle der Faschisten in der Ukraine goutiert und diejenigen, die sich gegen sie wehren, als völkerrechtswidrige Gesellen diffamiert. In der jüngeren deutschen Tradition läge es, die Ukraine genauso zu zerlegen wie Jugoslawien, damit jede Ethnie ein Zuhause findet: europäische Ukrainer, Russen, Tartaren, Kosaken und wer da sonst noch wohnt. Warum wollte Deutschland den Kosovaren eine eigene Nation herbeibomben, während Russen im ukrainischen «Völkergefängnis» einsitzen sollen? Man wird davon ausgehen dürfen, dass Deutschland den Wunsch der Katalanen und Schotten nach einer eigenen Nation nicht als deutsche Angelegenheit behandeln wird, der sie mit Wirtschaftssanktionen beikommen müsste, sondern als spanische und britische. Einmischung strikt verboten! Wer bei Russen auf der Krim und in der Ostukraine alles anders betrachtet als woanders auf der Welt, der leidet offenbar unter einer Russenphobie. Die Analyse der Ursachen sollte das Thema «Russenphobie» jedenfalls nicht ausklammern.

Wie in jedem Krieg verwandelt sich Diplomatie in eine Sprache des Krieges und der Feindseligkeit. In der Propaganda genügt heute das Prädikat «Europäer», um faschistische Verbände der Ukraine zu Freunden der Deutschen zu machen. Verheimlicht wird deren Jagd auf Kommunisten, die in Wahlen verboten werden sollen, und dass faschistische Armeen, die in der Ostukraine Krieg gegen die Separatisten und die russische Bevölkerung führen, die offizielle Politik der Ukraine wesentlich mitbestimmen. Der Führer des Rechten Sektors, Dmitrij Jarosch, hatte dem Präsidenten Mitte August 2014 ein Ultimatum gestellt. Er habe die Forderungen der Faschisten zu erfüllen, oder sie würden binnen 48 Stunden mit ihren bewaffneten Verbänden den Marsch auf Kiew beginnen. In Erinnerung an den Marsch der italienischen Faschisten auf Rom. Am nächsten Tag, dem 18. August, schrieb die «FAZ»: «Innenministerium in Kiew will mit Radikalen kooperieren. Awakow trifft Vertreter des Rechten Sektors / Bewegung zieht Ultimatum für Marsch auf Kiew zurück. Das ukrainische Innenministerium hat sich mit der rechtsradikalen Gruppe Rechter Sektor über eine Zusammenarbeit verständigt.» Der Rechte Sektor werde legalisiert als offizielle ukrainische Armee, hieß es. Außerdem sagte Jarosch: «Man hat uns mitgeteilt, dass unsere Blutsbrüder freigelassen wurden» und die geforderte Entlassung des stellvertretenden Innenministers «im Kabinett behandelt werde».

Wirtschaftlich ist mit der neuen Ostpolitik nichts zu gewinnen, aber viel zu verlieren

Die deutsche Ostpolitik hat sich von Wirtschaftsinteressen gelöst und geht eigene Wege. Hatte Hitlers Ostpolitik das Ziel, die Juden zu vernichten, die Kornkammer «Ukraine» zu annektieren, Russland zu zerschlagen, bis zu den Ölquellen vorzudringen und Millionen Menschen für die Sklavenarbeit zu rekrutieren, scheint die Motivlage heute zwischen dem ehernen Russenhass der Deutschen und der wiederaufkommenden transatlantischen Partnerschaft zu liegen. Die USA wollen Russland mit Raketen auf den Pelz rücken, also machen wir mit, wenn dadurch die Geschäfte gesichert sind, die die Große Koalition der Partnerschaft mit Russland vorzuziehen scheint. Die neue Ausrichtung wird eine kostspielige Angelegenheit. Wirtschaftlich ist mit der neuen Ostpolitik gegen Russland nichts zu gewinnen, aber viel zu verlieren. Deutschlands Wirtschaft verbindet mit der Ukraine so gut wie nichts, mit Russland hingegen viel. Andersrum hängt die Ukraine am Öl-, Gas- und Nahrungsmittelimport aus Russland und benötigt Russland als Hauptabnehmer ihrer Eisen- und Stahlerzeugnisse sowie anderer Rohstoffe. Russland nimmt 25 Prozent und die Schweiz 24 Prozent von den ukrainischen Erzeugnissen ab. Von den EU-Staaten liegt Großbritannien mit fünf Prozent vorn. Deutschland liegt irgendwo hinter den Vereinigten Arabischen Emiraten. Energie, Maschinen und Nahrungsmittel bezieht die Ukraine zu 32 Prozent aus Russland, zu neun Prozent aus China und zu acht Prozent aus Deutschland. Die Wirtschaftssanktionen der dritten Stufe des EU-Strafkatalogs werden eine Hungerkatastrophe in der Ukraine auslösen. Die EU treibt die Bevölkerung der Ukraine der Tafel-Bewegung zu.

Dagegen lieferte die deutsche Wirtschaft 2013 für 36 Milliarden Euro Autos, Maschinen und chemische Erzeugnisse an Russland und bezog für 40,5 Milliarden ein Viertel seines Erdgas- und ein Drittel seines Erdölbedarfs, ein Fünftel der Steinkohle, außerdem Eisen, Stahl, Kupfer, Nickel und Aluminium und Seltene Erden für die Elektronik und Metallveredelung aus Russland und dem russischen Partnerland Kasachstan. Erdgas deckt 50 Prozent des deutschen Wärmebedarfs und 47 Prozent der industriellen Prozessenergie. Eine Substitutionsmöglichkeit ist nicht in Sicht. 6.300 deutsche Firmen sind in Russland tätig. Die deutschen Investitionen belaufen sich auf 20 Milliarden Euro. Fast noch wichtiger ist die strategische Perspektive. Ein Viertel der weltweiten Öl- und Gasreserven liegt im Nordpolarmeer, das Russland für sich beansprucht und militärisch sichert. Auch der russische Staat hängt am Tropf seiner Energieexporte. Er bezieht 50 Prozent seiner Einnahmen aus Öl- und fünf Prozent aus Gasverkäufen. Der besondere Clou ist, dass Krisen die Öl- und Gaspreise in der Regel in die Höhe treiben und damit die russischen Einnahmen.

Russland ist mit einem Anteil von 30 Prozent beim Gas und 35 Prozent beim Öl der Hauptenergielieferant der gesamten EU. Nach dem europäischen Statistikamt importierte die EU 2012 aus Russland vor allem Rostoffe für 215 Milliarden Euro. Exportiert wurde nur für 123 Milliarden. Die Ukraine ist für die EU unwichtig. Die EU ist nicht einmal auf die Durchleitung von Gas und Öl besonders angewiesen. Zwar strömt Gas durch die beiden Pipelines «Sojus» und «Freundschaft» durch die Ukraine nach Süddeutschland, aber die Strecken Northern Lights und Jamal-Europa sowie die Nord-Stream durch die Ostsee berühren die Ukraine nicht. Stephan Kohler, der Chef der Deutschen Energieagentur Dena, weist darauf hin, dass «beim Erdgas wegen der Leitungen die Abhängigkeit» von Russland groß ist und Russland «intensiv am Bau von Pipelines Richtung Zentralasien und China» arbeitet, um sich aus der Abhängigkeit von der EU zu lösen. Der Versuch, Länder wie die Ukraine aus dem russischen Einflussbereich herauslösen und an den Westen zu binden, sei «naiv». Wir stünden «vor dem Scherbenhaufen einer vollkommen überzogenen EU-Politik». 80 Prozent des Gasmarktes ist an Pipelines gebunden, 20 Prozent wird als Flüssiggas verschifft. Da die europäischen Gasfelder in der Nordsee versiegen – die Niederlande haben bereits eine Produktionsgrenze beschlossen, die nicht mehr überschritten werden darf –, müssten russische Gasausfälle durch Lieferungen mit Spezialschiffen aus den USA oder Katar kompensiert werden. Der Aufbau einer Infrastruktur für US-Lieferungen dauert mindestens zehn Jahre. Außerdem wären sie keineswegs sicherer als russisches Gas und in jedem Fall teurer. Die geplante Abkehr von russischen Öl- und Gaslieferungen und die Verpflichtung, der Ukraine russische Ausfälle zu ersetzen, zwingt die EU in die Arme der arabisch-islamischen Länder und des Iran. Warum diese Abhängigkeit besser ist als der Warenaustausch mit Russland, kann vernünftig nicht begründet werden.

Da Russland 2012 für 316 Milliarden Dollar importierte, aber für 525 Milliarden Dollar exportierte, schwimmt Russland in Geld, das am Börsenplatz London, im Schweizer Bankensystem und in Deutschland landet, wo russische Energiekonzerne Gasspeicher, die Erdöltochter RWE-Dea sowie Stadtwerke kaufen und sich an Raffinerien beteiligen, um an der Quelle der Mehrwertproduktion zu sitzen. Welchen Wert Sanktionen haben, wird man erst sehen, wenn die russischen Milliarden von London und Deutschland nach China umgelenkt werden. Wegen des drohenden Kapitalabflusses und Auftragsverlustes warnt der E.on-Chef, dass Sanktionen gegen Russland «die sehr verantwortungsvolle Ostpolitik» der Vergangenheit aufs Spiel setzten. Rainer Lindner, Geschäftsführer des Ostausschusses der deutschen Wirtschaft, kritisiert die deutsche Politik als Irrweg. Die Volkswirtschaften der beiden Länder seien «mittlerweile so verflochten, dass Sanktionen sicher Gegensanktionen auslösen würden». Der Deutsche Industrie- und Handelskammertag fürchtet russische Kontermaßnahmen, etwa «Enteignungen oder Einschränkungen der Produktionstätigkeiten» (Volker Treier). Hans-Werner Sinn vom ifo-Institut warnte: «Wir können uns Sanktionen gegen Russland nicht leisten, weil wir im Zuge der Energiewende zunehmend auf russische Gaslieferungen angewiesen sind.» Was er nicht sagte, woran er aber gedacht haben wird: Die EU holt sich mit der Ukraine den nächsten Bankrotteur ins Haus. Die Kosten der EU für die Ukraine steigen mit der Dauer des Bürgerkrieges.

Es ist fast müßig zu sagen, dass die Linke sich nicht zwischen den Teufeln und Belzebuben zu entscheiden, sondern zu analysieren hat. Eventuell lassen sich Freundschaften mit Antifaschisten schließen. Ansonsten steht die linke Idee der ukrainischen Macht genauso fern wie der russischen. In der Ukraine marschieren einerseits Faschisten und Korrupteure; wer möchte sich andererseits von Russland umarmen lassen und im TV hören, was der Moderator in den russischen «Tagesthemen» von sich gab: «Der deutsche Außenminister ist für eine europäische Ukraine, aber er ist ja auch schwul, und möglicherweise haben ihn die heißen Körper der Klitschko-Brüder beeindruckt.» Beide Seiten übertreffen sich in Männerkulten, im Antisemitismus, in der Homophobie und der Ausschaltung von Opposition. Oder meint jemand, dass die große russische Minderheit in der Ukraine eine Chance bekommt? Wenn sie sich nicht wirksam schützt, wird sie reihenweise verhaftet oder verprügelt. So ist der europäische Faschismus, der überall keimt oder schon ins Kraut geschossen ist.

Hier wie da regieren Oligarchen, die ihre Politiker in die Staatsführung bringen, die dann, sobald sie an der Macht sind, der Konkurrenz Geschäfte und Firmen stehlen oder sie, wie bei Putin, nach Sibirien bringen. Putin ist ein Despot, dem es gelungen ist, eine auf seine Herrschaft zugeschnittene formale Demokratie zu installieren, durch Verhaftungen Opposition und buntes Leben einzuengen, sich durch demonstrative Verhaftungen bei Oligarchen Respekt zu verschaffen, sich mit dem Versprechen einer Rückkehr zu einem geordneten Russland Anerkennung in der Bevölkerung zu holen. So stabilisiert er Russland, das Boris Jelzin fast versoffen hätte. Russland gelangte unter Putin zu neuer Weltgeltung, weil es in Räume vordringen konnte, die von den USA geräumt wurden. Als Lieferant von Kriegsgeräten ist Russland ein beliebter Handelspartner für Regime im Iran, Syrien, Ägypten und in arabischen Staaten. Gleichwohl gilt: «Die Dämonisierung von Wladimir Putin ist keine Strategie; sie ist ein Alibi für die Abwesenheit einer Strategie» (Henry Kissinger).

5. Europa unter deutscher Hegemonie

Die europäischen Verhältnisse erinnern an den Heimatfilm: «Und ewig singen die Wälder», in dem der rücksichtslos tatkräftige Dag Björndahl, der von Gert Fröbe gespielt wird, so lange Schuldscheine der Waldbauern und des benachbarten Edelmannes («Der muss mit Bärenmilch gesäugt worden sein!») sammelt, bis er alle Nachbarn in der Hand hat. Er kann nun über sie herrschen – gnädig oder grausam, wie es ihm beliebt. Nicht viel anders geht es zwischen den Nationen zu. Ob Merkel mit diesem oder jenem gut kann, spielt keine Rolle. Das Wesen der Außenpolitik ist der Raub fremder Wertmasse. Ein vereintes Europa kann es schon deshalb nicht geben, weil Europa in Gläubiger und Schuldner zerfällt, wobei der Hegemon Deutschland den von ihm abhängigen Schuldnern seine Bedingungen oktroyiert. Deutschland regiert Europa über Notverordnungen, während es sich zu Hause als Opfer des Südens besingt.

Insolvente Schuldner hatten nie was zu Lachen. Die alten Sumerer, Griechen, Römer und Germanen kannten die Schuldenknechtschaft, bei der ein zahlungsunfähiger Schuldner sich selbst oder seine Kinder als Arbeitssklaven an den Gläubiger zu verpfänden hatte, bis die Schulden abgearbeitet waren. Im Mittelalter kam der Schuldner in den Schuldturm, im Wilden Westen wurde er geteert und gefedert, die Mafia legt ihm den abgetrennten Kopf seines Lieblingspferdes ins Bett, der seriöse Geschäftsmann schickt ihm Geldeintreiber ins Haus, und der bürgerliche Staat rückt ihm mit dem Gerichtsvollzieher, der Polizei und einem Möbelwagen auf die Pelle. Die Sumerer kannten immerhin schon den Schuldenerlass, der es Kindern erlaubte, zur Mutter zurückzukehren, und in der Tora ist davon die Rede, dass Schuldner im Jubeljahr aus der Schuldenknechtschaft entlassen wurden.

Deutschlands Hegemonie beruht nicht auf einer politischen Idee oder einer umtriebigen Taktik, auch nicht wirklich auf dem Euro oder einem bösen Neoliberalismus, schon gar nicht auf Angela Merkels «Merkiavellismus», wie der Soziologe Ulrich Beck vermutet. Sie ist das Resultat des industriellen Fundaments, der NS-Sklavenarbeit und der traditionellen deutschen Attribute wie Fleiß, Disziplin, Pünktlichkeit, unbezahlte Mehrarbeit und Gehorsam aus Feigheit vor dem Herrn, die für den weiteren Ausbau und die Wettbewerbskraft sorgten. Das deutsche Proletariat arbeitet seine europäischen Kollegen seit Jahrzehnten an die Wand. In Frankreich müssen Gemüsebauern aufgeben, weil sie den Mindestlohn von 9,43 Euro zahlen, während die deutsche Agrarindustrie Saisonarbeiter für die Hälfte aufs Feld schickt. Belgische Gusseisenfabrikanten lassen im «Billiglohnland» Deutschland schleifen, weil die Löhne bis zu dreißig Prozent niedriger sind als in Belgien. Die Willfährigkeit geht so weit, dass das Kapital sich soziale Standards, die frühere Generationen mühevoll erkämpft haben, mühelos zurückholt. Bald werden Tariflöhne der Luxus weniger Stammbelegschaften sein. Das Institut für Arbeitsmarkt und Berufsforschung (IAB) ermittelte, dass die Flächentarifbindung von 1996 bis 2012 in Westdeutschland von 70 auf 52 und in Ostdeutschland von 56 auf 36 Prozent gesunken ist. Besonders niedrig ist die Tarifbindung im Maschinenbau, in der Branche «Computer und Elektronik» sowie im Einzelhandel. Noch weniger als die tariflich nicht gesicherten Arbeitskräfte verdienen Frauen und Männer in Leiharbeit und Teilzeit, mit befristeten Verträgen und Werkverträgen. Die deutsche Arbeitskraft ist Opfer der Kapitalverhältnisse und zugleich denunziatorischer Konkurrent der ausländischen Kolleginnen und Kollegen.

Die wirtschaftliche Vormacht Deutschlands wird durch flankierende Einflüsse verstärkt: der hohe Grad der Verwissenschaftlichung der Arbeit; Deutschland ist die Drehscheibe für europäische Wertschöpfungsketten; protektionistische Instrumente wie Zölle, Normen, Währungen wurden im Zuge der EU-Harmonisierung beseitigt. Der Protektionismus kann Wettbewerbsnachteile vorübergehend abfedern, wenngleich nicht aufheben. Fehlen diese Möglichkeiten, wird die Konkurrenz zentral über die Löhne und den Modernisierungsgrad der Wirtschaft ausgetragen. Das wettbewerbsfähigere Land wird dann ungebremst aus weniger produktiven Ländern Kapital, Beschäftigung, Mehrwert und Steuern abziehen, während Länder mit geringer Wettbewerbskraft immer abhängiger werden von Warenimporten aus dem Zentrum und mit der Zeit auch von deren Krediten zur Finanzierung der Importe – bis zum Kollaps. Griechenland importiert für fünfzig Milliarden Euro und exportiert für zwanzig, es muss sich also laufend verschulden, wird zahlungsunfähig und büßt seine Souveränität ein. Das exportierende Land muss ständig mehr Wertmasse aus der Bevölkerung des Schuldners herauspressen, denn, wenn es dauerhaft Waren und das Geld für die Bezahlung der Waren ins Ausland bringt, ohne einen Gegenwert zu bekommen, geht das starke Land samt seiner Exportwirtschaft ebenfalls in Konkurs. Die EU-Administration monierte mit Blick auf Deutschland, dass Handelsbilanzüberschüsse, die sechs Prozent des Bruttoinlandprodukts (BIP) überstiegen (155 Milliarden in Deutschland), eine «Gefahr für die wirtschaftliche Stabilität des Kontinents» seien.

Von 2000 bis 2013 addierten sich die Deutschen Exportüberschüsse gegenüber der gesamten Welt auf 1,6 Billionen Euro und gegenüber der EU auf 1,2 Billionen Euro. Deutschlands Exportüberschuss, der die Übernahme fremder Produktion anzeigt, betrug von 2009 bis 2011 gegenüber der Eurozone 255 Milliarden Euro – gegenüber Frankreich 92 Milliarden Euro, Österreich 59, Italien 44, Belgien/Luxemburg 43, Spanien 36 und Portugal neun Milliarden Euro. Außerhalb der Eurozone beliefen sich die Drei-Jahres-Überschüsse gegenüber Großbritannien auf 63 Milliarden Euro, den USA auf 60, Polen 30, der Schweiz 27, der Türkei 17. Deutsche Unternehmen hatten im Herbst 2013 Auslandsforderungen von 722 Milliarden Euro und deutsche Banken, die die Finanzierung der Warenlieferungen oft vorstrecken, von knapp 2.000 Milliarden Euro. Mit einem Wert von knapp 200 Milliarden Euro war Deutschland 2013 das Land mit dem höchsten Exportüberschuss, vor China und Saudi-Arabien.

Der Exportüberschuss bedeutet auch, dass im Exportland der mehr geleisteten Arbeit in Höhe des Überschusses kein Angebot von Importwaren gegenübersteht. Am Import gemessen, drückt der Überschuss einen Fehlbetrag oder eine Unterversorgung aus, dem das relativ niedrige Lohnniveau in Deutschland entspricht. Würde man die Bilanz durch die Steigerung der Importwaren um zweihundert Milliarden ausgleichen, stünde den Deutschen ein entsprechend höheres Konsumangebot zur Verfügung, sodass die Löhne angehoben werden könnten, ohne von der Inflation gefressen zu werden. Das Land mit dem Exportüberschuss betrügt demzufolge die Menschen in der Peripherie und im Zentrum. Der überschüssige Wert fließt zu einem großen Teil ins Ausland. Deutschland ist laut ifo der «größte Kapitalexporteur der Welt». Das Geld wird auf Auslandskonten deponiert oder woanders in Investitionen gesteckt, etwa in Asien und Amerika, wo ein höherer Profit winkt. Der Kapitalexport ist für aufnehmende Länder nur dann von Nutzen, wenn er die marktfähige Produktion ankurbelt, bläht er aber einen unprofitablen Bausektor auf, hinterlässt er kaputte Gebäude und Schulden.

Aus der Wirtschafts- und Finanzkraft erwächst automatisch politische Macht. Deutschland haftet innerhalb der Eurozone entsprechend seiner Wirtschaftsstärke für 27 Prozent, sowohl für den mit 700 Milliarden Euro ausgestatteten ESM-Fonds als auch für die EZB. Als Ausgleich für sein höheres Risiko erhält Deutschland eine Art Sperrminorität. Wenn 27 Prozent wegfielen, würde kein Land sich noch irgendwas trauen. An dieser Stelle wird aus der Wirtschaftsmacht eine Verwaltungsmacht. Die ökonomische Überlegenheit zieht die politische nach sich. Deutschland regiert die Eurozone u. a. über den Kredit- und Haftungsmechanismus. Hilfskredite werden nur gewährt, wenn die Kreditnehmer sich dem Horrorkatalog des «Fiskalpakts» unterwerfen. Auf dem freien Markt kriegen sie kein Geld, oder es ist dort wesentlich teurer. Durch diesen Zwang muss das Krisenland Auflagen erfüllen, die aus IWF-Zeiten in Südamerika bekannt sind: Schulden zurückführen, Beamte entlassen, Löhne und Sozialtransfers senken, Staatsvermögen verkaufen, das Gesundheitswesen privatisieren, Bildungsangebote kappen.

Die Deutsche Hegemonie bekommen die abhängigen Länder auf verschiedenen Ebenen zu spüren. Deutschland zwingt Schuldnern Konditionen auf, beeinflusst Staatsetats und Bankenabwicklungen, presst die Schuldentilgung aus der Sozialstruktur der Länder heraus und entscheidet mit über Regierungsbildungen. In Griechenland musste auf Betreiben Deutschlands eine Wahl wiederholt werden, in Italien wurde die Demokratie zugunsten einer Finanzautokratie suspendiert. Es gehört zu den Wunderlichkeiten am Rande, dass in Deutschland die Parlamentsopposition und das Verfassungsgericht um die deutsche Demokratie fürchten, während die deutsche Politik sie anderen verbietet. Die Klagen beim Verfassungsgericht sind die juristische Verkleidung der deutschen Propaganda. Der Anspruch, die Entscheidung ins nationale Parlament zu holen, bedeutet nur, dass der Kläger an dem Hoheitsanspruch über Rest-Europa, der ökonomischen Ursprungs ist, partizipieren möchte. Er will ebenfalls Herr sein.

Dass die Kläger es nicht gut meinen mit den Nachbarn, erkennt man daran, dass der gemeinsam von Kadern der Linkspartei und der AfD vorgetragene Wunsch, Griechenland mit der Drachme zu beglücken, zum Ruin der Griechen führen würde. Schon deshalb, weil der Wert der Drachme ins Bodenlose stürzen würde und Griechenland mit einer wertlosen Währung weder seine Auslandsschulden in Euro bezahlen, noch irgendwas importieren könnte. Für jedes Barrel Öl müssten die Griechen mit der wertlosen Drachme erst einmal auf dem Finanzmarkt Dollar oder Euro eintauschen. Da sie wesentlich mehr importieren als exportieren und die Exportwaren, die sie bieten können, auch woanders billig zu haben sind, ließe sich mit der Drachme kaum ein Ausgleich schaffen. Es käme, wie auf Kuba, zu zwei Währungen. Ärzte, Anwälte, Supermärkte, Autohändler, Baulöwen etc. würden Euro verlangen, die Löhne und Renten gäbe es aber in Drachmen. Mehr darüber im Kapitel: «Theorie der Disparitäten».

Der französische Ministerpräsident François Hollande, einst Hoffnungsträger der Linken und Keynesianer, musste seine Politik auf den Kopf stellen, um nicht komplett unter die deutschen Räder zu geraten. In der Not kopierte Hollande die rot-grüne Agenda 2010. Nach dem Vorbild Airbus wolle er ein gemeinsames deutsch-französisches

Unternehmen schaffen, «das den Übergang zur erneuerbaren Energie» realisiere. Deutschland honorierte die Unterwerfung durch Militärhilfen und das Angebot einer deutsch-französischen Allianz. Als die EU-Kommission sich erlaubte, China Strafzölle für importierte Solarpaneele anzudrohen, sagte Merkel: «Nein!» Und die Sache wurde ad acta gelegt. Als die EU in der Absicht, den Klimaschutz ernst zu nehmen, die Fahrer von Benzinschleudern zur Kasse bitten wollte, sagte Merkel «Nein!», um die deutschen Karossen zu vermarkten. Mitglieder der BMW-Familie Quandt überwiesen der CDU 690.000 Euro und der CSU 140.000 Euro. Demokratie ist das einerseits nicht mehr, andererseits noch keine Diktatur. Auch ein Schuldner, der von der Geldeintreiber-Mafia halbtot geschlagen wird, behält das Wahlrecht.

Des Weiteren werden die reichen Gläubiger durch die normale darwinistische Selektion, die von den «Märkten» betrieben wird, begünstigt. Unternehmen und Staaten der europäischen Kernländer können sich zum Beispiel billiger refinanzieren als südeuropäische Staaten. Nach dem Finanzmarktintegrationsbericht der EZB (2013) zahlten Unternehmen in Deutschland, Frankreich und den Niederlanden für Darlehen am Anleihemarkt zwei Prozent und Firmen in Griechenland, Portugal, Irland, Italien und Spanien fünf Prozent. In Einzelfällen sind die Differenzen größer. Der VW-Konzern zahlte für eine 500-Millionen-Euro-Anleihe, die 2018 fällig ist, einen Jahreszins von 1,125 Prozent, die griechische Raffineriegesellschaft Hellenic Petroleum für denselben Betrag (fällig 2017) einen Zins von acht Prozent, Portugal Telecom muss 4,625 Prozent berappen. Die Angleichungstheorie der Volkswirtschaftslehre ist purer Unsinn. Der Markt sorgt durch sein Risikoprämien-System dafür, dass die Reichen reicher und die Armen ärmer werden müssen.

Während südeuropäische Staaten plus Irland ihr Gesundheitswesen zerstören müssen, um die Schulden zu tilgen, entschuldet der deutsche Staat sich über die Niedrigzinsen. Im Zuge der Euro-Krise suchte das Kapital sichere Ankerplätze und wanderte nach Deutschland. Deutsche Staatsanleihen sind so begehrt, dass der Staat dafür kaum Zinsen zahlen muss, bei kurzfristigen Papieren sackte er zeitweise sogar Negativzinsen ein, das heißt, die Geldanleger zahlten dafür, dass sie Deutschland Anleihen abkaufen durften. Das Bundesfinanzministerium beziffert den Gewinn des Bundes zwischen 2010 und 2014 auf 41 Milliarden Euro (tatsächliche Zinsen im Vergleich zur ursprünglichen Finanzplanung). Nimmt man die Länder dazu, wächst die Ersparnis des deutschen Staates durch die krisenbedingten Niedrigzinsen in diesen vier Jahren auf knapp 70 Milliarden Euro. Bezahlt haben das die Krisenstaaten, die für ihre Kreditaufnahme fünf Prozent Zinsen zahlen mussten, und die deutschen Sparer, die durch die Differenz zwischen Zinseinnahmen und Inflation jedes Jahr 1,5 Prozent des Guthabens verlieren. In zwanzig Jahren sind also 30 Prozent der Ersparnisse verschwunden.

Deutschlands Wettbewerbsvorteil beruht auf den niedrigen Lohnstückkosten und der hohen Produktivität, ein weiterer Vorteil entsteht dadurch, dass der Euro, der auf einem Durchschnittswert beruht, für die Deutsche Wirtschaft unterbewertet und für die griechische oder italienische überbewertet ist. Deutschland kann seine Waren also billiger auf den Markt werfen als vorher mit der DM. Die Vorteile des Euro, die alle genießen, liegen darin, dass die Abrechnungen vereinfacht, Landeswährungen nicht mehr der Spekulation ausgesetzt sind und Versicherungen gegen Währungsverluste gespart werden. Auf der anderen Seite entfällt die künstliche Verbilligung der Waren durch Abwertungen. Die Märkte können auch anders geschützt werden als durch die Währung. Japan hat sich zeitweise mit einem Gestrüpp von Normen verbarrikadiert. Wenn Europa bei Nahrungsmitteln die Genmanipulation ausschlösse und tausend ökologische und gesundheitspolitische Barrieren aufstellte, würde Lieferanten der USA ein transatlantischer Binnenmarkt nichts nützen. Russland erhebt auf Importautos eine Recyclinggebühr.

Vermutlich können die unter Auszehrung leidenden Staaten die Entwicklung nur umkehren zu Bedingungen, die Chinas Aufstieg ermöglichten: Teilabschottung vom Weltmarkt, eigene Währung, Limitierung der Importe, Kontrolle über Devisen und Geldabflüsse, Subventionierung eigener Exporte, Begrenzung des ausländischen Kapitalzuflusses, Abbau der Sozialstysteme, Familienhaftung für die Alten und eine diktatorische Arbeitsdisziplin. Immerhin müssten die europäischen Krisenstaaten Deutschland die Exporte wieder abnehmen. Das ist nur vorstellbar, wenn die Arbeitskräfte in Irland, Griechenland, Italien, Spanien, Portugal und Frankreich intensiver und länger arbeiteten als die Deutschen und auf einen Teil des Lohnes und der Rente verzichteten. Der Exportaufschwung der Krisenstaaten würde in Deutschland wiederum zu einer Lohnsenkung führen, die die nächste Spirale nach unten in Gang setzte, und die eigene Währung der Defizitländer würde so stark abwerten, dass ihre Importe und Schulden unbezahlbar teuer würden. Den Kapitalismus per Revolution abzuschaffen ist vermutlich leichter als ihn von innen heraus zu reformieren.

Dass Deutschland trotz seines Wertraubes aus dem übrigen Europa kaum Wachstum vorweisen kann, bestätigt seine eigene latente Krise.

Deutschland gelingt es, seine Wachstumsschwäche auf Kosten anderer Staaten zu kompensieren, aber es ist nicht der Wachstumsmotor Europas, als der es sich gerne feiert. Vielmehr benötigt Deutschland die Nachbarn als Motor für seine Konjunktur. Die Ausplünderung der Nachbarn schlägt auf Deutschland zurück. Irgendwann ist da nichts mehr zu holen. Zumal dann nicht, wenn der finanzielle Aderlass dazu führt, dass der Schuldner seine Werkstätten, die noch für Einkommen sorgten, nicht mehr betreiben kann. Der Spekulant George Soros spricht von einer EU «der zwei Klassen: Gläubiger und Schuldner», in der Deutschland «die Richtung vorgibt». Deutschland sorge mit hohen «Risikoprämien» dafür, dass Schuldner in die Depression getrieben und einen dauerhaften Wettbewerbsnachteil erleiden würden. Die Schwierigkeit sei, Deutschland klarzumachen, dass seine Politik in den Zusammenbruch der EU führe und Europa «ein Vermächtnis gegenseitigen Misstrauens und der Feindseligkeit» hinterlasse.

Hegemonie bedeutet nicht, dass Deutschland kompromisslos agieren kann. Manchmal scheint es der EZB Freude zu bereiten, anderen Staaten gegen den Willen Deutschlands zinsgünstige Anleihen abzukaufen, oder den EU-Instanzen ein Verfahren gegen Deutschland zu eröffnen, auch wenn dabei nichts herauskommt. Die Mahnung, dass Deutschlands Exporte anderen Ländern die Luft abschnürt, bleibt halt eine Ermahnung. Genauso das Verfahren gegen das deutsche Erneuerbare-Energien-Gesetz (EEG), mit dem die deutsche Regierung die Energiewende der Gesellschaft aufhalst, während sie Unternehmen von der Zahlung befreit, um deren Wettbewerbschancen zu erhöhen. EU-Staaten drängten darauf, dass die Befreiung von der EEG-Abgabe nur solchen Firmen zukommen dürfe, die im außereuropäischen Wettbewerb stehen. Merkel wies solche Ansinnen schroff zurück. Solange irgendwer den Strom günstiger anbiete als Deutschland, werde nichts geschehen.

Die EZB hatte 2011 mit der sogenannten «Dicken Bertha» den Geschäftsbanken eine Billion Euro Kredit angeboten, die nur zur Hälfte abgerufen wurde, und angekündigt, den Pleitestaaten Staatsanleihen in unbegrenzter Höhe und unterhalb der Marktzinsen abzunehmen. Allein die Ankündigung kam einer Garantieerklärung für Staatsanleihen gleich und führte zu einer Stabilisierung der Anleihenkäufe und der Banken, die in Staatsanleihen investieren. Sehr zum Unwillen Deutschlands und des deutschen Verfassungsgerichtes, dessen Vorsitzender Voßkuhle bemerkte: «Im Ergebnis wird man nicht bestreiten können, dass der Effekt der Staatsfinanzierung eintritt.» Deutschland wollte der EZB den Liquiditätsschub und das Gelddrucken untersagen, damit die «Märkte» nicht um ihren Gewinn betrogen werden, den sie bis dahin zu Lasten der Schuldnerländer machten, indem sie bei der EZB billiges Geld liehen und dafür Staatspapiere kauften, für die die Staaten vier bis acht Prozent Zinsen an die Banken zu zahlen hatten. Die rigorose Regierungspolitik stößt inzwischen auf die Kritik der deutschen Industrie, die befürchtet, dass ihr der europäische Export wegbricht. Über einhundert Ökonomen stellten sich in einem Aufruf an die Seite der EZB, darunter der Chef des Deutschen Instituts für Wirtschaftsforschung (DIW) und Beatrice Weder di Mauro, die ehemalige Wirtschaftsweise, die heute im Verwaltungsrat der Schweizer UBS-Bank sitzt. Sie erklärten, Deutschlands Position gegen die EZB sei «inhaltlich falsch [...] und schädlich für Europa und die globale Wirtschaft», die ohne das Gegensteuern der EZB in eine Depression abrutschen würde. Was in der öffentlichen Darstellung meistens unerwähnt bleibt, ist, dass die Anleihekäufe der EZB nur gegen strenge Sparauflagen getätigt werden.

Die Sanierung des potenziellen Machtblocks

Ein europäischer Block hätte für Deutschland nur Sinn, wenn der Raum sich in ein Profitcenter verwandeln ließe. Viele Ökonomen plädieren für einen deutschen Alleingang oder die Abspaltung eines produktiven Gürtels mit eigener Währung, nach dem Muster des von Gerhard Schröder einst favorisierten Kerneuropa, das sich um die Konkursmasse nicht schert. Rücksicht zu nehmen wäre auf den deutschen Export, von dem 38 Prozent in die Eurozone gehen. Seit die europäische Dauerkrise Deutschlands wichtigste Exportadresse in Mitleidenschaft zieht und es Deutschland immer schwerer fällt, das Geld aus der Peripherie einzutreiben, ohne eine wachsende Risikohaftung für Krisenausfälle zu übernehmen, seit die Eurozone also ein Zuschussgeschäft zu werden droht, werden die Hymnen auf Europa leiser. Deutschland steht vor einer Weggabelung. Entweder verfolgt es seine Weltmachtambitionen als Führungsmacht eines europäischen Wirtschaftsblocks, dafür muss dieser weiter gründlich saniert werden, um die Transferleistungen für die Verlierer im Zaum zu halten, oder es kehrt zurück zu einer nationalen Wirtschaftsmacht mit einer wirtschaftlichen Anbindung an Europa, aber ohne Verantwortung für Europa.

Das vorrangige deutsche Interesse ist die Kooperation mit Frankreich, die um andere sanierte Staaten erweitert werden kann, und die fortgesetzte Anpassung des übrigen Europa an die deutsche Wettbewerbskraft. So lassen sich Haftungsrisiken minimieren, die Profitrate sanieren und die Kapitalbildung wieder in Gang bringen, sodass ein starker Euroraum entsteht. Aber wie die Dialektik es will, nehmen dieselben Instrumente, die zur Steigerung der europäischen Wettbewerbskraft taugen, den wirtschaftlich schwächeren Ländern die Luft zum Atmen, sodass Deutschland das Schicksal droht, dass ihm auf der Höhe seiner Macht das Objekt derselben abhanden kommt: die europäischen Absatzgebiete. Merkel ist seit Langem darum bemüht, die Struktur der Euro-Staaten vertraglich zur Steigerung des Mehrwerts zu verpflichten. Ihr Vorschlag sieht vor, dass alle Euro-Staaten sich auf die Steigerung ihrer Wettbewerbskraft verpflichten. Die Besten werden mit Zuschüssen aus einem gemeinsamen Finanztopf honoriert. Die Bedingungen sind die Flexibilisierung des Arbeitsmarktes, die Entlassung von Beamten, Verschlankung des Staatsapparats, Einsparungen im Gesundheitssystem, Senkung der Löhne und Renten. Die gesteigerte Mehrwertmasse macht die Krisenstaaten konkurrenzfähiger und verschafft der deutschen Wirtschaft die Möglichkeit, sich an der Abschöpfung der gestiegenen Mehrwertmasse zu beteiligen. Viele Menschen fallen dadurch in Armut.

Die Sanierung scheint unter deutscher Oberaufsicht besser zu gelingen als vorher mit eigenen Währungen. Da befanden Staaten sich in einem unaufhaltsamen Abwärtsstrudel durch den synchronisierten Verlust an Produktivität und Währungsabwertung. Die Produktivität sank permanent und wurde von Zeit zu Zeit von Währungsabwertungen unkenntlich gemacht. Immer wieder. Der Verfall der Produktivität und die Währungsabwertungen gingen so lange Hand in Hand, bis der europäische Kapitalismus das Krisengebiet des Weltkapitalismus geworden war, in dem es kein Wachstum mehr gab und indem nun zu drastischen Maßnahmen gegriffen werden musste, um drohende Staatspleiten aufzufangen. Inzwischen hat Griechenland seine Staatsausgaben um zwanzig Prozent gesenkt. Das ist in Europa noch keinem Staat gelungen. Portugal erhöhte die Mehrwertsteuer, kürzte Renten, Arztbesuche müssen privat gezahlt werden. Spaniens Sparprogramm umfasst über einhundert Milliarden Euro, am härtesten trifft es das Gesundheits- und Bildungswesen. Alle Südstaaten zusammen hatten bis Ende 2012 eine Summe eingespart, die fünf Prozent ihrer Wirtschaftsleistung entsprach.

Dass Deutschland bei der Geldeintreibung über Leichen geht, Europäern den Lebensunterhalt raubt, Staaten die Souveränität nimmt und dabei strenger vorgeht als der IWF einst in Südamerika, liegt nicht nur am schlechten Charakter (der mag dazukommen), sondern an der Notwendigkeit, die eigene Reproduktion nicht durch Forderungsausfälle oder Haftungsverluste zu schwächen und die Weltmachtambitionen beerdigen zu müssen. Mit einem siechenden Block, in dem der erwirtschaftete und geraubte Mehrwert durch die Alimentierung der Armenhäuser verzehrt würde, ließe sich gegen Nordamerika, Südamerika und Asien nur schwer konkurrieren. Deshalb will Deutschland das ganze Europa wettbewerbsfähiger gestalten. Ganz Europa soll deutsch werden, damit aus dem Kontinent ein richtiges Imperium werden kann. Gelingt dieser Prozess nicht, kann aus deutscher Sicht die Rückkehr zu einem Kerneuropa (Europa der zwei Geschwindigkeiten), das wohl das Ende der Eurozone bedeutete, sinnvoller sein als die Daueralimentierung. In ihrer Regierungserklärung zu Europa im Dezember 2013 hob Merkel die «gestiegene Verantwortung» Deutschlands «für den ganzen Kontinent» hervor und drängte auf Vereinbarungen, in denen die Staaten der EU sich zur «Steigerung der Wettbewerbsfähigkeit» verpflichteten. Ganz Patronin, bot sie Ländern, die solche Reformverpflichtungen unterzeichneten, die sich an «fünf oder zehn Indikatoren» messen lassen müssten, eine «finanzielle Förderung» an.

Die Hoffnung Deutschlands, dass ihm in der EU wegen der souveränen Staaten ein zweites Ostdeutschland erspart bliebe, hat sich nicht erfüllt. Die Eurozone wird es mit einer Gemeinschaftshaftung geben oder eben nicht. Die USA haben sie, und China wird sie einführen müssen, will es nicht durch soziale, ethnische und religiöse Aufstände zerrissen werden. Bisher konnte Deutschland einen Teil seiner Risiken auf die Peripherie abwälzen. Das wird nicht durchzuhalten sein. Deutschland schlüpft in Europa in die Rolle des IWF in Südamerika, nur wesentlich delikater. Deutschland stutzt ehemals stolze Kolonialisten und Imperialisten auf ihr inzwischen geschrumpftes Maß zurecht und hat dabei den Schein zu wahren, sie seien irgendwie doch noch große Nummern und gleichberechtigt. Das betrifft in erster Linie Großbritannien und Frankreich, die genauso am deutschen Tropf hängen wie südeuropäische Krisenstaaten oder Osteuropa, dessen Außenhandel überwiegend mit Deutschland abgewickelt wird. Leichter fällt die Erpressung kleiner Länder. In der Zypern-Pleite sollen Wolfgang Schäuble und Jörg Asmussen, damals der Deutsche im EZB-Direktorium, nach Aussagen Beteiligter gedroht haben, Zypern die Nothilfekredite zu streichen (was den sofortigen Zusammenbruch der Wirtschaft bedeutet hätte), sofern es seine Schuldenlast nicht kurzfristig um 6,8 Milliarden Euro zu Lasten seiner Sparer senke. Das entsprach 38 Prozent des zyprischen BIP. Deutschland hätte vergleichsweise auf einen Schlag 988 Milliarden Euro einsparen müssen. Mit der Wahl von Angela Merkel honorieren Deutsche, dass ein Drittel der Europäer das deutsche Unternehmerrisiko und die Haftung für ihre Sparkonten zu tragen hat.

Seit Jahren ist die deutsche Wirtschaft bemüht, außereuropäische Wege zu gehen, um die Abhängigkeit zu lockern. Das Kerngeschäft wird in Europa bleiben, aber die Umschichtung der deutschen Exporte ist im Gange. Von 2009 bis 2011 stiegen die deutschen Exporte in die Euro-Staaten um 22 Prozent (Spanien nur zehn Prozent), während die Exporte nach China um 75 Prozent, nach Russland um 66, Brasilien um 57 und in die südostasiatischen Schwellenländer um 45 Prozent zulegten. Entsprechend sinkt der Anteil der Euro-Staaten an den deutschen Exporten. Der Deutsche Industrie und Handelskammertag (DIHK) stellt fest, dass es in etlichen EU-Staaten «immer schwerer» werde, «Produkte abzusetzen». Das Exportwachstum beruhe auf «Märkten außerhalb Europas». Beste Chancen bestünden in Asien, auch «Teile Afrikas kommen in den Fokus», während sich in Lateinamerika allmählich Protektionismus ausbreite. Auch nach Aussage des Bundesverbandes Großhandel, Außenhandel, Dienstleistungen (BGA) wurden Exportausfälle in der Eurozone durch steigende Exporte nach China, Brasilien, Russland und Indien sowie in den Dollar-Raum «mehr als kompensiert».

Im Grunde geht es Deutschland in Europa um die Beseitigung von allem, was einer steigenden Mehrwertrate (Ausbeutungsrate) und einer steigenden Kapitalbildung im Weg ist. Es geht also um das bekannte Instrumentarium, das der IWF Lateinamerika und Afrika als Gegenleistung für Kredite oder Kreditverlängerungen aufdrückte. Der IWF war deswegen der Lieblingsfeind der Linken und der Dritte-Welt-Bewegung – gleich nach den USA und Israel.

Deutschlands Dominanz ist in Europa so groß, dass der IWF, der sich fast nur noch in Europa tummelt, kaum wahrgenommen wird. Merkel und Schäuble setzen auf eine gestreckte Abwicklung der Krise im Euro-Verbund, weil Deutschland davon noch so lange profitieren kann, bis die Abnehmer wegbrechen, und weil eine kleine Chance besteht, die europäische Kapitalbildung zu Lasten des Konsums wieder in Gang zu bringen. Das gilt auch fürs Inland. In Deutschland wird das Spargeld bei Guthabenzinsen von null und einer Inflationsrate von zwei Prozent in zehn Jahren um 20 Prozent dezimiert und in zwanzig Jahren um 40 Prozent. Was die Krise kostet, werden in Deutschland die Erben zu spüren bekommen.

6. Europa zwischen Weltmacht und Zerfall

In der Epoche der Nationenbildungen gingen die Kapitalbewegung und die Staatsidee Hand in Hand. Industrielle und Händler konnten sich auf den Geist verlassen, der mit Fahnen, Mythen und Männerchören «unabhängige Provinzen mit verschiedenen [...] Gesetzen, Regierungen und Zöllen in eine Nation» drängte, wie es im Kommunistischen Manifest von Karl Marx und Friedrich Engels heißt. Bald werde an die Stelle der nationalen Selbstgenügsamkeit die «allseitige Abhängigkeit der Nationen» treten. In dieser Epoche dachte Bismarck gar nicht daran, Schaumburg-Lippe wegen seiner Schulden nicht in den Deutschen Bund aufzunehmen. Victor Hugo verkündete auf dem Pariser Pazifistenkongress 1849 ambitioniert, der Tag werde kommen, da sich «die Vereinigten Staaten von Amerika und die Vereinigten Staaten von Europa [...] die Hände reichen werden». Es kam bekanntlich anders.

Heute driften die Kapitalbewegung und die Staatsidee auseinander. Das expansive Kapital sprengt die Fesseln der Nationalstaaten und wirbt für die Vereinigten Staaten von Europa, aber das Bewusstsein klebt an der Nation oder fällt – von einer diffusen Retroromantik ergriffen – in die Kleinstaaterei mit eigener Münzprägung zurück. Erster Programmpunkt der Partei «Unser Land» im Elsass ist die Förderung der deutschen «Heimatsproch». Während des Jugoslawienkriegs hängten Basken kroatische Fahnen aus den Fenstern – für die ethnische Parzelle ist ihnen kein Schuss zu wenig. Man gewöhnt sich an die Abwicklung der Nationen. Die Sowjetunion zerfiel in 15, Jugoslawien in sechs und die Tschechoslowakei in zwei Staaten. Alle neuen Staaten bekamen eigene Währungen, mit denen es ihnen leider nicht besser geht als vorher unter dem Dach der Einheitswährung. Sezessionskandidaten sind Belgien, Spanien und Großbritannien sowie – außerhalb der EU – die Ukraine. Andere könnten überraschen. Fünf Millionen Schotten sollen in einem Referendum über ein unabhängiges Schottland abstimmen, die Katalanen haben bei der EU um Unterstützung für die Bildung einer von Spanien unabhängigen Nation gebeten. Die Briten sollen 2017 in einem Referendum darüber entscheiden, ob sie in der EU bleiben wollen. Jugoslawien hat gezeigt, dass die Auflösung von Nationen mehr nationalistischen Sprengstoff enthalten kann als die Nation selbst.

Europa hat die Herzen der Menschen nie so erwärmen können wie die Nation. Europa ist etwas für Menschen, die auf die Frage, als was sie sich denn fühlten, nicht antworten mögen, dass sie Deutschland abscheulich finden, und deshalb sagen: «Ich fühle mich als Europäer.»

Kosmopolit will niemand sein, weil die Nazis mit diesem Begriff vaterlandslose Gesellen und Juden brandmarken wollten, und weil der Begriff seit der Globalisierungskritik nicht mehr mit: «In 80 Tagen um die Welt» assoziiert wird, sondern mit Hedgefonds und Shareholder Value aus Amerika. In den 1960er- und 70er-Jahren übten Minderheiten noch Esperanto, weil sie in Europa über die Nation hinaus wollten, heute wird «Platt» gepaukt, um Heimatverbundenheit zu zeigen. Antieuropäische Salon-Faschisten aus der Mittelschicht sind im Aufwind, aber nirgendwo ist heute eine paneuropäische Bewegung zu sehen.

Nur das Saarland schießt etwas quer, indem es Französisch als zweite Verkehrs- und Umgangssprache etabliert.

Europäische Weltmachtambitionen

Dem expansiven Kapital ist die Nation zu eng geworden, es benötigt ein supranationales Staatsgebilde, das die in Europa eng verwobenen Kapitalinteressen (man denke an die integrierten Wertschöpfungsketten) gegen die Bevölkerungen, engstirnige nationale und regionale Administrationen und Bürgerforen durchzusetzen hilft und das seine Interessen auf der Welt bündelt, seine Investitionen, Rohstofflager und Transportwege militärisch und diplomatisch sichert, ihm alle Wege auf der Welt ebnet und ihm durch einen Euro-Chauvinismus Vorteile verschafft. Der Nationalismus, in diesem Fall der Europäismus, hat eine bedeutende ökonomische Dimension. China hat mit einer einzigen antijapanischen Kampagne die Nachfrage nach japanischen Autos im Land halbiert. Beim Börsencrash 1987 registrierte die «Financial Times» einen panischen Rückzug «ausländischer Investoren in ihre vertraute Umgebung der heimischen Märkte» und sprach vom «homing instinct». Firmen können nur zu Hause auf Zuwendung und willfährige Belegschaften, Gewerkschaften und Parteien hoffen. Wie wertvoll wäre es für einen europäischen Konzern, wenn er auf einen europäischen Korpsgeist bauen könnte.

Der Freihandel wird hochgehalten, doch in Wahrheit breitet der Protektionismus sich aus. Wie in jeder Krise. Der Brüsseler Handelskommissar zählte zwischen Mai 2012 und Mai 2013 150 neue Handelsbarrieren in Europa und seit 2008 über 700 neue Zölle und Zoll-Ersatz-Handlungen auf der Welt. Darunter fallen die chinesische Ausfuhrkontingentierung von Seltenen Erden, die brasilianischen und argentinischen Zollschranken, die russischen Recyclinggebühren für Autoimporte, die indische Lizenzverweigerung für ausländische Handelsunternehmen.

Die USA erhöhen die Einfuhrzölle derart, dass amerikanische Konzerne aus Asien in die USA zurückkommen. Wenn es um die Verlustverteilung geht, werden Schotten immer schottischer und Katalanen immer katalanischer, um britischen und spanischen Schulden zu entkommen. Deutsche wollen Griechenland loswerden, und Martin Schulz (SPD) sagt: «Ich glaube, dass die EU tödlich bedroht ist.» Der Mann ist EU-Parlamentspräsident und sollte wissen, wovon er spricht. Solange alles gut geht, agiere das Kapital als praktische Brüderschaft, schrieb Karl Marx, doch bei Teilung des Verlustes suche jeder so viel wie möglich «dem anderen auf den Hals zu schieben» und die «Konkurrenz» verwandle sich dann «in einen Kampf der feindlichen Brüder».

Das europäische Militär sollte irgendwann einmal so funktionieren wie Airbus, wenn es nach Thomas Enders, Chef des Luft- und Raumfahrtkonzerns EADS, und Ex-Botschafter Wolfgang Ischinger, Vorsitzender der Münchener Sicherheitskonferenz, ginge. Beide empfehlen in ihrem Gastkommentar im «Handelsblatt» (26.4.2013) einen europäischen Superstaat, der mit militärischer Eingreifkompetenz ausgestattet ist und durch spezielle Aufrüstungen von den USA unabhängig wird, weil «unsere amerikanischen Freunde Europa mittelfristig nicht mehr in jeder Situation unter die Arme greifen» werden. Um seiner strategischen Verantwortung gerecht zu werden, müsse Europa seine militärische und industrielle Fragmentierung überwinden und sich «politisch zusammenfinden». Die Finanzkrise dürfe den Blick für die Sicherheits- und Verteidigungspolitik nicht verstellen. Europa müsse bereit sein, nationale Souveränität gegen Handlungsfähigkeit einzutauschen. Man solle sich für Kriege («strategische Operationsfähigkeit») in neue europäische «Abhängigkeiten» begeben, statt in amerikanische. «Aber was sonst ist Europa, wenn nicht das: die Erkenntnis, dass aus gemeinsamem Markt und politischer Vergemeinschaftung neue Handlungsfähigkeit erwächst. Jetzt ist es an der Zeit, diese Prinzipien auch in der Sicherheit und Verteidigung umzusetzen.»

So etwas wie Airbus gibt es kein zweites Mal in Europa. Ein Konzern mit Weltgeltung, der mit dem zweiten Flugzeughersteller auf der Welt, der amerikanischen Boeing, erfolgreich konkurriert. Airbus konnte den Marktanteil von 18 Prozent (1995) auf rund 50 Prozent steigern. Airbus erzielte 2013 einen Auftragsrekord von 1503 Nettobestellungen im Wert von 225 Milliarden Dollar. Der Auftragsbestand liegt bei 5.559 Flugzeugen, das entspricht einer Auslastung von neun Jahren. In den letzten fünf Jahren wurden zusätzlich 16.500 Fachkräfte eingestellt. Der Flugzeugbau ist fest in transatlantischer Hand, kein Chinese stört. Es gibt in Europa Konzerne von Weltgeltung: Shell,

Siemens, BP, Total, VW und andere. Aber die werden national zugeordnet und gepflegt. Da mag man noch so viel über die Globalisierung faseln, Frankreich würde im Leben nicht die Expansion von VW in China juristisch, finanziell, diplomatisch und militärisch fördern. So wie Deutschland nie den Bordeaux-Wein oder die französische Atomkraft subventionieren würde. Das Kapital geht über Grenzen hinweg, die Politik bleibt national.

Häufig werden wirtschaftliche Chancen daran gemessen, ob eine Wirtschaftsmacht in China Fuß gefasst hat. Damit sieht es in Europa bescheiden aus. VW verkaufte 2013 3,27 Millionen neue Fahrzeuge in China – eine Steigerung um 16,2 Prozent. Doch in der Bestsellerliste der Autoverkäufe folgen nach VW General Motors, Hyundai, Dongfeng, Nissan, Ford, Toyota, Honda, Great Wall. Mit PSA (Peugeot, Citroën) steht der nächste europäische Autoverkäufer auf Platz zehn. Am chinesischen Neuwagenmarkt hält China 40,3 Prozent, Deutschland 18,8, Japan 16,4, die Vereinigten Staaten 12,4, Südkorea 8,8 und Frankreich 3,1 Prozent. Ohne VW käme Europa im chinesischen Automarkt, von einigen Deutschen Luxusmodellen abgesehen, quasi nicht vor. Aber auch von der VW-Expansion haben Europa oder Deutschland nichts. Von 3,27 Millionen Autos, die VW in China absetzt, wurden nur 0,2 aus Europa importiert. Das Gros wird in China produziert, sodass die Einkommen und Investitionen in China bleiben.

Deutschlands Hegemonie ist fragil, weil sie von Exporten und dem Rückfluss des Geldes aus illiquiden Ländern abhängt. Ohne einen von Deutschland mitgetragenen Finanzausgleich droht Europa zusammenzubrechen. Davor warnt Markus Kerber vom «Bundesverband der Deutschen Industrie» (BDI): «Berlin muss sich daran gewöhnen, dass eine Nation, die mit einem Hundertstel der Weltbevölkerung ein Zwanzigstel der globalen Wirtschaftsleistung erbringt, internationale Verantwortung und deren Kosten übernehmen muss [...] Wer wie Deutschland von der Kaufbereitschaft der Welt lebt, der muss für diese Welt auch manche Bürde tragen.» Der ehemalige BDI-Chef Michael Rogowski fasst den «Segen» des Euro «für die deutsche Wirtschaft» zusammen. Durch den Euro seien die Preise in Europa und in Deutschland stabiler geworden. Früher habe die Inflation deutlich höher gelegen. «Unsere Exporte innerhalb der Euro-Zone und weltweit wurden beflügelt. Ab- und Aufwertungen innerhalb der Euro-Zone gibt es nicht mehr, teure Absicherungen gegen Währungsschwankungen werden vermieden.» Und: «Die Einführung des Euros war wichtig, weil zumindest in den Mitgliedsländern die Scheinlösung von Währungsanpassungen zur Korrektur unterlassener Reformen unterbunden wurde.»

Westerwelle formulierte nassforsch: «Deutschland ist in Europa groß, in der Welt aber klein, deshalb braucht Deutschland Europa.» Deutschland würde bei einem Zerfall der Eurozone viel verlieren. Wirtschaftsprüfer «McKinsey» schätzt den jährlichen Gewinn, den Deutschland nur durch den Euro macht, auf 165 Milliarden Euro. Der «Bundesverband der Deutschen Industrie» (BDI) sieht bei einer Rückkehr zur DM die Früchte einer Dekade flöten gehen: «eine Billion Euro». Mit der DM würden die deutschen Exporte nach Allianz-Chefvolkswirt Michael Heise um 20 Prozent sinken, in vier Jahren wären «Produktionsverluste von bis zu 25 Prozent wahrscheinlich». In dem Buch: «Emerging from the Euro Debt Crisis» analysiert Heise die Notwendigkeit eines europäischen Imperialismus: «In der Welt, in der wir leben, besitzen alle Europäer, also auch die Deutschen, ein erhebliches Interesse an einem starken Europa, das seine Interessen gegenüber anderen Ländern und Kontinenten wirksam vertreten kann. Eine Renationalisierung von Politik ist gleichbedeutend mit einem erheblichen Verlust an Einflussnahme.» («FAZ», 15.7.2013). Ein Auseinanderbrechen der Währungsunion hätte seiner Meinung nach «sehr wohl eine Renationalisierung auch in anderen Politikbereichen und damit eine schädliche Desintegration Europas zur Folge».

Die Alt-Präsidenten der Kapitalverbände Dieter Hundt (Bundesvereinigung der Deutschen Arbeitgeberverbände), Hans-Peter Keitel (Bundesverband der Deutschen Industrie), Hans Heinrich Driftmann (Deutscher Industrie- und Handelskammertag) und Otto Kentzler (Zentralverband des Deutschen Handwerks) wandten sich 2011 mit einem dringenden Appell an alle Abgeordneten des Deutschen Bundestages: «Retten Sie den Euro!» Ohne «den erweiterten europäischen Rettungsschirm drohen unkalkulierbare Folgen für die Europäische Union und die gemeinsame Währung [...] Angesichts der starken Stellung der deutschen Wirtschaft und mit Blick auf eine Weltwirtschaft voller Chancen und Perspektiven gibt es allen Grund, gerade jetzt Europa entschlossen nach vorn zu tragen [...] Die politischen und ökonomischen Gewichte in der Welt verschieben sich in rasantem Tempo. Politische Stabilität, ökonomische Stärke und soziale Sicherheit können wir im globalen Zusammenhang nur gesamteuropäisch behaupten. Nur Europa als Ganzes besitzt ausreichend Kraft, um mit den mächtigen und aufstrebenden Weltregionen mitzuhalten [...] Gerade wir Deutschen dürfen den ökonomischen Vorteil für unser Land nicht unterschätzen. Die Unternehmen und ihre Beschäftigten profitieren von der europäischen Währung in unserem Lande ganz besonders.»

«Nimmt Deutschland seine Verantwortung im Osten, im Nahen Osten und im südlichen Mittelmeer ausreichend wahr?», fragte Bundespräsident Joachim Gauck am Tag der Deutschen Einheit 2013 und mahnte an: «Deutschland darf kein schlafwandelnder Riese sein.» Aber ein Riese schon. Deutschland müsse mehr internationale Verantwortung übernehmen. «Ich mag es mir nicht vorstellen, dass Deutschland sich groß macht, um andere zu bevormunden. Ich mag es mir aber auch nicht vorstellen, dass Deutschland sich klein macht, um Krisen zu umgehen.» Ein quicklebendiger Riese soll Deutschland sein, und deshalb sollte die Politik «unser Sicherheitssystem zukunftsfähig machen».

Wiederbelebung der Achse Paris—Berlin und die versuchte deutsche Expansion

Die Große Koalition wolle der Währungsunion eine «echte Wirtschaftsunion» zur Seite stellen und Europas Rolle in der Welt stärken, gab Merkel bekannt, Außenminister Steinmeier stellte das stärkere Engagement bei der Lösung internationaler Konflikte heraus. Deutschland will Weltmacht sein. Damit war zumindest verbal die «deutsche Verantwortungsverweigerung auf internationalem Parkett» («FAZ») in der Westerwelle-Ära beendet. Wenn «Europa» gesagt wird, ist nicht wirklich Europa gemeint. Es geht um die Wiederbelebung der deutsch-französischen Allianz in Anlehnung an die von Gerhard Schröder und Jacques Chirac ins Leben gerufene Kontinentalachse Paris—Berlin—Moskau. Nur heute eben ohne Moskau. Voraussetzung für die deutsch-französische Kooperation war der französische Kotau. Frankreich hatte mit Siebenmeilenstiefeln seinem Konkurs entgegengewirtschaftet. Das jährliche Handelsbilanzdefizit war auf 80 Milliarden Euro gestiegen. In dieser Größenordnung gab Frankreich also Produktion und Beschäftigung ans Ausland ab, und das meiste davon an Deutschland. In dieser Situation kündigte Hollande einen politischen Kurswechsel um 180 Grad an. Die Unternehmen sollten von 30 Milliarden Sozialtransfers befreit, die Staatsausgaben gesenkt werden, und alles andere erinnerte ebenfalls an Schröders Agenda 2010. Auf dem Europa-Gipfel im Dezember 2013 hatte Hollande die EU um Geld für Frankreichs Militäreinsätze in Afrika gebeten, und Merkel hatte das Ansinnen stellvertretend für alle Anwesenden schroff abgelehnt. Erst nachdem Hollande auf den deutschen Sanierungskurs eingeschwenkt war, erklärte die Bundesregierung ihre Bereitschaft zur umfassenden Kooperation, einschließlich militärischer Einsätze. Frank-Walter Steinmeier und Frankreichs Außenminister Laurent Fabius verständigten sich auf eine gemeinsame Geopolitik, bei der es zunächst um Militäreinsätze in Afrika, die Expansion im Osten und das gemeinsame Vorgehen in den transatlantischen Verhandlungen mit den USA gehen soll.

Deutschland will eine Interventionsfähigkeit ohne die USA herstellen, hat ein Interesse an der Einkreisung des Rohstoffgiganten Russland und an der Zerschlagung der von Putin geplanten «Eurasischen Union», die als Konkurrenzprojekt zur EU mit eigenen Zollschranken gedacht wird, und bastelt schon länger an einer Strategie zur ökonomischen Durchdringung Afrikas, wo sich die USA, China, Frankreich, Indien und Saudi-Arabien ausbreiten.

Auf absehbare Zeit wird Deutschland mangels militärischer Kompetenz unter militärischer Kooperation verstehen, dass Frankreichs Soldaten an der Front stehen, während Deutschland «Ertüchtigungsinitiativen» übernimmt, wie Merkel sagt. Das sind Hilfen zur militärischen Selbsthilfe (Armee- und Polizeiausbildung sowie Ausrüstungen). Die afrikanischen Staaten sollen befähigt werden, selbst für Ordnung zu sorgen. Dahinter steht die Absicht, über die Militär- und Aufbauhilfen Einfluss in den afrikanischen Staaten zu gewinnen, ohne Kriegseinsätze zu riskieren und Hass auf sich zu ziehen. Nach den Erfahrungen im Irak und in Afghanistan scheint diese Praxis wesentlich billiger und wohl auch aus imperialistischer Sicht vernünftiger zu sein, als Kriege vom Zaum zu brechen. Aber das eine kann sehr schnell das andere auslösen. Was ist, wenn die Ausbildungslager angegriffen werden oder wenn der Abbau von Rohstoffen gestört wird? Frankreich steckt mit seinem Uranabbau im Grenzgebiet Mali–Niger, seiner Währungsunion und Beistandspakten mit ehemaligen afrikanischen Kolonien tiefer drin und ist daher auch schneller mit den Waffen vor Ort.

Dass die Einwohner in Mali sich die kleinen Freiheiten, die der Imperialismus und die herrschenden Cliquen im Land ihnen lassen, von Islamisten nicht auch noch nehmen lassen wollen und daher froh über französische Truppen sind, ist verständlich. Mit anderen Einsätzen richtete Frankreich jedoch nur Chaos an. Frankreich bombardierte Gaddafis Quartier, um sich bei libyschen Stämmen für den Öl- und Uranhandel beliebt zu machen. Zum Dank riefen die Ende 2013 die Scharia aus und trieben Schwarze, die Gaddafi als Arbeitskräfte ins Land geholt hatte, übers Mittelmeer. In Zentralafrika ermunterte die französische Truppe christliche Banden zu Rachepogromen an der muslimischen Minderheit. Außerdem ist es fraglich, ob der Einmarsch früherer Kolonialmächte als neue Ordnungskräfte auf Dauer gern gesehen wird. Vorerst wird Deutschland über die Aufstockung seiner Ausbilder und Berater in Mali, eine Aufgabe für die lange vor sich hin dümpelnde deutsch-französische Brigade, und dem Lazarett-Airbus für verwundete französische Soldaten in Zentralafrika nicht hinausgehen.

Die Perspektive könnte sich ändern, wenn ernst gemacht wird mit dem Großprojekt «Desertstorm», bei dem es um die europäische Stromversorgung aus Solarfabriken in der Sahara geht, oder mit dem deutschen Regierungskonzept: «Deutschland und Afrika». Darin wird festgestellt, dass die Einbindung Afrikas in die globale Wirtschaft voranschreitet. «Im Durchschnitt ist Afrikas Wirtschaft seit der Jahrtausendwende um knapp sechs Prozent pro Jahr und damit stärker als im Weltdurchschnitt gewachsen.» Die Bedeutung «der alten europäischen Industrieländer» nehme in Afrika ab, während «Staaten wie China, Indien oder Brasilien ihr politisches und wirtschaftliches Engagement in Afrika massiv verstärkt (haben)». Deutschland werde dort die Rechtsstaatlichkeit fördern, «zum Schutz deutscher Investitionen». «Die deutsche Wirtschaft ist auf Rohstoffimporte angewiesen. Afrika ist ein bedeutender Produzent wichtiger fossiler Energieträger [...] und besitzt ein großes Potenzial für die Nutzung von Sonnen-, Wind- und Wasserkraft. Der Kontinent verfügt über große Vorkommen von Rohstoffen wie Coltan, Wolfram oder Platin, die für die Hochtechnologieindustrie benötigt werden. Zugleich herrscht in weiten Teilen Afrikas Energiemangel – Kraftwerke sind veraltet, ineffizient und schädigen die Umwelt.» Auch wolle man «die Modernisierung von Infrastruktur und Wirtschaft in Afrika unterstützen». Mit der Entwicklung Afrikas zu den Erneuerbaren Energien fördere man «deutsche Exporte und Investitionen».

Deutschland wollte, als es die Militärallianz mit Frankreich auffrischte, gewiss nicht nur Frankreichs Sanierungskurs honorieren, obwohl ihm ein starkes Kerneuropa am Herzen liegt, sondern auch auf den nächsten militärischen Schritt zusteuern. Steinmeier fand Deutschland zu groß, «um Weltpolitik nur von der Außenlinie zu kommentieren». Perspektivisch will man in einer Welt voller Kriege seine eigene Kriegsfähigkeit steigern. Später vielleicht allein, vorerst an der Seite der USA oder Frankreichs, und, sollte die Sanierung des Euroraumes gelingen, auch in einem europäischen Bündnis. «Die Liste der ‹hotspots› auf der Welt ist lang – und sie wird immer länger,» schrieb die «FAZ», «geopolitische Konflikte in Asien sind auf ihr verzeichnet, die arabischen Umwälzungen, Staatszerfall und davon ausgehende Bedrohungen, Terrorismus, Kampf um Ressourcen oder Proliferation», und jede Menge asymmetrische Kriege, sollte man hinzufügen. Auch «Russland ist ein schwieriger ‹Partner›. Es vertritt seine Interessen so, dass es in Gegensatz zu den westlichen Akteuren gerät». Das zumindest trifft für die westlichen Imperien genauso zu. Wo sie können, kreisen sie Russland ein. «Europa hat ein hohes Interesse, dass in Afrika Stabilität und demnächst demokratische Verhältnisse herrschen [...] Afrika ist unser direkter Nachbarkontinent, wenn man mal den Seeweg betrachtet. Uns trennt auf dem Seeweg weniger von Afrika als von Großbritannien [...] Unser Interesse ist, dass Afrika auf die Beine kommt, seine eigenen wirtschaftlichen Fähigkeiten entwickeln kann und damit ein wichtiger Handelspartner für Europa wird.» Was sehr nach einem deutsch-europäischen Vorgarten klingt, sagte Ursula von der Leyen bei ihrem Besuch des Einsatzführungskommandos der Bundeswehr.

Aber noch mangelt es Deutschland an einer kampftauglichen Armee, an Aufklärern, Transportern, Hubschraubern, Drohnen, an der Akzeptanz der Bevölkerung (75 Prozent sind gegen Militäreinsätze in Afrika) und der Bereitschaft, neben der Bankenrettung nun auch noch hohe Kriegskosten zu tragen. Deutschlands Wehrbeitrag von 1,3 Prozent des BIP steht am Ende der NATO-Skala. Frankreich ist militärisch weiter, es plant eine Kriegstruppe von 15.000 Mann, die drei Auslandseinsätze gleichzeitig durchstehen könne, und Aufklärungssatelliten, Drohnen, atomar bestückte U-Boote anzuschaffen. Im neuen Weißbuch «Afrika» will Frankreich mit «vorverlegten Truppen» Stützpunkte einrichten, die aus dem Stand in Mali, Zentralafrika und sonstwo eingreifen könnten. Deutschland geht mit kriegerischen Engagements große Risiken ein. Die bisherige Zurückhaltung brachte Deutschland keinen Ruhm, aber viel Geld ein, wenn man bedenkt, dass die USA durch ihre Kriege zum Sanierungsfall wurden.

So gesehen schwebte Bundespräsident Gauck mit seiner Kriegseuphorie auf der Münchner Sicherheitskonferenz 2014 allzu leichtfertig über die Risiken hinweg. Wie ein Getriebener mischte er sich in München in die Politik ein und variierte die angebliche Notwendigkeit, dass Deutschland überall auf der Welt mit seiner Armee vordringen sollte. Deutschland müsse sich «früher, entschiedener und substanzieller einbringen». Dass sich jemand, der in den Krieg zieht, «einbringt», geht auf die Öko-Phase zurück. Deutschland könne «nicht einfach weitermachen wie bisher», müsse die «offene internationale Ordnung» erhalten, Verantwortung übernehmen, «die wir noch zu wenig eingeübt haben», «manchmal auch den Einsatz von Soldaten», gerade jetzt, wo «ganze Regionen aufrüsten» und die USA ihr globales Engagement überdenken würden. Deutschland dürfe losmarschieren, denn es sei ein «grundlegend gebessertes Land».

Als europäische Mittelmacht mit historischem Ostdrang übernimmt Deutschland die Federführung bei der Osterweiterung. Beim Tauziehen um die Ukraine, durch die die meisten Strecken für die europäische Gas- und Ölversorgung laufen, ging das deutsche und europäische Politikpersonal derart in die Offensive, als gehe es um die Realisierung von Hitlers «Ostbund». Beim Zugriff auf die Ukraine und die Krim ließ die deutsche Politik es sowohl auf einen Bürgerkrieg um die Ukraine als auch auf den Bruch mit Russland ankommen. Nach der von Deutschland mitorganisierten Aggression gegen Russland, blieb Russland im Grunde nichts anderes übrig, als sich energie- und industriepolitisch enger mit China zu verbünden.

Manchmal expandiert der Imperialismus zu seinem eigenen Schaden. Die meisten Kriege der Vereinigten Staaten waren defizitär, während die von ihnen angezettelten Putsche sich gelohnt haben dürften. Man denke an den Kupferabbau und die Importe der United Fruit Company in Chile nach dem Sturz Allendes. Die Beherrschung der Welt ist heute schon deshalb kostspieliger, weil es an willigen und verlässlichen Diktatoren mangelt – nicht an Diktatoren überhaupt. Selbst der afghanische Amerikafreund Karsai unterschreibt keine Verträge mit den USA mehr, sondern sieht zu, dass seine Paschtunen bei der anstehenden Kooperation mit den Taliban gut wegkommen. Umso mehr erstaunt es, dass die von Deutschland geführte EU mit der Westukraine, Moldawien und Georgien unbedingt neue Armenhäuser an sich binden will, während der eigene Laden ihr um die Ohren zu fliegen droht. Sogar von einem neuen Marshall-Plan für die Ukraine ist die Rede, der 30 Milliarden Euro kosten soll. Die Ursachenforschung sollte sich mit Deutschlands Russenphobie und seinem Expansionsdrang beschäftigen. Deutschland ist nicht nur der Hegemon in Europa, sondern auch der drittgrößte Waffenlieferant der Welt – hinter den USA und Russland. Und eine Nation, die Kriege auf der Welt mit Material versorgt, will auch in den Kriegszonen mitreden und gestalten. An zweiter Stelle der deutschen Waffenkäufer steht Katar, aus dem die radikalsten islamistischen Fronten unterstützt werden. Die deutschen Beziehungen mit Katar sind so eng, dass Minister Gerd Müller von der Bundesregierung einen Maulkorb verpasst bekam. Die Medien meldeten, Berlin bedauere den Hinweis des CSU-Ministers Gerd Müller, das Golf-Emirat Katar finanziere die Terroristen vom «IS». «Der Sprecher des Außenministeriums, Martin Schäfer, bestätigte, Katar sei für die Bundesregierung ein Partner, mit dem sie auf vielfältige Weise zusammenarbeite». Am selben Tag, dem 22. August 2014 veröffentlichte die «FAZ» das Interview der Journalistin Souad Mekhemet mit einem «IS»-Führer. Der sagte, die «IS»-Miliz «hat viel Geld aus Katar und Saudi-Arabien bekommen», könne sich inzwischen aber durch eigene

Ölfelder und Einnahmen aus dem Ölverkauf an die Türkei finanzieren. Warum gab die Bundesregierung eine Ehrenerklärung für das Regime in Katar ab? Nicht etwa, weil sie den «IS» und die Hamas so toll findet. Sie bedauert zumindest, dass Christen und Yeziden geköpft werden. Die engen Beziehungen zum islamistischen Emirat sind eine Folge der innereuropäischen Kriegsfront in der Ukraine und der neuen Feindschaft gegenüber Russland, die Deutschland dazu zwingen, sich von russischen Gaslieferungen strategisch unabhängig zu machen. Und da kommt Deutschland an dem Iran, das hinter Russland über die zweitgrößten Gasfelder verfügt, und an Katar, dem drittgrößten Gaslieferanten der Welt, nicht vorbei.

Der Philosoph und der Think Tank

Unterstützt wird das deutsche Kapital von einer philosophischen Erweckungsbewegung. Jürgen Habermas mahnt (gemeinsam mit Julian Nida-Rümelin und Peter Bofinger) an, dass Europa unter einem Bedeutungsschwund leide. «Der Verzicht auf die europäische Einigung wäre ein Abschied von der Weltgeschichte.» Habermas hat in «Kleine politische Schriften XII» unter dem Untertitel «Europäische Zustände – Fortgesetzte Intervention» einen Interviewtext veröffentlicht, der Aufsehen erregte. Er sagt: «Europa kann seinen politischen Handlungsspielraum nur gemeinsam zurückgewinnen. Es geht um uns, aber es geht auch um Europas Rolle in der Welt. In Anbetracht der statistisch gut belegten Aussichten, dass unser Kontinent im Weltmaßstab bei proportional schrumpfender Bevölkerung an politischem Einfluss und ökonomischem Gewicht verlieren wird, liegt es auf der Hand, dass keine der europäischen Nationen allein die Kraft haben wird, ihr soziales und kulturelles Modell zu behaupten. Ebenso wenig wird ein zerfallendes Europa die Kraft haben, eine [...] ungerechte Weltgesellschaft mitzugestalten. Die Weltgesellschaft hat noch nicht gelernt, die Herausforderungen von ökologischen Katastrophen, Hunger und Armut, ökonomischen Ungleichgewichten und Risiken der Großtechnologie zu beherrschen.»

Wenn der Einfluss und das ökonomische Gewicht eines Kontinents mit der Anzahl seiner Einwohner synchron verliefe, hätte Indien schon lange die Welt beherrschen müssen. Habermas zeichnet ein tradiertes Bild von Europa. Es soll eine nicht existente Weltgesellschaft sozial und kulturell ordnen, ihr zeigen, wie man Hunger und Armut überwindet, ökologische Katastrophen und ökonomische Ungleichgewichte meistert. Also alles das, was Europa selbst nicht zuwege bringt. Habermas versprüht neokolonialistische Borniertheit. Europa ist es, wo der Hunger einzieht, wo die Ungleichgewichte durch die Ausplünderung der Schuldner wachsen, die Schadstoffemissionen durch den parziellen Abschied von der Energiewende in die Höhe schießen werden. Und mit all dem will der Philosoph die Welt beglücken? Die Anmaßung wird geradezu hemmungslos, wenn wir die deutsche und europäische Geschichte dazunehmen. Genauso absurd ist die Identifikation mit der europäischen Gesamtheit. Wie gleich sind sich Frankreich und Ungarn, Spanien und Lettland, Sachsen-Anhalt und Sizilien?

Rund fünfzig Strategen der deutschen Außenpolitik haben sich auf Einladung der Think Tanks «Stiftung Wissenschaft und Politik» (SWP), «German Marshall Fund of the United States» (GMF) und «Deutsche Gesellschaft für Auswärtige Politik» (DGAP) im November 2012 in Potsdam die Köpfe darüber zerbrochen, wie der deutsche Imperialismus die Lücken füllen kann, die der Rückzug der USA reißt, und die Gedanken in einem 48-seitigen Strategiepapier mit dem Titel: «Neue Macht – neue Verantwortung; Elemente einer deutschen Außen- und Sicherheitspolitik für eine Welt im Umbruch» festgehalten. Anwesend waren der BDI, der grüne Wehrexperte Omid Nouripour, die Daimler AG, Stefan Liebich von der Linkspartei, Bertelsmann-, Konrad-Adenauer- und Friedrich-Ebert-Stiftung, «Die Zeit», die «FAZ», das Auswärtige Amt, Universitätsprofessoren und Amnesty International.

Die Autoren gehen davon aus, dass Deutschland in der Epoche, in der die USA Schwächen zeigen, den Status einer Gestaltungsmacht im Wartestand aufgeben sollte – «bis zum Kampfeinsatz». Deutschland verfüge heute über «mehr Macht und Einfluss» «als jedes demokratische Deutschland» zuvor. Die sollte es nutzen zur «Neuvermessung seiner internationalen Beziehungen». Eine Landkarte, auf der die Länder der Welt eingeteilt waren nach Mitstreitern, Herausforderern und Störern, soll bei der Umsetzung von Expansionsplänen helfen. Dieser Kreis ist insofern bedeutend, als der Redenschreiber des Bundespräsidenten Gauck unter den Einladern war und sein Chef in der Militärrede auf der Münchener Sicherheitskonferenz auf wortgleiche Wendungen zurückgriff. Die Strategen erkennen, dass die Welt zunehmend in nationale Konkurrenzen zerfällt, in der jeder für sich sorgen muss, und sei es durch die Fähigkeit zum Krieg. Sie stellen fest, die USA seien «nur noch bedingt gewillt, die internationale Ordnung als globaler Hegemon zu garantieren» und die EU sei untereinander zerstritten und deshalb «weder gewillt noch imstande», die USA als Ordnungsmacht zu beerben.

Deutschland, das bisher «zumindest im Verhältnis zu seiner Wirtschaftskraft, seinem geopolitischen Gewicht und seinem internationalen Ansehen» eher selektiv und zögerlich gestaltet habe, bleibe nichts anderes übrig, als «künftig öfter und entschiedener» zu führen, eine «größere Rolle auf globaler Ebene» zu spielen, die jedoch «mit einem höheren Aufwand an Ressourcen verbunden» sei. Deutschland und, wenn nötig, die EU sollen «Formate für NATO-Operationen entwickeln, bei denen sie weniger auf US-Hilfe angewiesen sind». Und da es immer wichtiger werde, die «Anwendung militärischer Gewalt ohne Mandat des UN-Sicherheitsrats» zu leisten, laute die Frage: «Wie soll Deutschland handeln, wenn militärische Gewalt dringend geboten erscheint [...] und ein Konsens im Sicherheitsrat nicht rechtzeitig zu erreichen ist?» Oder durch ein Veto blockiert wird! Darüber war keine Einigkeit herzustellen. Verständlich, denn der Austritt Deutschlands aus dem Völkerbund ist ein historisch belastetes Thema. «To sit and wait, is not an option», sagte die Deutsche Verteidigungsministerin Ursula von der Leyen. Und der deutsche Außenminister Frank-Walter Steinmeier fügte hinzu: «Deutschland ist eigentlich zu groß, um Weltpolitik nur von der Außenlinie zu kommentieren.»

Der europäische Zerfall

Der europäische Zerfallsprozess ist auf mehreren Ebenen zu beobachten. Da sind die unaufhörlich wachsenden ökonomischen Disparitäten, die bevorstehende Sanierung der Bankbilanzen und der Industriekapazitäten (Automobil, Luftfahrt), da sind kaum durchzuhaltende soziale Verwerfungen, nationalistische und separatistische Wallungen und der Mittelschichten-Faschismus bzw. der rechtsbürgerliche Populismus, die allesamt die EU, den Euro und die Europäische Einheit schlechthin unterhöhlen. Der Volksentscheid in der Schweiz hat gezeigt, welche politische Macht der rechtskonservative Populismus entfalten kann, wenn Menschen in der Krise Abstiegsängste bekommen, und in welchem Tempo und welcher Dimension der europäische Zerfall sich vollziehen kann. Die Schweiz ist de facto Mitglied im EU-Binnenmarkt, einschließlich der Bestimmungen über den freien Personenverkehr. Aber weder die Regierungsparteien noch die Wirtschaft konnten die vernagelten Bürger stoppen. Die Mehrheit votierte für eine Zuzugssperre, die sich auch gegen Afrikaner, Syrer und Bulgaren richtete, aber ebenso gegen berufliche Konkurrenten aus Deutschland und Italien, die beiden größten Ausländergruppen in der Schweiz.

«Volksbegehren, die sich gegen Einwanderung wenden, können fast überall in Europa von vornherein mit einer hohen Zustimmungsquote rechnen», schrieb die «FAZ» (10.2.2014) völlig zu Recht, denn schon eine Woche danach zeigte das ZDF-Politbarometer an, dass die Beschränkung der Schengener Personenfreizügigkeit in Europa (die Menschen mit schwarzer Hautfarbe systematisch davon ausschließt) in Deutschland mehr Anhänger hat (55 Prozent) als in der Schweiz. Wenn die nationale Abgrenzung sich nicht mehr nur – rassistisch motiviert – gegen außereuropäische Migranten richtet, sondern auch die europäischen Nachbarn vertreiben möchte, wäre die Regression zum Nationalismus so weit vorangeschritten, dass an ein einheitliches Europa überhaupt nicht mehr zu denken ist. Schon bei der Reanimation des deutsch-französischen Kerneuropas gewinnt man den Eindruck, dass die Regierenden das Verlassen des sinkenden Schiffes «Europa» zumindest als eine unter mehreren Möglichkeiten ins Auge fassen.

Professor Hans-Werner Sinn (ifo) konstatiert, dass die Krise in Europa noch lange nicht vorbei sei, die Arbeitslosigkeit wachse, die Industrieproduktion auf der Stelle trete. Die Banken des Nordens hätten Südeuropa mit Geld überschwemmt und ihre Bankbilanzen mit Forderungstiteln «gegen die Staaten und Banken Südeuropas» gefüllt. An die Stelle der privaten Gläubiger sei inzwischen die EZB getreten, die den Privaten die Titel abgenommen habe. Um aus dem Dilemma herauszukommen, schlägt er eine Schuldenkonferenz vor, «in der die Gläubiger den überschuldeten Banken und Staaten Südeuropas die Schulden teilweise erlassen» sollten. Dazu temporäre Austritte aus dem Euro, damit die angeschlagenen Staaten sich erholen könnten. «Die Härten der Austritte sind durch Finanzhilfen abzufedern.» Ferner sei «eine Konkursordnung für Staaten unerlässlich».

Der nächste Krach wird von den Banken kommen – wieder einmal. Der Baseler Ausschuss hat den europäischen Banken eine Eigenkapitalquote von drei Prozent der Bilanzsumme ab 2018 ans Herz gelegt. Von 100 Milliarden Aktiva (Kreditforderungen, Aktien, Derivatehandel) könnten dann Ausfälle von drei Milliarden vom Eigenkapital aufgefangen werden. Das ist erschreckend wenig. Als Vorgriff auf die ab November 2014 vorgesehene Bankenaufsicht der EZB haben Sascha Steffen, Professor an der European School of Management and Technology (ESMT), und der New Yorker Professor Viral Acharya 109 europäische Großbanken, deren Bilanzen veröffentlicht werden, untersucht und festgestellt, dass ihnen 700 Milliarden Euro Eigenkapital fehlen, den französischen Banken 285 und den deutschen 200 Milliarden Euro. Ihr Fazit: «Wenn noch Bomben versteckt sind, dann weniger in den vermeintlichen Problemländern als dort, wo bisher niemand nachgeschaut hat: in Deutschland, Frankreich und Italien.» Die beiden gehen davon aus, dass die Banken das fehlende Eigenkapital nicht selbst werden aufbringen können, sodass die Staaten wieder einspringen müssen. Man kann nicht ausschließen, dass wieder getrickst wird, «um zu verhindern, dass die Schwächen der eigenen Banken bekannt werden» (Steffen). Die Zahl der Banken in Europa schrumpfte 2013 zwar um 3,8 Prozent auf 6.790, aber die entscheidende Beseitigung der Überkapazitäten im Bankensektor steht Europa noch bevor.

Im Wachstum ziehen Asien, Nord- und Südamerika davon. Das Kapital siedelt um nach Asien, in die USA oder nach Südamerika. In Deutschland investiert das private Kapital nur noch das Nötigste. Außerdem führt die staatliche Schuldensperre, die nicht etwa kompensiert wird durch eine höhere Besteuerung der Unternehmensgewinne, dazu, dass die Infrastruktur buchstäblich kaputtgeht. Deutschland exportiert in Europa auf Teufel komm raus, kauft den Europäern aber wenig ab, weil es seine Exportüberschüsse als Kapital sammelt und in andere Kontinente verschiebt. Dadurch trocknet Europa weiter aus. Der deutsche Staat sieht zu, dass er den letzten Cent aus Europa herauszieht; damit wird seine eigene Exportlandschaft veröden. Wer die Zukunft der Eurozone am Modell studieren will, muss auf Deutschland und Italien blicken, wo jeweils zwei verschiedene ökonomische Welten in einem Binnenmarkt vereint sind. In Deutschland wird der Osten jedes Jahr mit 60 Milliarden Euro alimentiert. Gleiches geschieht mit Italiens Süden seit 1861. Während solche Disparitäten innerhalb der Nationen ausgehalten werden – unter Flüchen über den Soli, den Länderfinanzausgleich und gegen «Sozialschmarotzer» –, fehlt Europa die Bindungskraft, die einen europäischen Länderfinanzausgleich aushielte. Die Mezzogiornisierung Europas wird voranschreiten, und die Eurozone wird die Spannungen zwischen dem hegemonialen Deutschland und der Verarmung der anderen Bevölkerungen kaum aushalten. Niemand kann sagen, wann und wie die Auflösung geschehen wird, aber so, wie er heute existiert, ist der Euroraum bereits Geschichte.

Mit der Armut und dem ökonomischen Niedergang wächst in Europa der Unmut über die deutsche Hegemonie. Die griechische Zeitung «Ta Nea» titelte: «Griechenland steht vor Wahlen, aber die finden in Deutschland statt.» Der Franzose Jean-Luc Mélenchon, einst Präsidentschaftskandidat der linken Parti de Gauche, meinte, das deutsche Modell sei «für Menschen, die sich nicht für das Leben interessieren [...] Sie sind im Durchschnitt ärmer und sterben früher, sie wollen keine Kinder, und die Immigranten hauen ab, weil sie nicht mehr mit ihnen leben wollen.» In der griechischen Wirtschaftszeitung «Naftemporiki» kommentierte Nikos Fratzis: «Welches Alternativkonzept würden wir anbieten, wenn wir wieder an den Verhandlungstisch kommen? Gar keins, die Regierung wartet nur noch auf die deutschen Vorschläge.» So ist es. Die britische und niederländische Regierung fordern in dem Papier «A Subsidiarity Review» die Rückführung der Kompetenzen von der europäischen auf die nationale Ebene. Beide haben es mit starken europafeindlichen, rechtsradikalen Parteien zu tun. Unter dem Druck der deutschen Vorherrschaft und der antieuropäischen Rechten im Land forderte Premierminister David Cameron ein generelles Vetorecht der Nationalstaaten bei allen EU-Gesetzen. Das «vitale nationale Interesse Großbritanniens» gehe vor.

Griechen legen auf Straßen und Plätzen Gärten für die Subsistenzwirtschaft an, spanische Familien werden aus Häusern vertrieben, in Irland und Griechenland sank der Lebensstandard seit 2008 um 25 Prozent, in Zypern sind mit der Bankensanierung die Rücklagen der Rentenkassen verschwunden, weil sie über 100.000 Euro lagen. Der Abgeordnete Mavridis besänftigte: «Es gehen ja nicht alle Zyprer auf einmal in Rente. Und in vier oder fünf Jahren bekommen wir hoffentlich mehr Geld als Folge der Gasfunde vor Zyperns Küste.» Wehe den Rentnern, wenn kein Gas gefunden wird.

Der griechische Krimiautor Petros Markaris schrieb: «100 Jahre nach dem Ersten Weltkrieg macht sich in Europa wieder blanker Hass breit.» Er habe einen spanischen Freund, der ihm sagte, dass er sich schäme, «dass ich in meiner Jugend Deutsch lernen wollte [...] In Italien dasselbe». Griechenland sei ein Land «kleinerer und mittlerer Firmen» gewesen, «das war alles, was wir ökonomisch hatten», und diese Schichten seien heute ruiniert. Irland meldet sich zwar wieder beim Finanzmarkt an, geändert hat sich aber nichts. Geisterstädte verfallen, die Wirtschaft liegt brach, die Arbeitslosigkeit ist hoch. Junge Lehrer sitzen in Supermärkten an Ladenkassen oder wandern nach Australien und Kanada aus. Die Versorgung der Arbeitslosen reicht oft nur für die Miete. Hauseigentümer können die Hypotheken nicht bedienen. Die Schlangen vor den Suppenküchen werden täglich länger. Irland sei «in die schlimmste Epoche seit der Großen Hungersnot in den 1840er-Jahren» geschlittert, sagt Finanzminister Michael Noonan. In Spanien verkaufen junge Frauen ihre Eizellen. So werden Studium und Lehre finanziert. Portugals Staatsverschuldung liegt deutlich höher als die vom IWF gezogene Grenze von 124 Prozent des BIP. Ob es die Raten seines Notkredits in Höhe von 78 Milliarden Euro zurückzahlen kann, steht in den Sternen.

Das italienische Wirtschaftsblatt «Il Sole 24 Ore» klagte: «Grande Germanie: Dieses eindimensionale Europa, ganz und gar deutsch, ist zum Zusammenbruch verurteilt.» In Italien ist die Bewegung des

Komikers Grillo mit der Losung «Zurück zu unserer guten alten Lira» in Umfragen zweitstärkste Partei, und die Lega Nord scharrt mit den Hufen. Irgendwann wird der Ruf erschallen: «Kauft keine deutschen Waren!» Die griechische Tageszeitung «Eleftherotypia» machte auf mit der deutschen Überschrift: «Über alles!» Auf Demonstrationen tragen Leute Plakate mit Hakenkreuzen und dem Konterfei von Angela Merkel mit Hitlerbärtchen und rufen antideutsche Parolen. Der britische «Guardian» fragt, ob Deutschland nicht zu stark für Europa sei. Die französische «Libération» debattiert über einen lateinischen Machtblock gegen Deutschland. Einen solchen Block gegen den Norden hatte 1945 der französische Philosoph Alexandre Kojève vorgeschlagen. Auf ihn beruft sich heute der italienische Philosoph Giorgio Agamben mit seiner Vision vom mediterranen Block gegen das «Deutsche Reich» und gegen das «angelsächsische Bündnis». Philosophen verändern nicht die Welt, aber manchmal sind sie brauchbare Seismographen. Da braut sich etwas zusammen, das nicht links ist, sondern heterogen, in jedem Fall antideutsch.

In Frankreich und Südeuropa sammeln sich Politiker und Philosophen für die Auflösung Europas. «Libération» und Agamben berufen sich auf das Memorandum, das Alexandre Kojève für Charles de Gaulle verfasste: «Das lateinische Reich». Darin prognostizierte er, dass Deutschland binnen kurzer Zeit die wichtigste Wirtschaftsmacht in Europa sein und Frankreich degradieren werde. Seine Prognose: So wie der moderne Nationalstaat aus dem Niedergang des Feudalismus hervorgegangen sei, so werde die Entwicklung über die nationalen Grenzen hinausgehen und zu einem «empire», einem größeren Reich entgegenstreben. Nationalstaaten müssten weichen. Seine neuen Reiche sind aber nicht tolerant, sondern sollen gleiche Kultur, Sprache, Lebensweise und Religion zusammenfassen. In seinen Vorstellungen gab es das angelsächsische Reich, das die Vereinigten Staaten und Großbritannien vereine, ein sowjetisches Reich und ein gegen die Macht Deutschlands sich behauptendes «lateinisches Reich», das Frankreich, Spanien und Italien integrieren und offen sein sollte für interessierte Mittelmeeranrainer katholischen Glaubens. Der Zusammenschluss sei zwingend, weil Deutschland binnen kurzer Zeit die reichste und mächtigste Nation Europas werde, die den Mittelmeerraum als seine Peripherie zu unterwerfen trachte und sich außenpolitisch an den angelsächsischen Raum anschließen werde. Die «Libération» hält es heute für «nützlich und sogar dringend, über Kojèves Vorschlag nachzudenken».

Nicht nur ergebe es keinen Sinn, schreibt «Libération», «von einem Griechen oder einem Italiener verlangen zu wollen, dass er wie ein

Deutscher lebt, doch selbst wenn das möglich wäre, würde es zum Verschwinden eines Kulturguts führen, das vor allem in einer Lebensform liegt». Es geht dieser Strömung um jene kulturellen Genüsse, die Deutsche drei Wochen lang im Urlaub schätzen, um dann zu Hause über die Unpünktlichkeit zu lachen. Manche Prognosen sind aufgegangen, aber ein Reich der gleichen Kultur, Sprache, Lebensform, Religion ist selektiv und autoritär. Wer entscheidet, wer dazu gehört, und was geschieht, wenn jemand überführt wird, dem staatlich verordneten Kulturanspruch nicht mehr zu entsprechen? Die Schweiz dürfte es wegen der Sprachen, Deutschland wegen der verschiedenen Religionen nicht geben. «Will man nicht, dass sich Europa letztendlich auf verhängnisvolle Art selbst sprengt», so die Autoren, solle man «etwas Ähnliches wie das, was Kojève das ‹lateinische Reich› nannte», versuchen. Die Idee vom lateinischen Reich ist die südliche Entsprechung der deutschen Kampagne für ein Nordreich mit einem Euro Nord.

Über eine Nord-Süd-Spaltung hinaus zerren Regionalisten nicht nur an Europa, sondern auch an den existierenden Nationen. Ihre Rückkehr zur heimatlichen Tradition verträgt sich weder mit Europa noch mit der Nation. Mit ihnen geht der einzige Gedanke, der Europa zusammenhalten könnte, nämlich der Sozialtransfer und Länderfinanzausgleich, die Haftung der Reichen für die Armen, vor die Hunde. Weshalb sollten Katalonien und das Baskenland, die schon die Extremadura nicht alimentieren wollen, Mecklenburg-Vorpommern und die italienische Basilicata finanzieren? Dieses Armutsgebiet wollen schon die Norditaliener am liebsten abstoßen. «Wenn die Leute in Texas reich werden und ihre Bundessteuern bezahlen, landet das Geld in Form von Sozialabgaben in Michigan. Das gibt es nicht in Europa. Ohne einen solchen Mechanismus lassen sich die Ungleichgewichte in einer Währungsunion jedoch nicht auflösen.» (Niall Ferguson, Harvard-Professor für Finanzgeschichte)

Meistens sind es die reichen Regionen, die aus purem Egoismus autonom werden wollen, aber die Mitbürger mit Volkstanz und Gesang oder der Idee, dass klein besser sei als groß, ködern. Der Bierbrauer Alfred Heineken erfand 1992 das an Leopold Kohrs («Die Kleinheit ist das Serum gegen die Wucherung der Größe») angelehnte Eurotopia, wonach Europa in 75 autonome Staaten zerlegt werden soll – nach «ethnischen Verbreitungsgebieten», um «landsmannschaftliche Verbindungen nicht zu stören». Nach diesem Plan wird Polen diesmal gefünfteilt. Staaten mit Einwohnerzahlen von fünf bis zehn Millionen dienten am besten dem Frieden, der Sicherheit und der Wirtschaft. Das Kapital wird in keinem Regionalmodell angetastet, sodass alle Moldawisierungspläne Europas auf die totale Kapitalherrschaft mit neuen Armenhäusern hinausliefen. Das autonome Bayern würde keinen Cent an das autonome Mecklenburg-Vorpommern zahlen. Auch der Friede wäre nicht sicherer, wenn man 75 Nationen in die Konkurrenzschlacht würfe.

Die ökonomische Stagnation des Kontinents, die Angst vor einem weiteren Niedergang, die Haftungsrisiken sowie die Sehnsucht nach dem Heimatlichen und die Suche nach kollektiven Erinnerungen, Mythen und Mentalitäten des «eigenen Volks», außerdem der Glaube, das Gebiet, in dem man bisher ganz gut gelebt hat, sei ein Völkergefängnis, weil dort auch Menschen leben, die einen anderen Volkstanz tanzen, sind die Motive für dreißig Regionalparteien, die in der Europäischen Freien Allianz (EFA) organisiert sind. Weitere haben einen Beobachterstatus. Neben baskischen, schottischen, katalanischen, balearischen Parteien tummeln sich da die Lega Nord, für die südlich von Rom Afrika beginnt und die Süditaliener als «Erdfresser» diffamiert. Dazu gehört Unser Land aus dem Elsass, das die «Heimatsproch un Tradition» fördert, die Bayernpartei, die ein «freies Bayern» will, statt «gigantische Summen» nach Berlin oder ins übrige Ausland zu überweisen, die Süd-Tiroler Freiheit, die als Lotterie-Preis die Fahne: «Süd-Tirol ist nicht Italien» auslobt, und Die Friesen, die in Niedersachsen neue Grenzen ziehen wollen, weil sie eine eigene Identität besäßen, die sich «erheblich vom Gemeindeutschen unterscheidet», und weil «Volkskreise, die natürlich alle ihre eigenen Sorgen und Nöte haben», nicht im Parlament von Hannover säßen, und auch weil «die größten Erdgasfelder Westeuropas heute friesischer Besitz» wären, «ebenso wie zahlreiche Ölvorkommen in der Nordsee». Friesen sind natürlich kein Volkskreis, sondern Leiharbeiter, Arbeitslose, Hoteliers, Bierbrauer und Windkraft-Kapitalisten, sie sind arm oder reich, weil ein Friese den anderen ausbeutet und Rohstoffe schürfen will. Da lobt man sich den Moldawier, der – seines Volkstums wegen – die Armut nicht scheute und aus freiem Ethnokult auf die Rente aus Russland verzichtete. Anders der Ostdeutsche, der die Krise ahnte und noch schnell unter das westdeutsche Alimentationsdach schlüpfte.

Die Wurzeln des Separatismus sind völkische und ethnokultige Gesinnungen, der Reichtumsnationalismus und die in Krisen zu beobachtende Flucht in den Heimathafen. Da ist aber noch etwas. Seit Jahren manipuliert die Antiglobalisierungsbewegung den Verstand. Sie schreibt Kriege, Eroberungen, Krisen nicht dem Kapitalismus und dem Mehrwertraub der Nationen zu, sondern einer ominösen Globalisierung, den vagabundierenden Finanzen und einer neoliberalen Willkür, schlägt Protestcamps nur vor Banken und Börsen auf, die für das antisemitisch konnotierte «raffende» Kapital stehen, statt da, wo Menschen für den Mehrwert ausgebeutet werden. Mit der Klage: «Durch Finanzcrashs werden Bemühungen ganzer Volkswirtschaften zunichte gemacht» offenbart Attac seine Empathie für das «schaffende» nationale Kapital. Als gut erscheint dann zwangsläufig alles Antiglobale, Nationale und Ethnische, das vor amerikanischem «Kulturimperialismus» zu behüten sei, das «Europa der Regionen», das die Botschaft des Heimatfilms «Heidi» perpetuiert: Großstadtluft macht böse, Bergluft macht gute Menschen – Pädophilie, Inzucht und Sippenhaft werden nicht untersucht. Peter Gauweiler (CSU), der notorische Kläger wider Europa, kämpft in seinem Essay: «Alles so großtuerisch, so herzlos und leer» gegen jede Großraum-Ambition. Schon «der Verlust der bayerischen Souveränität wurde zu einem Trauma», noch herzloser wird erst Europa, dieses «künstliche Vaterland» sein. Er möchte, dass wir der heimeligen Schweiz «nacheifern» mit ihrer «Achtung vor kantonaler Selbstbestimmung». Sein Parteifreund Wilfried Scharnagel, früher Chef der Parteizeitung «Bayernkurier», hat dazu das Buch geschrieben: «Bayern kann es auch allein: Plädoyer für den eigenen Staat».

Den schottischen Nationalisten geht es wie den Friesen ums Öl. Der Erste Minister Schottlands Alex Salmond wirbt mit seiner Scottish National Party (SNP) für die Unabhängigkeit von England wegen des Öls. Großbritannien ist hinter Norwegen das ölreichste Land Europas und 90 Prozent davon liegen in schottischen Hoheitsgewässern. Zuletzt haben die Ölverkäufe elf Milliarden Pfund im Jahr eingebracht, von denen die Schotten nur acht Prozent bekamen. Die Separatisten wollen alles. «Wenn wir die Nordseeförderung berücksichtigen», sagt Salmond, «wird das Einkommen je Einwohner in Schottland um fast ein Fünftel höher sein als im britischen Durchschnitt.» Er will genauso wenig wie Katalanen und Basken Steuern an die Briten zahlen. Die Nationalpartei will eine eigene Armee von 15.000 Soldaten. Die britische Atomflotte an Schottlands Küste soll abziehen. Die Schotten wollen aber beim Pfund bleiben. Nun drohen die Engländer damit, den Schotten das Pfund wegzunehmen.

In Frankreich sind die Bretonen auf der Straße, die von Zeit zu Zeit gegen die französische Zentralmacht kämpfen. Im November 2013 ging es den Demonstranten darum, den Niedergang der ganzen Region aufzuhalten. In der Bewegung «Leben, Entscheiden, Arbeiten in der Bretagne» hatten sich Gewerkschafter des Landwirtschaftsverbandes FNSEA, Trotzkisten der Neuen Antikapitalistischen Partei, der Unternehmerverband Medef und die «Bretonische Partei», die sich für die Autonomie der Bretagne ausspricht, zusammengetan. Dagegen demonstriert das bretonische Bündnis der linken Gewerkschaft CGT,

Solidaires und FSU, das zu Frankreich hält, gegen «die deutschen Dumpinglöhne», die auf der Beschäftigung von Billiglohnarbeitern aus dem Osten basierten. Der Protest wird aber merklich antifranzösischer. Achtzig Prozent der Schüler/innen lernen heute Bretonisch. Mit der Sprachpflege geht die Pflege des interkeltischen Lied- und Kulturgutes einher. In Lorient wurde im November 2013 ein Interkeltisches Festival gefeiert, an dem auch irische Gesangs- und Tanzgruppen teilnahmen. Es gibt eine Revolutionäre Bretonische Armee (ARB), die Radarfallen auf bretonischen Schnellstraßen (Autobahnen wurden wegen der französischen Mautgebühr bis heute verhindert) zerstört, wegen «widerrechtlicher Enteignung bretonischer Autofahrer».

Der katalanische Präsident Artur Mas führt eine bürgerliche Minderheitsregierung an, die auf die Unterstützung der links-separatistischen ERC angewiesen ist. Mas will die nächste offizielle Wahl 2016 in ein Plebiszit über die Unabhängigkeit Kataloniens umfunktionieren. Die spanische Regierung unter Mariano Rajoy von der Volkspartei PP hält an der «unauflöslichen Einheit Spaniens» fest. Nach einer Umfrage von «El País» sind aber 49 Prozent der Katalanen für die Unabhängigkeit und 36 Prozent dagegen.

Die radikalisierten Mittelschichten

«Ein nationalistischer Wind weht über Europa,» schrieb «Ouest France» aus Rennes, «in Frankreich wie in Österreich, in Großbritannien wie in Finnland. In Ungarn wie in Griechenland. Ein Wind, der gegen den Aufbau Europas weht [...].» Nicht nur das. Er weht gegen Migranten, Flüchtlinge, Juden, Roma und Sinti, Muslime, Schwule oder jene, die verdächtigt werden, unproduktiv zu sein. Im neuen Europaparlament sitzt eine beachtliche Zahl von Abgeordneten, die gegen jede Form der europäischen Einheit ist. Nach einer Umfrage vom Oktober 2013 (Eurobarometer) gaben dreißig bis vierzig Prozent der Europäer an, ausschließlich «national» zu fühlen, die knappe Mehrheit bevorzugte sowohl eine nationale als auch eine europäische Identität. Italiens Ex-Regierungschef Enrico Letta hält völlig zu Recht «das Aufkommen des Populismus» heute für «die bedrohlichste soziale und politische Erscheinung in Europa». Man darf den nichtssagenden Begriff «Populismus» übersetzen mit aufkommenden Rechtsradikalismus und Faschismus in europäischen Ländern.

In den USA spülte die Krise die Tea Party hoch, eine Ansammlung aus der weißen Mittelschicht und des Industrieproletariats, die im

Zuge der Krise häufig den Arbeitsplatz und das Eigenheim verlor, sich beim Ku-Klux-Klan oder den Evangelikalen aufgehoben fühlt und ein Sammelsurium von Sündenböcken ausgemacht hat. Der Bodensatz darf nicht mit den Milliardären verwechselt werden, die sie für ihre politischen Absichten nutzen. Tea-Party-Leute hassen den Teufel, die Wallstreet, Schwule, ausländische Autos, Atheisten, Abtreibungen, Muslime, Juden, Schwarze und Latinos, sie gehen Sonntags in die Kirche, glauben fest daran, dass Gott Adam aus einem Lehmklumpen und Eva aus einer Rippe von ihm geformt hat, ihr Freiheitsbegriff reduziert sich auf die Waffe in der Hand, und sie leiden unter der Vorstellung, dass Schwarze und Latinos in den USA schon in zehn Jahren die Zahl der Weißen mit europäischen Wurzeln übertreffen. Nicht wenige von ihnen planen deshalb, Texas und Kalifornien an Mexiko abzutreten. Ihre Welt ist an der Grenze Montanas zu Ende, und Obama ist für sie das Orakel des Verfalls. Der Rassist kann nicht anders: Ist seinesgleichen in der Mehrheit, fühlt er sich mächtig, ist sie in der Minderheit, fühlt er sich ohnmächtig.

Während die Tea Party an der Seite von Occupy und bei den Republikanern mitmischt, erzielen in der EU rechtsradikale Bürgerparteien hohe Wahlergebnisse und regieren bereits. Das Massenbewusstsein in Europa schwenkt nach rechts und siedelt sich zwischen Nationalismus und offenem Faschismus an. Europa wird gegenüber der Nation als Fremdkörper wahrgenommen, und «Selbstbestimmung» wird überwiegend völkisch-rassistisch, regionalistisch oder nationalistisch interpretiert. Die deutsche Außenpolitik betrachtete Jugoslawien als «Völkergefängnis» und hob damit die Selektion nach biologistischen, sprachlichen oder religiösen Kriterien in einen naturhaften Rang. In jedem Fall wird die Idee von einem Zusammenleben der Menschen nach Kriterien der Humanität, Vernunft und Solidarität beleidigt.

In Polen marschieren Nationalisten, in Ungarn ermordeten Faschisten in drei Jahren 18 Roma, in Griechenland patrouillieren sie als Ordnungsmacht in den Straßen und schlagen Ausländer ohne gültige Papiere zusammen. In Tschechien und Bulgarien marschieren sie im Schein ihrer Fackeln, und in der Slowakei ist der Faschist Marian Kotleba, der sich mit «Führer» anreden lässt, Landeshauptmann in der Region Banská Bystrica. Er erinnert an die «erfolgreiche» Kollaboration mit Adolf Hitler – damals lieferten die Faschisten 70.000 Juden der SS aus. Heute geht's gegen Roma. In Griechenland stand die faschistische Chrysi Avgi («Goldene Morgenröte») mit einem Zuspruch von 16 Prozent kurz vor der Regierungsbeteiligung. Unterstützt von Teilen der orthodoxen Kirche, dem Militär und der Polizei, ziehen Kampfsportler und Soldaten der Eliteeinheiten in faschistischen Kampftrupps wie einst die SA durch die Straßen, um Migranten zu schlagen und zu erstechen.

Nach einer repräsentativen Befragung hatten im Juni 2013 38 Prozent der Franzosen von Marine Le Pen eine gute Meinung. Sie wiederholt nicht die antisemitischen Tiraden ihres Vaters und beschimpft dafür Roma als «verbrecherische Nomaden». Anhänger des FN sind erodierende Mittelschichten, die einmal gut verdient haben, sagen Meinungsforscher. Der FN bietet ihnen Ventile: Migranten, Kriminelle, Muslime, Globalisierung, EU und Euro, Neoliberale. In drei Nachwahlen im Oktober 2013 kam der FN auf über 40 Prozent der Stimmen im zweiten Wahlgang. 40 Prozent sind keine Protestwahl, sondern eine neue Macht, die vielleicht bald schon Frankreich regiert. In ihren Wahlkämpfen beschwört der FN den Niedergang Frankreichs. Manches liest sich wie bei Sarah Wagenknecht. Der Euro sei schuld an allem, man müsse zurück zu einem «intelligenten Protektionismus» und der «Reindustrialisierung» des Landes. Das Programm des FN lässt sich kurz fassen: Weg mit dem Euro und der EU, für Todesstrafe und «Ausländer raus».

Immer wieder sagen Bürger: Der FN war früher eine rassistische Partei, eine Hitler-Partei, aber das hat sich doch geändert. Mit Anspielungen, dass Frankreich wieder von Deutschland besetzt sei, gebärdet der FN sich wie die Resistance, nur eben rassistisch. Ihr Stichwort lautet: «Überfremdung». Die FN-Propaganda setzt Muslime beim Freitagsgebet mit deutschen Besatzungssoldaten gleich. In Frankreich gärt der Faschismus auf mehreren Seiten. Während Marine le Pen den Antisemitismus der Parteibasis überlässt, die in Wahlkämpfen beklagt, dass «christliche Feste durch jüdische und islamische ersetzt» würden, führt der Starkomiker Dieudonné M'bala M'bala mit seiner wachsenden, jungen Anhängerschar einen Feldzug gegen Juden. Er bedauert öffentlich, dass es keine Gaskammern mehr gibt. Die konservative UMP bemüht sich um die Meinungsführerschaft im rechten Lager mit ebensolchen Parolen. Die Abschiebung des in Frankreich aufgewachsenen Roma-Mädchens Leonarda hat große Widerstandsaktionen an den Schulen ausgelöst und gleichzeitig die Abschiebebereitschaft der Franzosen erhöht. In Umfragen äußerten sich 65 Prozent für die Abschiebung.

Der Niederländer Geert Wilders (Freiheitspartei) und Marine Le Pen (Front National) bilden eine antieuropäische Allianz und rufen zu einem Referendum über den Austritt aus der EU auf: «Die Befreiung von einem Monster aus Brüssel» (Wilders). «Wir wollen unserem Volk die Freiheit und Souveränität wiedergeben» (Le Pen). Wilders Partei und die belgische Vlaams-Belang-Partei bezeichnen den Koran als zeitgemäßen «Mein Kampf» und fordern eine Moslem-Quote. Die Vlaams

Belang ist für die Aufteilung Belgiens in ein flämisches und ein valonisches Staatsgebiet. Die Partei ist in der flämischen Unternehmerschaft verankert. In Flandern herrscht eine starke prodeutsche Stimmung. Die griechische Zeitung «To Ethnos» schrieb vorausschauend, im Falle der Unabhängigkeit Flanderns gebe es «einen weiteren Satellitenstaat Deutschlands». Die stärkste separatistische Kraft in Belgien ist die Neue Flämische Allianz (N-VA), mit 27 von 150 Sitzen im Parlament. Die Allianz strebt eine «unabhängige Republik Flandern, Mitgliedstaat einer demokratischen Europäischen Union» an. Flandern, wo 60 Prozent der Belgier leben, und das französischsprachige Wallonien sollen jeweils alle nationalen Befugnisse erhalten und sich in einer belgischen Konföderation treffen, die für die Landesverteidigung zuständig ist. Die Bürger sollen entscheiden, ob sie Steuern und Sozialabgaben an Flandern oder Wallonien zahlen.

In Großbritannien liegt die rechtspopulistische UKIP-Partei unter Führung des Witzboldes Nigel Farage in Umfragen bei zwölf Prozent. Gemeinsam mit den Torys plädiert die britische Rechtsfront für ein Referendum über den Austritt aus der EU. Sozialpolitisch haben die Rechten das Programm «for hardworking people» gestrickt, das einen kompletten Arbeitsdienst für Sozialhilfeempfänger und Langzeitarbeitslose vorsieht. In Österreich stimmten in freien Wahlen dreißig Prozent für rechtsradikale Parteien, die stärkste ist die von Heinz-Christian Strache geführte FPÖ. Auch im reichen Norwegen wird rechts gewählt. 16 Prozent bekam dort die rechtspopulistische Anti-Islam-Partei von Siv Jensen. In Italien liegt die Fünf-Sterne-Bewegung von Beppe Grillo bei 22 Prozent. Grillo wirbt mit dem Ausstieg aus dem Euro und der Vertreibung der Migranten aus dem Land. Beides mischt sich mit populären Angriffen auf Privilegien der Politiker. Auf seinem Blog stellte der Rechtspopulist fest, die Abschaffung des Straftatbestands der illegalen Einwanderung sei keinesfalls im Programm der MoVimento 5 Stelle (M5S). Er stellte die Frage, wie viele illegale Einwanderer («Clandestini») Italien sich noch leisten wolle, wo doch schon jeder achte Italiener nichts zu essen habe.

Die Freiheitlichen, der Südtiroler Ableger der FPÖ, kommen auf 25 Prozent. Sie wollen den «Freistaat Südtirol». Nebenan verlangt die Lega Nord einen Staat namens Padanien, der die großen Industrieregionen Piemont, Lombardei und Venetien umfassen und im Handel auf Süddeutschland ausgerichtet werden soll. Die regierende Südtiroler Volkspartei (SVP) fordert: «Autonomie plus Ausbau». Mit Ausbau meint sie eine eigene Polizei, Steuerhoheit, Posthoheit, eigene Gerichtsbarkeit und Sprache; im Prinzip nichts Italienisches mehr. Deutsche

Firmen siedeln sich gern in Südtirol an, weil zwei Drittel der Südtiroler Deutsch sprechen und weil sie «die deutsche Mentalität Südtirols schätzen, aber den italienischen Markt suchen» (FAZ). Alle 143 Kompanien der Südtiroler Schützen wollen von Italien weg. Favorisiert wird die Wiedervereinigung mit dem österreichischen Tirol. Das italienische sei eben das «Welschtirol».

In Finnland bekam die TV-Moderatorin einer zweisprachigen Talk-Show, (in Finnland sprechen knapp sechs Prozent der Bevölkerung Schwedisch) Morddrohungen. Auch Zeitungsredaktionen und Politiker, die Schwedisch als zweite Sprache befürworten. Das Internet ist zum Forum einer Hassdebatte geworden. Hinter der völkischen Bürgerinitiative gegen den Schwedischunterricht steckt eine Allianz des radikalen finnischen Sprachvereins und der Jugendorganisationen der rechten Parteien Kartainen und der populistischen «Wahre Finnen».

In Ungarn ist die völkische Regression Staatsdoktrin. Mit der Koalition aus Fidesz und KDNP regieren zwei völkische Parteien, die die neue Verfassung («Gott, segne den Magyaren!»), das Mediengesetz, die Kultur-, Bildungs- und Wirtschaftspolitik, die Juristerei und die Exekutive im völkisch-nationalistischen Sinne ummodeln. Drittstärkste Vertretung im Parlament ist die faschistische Jobbik-Partei. Überall bilden sich Sektionen der Pfeilkreuzler, der ungarischen Nationalsozialisten. Die Debatten sind von Verschwörungen geprägt. Jeder Kritiker soll im Bunde sein mit Juden, dem Großkapital, der Globalisierung, dem raffenden Kapital, Roma und Schwulen. Das hochrangige Mitglied der Ungarischen Akademie der Wissenschaften, Gábor Vida, vergleicht Homosexualität mit Bettnässen und nennt sie «eine Gefahr für die Menschheit». Selbst antifaschistische Gruppen fordern «Volksgemeinschaft statt Kapitalismus». Die ungarische Orban-Regierung erhebt Gebietsansprüche an Kroatien, der Slowakei, Rumänien, Österreich, Italien. Gemeinden stellen Roma-Familien das Trinkwasser ab. In einer repräsentativen Umfrage wurde 2011 gefragt: «Denken Sie, Roma sind blutsmäßig verbrecherisch veranlagt?» 60 Prozent der Wähler der Fidesz-Partei und sogar 61 Prozent der Wähler der oppositionellen Sozialisten antworteten mit «Ja». Die ungarische Abgeordnete der Jobbik-Partei, Krisztina Morvai, will Ungarn den Juden entreißen. Der Faschist Vonas, ein Freund der russischen Nationalbolschewisten, fordert die «Völker Mitteleuropas» auf, sich vom internationalen Großkapital zu befreien. Der Chefideologe der russischen Nationalbolschewisten, Aleksander Dugin, einst Berater von Putin, wirbt für ein «Eurasien», das sich gegen die «Vereinigten Staaten von Westeuropa» richte. Vonas diffamiert die EU als Projekt, das Europa an die USA ausliefere.

Der Faschismus wird in Europa salonfähig. Rechtsradikale Parteien finden immer mehr Abnehmer für ihre Wahnbilder. Es geht gegen Amerika, Juden, den Islam, Schwarze, Roma, gegen Europa, dem Feind der selbstbestimmten Nationen, dem alles fressenden Kraken – vor allem und immer wieder wollen sie Volk und Nation vor nicht existierenden äußeren Bedrohungen schützen. Sie sind vom Sudelimage befreite bürgerliche Parteien, deren Zuspruch auf Ressentiments basiert, die sich mit dem wirtschaftlichen Niedergang und dem Gefühl, fremden Mächten ausgeliefert zu sein, verbindet. Mit der Krise scheint sich in den europäischen Mittelschichten die Bereitschaft, Verschwörungsfantasien ernst zu nehmen, eruptiv verstärkt zu haben.

Die meisten rechtsradikalen Mittelschicht-Parteien geben sich zivil und wählbar. Nur in Deutschland überwiegt der Tod, der nicht gewählt, sondern vollstreckt wird. Der NSU zog offenkundig im Schutz von Staatsbeamten mordend durchs Land. Akten, die darüber Auskunft hätten geben können, wurden vernichtet. Die Anzahl der Opfer rechter Mordanschläge ist unvorstellbar hoch. Das Bundeskriminalamt und die Landesämter untersuchen 3.300 «vollendete oder versuchte Tötungsdelikte» nachträglich auf rechtsradikale Hintergründe – in fast 900 Fällen gebe es Anhaltspunkte. Der Aufbau der rechten Bürgerpartei AfD wird durch chaotische Findungsprozesse, das überalterte Kandidatenangebot und die Klärung, wie weit der Rechtsradikalismus gehen soll, noch erschwert. In der AfD tummeln sich Rassisten, Schwulenhasser und Leute, die von der Erpressung durch eine «Holocaust-Industrie» reden. Auf ihren Versammlungen brandet Beifall auf, wenn Redner ironisch vermelden, dass sie nicht schwul seien und viele Kinder in die Welt gesetzt hätten. Das AfD-Motto zur Europawahl 2014 hieß streng national: «Mut zu Deutschland».

7. Der Sozialneid der Mittelschicht

Neben vielen anderen Problemen gibt es ein ganz spezielles. Das ist der Sozialneid von oben. So regelmäßig wie der Vogelflug rennen betuchte Spießbürger los, um der Welt mitzuteilen, dass arme Menschen zur Flasche greifen. Sie wittern allerorten Geld, das ihnen vorenthalten werde, und beschwören – besoffen von Missgunst und Verachtung für die staatliche Wohlfahrt – den Niedergang des Abendlandes oder – in seiner nationalen Gestalt – Deutschlands, wenn alten Menschen nicht die Renten gekürzt und Gehhilfen verweigert werden. Sie gönnen Armen nicht das Geringste und heißen von Dohnanyi, Baring, Nolte, Miegel, Metzger, Sarrazin, Sloterdijk. Die Fernsehanstalten richten für sie jeden Abend einen Talk, eine Expertenbefragung, eine Sondersendung aus zu dem Thema, dass die Rentner zu teuer kämen, das Gesundheitssystem uns über den Kopf wachse, Arbeitslose faul seien.

Der Philosoph Peter Sloterdijk versorgt die um ihr Geld bangende Sippschaft mit dem Geist von Nietzsche. Auch ihn plagen zwei Ängste: Steuern und Sozialabgaben. Auf der Frankfurter Buchmesse 2013 durfte er die Festrede zur Verleihung des Wirtschaftsbuchpreises halten. Thema: Wirtschaftskrise in Europa. Aber das ist unerheblich. Er kommt sowieso auf seine Steuererklärung zu sprechen. Nicht direkt, eingewoben in ein mächtiges Gedankenbrimborium. An Europa mag er nicht die «Geltendmachung von Rechten durch Rechteinhaber», denn das «Recht auf das Haben von Rechten» sei zur inneren Haltung und zur äußeren Institution geworden, die sich als «Spirale ständiger erweiterter Verrechtlichung in Gang setzen» konnte, «die für die europäische Sozialdynamik in den letzten Jahrhunderten durch und durch typisch geworden ist» und wodurch ein regelrechtes «Monstrum an staatlicher und überstaatlicher Regulierungs-Juristerei» entstanden sei, «für das die Geschichte kaum ein Beispiel aufweist». Das sind viele Hülsen, um mitzuteilen, dass er unter Steuern und Abzügen, dieser ganzen «europäischen Sozialdynamik» leidet. Er sprach über das Wagner'sche Gesetz aus 1864, «das auch als das ‹Gesetz der steigenden Staatsquote› oder als das Gesetz der stetigen Erweiterung der Staatstätigkeit bekannt ist». Demnächst könne dieses Gesetz, man ahnte es, «als das Gesetz der zunehmenden Neigung von hoch entwickelten Steuerstaaten zum organisierten Betrug an ihren Bürgern in stetiger Erinnerung bleiben». Tätä-tätä! Sloterdijk landet wie Büttenredner bei «Mainz bleibt Mainz, wie es singt und lacht» bei zu hohen Steuern.

Er fragte in der «FAZ», ob das «Grundübel» nicht die «progressive Einkommenssteuer» sei, und empörte sich: Die Hälfte der Population sei «Bezieher von Null-Einkommen» und lasse sich von einer «Handvoll Leistungsträger» aushalten. Er dankte der FDP, die er den «liberalen Beobachter» nennt, dafür, dass sie auf die zentrale Gefahr hinweise: «Die Besteuerung, die den Erfolg bestraft!» Sein Postulat, das gerade so für ein Plakat für Zahnärzte taugt, erlangt Deutungshoheit im öffentlichen Zweig der Deutschen Philosophie. Für das Neidmilieu ist Sloterdijk wichtig. Es benötigt einen Philosophen, der sich darauf versteht, Ressentiments in brodelnde Sätze zu kleiden. «Wir müssen in Not kommen, um das rettende Große zu erfahren», sagt er, meint aber nicht «wir», sondern die Arbeitslosen. Die Medien stehen Schlange für ein paar Sätze von ihm, und seine Fanpost füllt Waschkörbe. Karl Heinz Bohrer zum Beispiel, der Herausgeber des «Merkur», schrieb erregt, dass der «Sozialstaat» ihn «um die Pfründe wohlverdienten Zugewinns» bringe und ihm Gelder für «akademische Auszeichnungen» entwende.

Als Knobelbecher die kritische Vernunft zertraten, meinte Heidegger, die Aufklärung begreife nicht, «dass nicht der Mensch das Wesentliche ist, sondern das Sein als die Dimension des Ekstatischen der Eksistenz», und so pries er die «innere Wahrheit und Größe der nationalsozialistischen Bewegung», zog seine schickste Trachtenjacke an (die mit der Hakenkreuz-Anstecknadel am Revers) und ließ sich neben Hermann Göring ablichten – so wie Charly Chaplin den Untertan beim Lauschen der Urgewalt seines Herrn dargestellt hätte. Sloterdijk hält sich zwar für die Reinkarnation von Nietzsche, verehrt aber auch Heidegger, weil der die Epochenfrage artikuliert habe: «Was zähmt noch den Menschen, wenn der Humanismus als Schule der Menschenzähmung scheitert?» Heideggers Antwort: Der Nationalsozialismus!

Auch Sloterdijk antizipiert eine neue Zeit und will nicht zu spät kommen. Er nimmt die Krise wahr, beobachtet, wie der Staat zur Sanierung der Profitrate die Reprivatisierung der Lebensrisiken vorantreibt, hört, dass noch Milliarden aus Sonderfonds auf die Gesellschaft abzuwälzen sind, und dient sich an. Dazu schlüpft er ins Gewand eines neuzeitlichen Nostradamus und weissagt den Untergang des Abendlandes, denn «in Bevölkerungen mit starken Jungmänneranteilen steigt der Bellizismus [...], indessen überalterte Völker zum Pazifismus neigen». Wie das? Er selbst ist doch ein Krieger in der Armee zorniger alter Neidhammel. Er sagt dunkel: «Vor uns liegt ein Weltalter, in dem der Unterschied zwischen Siegern und Verlierern» wieder mit «antiker Härte und vorchristlicher Unbarmherzigkeit an den Tag tritt.» Man spürt, dass er sich am raunenden Bocksgesang der Meute, die das Menschenopfer umkreist, weidet. Das ist er der Einschaltquote und seinem Gottvater Nietzsche schuldig. Warum müssen Leute, die so gar nicht nach Kampfsport aussehen, in ihrer Imagination immer den Morgenstern schwingen?

Nietzsche hat ihm souffliert: Die Schwachen, «der Pöbel-Mischmasch ... o Ekel! Ekel! Ekel! ... Diese kleinen Leute sind des Übermenschen größte Gefahr». Der «Sozialismus» der «zu Recht unterworfenen Kaste» behindere die «Ausscheidung eines Luxus-Überschusses der Menschheit, in welcher eine stärkere Art ans Licht» trete, die sich «die Freiheit von allem sozialen Zwang» hole. Das galt es nun zu übersetzen. Aus Freiheit vom sozialen Zwang wurde Befreiung von «Zwangssteuern», aus der Blockade für die höhere Art die «nur allzu plausible liberale These von der Ausbeutung der Produktiven durch die Unproduktiven», aus dem Sozialismus der «steuerstaatlich zugreifende Semi-Sozialismus», dieses – o Ekel! – «geldsaugende und geldspeiende Ungeheuer», das im Auftrag der «nehmenden Hand» den Luxus-Überschuss prellt, der doch nur nach «Erfolg, Ansehen und Selbstachtung» strebt, weshalb er mit Geldkoffern durch Grenzwälder in die Schweiz schleicht.

Wie kann die Luxus-Klasse ihre Würde zurückgewinnen? Nur durch einen Haufen Geld! Und so ruft Sloterdijk zum «antifiskalischen Bürgerkrieg» auf. Er ist für die Befreiung von «Zwangssteuern und deren Umwandlung in Geschenke an die Allgemeinheit» und will eine neue «Ethik der Gabe» in einer Gesellschaft mit «postdemokratischen Konsequenzen». Er bricht mit der Zivilisation, fantasiert von der Rückkehr zu vorchristlicher Barbarei mit Bettelei und Wegelagerei. Alles, was Arbeiterbewegungen erkämpft haben (Sozialversicherungen sind keine Geschenke von Bismarck, sondern Befriedungskosten), soll verschwinden. In seiner «postdemokratischen» Diktatur der «Leistungsträger» hinge Leben und Tod der Schwachen allein von den Launen der Mäzene ab.

Sloterdijks Denken ist komplett falsch. Nur dass er die Würde des Bürgers nach der Geldmenge bemisst, hat eine unbeabsichtigte Frische. Die Gleichsetzung von Leistung und Einkommen ist absurd. Das Einkommen seiner Truppe beruht nicht auf Wertschöpfung, sondern auf Wertabschöpfung; es richtet sich nach der Grobheit, mit der jemand andere für sich arbeiten lässt und Konkurrenten beseitigt, der Gerissenheit – vom Verkaufstrick bis zum Kleingedruckten, auch nach dem Unterhaltungswert, der Sportler zu Multimillionären macht. Und: Rentner, Arbeitslose und Kranke werden nicht aus der Einkommenssteuer, sondern aus den Löhnen der Arbeiterklasse bezahlt. Nicht «eine Handvoll» Reicher ist produktiv, sondern die Arbeit der Millionen schafft jene Werte, aus denen sie sich bedient. Der französische Bürger Saint-Just sagte 1793 vor dem Konvent: «Das Brot, das der Reiche gibt, ist bitter:

Es kompromittiert die Freiheit. Das Brot gehört in einem klug verfassten Staat von Rechts wegen dem Volk.»

Fast beiläufig erklärt Sloterdijk Freiheit und Gleichheit für unvereinbar. Nur für das Neidmilieu, das die Freiheit der Unternehmer und Ärzte, sich auf Kosten anderer zu bereichern, meint, macht das Sinn. Freiheit für alle ließe sich nur in egalitären Verhältnissen denken. Erst die von Marx ersonnene Gesellschaft, in der jeder nach seinen Fähigkeiten sich entfalten und jedem nach seinen Bedürfnissen gegeben werden soll, würde die auf gleichen Möglichkeiten beruhende freie Entfaltung des Individuums schaffen. Deshalb sollte der Sozialismus die Phase des absterbenden Staates auf dem Weg in den Kommunismus sein (leider lief das entgegengesetzt). Für Gleichmacherei dagegen sorgt der Kapitalismus, indem sein Räderwerk unablässig Experten für die Reproduktion desselben züchtet.

Die Unverfrorenheit der Betuchten ist ein übermütiger Reflex darauf, dass ihre nur allzu plausible Enteignung schon lange nicht mehr erörtert worden ist. Die Sloterdijk-Debatte wird Reiche nicht von Steuern befreien, aber sie deutet – und das ist bitter genug – Ausbeuter in Gönner um. Der immanent rationale und zugleich antizivilisatorische Kern der Debatte liegt darin, dass für das System der Tod aller Rentner sowie der Arbeitslosen und Kranken, die nicht mehr funktionstüchtig zu machen sind, die profitabelste Lösung wäre, denn sie verbrauchen Werte, ohne selbst Mehrwert zu produzieren. Vielleicht hat der Marktrigorismus der FDP naive Menschen davon abgehalten, sie zu wählen. Vielleicht stufen Menschen sie inzwischen auch als eine den Betriebsfrieden gefährdende marktradikale Sekte ein, was sie freilich auch ist.

Vor ein paar Wochen war Meinhard Miegel, der den Lohnabhängigen, Rentnern und Armen im Auftrag wechselnder Institute via Fernseh-Talks oder Expertengespräche unterjubelt, dass sie über ihre Verhältnisse leben, wieder im Fernsehen erschienen. Diesmal als Mitglied von «Denkwerk Zukunft» und der Enquete-Kommission des Deutschen Bundestages «Wachstum, Wohlstand, Lebensqualität». Jahrelang hatte er für die private Versicherung geworben, weil die Renten bald nicht mehr zu bezahlen seien. Mal kamen zwei Arbeiter auf einen Rentner, mal auch nur einer auf einen. Diesmal ging es ihm um die Senkung des Konsums. Ganz im Dienste der europäischen Reanimation, die einen stärkeren Anstieg der Kapitalbildung verlangt, der notwendigerweise zu Lasten des Konsums geht. Miegel sprach über die Entdeckung der wahren Lebensqualität. Man ahnt, dass sie nicht im Konsum zu finden ist. Die läge nicht in der Umstellung des Speiseplanes auf Gemüse, sondern im Abschied vom Konsum. «Wer konsumiert, zerstört», bekamen die Armen zu hören.

«Eine auf Konsum fokussierte Gesellschaft fängt an zu zerfallen [...] Jedes Mal, wenn ich etwas konsumiere, habe ich auch etwas zerstört.» Eine Pflanze, ein Schwein, die Kapitalbildung. Und das mache obendrein unglücklich, weil Konsumgesellschaften «keine sozialen Gemeinwesen mehr sind». Ganz anders in Bangladesch? Der Westen sei «nicht mehr zukunftsfähig». Unter Nostradamus macht es kein Mittelschichtbotschafter. Der Westen müsse Abstriche machen von der Maxime «mehr, mehr, mehr». «Mehr Güter, Dienste, Reisen» sei der Sinn des Lebens geworden, aber was ist, «wenn wir den nicht mehr erfüllen können»? Aha! Man könnte doch auch verhindern, dass Deutschland in Kriege zieht und Kapital bilden muss und dafür immer mehr und mehr beansprucht. Wir sollen, sagt Miegel, «uns andere Quellen der Zufriedenheit suchen», als hätte irgendwer auf der Suche nach der geldunabhängigen Zufriedenheit auf Miegel gewartet.

Der «Spiegel» klagte in seiner Ausgabe vom 5. 8. 2013 über die «bequeme Republik». Deutschland sei von einer «seltsamen Lethargie» erfasst, und so fragte er: «Was macht die Republik so träge?» Ganz Europa leidet unter dem deutschen Fleiß, aber der «Spiegel» fragt nach den Quellen der Trägheit. Die Frage schien einfach dumm zu sein. Doch dann kam der Trick. Deutschland will und soll das übrige Europa ausnehmen, und das gelinge ihm umso glaubwürdiger, je heftiger es die Armut zu Hause vorlebe. Andere Regierungen würden ihren Schutzbefohlenen «Rentenkürzungen bis zu 30 Prozent, heftige Einschnitte bei Sozialleistungen und im Gesundheitswesen, Massenentlassungen im Staatsdienst» zumuten. «All das mag notwendig sein – aber Deutschland könnte den Südeuropäern glaubwürdiger Härten abverlangen, wenn es selbst wenigstens zu einem Bruchteil dieser Maßnahmen bereit wäre. Doch so mutig sind Berliner Spitzenpolitiker nur dann, wenn es um die Bürger anderer Staaten geht. So herrscht Stillstand in Deutschland, parteiübergreifend [...] Warum aber ist Deutschland so ermattet?» Wieso soll Deutschland ermattet sein, wenn es ihm sogar gelingt, in halb Europa die Renten um 30 Prozent zu senken?

Plötzlich waren die «deutschen Sozialsysteme gebaut für eine Gesellschaft, die ständig Wachstum generiert und niemals älter wird. Für den Schönwetterbetrieb». Ein Fachmann namens Münkler hatte herausgefunden, das Land brauche Politiker, «die bereit sind, um der Zukunft willen gegenwärtige Risiken einzugehen». Auch Sloterdijk war zur Stelle, um seine neueste Theorie zu verbreiten. In der «modernen Politik» setze sich nur durch, «wer die größte Frustrationstoleranz aufbringt und am wenigsten an einem konkreten Ergebnis orientiert ist». Der Soziologe Beck gab zum Besten, dass er nicht mehr wisse, was man denken solle: «Wir leben in einer Wirklichkeit, die immer unbegreiflicher wird, gemessen an unseren bisherigen Vorstellungen.» Familie, Schwule, Berufe, Frauen im Beruf, Ehen ohne Trauscheine, «jede Hierarchie der Lebensmodelle (hat) sich aufgelöst» und: «Heute hat jedes dritte Kind unter fünf Jahren in Deutschland einen Zuwanderungshintergrund». Was Beck unbegreiflich findet, ist durchaus gut zu begreifen. Warum soll man nicht ohne Trauschein leben, und warum verängstigt ihn das, und warum macht er aus dem, was ihn verunsichert, eine für alle unbegreifliche Welt?

Sloterdijk bleibt dabei, dass in Deutschland eine «chronische Duldungsstimmung» herrsche, wie bei der Deutschen Bahn. «Seit einiger Zeit spricht er von der ‹Lethargokratie› in Deutschland,» schreibt der «Spiegel», als würden Begriffe, die zum Unwort des Jahrzehnts taugen, etwas erhellen. «Mehr Verlustangst als Zukunftsliebe», attestiert Sloterdijk den Deutschen und meint damit ebenfalls sich. Verantwortliche Politiker, so der «Spiegel», müssten die Deutschen endlich «einstellen auf Kürzungen bei der Rente, im Gesundheitssystem, Steuererhöhungen, mehr Zuwanderung». Alles das, was der Mittelschichtler fürchtet, packt er in einen Sack. Keiner muss die Renten kürzen, und die Zuwanderung ist willkommen. Aus!

8. Die deutsche Ideologie

Jedes deutsche Kind, dessen Vater im Russlandfeldzug war, bekam von ihm zu hören, dass die Ostfront an den Stellen eingebrochen war, wo die Italiener standen. Dann sang er: «Wenn bei Capri die rote Sonne im Meer versinkt und vom Himmel die bleiche Sichel des Mondes blinkt, ziehn die Fischer mit ihren Booten aufs Meer hinaus, und sie legen in weitem Bogen die Netze aus. Nur die Sterne, sie zeigen ihnen am Firmament, ihren Weg mit den Bildern, die jeder Fischer kennt. Und von Boot zu Boot das alte Lied erklingt, hört von fern, wie es singt: Bella, bella, bella Marie, bleib mir treu, ich komm zurück morgen früh.» Die zurückhaltende Distanz, aus der der deutsche Mann die fremden Frauen betrachtet, war opportun, denn zwei Jahre vorher war er noch mordend, brandschatzend und vergewaltigend durch Europa gezogen. Als er zehn Jahre später Geld und ein Auto hatte, klang das anders. Fred Bertelmann begegnete den Frauen auf Capri 1958 nicht mehr aus scheuer Ferne, sondern ging nun auf sie los wie der Rote Baron einst feindliche Flugzeuge vom Himmel holte: «Lalalalahahha! Was ich erlebt hab', das konnt' nur ich erleben, ich bin ein Vagabund. Selbst für die Fürsten solls den grauen Alltag geben. Meine Welt ist bunt [...] Denk ich an Capri, dann denk ich auch an Tina, sie liebte einen Lord. Doch als sie mich sah, die schöne Signorina, lief sie ihm gleich fort [...] In Spanien schenkten mir die Wirte ohne Geld nichts ein, doch ihre Frau'n, die ich am Tag spazieren führte, schenkten mir den Wein. Ohahoa-haha.» Figero hier, Figaro da, bravo bravissimo, ich bin der Cicero aller Barbiere, ich gratuliere – mir selbst zum Glück! Ob die Schöne dem Lord gleich wieder davongelaufen ist, als der deutsche Urlauber mit dröhnendem Lachen über die Piazza marschierte, darf bezweifelt werden.

Südeuropa war im Bewusstsein des Deutschen immer zugleich ein Paradies und eine Bedrohung – früher seiner Moral, heute seiner Ersparnisse. Und da der Zwangscharakter, der sich der Disziplin verschrieben hat, eher mit sich ins Reine kommt, wenn er die anderen abartig findet, diffamieren Deutsche europäische Kulturen. Bevor sie lachen, sollen sie erst einmal ihre Finanzen ordnen, Überstunden machen, die Schulden begleichen und alles das tun, bei dem einem das Lachen vergeht. Springers «Die Welt» trieb den Neid auf den Südeuropäer, der zu Leben wisse, voran. Sie hatte während der Olympischen Spiele in London griechische Sportfunktionäre aufgespürt, die Sirtaki tanzten und mit «Cocktailkleid-Schönheiten kringelweise ihre mediterrane Lebensfreude in die Sommernacht» rauchten. Da wusste die

Redaktion, warum diese Sippschaft «nur zwei Bronzemedaillen feiern konnte». Deutsche sammeln halt lieber Medaillen oder neiden sie anderen, statt sich kringelweise des Lebens zu erfreuen. Heinrich Heine schrieb: Im Norden war es «weit eher als unter dem glühenden Himmel Italiens, möglich, ein Christenthum auszuüben, dass der Sinnlichkeit die allerwenigsten Zugeständnisse macht. Wir Nordländer sind härteren Blutes [...] Das Klima erleichtert uns die Ausübung der christlichen Tugenden.» Deshalb, so Heine, sei der Verkäufer von Ablasszetteln, die von Sünden befreiten, im Norden viel weniger losgeworden als der Papst ihm mitgegeben hatte.

Die europazentrierte deutsche Ideologie ist ein Mischmasch aus Großmannssucht (Deutschen steigt schnell zu Kopf, dass sie der Hegemon sein sollen), Ressentiments gegen den ach so schönen und zugleich suspekten Süden, diesen Ort der Unzuverlässigkeit aus Lebenslust, und der in der Krise wieder aufgefrischten Vision von der überlegenen nordischen «Rasse», die in der Debatte um einen Euro Nord ihren merkantilen Ausdruck bekommt. Klaus von Dohnanyi (SPD) behauptete bei Anne Will, wir Deutsche müssten den Menschen und Regierungen «in Italien, Frankreich, Griechenland, Portugal klarmachen, dass sie sich in einer wettbewerbsorientierten Welt bewegen, und wenn die Deutschen ihnen einen Rat geben, bestimmte Dinge, die wir mit Erfolg gemacht haben, auch zu machen, ist das kein Druck, sondern Notwendigkeit. Man kann eben, ohne wettbewerbsfähig zu sein, nicht in der Eurozone mitleben.» Wer das nicht akzeptiere, könne in ihr «auf Dauer nicht existieren», fügte er hinzu. Sein Beitrag wurde immer wieder von starkem Beifall unterbrochen. Man beklatschte, ohne sich das bewusst zu machen, die Philosophie vom werten und unwerten Leben, zumindest den fahrlässigen Umgang mit ihr. Wenn jemand daher sagt, das Unproduktive könne in der Eurozone eben «nicht mitleben» und «nicht existieren», sollte einem der Atem stocken.

Hier treffen die Marktphilosophie, die die darwinistische Auslese in der Natur auf die menschliche Gesellschaft überträgt, und der Faschismus als die ihr angemessene gesellschaftspolitische Gestalt zusammen. Die Rede von den Südeuropäern, denen «wir Deutsche» erst einmal erklären müssten, in welcher Welt sie zu leben hätten, zielt auf die Beseitigung von «Kulturen», die sich trauen, dem Kapitalismus noch Leben abzutrotzen. Die Propaganda erfand dafür den Begriff: «griechische Krankheit». Sie sprechen von der griechischen Krankheit und merken nicht, dass ihnen mit der Immunisierung gegen die griechische Krankheit das Leben ausgetrieben wird, um sie zu präparieren für die bevorstehende Vergesellschaftung der Bankenausfälle. Der zur

Disziplin erzogene Mensch kann seinen pathologischen Zustand nicht erkennen, umso heftiger neidet er anderen das lebendige Leben, was einen schweren Seelenballast erzeugt: «Ich habe gearbeitet und gespart und nun will der Südeuropäer mein Geld! Hilfe!»

Den Franzosen sei die «Verweigerungshaltung gegenüber Reformen zum Ritual geworden», schrieb die «FAZ» und zählte auf, was Franzosen nicht mögen. Sie mögen nicht entlassen werden, nicht länger arbeiten, fürs Gesundheitssystem nicht mehr Geld zahlen und auch keine Rentenkürzungen, ihre «Reformbereitschaft hört deshalb sofort auf, wenn es darum geht, selbst Opfer zu bringen [...] immer finden sich Veto-Gruppen, die eine gesellschaftliche Obstruktionsmehrheit hinter sich bekommen» (4.4.2013). Lebt der Mensch, um Opfer zu bringen? Fürs Wirtschaftswachstum oder fürs Vaterland? Das Vaterland ist eine Fiktion, für die Menschen in den Tod geschickt werden, das Wirtschaftswachstum ist schon deshalb keine vergnügliche Maßeinheit, weil es dazu nur der Verdoppelung der Verkehrsunfälle bedarf. Dann würden neue Autos gekauft, alte repariert, Gehhilfen und Prothesen produziert, dann würde viel mehr operiert und die Versicherungsleistungen schössen in die Höhe. Das Bruttoinlandsprodukt würde vor Freude hüpfen.

Thilo Sarrazin meint, dass «alle Probleme, die Südeuropäer von den Nordstaaten unterscheiden», an ihrem «eigenen Unvermögen» lägen. Die Deutschen pilgern zu seinen Lesungen, um ihm dafür zu danken, dass er ihre eigenen Vorurteile und Verschwörungsfantasien in Büchern speichert und verbreitet, sodass sie ihre eigene Meinung noch einmal aus einem berufenen Mund hören. Das steigert die Gewissheit, dass noch an dem dämlichsten Gerücht etwas Wahres sein muss. Nach ihrer eigenen Definition wohnen die untauglichsten Europäer in Ostdeutschland. Ostdeutschland liegt im Selbstversorgungsgrad (unverschuldet) noch unter den italienischen Abruzzen. Sarrazin und von Dohnanyi müssten also nach ihren Tauglichkeitskriterien zuerst Ostdeutschland aus der Eurozone werfen. Dieser immanent logische Gedanke wird wegen völkischer Verwirrung verworfen. Außerdem steht vielen Ostdeutschen nicht die Lust am Leben ins Gesicht geschrieben. Das kommt ihnen zugute, weil die deutsche Mittelschicht weder fröhliche Arbeitslose noch fröhliche Schuldner erträgt. Wer alimentiert wird, soll darben.

Die Selektion des europäischen Charakters in einen nordischen und einen südländischen ist weit verbreitet. Die nordische Art wird für disziplinierter, fleißiger, verlässlicher, genügsamer, sparsamer und daher währungstauglicher gehalten als die südeuropäische. Dahinter verbirgt sich das Ressentiment vom überlegenen Arier aus dem Norden. Für die Wahrung solcher Vorurteile gründete sich die Kleinbürgerpartei «Alternative für Deutschland» (AfD), die sie aufsammelt und sie mit einem Euro Nord ehren will. Ihr Spitzenkandidat für die Europa-Wahl, Hans-Olaf Henkel, der in der rechtsradikalen «Jungen Freiheit» schreibt, erzielt großen Zuspruch für das Bonmot: «Ich habe nicht gewusst, dass die Griechen so gut türken können.» Darüber können genügsame alte Männer, die genug haben von SPD-nahen Kabarettisten, sich vor Vergnügen kringeln.

Die «FAZ» fasste am 21.4.2013 zusammen: «Der allgemeine Unmut ist groß, und die Spannungen, welche die Krise freisetzt oder verschärft hat, sind nach wie vor hoch. Das bezieht sich vor allem auf den Gegensatz zwischen den an Stabilität interessierten Ländern im Norden der Eurozone sowie der EU im Allgemeinen und den überschuldeten Krisenländern im Süden.» Nur einen Monat später, am 23.5.2013, berichtete die «FAZ» über den Gehalt der Stabilität: «Stockholm brennt.» Seit drei Tagen herrsche große Unruhe. «In der Nacht zum Mittwoch brannten Autos und Mülltonnen, Fenster zerbarsten, und Steine flogen auf Polizisten [...] Eine Polizeistation wurde angegriffen.» Polizisten hatten vorher die Bewohner des Stadtviertels, in dem «weit mehr als 60 Prozent der Einwohner ausländische – meist afrikanische – Wurzeln» haben, als «Affen und Neger» bezeichnet.

Wie das mit infantilen, nordischen Kraftprotzen so ist: Sie verlieren die Selbstkontrolle. Markus Söder (CSU) will Griechenland jede Woche aus der Eurozone werfen. Seine Begründung: «Spanien und Italien sollen sehen, was passiert, wenn man seine Schulden nicht bezahlt!» Der Schuldner soll nichts zu Lachen haben, er darf den Schuldturm nur verlassen, um seine Schulden abzuarbeiten, danach ist der Freigang beendet – pünktlich. Die «Bild-Zeitung» will, dass Europa sich «an unserer Kanzlerin die Zähne ausbeißt», will nicht mehr der «Liebling Europas sein», sondern zurück zu «Bismarck». Die Deutschen zahlten «den Griechen ihre Luxus-Renten [...] Verkauft doch eure Inseln, ihr Pleite-Griechen». Sie ließ einen Mann fragen: «Warum retten wir diesen Griechen-Milliardär?» Wir! Das sind der Fischer Eyke Düwel aus Warnemünde, der nicht «wie die Griechen mit 60 in Rente gehen kann». Er sagt: «Keinen Cent dürfen die kriegen!» Oder Vesile Güler aus Celle, die «überall Schlaglöcher» sieht, die wegen der Griechen nicht geflickt werden können. Wir, das ist Feuerwehrmann Ronny Schuberth aus Thüringen, der uns mitteilt: «Wir riskieren unser Leben», aber verschweigt, was das mit Griechenland zu tun hat. Ein anderer beklagt, dass «für alles im Ausland Geld da ist».

Manchmal muss die Wirtschaft gegensteuern. Rumänen und Bulgaren dringen in unser Sozialsystem ein, warnte die CSU, und schürte tief verwurzelte Aversionen der Sesshaften gegen Menschen aus dem Süden, die angeblich nicht sesshaft sind und dabei auch noch musizieren. Die alten Griechen verarbeiteten ihre Ängste in Tragödien, Deutsche und Österreicher in Operetten. Mit dem Populismus kennt die CSU sich aus. Nach einer Fernsehumfrage des Senders n-tv lehnten 95 Prozent der Anrufer einen Anspruch auf Hartz IV für Rumänen und Bulgaren ab. Da die deutsche Wirtschaft jedoch entschieden hatte, dass mit deutschen Arbeitslosen nichts anzufangen sei, es aber dringend Nachschub an jungen Billiglöhnern braucht und besser als der Gemeinsinnige weiß, dass von allen Rumänen und Bulgaren, die sich in Deutschland aufhalten, nur 7,4 Prozent arbeitslos gemeldet sind und das Sozialsystem weniger belasten als der Durchschnitt (7,7 Prozent), appellierte sie an die Vernunft. Achim Dercks vom DIHK ermahnte die CSU und die Deutschen: «Wir müssen sehr aufpassen, dass wir jetzt über eine Debatte über Armutszuwanderung nicht diejenigen vergrätzen, die wir in Deutschland händeringend suchen [...] Wir müssen sehr aufpassen, dass wir im Ausland nicht wieder als ein Land dastehen, das nicht für Willkommenskultur steht.» Die CSU wollte sich nicht wirklich gegen die Wirtschaft stellen, sondern Menschen marktgerecht in produktive und unproduktive, werte und unwerte selektieren. Und die Tüchtigen den Unternehmen zuführen und die Untüchtigen eliminieren. Sie hat mit der «Ausweisung von Sozialbetrügern» die milde Variante gewählt, aber vorsorglich die Botschaft verbreitet, dass Menschen aus dem Süden, die Hilfe benötigen, a priori Betrüger sind und vertrieben gehören.

Der Mythos von der nordischen Identität beruht auf der rassistischen Propaganda der jeweils eigenen Art. Carl Schmitt führte die «Identität» in die Staatsrechtslehre ein. Er verstand darunter «das völkische Empfinden», welches durch die «Andersheit» untergraben werde. Die Gefahr sei «der Andersdenkende, Andersempfindende und Andersgeartete, das Andersdenken als solches» (1933). Das Andere kann nicht mehr vorurteilsfrei diskutiert und verstanden werden, sondern nur als eine mit Makeln behaftete Bedrohung, wenn es einem zu nahe kommt. Da es weder eine deutsche, weiße und nordische Identität gibt, sondern nur die Abgrenzung von dem mit Vorurteilen überhäuften Anderen, wird das Andere ein Auffanggefäß der Projektionen. Geschaffen werden ein Wahnbild von der nicht vorhandenen nordischen Volksidentität und das Wahnbild von der Gegenrasse im Süden. Beide werden je in ein nicht vorhandenes Kollektiv gezwängt. Die behauptete nordische Art wiederholt den Kollektivismus, der die Autonomie beseitigt. Nach den Anweisungen, die Adolf

Hitler in «Mein Kampf» gab: «Es gehört zur Genialität eines Führers, selbst auseinanderliegende Gegner immer als nur zu einer Kategorie gehörend erscheinen zu lassen.»

Noch vor Hitler sprach Immanuel Kant über den angeblich aus dem Blut quellenden nordischen und südländischen Charakter. Die «Blutmischung» bestimme den Charakter des Menschen, und das Blut habe es mit Deutschen, die «in hohem Grade durch Kunst und Wissenschaft kultiviert» seien, gut gemeint, während die Spanier wegen «Mischung des europäischen mit dem mohrischen Blut» etwas zurückgeblieben seien. Kant wollte entdeckt haben, dass «der Einwohner des klimatisch gemäßigten Erdstrichs [...] arbeitsamer, scherzhafter, gemäßigter in den Leidenschaften, verständiger als irgend eine andere Gattung in der Welt» sei, daher «haben diese Völker zu allen Zeiten die anderen belehrt und durch Waffen gezwungen». Er vergaß zu erwähnen, dass die pausenlose Anstrengung, arbeitsamer und dazu noch scherzhafter zu sein als alle anderen auf der Welt, zu psychischen Schäden führen kann. Grundsätzlich sei es so, führte Kant seine blut- und klimalastige Version vom Sein-Bewusstsein-Verhältnis weiter aus, dass «der Mensch in den heißen Zonen [...] nicht die Vollkommenheit der temperierten Zonen» erreiche. Solche philosophischen Ergüsse sind hochaktuell. Man findet sie in den Bestsellern von Thilo Sarazzin, in der Europa-Debatte über dem Leben zugewandte Südeuropäer, sie gehören zum Standardrepertoire der Rechtsradikalen und der Thekenbesetzungen.

Dem Opernkomponisten Richard Wagner war schon im 19. Jahrhundert aufgefallen, «dass die Deutschen in Italien und in den slavischen Ländern als Bedrücker und Fremde verhasst sind». Die Ursache sei die von Deutschen tief empfundene «Sehnsucht nach deutscher Herrlichkeit» und nach einem Reich, das mit dem römischen vergleichbar sei, «wobei selbst dem gutmütigsten Deutschen ein unverkennbares Herrschergelüst und Verlangen nach Obergewalt über andere Völker ankommt». Also sprach der deutsche Spitzendiplomat Wolfgang Ischinger, der die Münchner Sicherheitskonferenz leitet und vorher Staatssekretär im Außenministerium und Botschafter in Washington war, als sei man am Ziel aller Träume: «Ich glaube, dass in diesem Jahr die internationalen Teilnehmer die große Erwartung haben, in München Antworten zu erhalten auf die Frage: Wohin steuert eigentlich Deutschland? Was ist los mit der neuen Zentralmacht Europas? Wie geht Deutschland mit seiner neuen vergrößerten Macht um? Was bedeutet es für Europa, dass jetzt im Grunde ein Land den Ton angibt und dass, von außen betrachtet, Frau Merkel und nicht Herr Barroso sozusagen der Entscheider über die Zukunft der Euro-Zone geworden ist?» (2012) Wer will es den USA angesichts dieses ausgeprägten Herrschergelüstes verdenken, dass sie beizeiten auskundschaften, worauf die tonangebende Zentralmacht demnächst zusteuert?

Viele Deutsche aus der akademischen Oberschicht zeigen deutliche Merkmale einer Dekomposition, die sich bis zu ausgewachsenen Währungsreform- und Inflationsneurosen entfalten können, die sich nur durch die Rückkehr zur DM beruhigen lassen. Professor Starbatty zum Beispiel, eremitrierter Professor der Uni Tübingen und AfD-Kandidat, erinnert sich ständig an die Währungsreform von 1948: «Wenn ich an Geld denke, ist das in meinem Kopf.» Auch die Massen danken es Angela Merkel, dass sie ihnen ihr Spargeld garantiert. Der Deutsche weiß: Sie wird zuerst die Konten aller anderen Europäer plündern, bevor es ihm an den Kragen geht. Mehr Europapolitik verlangt er nicht.

Heute darf jeder Deutsche von Rang und Namen ganz undiplomatisch über den Süden herziehen. Die so sachlich wirkende Bundeskanzlerin macht es vor. Sie rief bei einem Wahlkampfauftritt in Bocholt den nicht anwesenden Griechen zu: «Ihr müsst sparen, ihr müsst redlich werden, ihr müsst euch ehrlich machen!» Mach dich ehrlich, Grieche! Wie das klingt aus einem deutschen Mund. Der deutsche General, der 1943 in Kalavryta 700 Griechen exekutieren ließ, bezeichnete die Griechen damals schon als «Nichtstuer, Schieber und Korrupteure», ein «Sauvolk» sei es. Dann raubte die Wehrmacht griechische Banken aus, um Rommels Feldzug zu finanzieren. Weder dafür, noch für andere Besatzungsschäden haben die Griechen je einen Cent gesehen. Auch im übrigen Europa räumte der chronisch unter Devisenmangel leidende NS-Staat Goldreserven ab, um seine Importe zu finanzieren, Öltanks, Lebensmittelläger, Kunstsammlungen. Nichts war vor den deutschen Dieben sicher.

Die Deutsch-Griechische Versammlung (DGV), die es gut meint mit sich und den Griechen, lud Otto Rehhagel (74) ein, den ehemaligen Erfolgstrainer der griechischen Nationalmannschaft, damit er in Griechenland Stimmung für Deutschland mache. Das wollte man so direkt nicht sagen: «Er soll den Menschen in Griechenland Mut machen.» Nur wenn er ganz unten ist, hat der Deutsche ein Gespür für Überheblichkeit. Deutschland sorgt dafür, dass Griechen, wenn sie zur Operation gehen, ihr eigenes Blut mitbringen müssen, und schickt ihnen einen Fußballtrainer, der ihnen Mut machen soll. Rehhagel gab sein Bestes. In der beliebten Live-Sendung: «Es passiert jetzt» wurde er als «Botschafter von Deutschland, ehrenhalber» angekündigt. So trat er auf. «Ich bin kein Finanzexperte», gab er zu, «aber ich kann Ihnen sagen, was ich gemacht habe: Ich habe mich an Regeln gehalten.» Das saß.

Welcher Grieche hält sich an Regeln? Die Griechen «müssen den Gürtel enger schnallen», befahl er und fügte milde hinzu: «Aber nicht so eng, dass man nicht mehr atmen kann.» Zum Schluss kam Ottos Plädoyer für seine Kanzlerin: «Wissen Sie, unsere Bundeskanzlerin, die hat die Krise nicht erfunden. Sie ist eine intelligente Frau mit Herzensbildung.»

Günther Oettinger zum Beispiel soll als Ministerpräsident von Baden-Württemberg ein ganz friedlicher Mensch gewesen sein. Heute ist er EU-Kommissar für das Ressort Energie und deshalb oft im Ausland. Dieser Oettinger nutzte im Mai 2013 die Einladung zu einer Festrede auf der Jahreshauptversammlung der Deutsch-Belgisch-Luxemburgischen Handelskammer (debelux-AHK), um Europa mal so richtig die Leviten zu lesen. Europa sei ein «Sanierungsfall», sagte er zu den verdutzten Gästen, Europa pflege das «Gutmenschentum», statt die Krise zu bekämpfen, «Brüssel» führe sich wie eine «Erziehungsanstalt» auf und habe «die wahre schlechte Lage noch immer nicht genügend erkannt». Bulgarien, Rumänien und Italien seien «kaum regierbar», Frankreich sei auf «nichts vorbereitet», dabei brauche das Land so dringend Gerhard Schröders «Agenda 2010: mit Rentenreform, was in Wahrheit Rentenkürzung heißt, längere Lebensarbeitszeit, Staatsquote runter». Großbritannien trete auf der Stelle, weil Premierminister David Cameron mit der «unsäglichen Hinterbank, seiner englischen Tea Party» regieren müsse, auch «mit Deutschland, das auf dem Höhepunkt seiner Leistungskraft steht», werde es wieder bergab gehen, wenn «Berlin» weiterhin die falsche Tagesordnung bearbeite: «Betreuungsgeld, Frauenquote, Mindestlohn» und so etwas.

Wenn x-beliebige deutsche Politiker über Europäer herziehen dürfen, wenn also die Diplomatie an der Großmannssucht zerschellt, dann weiß man, dass Deutschlands Traum von der Vorherrschaft auf dem europäischen Kontinent sich erfüllt hat. Die wirkliche Tragödie der europäischen Krise liegt darin, dass jenes Deutschland, das Europa in zwei Weltkriege stürzte, dessen Mordindustrie verbrannte Erde Tod und Verderben über Europa brachte, das seine erste Hegemonie in Europa zur bluttriefenden «Arisierung» nutzte, heute wieder die Hegemonie in Europa ausüben darf. Die Kanzlerin wollte den Griechen bei der nächsten Mogelei «das Stimmrecht entziehen», der ehemalige Außenminister Westerwelle drohte ihnen an, bei Zuwiderhandlungen «sämtliche EU-Finanzmittel» zu sperren, und der FDP-Abgeordnete Björn Sänger wollte in Athen einen deutschen Pontius Pilatus stationieren. Unter diesen Umständen kann die Welt sich glücklich schätzen, dass Deutschland militärisch noch etwas schwach auf der Brust ist.

Es muss einmal gesagt werden, dachte sich die Redaktion der «Süddeutschen Zeitung» und stellte Gustav Seibt am 13.7.2013 das Feuilleton für eine Hymne auf Deutschland zur Verfügung. Vielleicht war er schon immer ein glühender Deutschnationaler, vielleicht hatte er auch erst an diesem Sonnabend sein Coming-out. Jedenfalls schrieb er über Deutschland: «Dieses beispielhaft moderne, zivile, selbstreflexive, kreative, ökonomisch besonnene, durch und durch demokratische, in Berlin sogar wilde und junge Land ist die derzeit einzig denkbare Führungsmacht Europas.» So bekennerhaft deutschnational darf nur das Feuilleton sein.

9. Der Friedensnobelpreis und das Massengrab

2012 zeichnete das Nobelpreiskomitee die EU mit dem Friedensnobelpreis aus wegen ihrer stabilisierenden Rolle bei der Umwandlung Europas von einem Kontinent der Kriege zu einem Kontinent des Friedens. In einen Kontinent ohne Weltkriege, hätte es heißen müssen, denn ständig befinden sich europäische Staaten in Kriegen. Deutschland, Frankreich, Großbritannien, Österreich, die Niederlande und andere sind im Afghanistan-Krieg, Frankreich und Großbritannien bombardierten Libyen, französische Soldaten kämpfen in Mali, Niger und Zentralafrika. Die EU-Flotte befindet sich im Krieg gegen die Piraterie am Horn von Afrika und mit ihrer Frontex gegen Flüchtlingsboote. Diese Kriege sind nicht auf dem Kontinent, aber selbst daran mangelte es nicht. Der letzte innereuropäische Krieg unter Beteiligung von EU-Staaten war erst vor 14 Jahren zu Ende – der Balkan-Krieg oder Kosovo-Krieg (1998/99), dem diverse Kriege um die ethnische Parzellierung Jugoslawiens vorausgegangen waren. Der Krieg gegen die Serben war der erste deutsche Krieg seit Adolf Hitler. Für eine Friedensepoche von nur 14 Jahren einen Preis auszuloben, ist angesichts der längeren Friedenszeiten auf anderen Kontinenten einerseits anmaßend. Andererseits wird der europäische Frieden an den Weltkriegen gemessen, und da wird man bescheiden. Damit verglichen, müssen alle dankbar dafür sein, dass sie überhaupt noch am Leben sind. Vielleicht hatte der Preis krisentherapeutische Gründe.

Der deutsche Präsident des Europaparlaments, Martin Schulz (SPD), hielt die Dankesrede. Er erinnerte an die Krise, «wo Leute verzweifeln». Die EU sei «nicht in einem guten Zustand» und, «dass in solchen Krisenzeiten wir eine Warnung kriegen, das große Erbe des 20. Jahrhunderts, diese Friedens- und Wohlstandsgemeinschaft nicht aufs Spiel zu setzen, das ist der Sinn dieser Preisverleihung, und ich empfinde das heute als eine Aufgabe, dass das, was wir manchmal nicht so ernst nehmen, was uns nichts mehr wert ist, dass es hier nämlich Frieden und Solidarität gibt wie nirgendwo anders auf der Welt, nirgendwo, kein Kontinent ist so friedlich und so stabil trotz aller Probleme die wir haben [...] dass wir das jeden Tag schlechtreden, da sagt das Nobelpreiskomitee: Leute, hört damit auf, erinnert euch an das große Erbe, das ihr habt, und deshalb ist das auch eine Warnung heute an uns, das Erbe unserer Väter und Mütter nicht zu verspielen [...]» Kein Präsident und schon gar kein Deutscher darf von dem großen 20. Jahrhundert und dem Erbe der deutschen Väter und Mütter reden. In diese Epoche fiel der Nationalsozialismus, in Italien der Faschismus und in Spanien die Franco-Diktatur. Wenn Schulz nur die Zeit nach 1945 meinte, hätte er den Krieg gegen die Serben und die weit in die zweite Hälfte des 20. Jahrhunderts reichenden Diktaturen in Spanien, Portugal und Griechenland und das Abrutschen Ungarns in ein völkisches Regime und den Aufstieg faschistischer Parteien, die verharmlosend Rechtspopulisten genannt werden, ansprechen müssen.

Und noch einiges mehr. Der Europäische Gerichtshof für Menschenrechte untersagt die Rückführung von Asylsuchenden nach Griechenland, weil sie dort unmenschlich behandelt werden und ihres Lebens nicht sicher sein können, weil faschistische Kampfeinheiten in den Straßen patrouillieren wie früher die SA-Sturmtruppen. Das Abkommen «Dublin II» war ein wichtiger Schritt zur Abschottung Kerneuropas von Flüchtlingen und dazu ein besonders perfider. Die europäischen Nationen sind die Hauptländer der Kolonisierung und des Sklavenhandels, die afrikanischen und asiatischen Bevölkerungen die Entwicklungschancen nahmen und sich heute der Rohstoffe wegen in Stellvertreterkriege stürzen. Sie verbreiten Armut und schicken die Flüchtlinge zurück in die Länder der europäischen Peripherie, wenn sie dort zum ersten Mal europäischen Boden betreten. Wenn's nötig wird, finanzieren sie in Südeuropa und Nordafrika Abschreckungslager. Aber das ist nichts gegen das Verbot der Seenotrettung für Flüchtlinge. Seefahrer und Fischer sind dazu verpflichtet, Menschen in Seenot zu retten. Geht es um Flüchtlinge, wird die Rettung von Menschen in Seenot als Fluchthilfe bestraft. Der italienische Fischer darf nach europäischem Recht Kinder, Frauen und Männer beim Ertrinken filmen, aber ihnen nicht helfen. Einen Europäer muss er retten, sonst macht er sich der unterlassenen Hilfeleistung schuldig. Woran soll ein italienischer Fischer, der mit dem Gesetz nicht in Konflikt kommen will, auf hoher See und vielleicht bei Nacht erkennen, wer Europäer und wer nicht Europäer ist? An der Hautfarbe, an der Nase, am Hilferuf? Das europäische Recht zwingt das Bewusstsein zurück zur Rassenkunde der deutschen Kinderfibeln aus 1937.

Die toten Flüchtlinge seien «Europas Schande», sagte Papst Franziskus angesichts der vierhundert kleinen und großen Särge, in denen die toten Kinder, Frauen und Männer lagen, die im Oktober 2013 in Sichtweite der italienischen Küsten ertrunken waren. Am selben Tag zitierte die «Süddeutsche» einen EU-Diplomaten, der seinen Namen nicht preisgeben wollte, mit dem Satz: «Um es auf grausame und schonungslose Art zu sagen: Die Debatte wird sich abkühlen, sobald der Winter kommt.» Die EU beschloss dann, an Stelle der Menschenrettung den «Kampf gegen kriminelle Netzwerke, die die Verzweiflung der Menschen ausnutzen», zu verstärken. Man wird also die Kontrollen verstärken, sodass die Flüchtlinge noch riskantere Routen fahren müssen. Menschen, die vor Armut, Krieg, Folter oder Misshandlung fliehen, ertrinken zu lassen oder abzuschieben, bündelt die ganze europäische Moral.

Als die Bilder mit den Särgen im Fernsehen gezeigt wurden, gab der Hamburger Innensenator Michael Neumann (SPD) der «Hamburger Morgenpost» ein Interview über die Lampedusa-Flüchtlinge im Hamburger Kirchenasyl. Er bemühte sich, wie ein Mensch zu sprechen, blieb aber im gewohnten Stil des Verhöroffiziers. Bei den Flüchtlingen in der Kirche sei «keine Bereitschaft vorhanden, Namen oder Fluchtgeschichten zu schildern [...] Diese Menschen halten sich nun vermutlich illegal in Hamburg auf. Die Ereignisse im Mittelmeer sind furchtbar», aber «die Papiere der Betroffenen» seien nun einmal «abgelaufen» und: «Wenn wir Erkenntnisse darüber haben, dass Menschen gegen Recht und Gesetz verstoßen, müssen wir handeln.» Er müsse von Amts wegen wissen: «Kommen sie wirklich aus Libyen? Die Offenlegung der Identität muss daher der erste Schritt sein. Zu erwarten, in einem Land Schutz zu finden, sich aber gleichzeitig zu weigern, seinen Namen zu offenbaren», sei mit dem Gesetz nicht vereinbar. Einige wollten «noch nicht einmal ihre Namen nennen». Das sei «auch eine Ungerechtigkeit gegenüber allen anderen Flüchtlingen». Er findet es ungerecht gegenüber den Inhaftierten, dass andere in Freiheit sind. In diesem Sinne kann das pure Überleben ungerecht sein. Nein, die Kirche dürfe keine Container aufstellen, um sie vor dem Erfrieren zu bewahren. «Die Container» dürften nämlich «nicht Menschen zugutekommen, die [...] gegen Gesetz und Ordnung verstoßen.»

Gleich nach dem Tod von vierhundert Flüchtlingen verschärfte die EU das Überwachungssystem Eurosur, die Satellitenüberwachung und die Küstenpatrouillen der Grenzschutzagentur Frontex. Auch das EU-Parlament stimmte den neuen Maßnahmen zu. Die EU-Flüchtlingspolitik bleibt damit eine Symbiose aus Abschottung und Abschreckung, deren wirksamste Methode der Tod ist. Aber weder hohe Grenzzäune noch der Tod erzielen die gewünschte Abschreckung. Aber auch für Europa sind die Menschen nicht gleich. Noch während die Flüchtlinge ertranken, beriet der Innenausschuss des Europaparlaments wohlwollend die Befreiung der Geschäftsleute Kuwaits und der Arabischen Emirate von der Visumspflicht bei ihrer Einreise in Europa. Bundespräsident Joachim Gauck betonte in einer pfäffisch-zynischen Grabrede: «Leben zu schützen und Flüchtlingen Gehör zu gewähren, sind wesentliche Grundlagen unserer Rechts- und Werteordnung», jedoch Flüchtlinge «hineinsegeln zu lassen in einen vorhersehbaren Tod, missachtet unsere Grundwerte». Warum ist der Tod von Migranten in Europa vorhersehbar?

10. Theorie der Disparitäten – zurück zur DM und zur Drachme?

Plötzlich wollen alle schon immer gewusst haben, dass der Euro von Anfang an ein Fehler war, weil «nicht konkurrenzfähige Länder und übermäßig konkurrenzfähige» nicht unter ein Währungsdach passten, sagt Professor Starbatty (AfD). Oskar Lafontaine will den Euro zugunsten des Währungssystems der früheren Jahre abwickeln, Sarah Wagenknecht sieht in diesem Punkt «Überschneidungen» zwischen der Linken und der AfD. An ihrer Seite sind Professor Sinn (ifo), Bernd Lucke (AfD), Klaus von Dohnanyi (SPD), Thilo Sarrazin (SPD), Olaf Henkel und die deutschen Familienunternehmer. Deren Verbandschef Lutz Goebel meint, dass Griechenland in die Lage versetzt werden müsse, «seine Preise und Löhne selbst zu justieren, indem es seine Währung abwertet». Während Linke den Griechen die Drachme als gute Tat anbieten, plädieren Ökonomen meistens für das Ende mit Schrecken. Für Nationalisten befriedigen DM und Drachme Heimatgefühle. Als Linkspartei die Rückkehr zur DM zu favorisieren, ist politisch riskant. Da die DM einem permanenten Aufwertungsdruck ausgesetzt wäre, müsste Ostdeutschland im Weltmarkt mit künstlich verteuerten Waren handeln. Die DM wäre also ein Programm zur Ruinierung Ostdeutschlands. Vielleicht könnte die Rückkehr zur Ostmark die Lage etwas verbessern, aber dagegen steht das Geraune: «Kommt die DM nicht zu uns, kommen wir zu ihr!»

Die Motive für die Einführung des Euro waren verschieden. Frankreich repräsentierte Staaten, die das wiedervereinigte Deutschland über den Währungsraum kontrollieren wollten, Deutschland führte die Sektion der Produktiven an, die mit dem Euro den Lohnwettbewerb forcieren und auf wirtschaftlich schwache Länder den Modernisierdruck erhöhen wollten, um das siechende Europa in ein konkurrenzfähiges Profitcenter zu verwandeln. Verschuldete Länder mögen daran gedacht haben, sich Kredite zu deutschen Bedingungen verschaffen zu können – also nicht zu zehn, sondern zu zwei Prozent. Politiker mit imperialistischen Visionen wollten den Dollar beerben. Oskar Lafontaine engagierte sich damals als Parteichef der SPD für den Euro, weil er ein «Gegengewicht zum Dollar» schaffen wollte.

Heute befindet Lafontaine sich in Erklärungsnöten, weil der Euro den Werttransfer von den schwächeren in die starken Zonen begünstigt. Da mit dem Euro «reale Auf- und Abwertungen» nicht möglich seien, sagt Lafontaine heute, solle man zu einem System der nationalen

Währungen zurückkehren. Dass eine Nation ohne eigene Währung nicht auf- und abwerten kann, hätte ihm auch vor 15 Jahren einfallen können. Seine Ausrede: «Die einheitliche Währung hätte von Bestand sein können, wenn die beteiligten Staaten eine aufeinander abgestimmte produktivitätsorientierte Lohnpolitik verfolgt hätten. Weil ich diese Lohnkoordination für möglich hielt, habe ich [...] die Einführung des Euro befürwortet. Aber die Institutionen zur Koordinierung, wie vor allem der makroökonomische Dialog, sind von den Regierenden unterlaufen worden. Die Hoffnung, dass durch die Einführung des Euro auf allen Seiten ökonomische Vernunft erzwungen würde, hat getrogen.» Sein Kumpel im Geiste, Heiner Flassbeck, findet: «Der Euro war eine gute Idee, nur haben sie zu wenige verstanden.» Sarah Wagenknecht sieht das ähnlich: «Statt die Einführung einer gemeinsamen Währung mit einer Angleichung der Wirtschafts-, Finanz-, Steuer- und Lohnpolitik zu verbinden, heizte man bewusst eine schädliche Konkurrenz um die niedrigsten Steuersätze, Löhne und Sozialstandards an.»

Die Aufzählung von dem, was unter Umständen hätte geschehen können, ist inspiriert von einem tiefen Glauben an den guten Kapitalismus und den noch besseren Staat, wenn beide denn richtig verwaltet würden. Negiert wird, dass der Kapitalismus systemisch Disparitäten produzieren und steigern muss. Er kann gar nicht anders. Der Volksmund sagt: «Geld kommt zu Geld!» oder: «Der Teufel scheißt immer auf den dicksten Haufen!» Das Kapital fließt (mit Einheitswährung oder separaten Währungen) in die Regionen mit der höchsten Profitabilität, steigert dort durch die Anhäufung der Mehrwertproduktion den Reichtum und schafft eine moderne Agglomeration, die sowohl weiteres Kapital als auch qualifizierte Fachkräfte und Wissenschaftler auf der Suche nach Einkommen anzieht. Im Gegenzug werden konkurrenzschwache Regionen durch den Kapitalabfluss ständig ärmer. Die Bemerkung, dass die Politik diesen Prozess hätte aufhalten sollen, impliziert den allmächtigen Staat, der dem Keynesianer ohnehin sehr nahe steht.

Wie soll die Politik oder eine Koordinierungsstelle die Löhne von drei Euro in Prag und 25 Euro in Stuttgart auf einen produktivitätsorientierten Nenner bringen? Wie sollen die Staaten in Europa die Lohnpolitik angleichen, ohne die Unternehmen zu enteignen und die Gewerkschaften, die es offenbar falsch gemacht haben, aufzulösen? Wie sollen Regierungen die Ökonomien von 27 heftig um Kapitalansiedlungen und Exportgewinne konkurrierenden Nationen angleichen, wenn sie Welten unterscheiden und dieselben Regierungen geschworen haben, nur für ihre Nation das Beste herauszuholen? Auch um 2000 herum hätte ein staatlich geprüfter Kanzlerkandidat wie Lafontaine wissen können, dass 27 europäische Regierungsdelegationen in China um separate Aufträge ringen. Nach Aussage eines chinesischen Diplomaten sei jedes europäische Land bemüht gewesen, die anderen auszustechen. In welcher Straße ist das Büro der europäischen Lohnkoordination?

Ähnlich wie Lafontaine, Flassbeck und Wagenknecht schrieben Norbert Trenkle und Ernst Lohoff («Krisis») in ihrem Artikel «In der Eurofalle»: «Mit dem Euro aber wurden erstmals getrennte Währungsgebiete zusammengeschlossen, ohne dass überhaupt irgendwelche Anstalten zur Schaffung eines kohärenten wirtschaftspolitischen Funktionsraums mit einheitlichem Produktivitätsniveau unternommen wurden [...] Für ein stabiles europäisches Haus» müsse zuerst eine Sozial- und Wirtschaftsunion geschaffen werden. Außerdem behaupten die Autoren, dass wir im «Zeitalter des fiktiven Kapitals» lebten, also in «jener kapitalistischen Epoche, in der die Akkumulation von fiktivem Kapital an den Finanzmärkten zum zentralen Motor der kapitalistischen Dynamik geworden ist, weil ein selbsttragender Boom auf der Ebene des Realkapitals nicht mehr möglich ist.»

Der Gedanke, dass in einem Kapitalismus, der nur noch fiktives Kapital, also kein wirkliches Kapital, akkumulieren und auf der Ebene des Realkapitals nichts Selbsttragendes mehr zustande bringen soll, gleichwohl ein stabiles europäisches Haus entstehen kann, wenn man nur vorher eine Sozial- und Wirtschaftsunion errichtet hätte, ist esoterischer Hokuspokus. Mit dem Euro wurden außerdem nicht zum ersten Mal divergierende Währungsräume zusammengeschlossen. Das war in der Epoche der Nationenbildungen hundertfach der Fall, zuletzt bei der deutschen Wiedervereinigung. 1861 wurden in Italien souveräne Staaten unter ein Währungsdach gebracht. Das gab es mit politischer Union und ohne. 1865 wurde die Lateinische Münzunion gegründet, der Frankreich, Italien, Belgien, die Schweiz und Griechenland angehörten. 1908 trat Belgisch-Kongo der Union bei. Mit Beginn des Ersten Weltkrieges löste die Münzunion sich wegen politischer Differenzen auf. Schweden und Dänemark gründeten 1872 die Skandinavische Münzunion, der Norwegen 1877 beitrat. Sie brach 1924 auseinander. Produktivitätsunterschiede spielten dabei keine Rolle.

1871 wurde das Deutsche Reich gegründet und für alle Staaten die Goldmark eingeführt, ohne die Wirtschaftsregionen vorher anzugleichen. Seit den frühen 1960er-Jahren verfügt Frankreich über eine Währungsunion in Afrika. Frankreich entließ die Kolonien in eine kontrollierte Unabhängigkeit, die ihm Militärbasen und Rohstoffe sicherten. Die Währungsunion mit dem Franc CFA (Communauté financière d'Afrique) regelt die Wirtschafts- und Finanzbeziehungen zwischen

Frankreich und einem Dutzend afrikanischer Staaten. Er wurde mit einem festen Wechselkurs an den Euro gekettet. Die französische Zentralbank entscheidet über die Geldmenge, Auf- und Abwertungen und die Höhe der Devisen, die diese Staaten bei ihr zu hinterlegen haben. Zwischen Frankreich und den CFA-Staaten herrscht ein freier Kapitalverkehr, der Frankreich gestattet, Gewinne aus diesem Raum abzuziehen.

Wäre die Angleichung der Wirtschaftskraft ein Kriterium für die Einheitswährung, lebten wir heute noch in Kleinstaaten mit Zollschranken. Wie lange hätte Italien auf die Angleichung von Mailand und Kalabrien warten sollen? Die deutsche Wiedervereinigung hätte es nie geben dürfen. Dass die Griechen zur Drachme zurück sollen, Ostdeutschland aber nicht zur Ostmark, lässt sich wissenschaftlich nicht begründen. Die Mark Brandenburg ist halt deutsch und Peloponnisos nicht. Innerhalb Deutschlands ist das ökonomische Gefälle größer als zwischen Nord- und Südeuropa. Deshalb alimentieren Bund, Länder und Sozialversicherungen Ostdeutschland laut Ifo-Institut jedes Jahr mit 60 Milliarden Euro – bis 2010 waren 1,2 Billionen aufgelaufen. Ohne Länderfinanzausgleich müssten die Einwohner Bremens ihre Straßen aufreißen, um Gärten anzulegen, und Berlin und Mecklenburg-Vorpommern würden ohne Bundeshaftung auch für 24 Prozent Zinsen keinen Kredit bekommen. Für Ostdeutsche 1,2 Billionen Euro aufzubringen und für Griechenland und Irland keinen Cent (auch die Hilfen der EZB und des ESM-Fonds sind nur Kredite) ist eine politische Entscheidung, die auf der Präferenz des Nationalgedankens beruht.

In Europa existiert kein pauschales Nord-Süd-Problem. Die Diskrepanz zwischen West- und Ostdeutschland ist größer als die zwischen Deutschland und Südeuropa. Die Wirtschaftsleistung pro Kopf liegt in Katalonien (Spanien) bei 26.600 Euro und in Thüringen nur bei 20.700, Sachsen-Anhalt und die armen Abruzzen (Italien) liegen gleichauf bei 21.400 Euro. Die norditalienische Provinz Bozen schlägt mit 37.000 Euro Baden-Württemberg (33.700). Die fünf ostdeutschen Bundesländer kommen gemeinsam auf eine Wirtschaftsleistung pro Kopf von 21.300 Euro. Das sind 51 Prozent von Oberbayern und 75 Prozent von der Toskana. Nationale Währungen können die im Kapitalismus urwüchsig geschaffene Disparität nicht aufhalten. Die Gleichgewichtstheorie der Wirtschaftswissenschaften ist ein Irrglaube.

Der Markt fördert beständig die Kluft zwischen Arm und Reich, kapitalstarken und -schwachen Regionen, Aufstieg und Fall von Unternehmen und Nationen. Nicht nur auf europäischer Ebene, auch innerhalb der Nationen existiert das Nebeneinander von starken und schwachen

Wirtschaftsräumen. Ostdeutschland muss zu demselben Kurs tauschen wie das stärkere und international vernetzte Westdeutschland und verliert dabei. In den neuen Bundesländern sank die Beschäftigung von 1992 bis 2013 um 17,6 Prozent, während sie in Westdeutschland gleichzeitig um 4,9 Prozent gestiegen ist. Dasselbe Phänomen strukturiert Nord- und Süditalien, Spanien, die USA. Texas und Montana sind höchst different. Die Anwendung des Grundsatzes: «Gleiche Währung für gleiche Wirtschaftsstärke» wäre nur in einem bis zum kleinsten Puzzle zerlegten Europa oder durch die Neuzusammensetzung von Staaten denkbar. An der Wettbewerbskraft gemessen, müssten Norditalien und Baden-Württemberg eine Nation mit einer Währung sein oder Sizilien und die Mark Brandenburg.

Wie die Währungsabwertung plötzlich die Welt retten soll

Wer dem Kapitalismus nicht wehtun will und trotzdem möchte, dass es den Menschen besser geht, begibt sich auf die Suche nach untauglichen Behelfen. Da wird der Kapitalismus plötzlich besser durch eine politische und wirtschaftliche Einheitsregierung, durch mehr Nachfrage oder eben auch durch das Prinzip: eine Nation, eine Währung. Zu den vielen Befürwortern der nationalen Währungen gehört auch Jürgen Habermas, der sich auf die falschen Erkenntnisse von Wolfgang Streeck (Max-Planck-Gesellschaft) beruft, der in seinem Buch: «Gekaufte Zeit – Die vertagte Krise des demokratischen Kapitalismus» für die Rückkehr zu nationalen Währungen plädiert: «Eine politische Ökonomie ohne Parlament und Regierung, zusammengesetzt zwar aus nach wie vor formal unabhängigen Nationalstaaten, die aber für immer auf eine eigene Währung verzichtet haben. Und damit auf die Möglichkeit, zur Verbesserung der wirtschaftlichen Situation ihrer Bürgerinnen und Bürger das Mittel der Abwertung ihrer Währung einzusetzen.» An dieser These ist fast alles falsch, vor allem der konstruierte Zusammenhang der nationalen Währung und Demokratie oder der Lebenssituation der Menschen. Das, was die Menschen nicht schaffen, soll die Währung ihnen frei Haus liefern: eine stabile wirtschaftliche Situation und Demokratie. Warum nicht auch einen Lottogewinn?

Wenn die Möglichkeit der Währungsabwertung die wirtschaftliche Situation der Bürger verbessert, müsste es den Menschen in 180 Staaten der Erde, die über eigene Währungen verfügen, richtig gut gehen. Noch bodenloser ist der Zusammenhang von Währung und Demokratie. Wer, wie Habermas und Streeck, aus dem Euro ein Demokratiedefizit ableitet, müsste die Wiedereinführung der Reichsmark als Garanten für demokratische Verhältnisse feiern, obwohl die Krise der europäischen Demokratien am größten war, als die Nationen eigene Währungen hatten. Nationalsozialismus, Faschismus und andere Formen der Diktatur in Italien, Deutschland, Spanien, Portugal, Griechenland und in Osteuropa waren ebenso wenig Folgen der jeweils nationalen Währungen.

Aus irgendeinem Grund werden Währungen magische Kräfte verliehen. Die Lebenssituation der Menschen richtet sich nach ihrer Bereitschaft zum Widerstand, nicht nach einer Währung. Der französische Ministerpräsident François Mitterand hat nach der dritten Abwertung des Franc Mitte der 1980er-Jahre zur Entmystifizierung der Währungsabwertung beigetragen: «Abwertungen sind niemals gering genug, um einen Gesichtsverlust zu verhindern, und niemals groß genug, um einen wirklichen Exportvorteil zu verschaffen.» Das abwertende Land zahlt für seine Kreditaufnahme höhere Zinsen und verunsichert Handelspartner, die nie wissen, welchen Wert die Fremdwährung morgen noch hat. Mit jeder Abwertung schießen die Auslandsschulden in die Höhe, und die Warenpreise verteuern sich durch den Preisauftrieb für Importwaren. Man spricht von der «importierten Inflation».

Die Überbetonung der Währungsabwertung für die Entwicklung eines Landes und die These, dass nur die gemeinsame Finanz- und Wirtschaftspolitik fehle, machen den Kapitalismus besser, als er ist. Der Kapitalismus kann nicht anders, als produktive Zonen zu begünstigen und schwache auszumerzen. Das Währungsdach begünstigt allenfalls einen Sondergewinn der Reichen. Wenn es mit nationalen Währungen getan wäre, müsste es der Republik Moldau heute blendend gehen und hätte es der DDR blendend gehen müssen. Weder ging es der DDR wirtschaftlich gut, noch kommt die Republik Moldau von der Stelle, seit sie sich von Russland und dem Einheitsrubel getrennt hat. Die Diskrepanz zwischen Deutschland und Griechenland war immer groß. Auch als beide noch separate Währungen hatten. Der Euro hat auch Vorteile. Der griechische Staat und griechische Unternehmen mussten vor der Einführung des Euro für ihre Kredite 15 Prozent Zinsen zahlen und heute nur noch zwei bis vier Prozent.

Richtig ist, dass der Wert des Euro, der auf dem Durchschnittswert der Wirtschaftskraft aller Mitgliedsländer basiert, für Regionen mit hoher Wirtschaftskraft zu billig und für die schwachen Regionen zu teuer ist. Weltmarktfähige Regionen werden im Export begünstigt. Aber nicht nur die Währung entscheidet über die Kapitalansiedlung, Wertschöpfung und verteilbare Wertmasse in einem Raum, sondern hundert Faktoren, von denen die Währung einer ist. Hervorzuheben sind: Arbeitsdisziplin, Lohnstückkosten, Produktivität, Lieferkette, Marktanbindung, Profitabzug durch Renten-, Arbeitslosen- und Gesundheitskosten, Steuern und Abgaben, Modernisierungsgrad der Wirtschaft, lückenlose Infrastruktur, Umweltauflagen, Transportkosten, Rohstoffpreise, das gesamte Industrie- und Finanzangebot in einem Raum, jederzeit abrufbare industrienahe Dienstleistungen, die Möglichkeit der Gewinnabführung, die soziale und staatliche Ordnung (Streik, Chaos, Bürokratie, Mafia, Taliban, Korruption), Importabhängigkeit, Freizeitangebote, Kapitalflucht u. v. m. Der Ökonom Friedrich List bezeichnete die Summe der Agglomerationsvorteile im 19. Jahrhundert als «Konföderation der Produktivkräfte»: «Die produktive Kraft jeder einzelnen Fabrik ist umso größer, je mehr die ganze Fabrikationskraft des Landes nach allen ihren Verzweigungen ausgebildet und je inniger sie mit allen übrigen Geschäftszweigen vereint ist.»

Die Antagonismen des Kapitalismus lassen sich nicht mit einer Währungsabwertung überlisten. Europa verfügt inzwischen über genügend Erfahrungen mit der Rückabwicklung von Einheitswährungen. Das Rubel-Dach der Sowjetunion löste sich auf in 15 Währungen, in Jugoslawien gab es an Stelle des Dinar sechs nationale Währungen, die Tschechoslowakei bekam zwei Währungen. Die Erfahrungen zeigen, dass dieser Schritt nirgendwo erkennbare Vorteile gebracht hat. Im Gegenteil: Moldawien geht es mit dem Moldau-Leu wesentlich schlechter als vorher. Das Land fiel aus der russischen Produktionskette heraus, ohne dass der Weltmarkt auf Wein und Unterwäsche aus Moldawien gewartet hätte. Auch wenn die Herrschaften ihren Moldau-Leu um tausend Prozent abwerten, wird aus dem Land keine Exportnation. Die Möglichkeit, seine Währung abzuwerten, hat bis heute keinen Staat vor der Pleite gerettet. Was Griechenland widerfährt, ist seit 1945 etwa dreihundert Mal vorgekommen. So oft wurden Staaten zahlungsunfähig. Meistens waren es arme Staaten, aber auch Russland (1998) und Argentinien (2001) gehörten dazu. Alle verfügten über eigene Währungen, die vor dem Konkurs oft und reichlich abgewertet worden waren.

Die Agentur Moody's untersuchte 13 Staatskonkurse zwischen 1998 und 2008. Bei den Umschuldungen (Gläubiger verzichten auf einen Teil der Forderungen) gingen im Durchschnitt zwei Drittel der Anleihewerte verloren. Argentinien stellte die Zinszahlungen ein, verfügte Einschnitte im Land, tauschte alte Anleihen gegen neue um, die 70 Prozent weniger Wert waren, dann bezeichnete Präsident Nestor Kirchner die verärgerten Investoren als «Aasgeier», die hätten wissen müssen, «dass sie in ein Spielcasino gehen». Bei dem ersten Schuldenschnitt in Griechenland sank die 30-jährige griechische Staatsanleihe von 100 auf

68. Inhaber dieses Scheins büßten also ein Drittel des Werts ein. Dagegen ist nichts einzuwenden, denn die Käufer der Anleihen hatten jahrelang hohe Risikozinsen kassiert. Staatspleiten kommen also ständig vor, aber zum ersten Mal gab es eine in einem deutschen Herrschafts- und Währungsgebiet. Wohl deshalb erregt «Griechenland» die deutschen Gemüter wie ein zweites Stalingrad. Wie konnte Deutschland, das seine Währung hütet wie das Rheingold, dem zwei Währungsreformen schwerer im Magen liegen als zwei Weltkriege und Auschwitz, das nur passieren? Die «taz» sah fremde Kräfte am Werk: Die USA, diesen «erbitterten Gegner» des Euro «von Anfang an», hätten über Ratingagenturen zur «Treibjagd auf den Euro» geblasen. Zuerst ist die Währung allmächtig, dann amerikanische Agenturen, warten wir ab, wer da noch kommt.

Die hohen Staatsschulden in Europa haben mehr mit der Steuer- und Kapitalflucht und noch mehr mit der Bankenrettung zu tun als mit der Einheitswährung. Zwischen 2003 und 2008 stieg der Euro gegenüber dem Dollar um 55 Prozent. Die deutschen Ausfuhren, die durch die Verteuerung in Mitleidenschaft hätten gezogen werden müssen, legten aber in diesen Jahren im Monatsdurchschnitt von 55 auf 85 Milliarden Euro zu. Von 2012 auf 2013 stieg der Preis des Euro erneut um 15 Prozent. Auch darunter haben die deutschen Exporte nicht gelitten.

Die Einheitswährung ist ein Vorteil für die kapitalistische Akkumulation wie jede Aufhebung von nationalen Schranken. Wenn alle übrigen Bedingungen gleich sind, wird die Konkurrenz über die Produktivität und die Löhne ausgetragen. Je offener die Konkurrenz ist, desto reibungsloser funktioniert die für die Reproduktion des Kapitalismus notwendige Selektion. Die wettbewerbskräftigeren Zentren ziehen fortlaufend Kapital, Beschäftigung, Mehrwert aus der Peripherie ab. Marodes Kapital wird, da es den Schutz des Protektionismus verliert, ausgemerzt. Durch die Auslese unrentablen Kapitals steigt die durchschnittliche Profitrate in dem gesamten Währungsraum und dessen Wettbewerbskraft im Kampf gegen andere Wirtschaftsblöcke. Der Abzug von Wert aus der Peripherie bringt es jedoch mit sich, dass dort die Arbeitslosigkeit und die Sozialtransfers steigen, immer mehr Waren müssen auf Kredit importiert werden, die Auslandsschulden gegenüber dem Zentrum wachsen, und die staatliche Souveränität geht verloren. Sobald das entleerte Land zahlungsunfähig wird, zieht es in einem Rückkopplungseffekt das Zentrum in Mitleidenschaft. Jemanden zu beliefern, der nicht bezahlt, bringt den Kapitalbetrieb zum Einsturz. Dieser Antagonismus wohnt dem Kapitalismus inne. Er ist immanent nicht zu lösen. Dazu müsste man den Kapitalismus abschaffen.

Man sollte jedoch nicht übersehen: Mit dem Euro verfügen viele Länder zum ersten Mal über eine stabile Währung und können sich niedriger Zinsen bedienen. Kehren wirtschaftlich schwache, hoch verschuldete Länder zur alten Landeswährung zurück, Griechenland etwa zur Drachme, werden sie ihre Exporte durch die Abwertung verbilligen und unproduktive Betriebe am Leben halten, inländische Schulden durch Inflation abbauen, der Durchschnittsprofit würde sinken und der Großraum Europa heruntergewirtschaftet. Die Währungsabwertung trägt also auch dazu bei, unrentable Wirtschaftsbereiche, deren Waren künstlich verbillig werden, durchzuschleppen, und zwar so lange, bis der Wirtschaftsraum sich nicht mehr reproduzieren kann. Insofern spräche sehr viel für die These, dass die ständigen Währungsabwertungen (zwischen 1979 und 1993 wurde die griechische Drachme gegenüber der DM um 86 Prozent abgewertet, der portugiesische Escudo um 75 Prozent und die spanische Peseta um 54 Prozent) jahrzehntelang die Auslese der unproduktiven Sektoren behindert und dazu beigetragen haben, dass Europa die wachstumsschwächste Zone der Erde wurde. Das war bereits vor dem Euro eingetreten. Frankreich, Italien, Spanien, Portugal und Griechenland waren der deutschen Wettbewerbsstärke mit eigenen Währungen fünfzig Jahre lang ebenso wenig gewachsen wie in der Euro-Epoche.

Die Wettbewerbskraft und die Vernachlässigung des verteuerten Imports

Nach einer Untersuchung von Christian Thimann, Generaldirektor der EZB und Berater von Mario Draghi, bewegten die Leistungsbilanzüberschüsse und -defizite der Euro-Länder, die das Kriterium für die internationale Wettbewerbsfähigkeit sind, sich bei der Einführung des Euro 1999 in einem «vergleichsweise geringen Bereich». Heute befinden die Leistungsbilanzen sich in einer starken Schieflage, die jedoch nicht vom Euro ausgelöst worden ist. Die Produktivitätsunterschiede (Wirtschaftsleistung pro Beschäftigten), die durch Abwertungen hätten abgemildert werden können, spielen bei der Wettbewerbskraft kaum eine Rolle. In den ersten zehn Jahren nach Einführung des Euro steigerten Deutschland und Frankreich ihre Produktivität gleichermaßen um zehn Prozent, obwohl Deutschland zu der Gruppe von Staaten gehörte, die einen hohen Leistungsbilanzüberschuss auswiesen, und Frankreich zu den defizitären Ländern. Österreichs Produktivität stieg um 15 Prozent, ohne dass Österreich allen davongerannt wäre, Italiens nur um vier Prozent. In allen Ländern mit hohen Leistungsbilanzüberschüssen war die Produktivität im Durchschnitt um zwölf Prozent gestiegen, also etwas mehr als in Deutschland und Frankreich. Deutschland hatte aber den höchsten Leistungsbilanzüberschuss. Selbst die Defizitländer lagen in der Entwicklung der Produktivität mit sieben Prozent nicht weit hinter Deutschland.

Die Produktivität hatte sich etwa gleich entwickelt, die Leistungsbilanzüberschüsse und -defizite aber sehr unterschiedlich. Die Ursache waren die Löhne. Sie hatten sich in dem gemessenen Zeitraum ebenfalls höchst unterschiedlich entwickelt. Sie stiegen in den Überschussländern um 20 Prozent und lagen acht Prozentpunkte über dem Produktivitätsanstieg. Unterstellt man eine jährliche Preissteigerung von zwei Prozent, waren die Löhne real so gut wie gar nicht gestiegen. In den europäischen Defizitländern waren die Löhne jedoch um 37 Prozent gestiegen. Im öffentlichen Dienst stiegen sie in Deutschland in zehn Jahren um 13 Prozent, also unter der Inflationsrate, in Frankreich aber um 30 Prozent, in Italien um 40, in Spanien um 50 und in Griechenland und Irland jeweils um 110 Prozent. Wenn die Lohnstückkosten (Löhne je Produktionseinheit), die wichtigste Wettbewerbsgröße, 2002 gleich 100 gesetzt werden, betrugen sie 2009 in Deutschland 106,3, in Frankreich 114, in Spanien 125,9 und in Italien 135,5. In den Defizitländern waren die Lohnstückkosten um 22 Prozentpunkte stärker angestiegen als in den Überschussländern. Das sind Welten im Preiswettbewerb. Ein solcher Wettbewerbsnachteil kann währungstechnisch nicht gelöst werden. Sonst hätte die DDR mit ihrer billigen Ostmark der Star unter den Industrienationen sein müssen.

Den Wettbewerbsnachteil gegenüber Deutschland aufzuholen, wäre für die europäischen Krisenländer selbst bei anhaltender Lohnstagnation kaum möglich, weil die Wettbewerbsfähigkeit eine relative Größe ist. Stagnierende Löhne in Südeuropa sind wirkungslos, wenn sie in Deutschland ebenfalls stagnieren. Um Anschluss zu finden, müssten die Defizitländer wirtschaftlich stärker sein als Deutschland. Sie müssten in der Lage sein, sich die Exporte von Deutschland zurückzuholen. Wie soll das gehen, wo Deutschland obendrein aus den Krisenländern Akademiker und Fachkräfte abzieht? Das überlegene deutsche Lohnsystem basiert auf der Differenzierung in fürstlich entlohnte Stammbelegschaften, die überwiegend deutscher Herkunft sind, und Niedriglohnsektoren, in denen oft Ausländer in sklavischen Verhältnissen arbeiten. Die Gewerkschaften klammern sich an ihre privilegierten Stämme, um in einer Epoche, in der das gesellschaftliche Bewusstsein sie wie einen Pflegefall behandelt, zu überwintern. Bei VW erhält das Mitglied der Stammbelegschaft in Wolfsburg einen Stundenlohn von rund 20 Euro und einen Erfolgsbonus von 7.200 Euro (2012). Die Arbeitskräfte eines Subunternehmers, die die gleiche Arbeit verrichten, bekamen 9,77 Euro die Stunde (Gabelstaplerfahrer). Frage an den VW-Betriebsratsvorsitzenden Bernd Osterloh: «Warum bekommen die Mitarbeiter von Ceva weniger als die bei VW?» Antwort: «Es gibt keine absolute Gerechtigkeit bei der Festsetzung des Entgelts.»

Der häufigste Fehler in der Abwertungsdebatte ist die isolierte Betrachtung des Exports. Die Bedeutung der Exportpreise relativiert sich durch die Importpreise, die eine entscheidende Größe sind für Länder, die Rohstoffe und Vorprodukte importieren müssen und die im Ausland produzieren lassen für den Inlandsmarkt. Für die gesamten Vor- und Zwischenprodukte einer integrierten Produktionskette über Ländergrenzen hinweg bedeuten Abwertungen zugleich Verteuerung. Was wäre bei einer Rückkehr zu Drachme und Peseta. Zuerst würden beide Währungen gegenüber dem Euro und dem Dollar ins Uferlose fallen. Griechenland und Spanien könnten die auf Euro lautenden Auslandsschulden nicht mehr bezahlen. Die Schulden in Eigenwährung werden häufig über die Inflation abgebaut, bei Schulden in Fremdwährung droht bei Zahlungsunfähigkeit der Konkurs oder die Umschuldung, in jedem Fall aber der Verlust der nationalen Souveränität. Die Importe würden wegbrechen, weil diese Länder sich mit ihren entwerteten Währungen den drastisch verteuerten Euro oder Dollar beschaffen müssten. Griechenland importiert Waren für fünfzig Milliarden Euro im Jahr (Rohstoffe, Maschinen, Fahrzeuge, chemische Erzeugnisse, Nahrungsmittel) und exportiert nur für zwanzig Milliarden. Es könnte also die verteuerten Importe nicht über den Export kompensieren.

Die Folge wäre, dass der für die Exportproduktion existenzielle Import von Rohstoffen, Halbfabrikaten und Energie nicht mehr im ausreichenden Umfang beschafft werden könnte. Die Produktion bräche zusammen. Die Ratingagenturen würden Spanien und Portugal auf «Ramsch» herunterstufen, sodass neue Kredite auf dem Kapitalmarkt ausfielen. Des Weiteren würden die aus dem Euro-Verbund hinausgeworfenen Länder es mit einer Parallelwährung wie auf Kuba zu tun bekommen. Die Löhne und Renten gäbe es in Drachmen, Ärzte, Handwerker, Apotheker, Supermärkte und Gemüsehändler würden sich aber in Euro oder Dollar bezahlen lassen. Es käme zu einer Hungerkatastrophe und einem Ausverkauf der Grundstücke, Immobilien, Strandabschnitte, Denkmäler ans Ausland. Das Kapital würde aus dem Land verschwinden. Wer wollte in einen Raum investieren, in dem er wertlose Drachmen gewinnen kann, die beim nächsten Umtausch wieder die

Hälfte ihres Werts verlieren? Die von der AfD, Teilen der Linken und anderen Euro-Skeptikern empfohlene Rückkehr zur alten Landeswährung begünstigt allein den Staatsbankrott.

Ein Euro Exportwert ist nicht ein Euro Wertschöpfung. In ihm stecken Vorleistungen, die andere Länder in der Fertigungskette geschaffen haben und die importiert werden mussten. Audi lässt die Motoren in Ungarn, VW lässt Komponenten in der Slowakei und in Brasilien bauen. Ein Teil des deutschen Exportwerts, den VW bei Verkäufen in Amerika oder Asien verbucht, stünde in der Gesamtrechnung also anderen Ländern zu. Die Sache ist noch komplizierter. Audi bezieht seine Motoren zwar aus Ungarn, liefert aber vorher Spezialteile für den Motorenbau nach Ungarn. Die Airbus-Komponenten gehen hundertmal über europäische Grenzen. Wenn der VW-Konzern in seinem spanischen Seat-Werk Autos produzieren lässt für den spanischen Markt, würde die Rückkehr zur Peseta zur Verteuerung der Vorprodukte aus Brasilien und Deutschland führen, ohne dass die Kosten durch Exportvorteile kompensiert werden könnten. In diese Kostenfalle kämen Fluggesellschaften, die Energiewirtschaft und andere Zweige, die keine Waren exportieren. Wenn Deutschland zur DM zurückkehrte, bräche die Industrieproduktion durch die starke Aufwertung der DM nach seriösen Schätzungen um 25 Prozent ein. Ostdeutschland würde seine Waren dreimal so teuer wie bisher auf dem Weltmarkt anbieten und wirtschaftlich zusammenbrechen.

11. Theorie der sinkenden Profitrate

Die Stagnation der Kapitalbildung und des Wirtschaftswachstums im hoch industrialisierten europäischen Kapitalismus und der gleichzeitige Aufschwung der Schwellen- und Entwicklungsländer wirft die Frage auf, worin beide sich unterscheiden. Auffallend ist zum einen, dass in den alten Industriezentren der Kapitalberg im Verhältnis zu den ihn bewegenden Arbeitskräften wesentlich höher ist – der Austausch der Menschen durch Maschinen ist weiter fortgeschritten. Zum anderen wird in Schwellenländern länger gearbeitet, weniger Lohn gezahlt, und die Sozialsysteme sind nur schwach entwickelt. Da im Kapitalismus nur investiert wird, wenn die grüne Lampe des Profits aufleuchtet, liegt die Vermutung nahe, dass es in den alten Zentren an einer adäquaten Profitrate mangelt. Entweder entsteht im Produktionsprozess zu wenig Mehrwert, oder der Staat und die sozialen Versorgungssysteme ziehen so viel ab, dass der verbleibende Profit zu gering erscheint.

Nach Angaben des DIW legen deutsche Unternehmen und Haushalte im Jahr eine Nettoersparnis von 180 Milliarden Euro im Ausland an. Selbst aus dem wettbewerbsstarken Deutschland fließt also unter dem Strich Kapital ab. Auf einen längeren Zeitraum bezogen, ist die Entwicklung dramatisch. Die Nettoinvestitionen der privaten Wirtschaft in Deutschland/BRD sind von 1960 bis 2013 von 14 Prozent der Jahreswirtschaftsleistung auf 2,5 Prozent gesunken. Die gleichzeitig gestiegenen Auslandsinvestitionen weisen auf die höhere Profitrate im Ausland hin. Nehmen wir VW. Der Konzern betreibt in China zwölf eigene Werke; weitere sieben sollen bis 2018 neu in Betrieb gehen. Das wirft die Frage auf, welcher Nation dieses Kapital zuzuordnen ist? Bleiben die Einkommen und der Mehrwert in China und kurbeln dort Konsum, Steuereinnahmen und den Bau neuer Fabriken an, hätte de jure zwar der Deutsche VW-Konzern Kapital akkumuliert, es erschiene auch in seiner Konzernbilanz, aber de facto fungierte es als chinesisches Kapital. Beim Export von Waren bleiben Beschäftigung, Kapitalbildung und Staatsfinanzierung im Land, im Falle der ausgelagerten Produktion käme dies alles dem Ausland zugute, wäre der Funktion nach ausländisches Kapital. Ausgenommen wäre die Gewinnabführung nach Deutschland. Aber ein Konzern, der in China eine Fabrik nach der anderen baut, hätte gar kein Interesse, Gewinne nach Deutschland zu transferieren, wo die Profitrate obendrein niedriger ist als in dem Land, in dem sie geschöpft wurden.

VW wäre also mit seinen chinesischen Fabriken de facto ein chinesischer Konzern. Deutschland und Europa verlieren mit den realen, nicht spekulativen Auslandsinvestitionen permanent Kapital. Für China ist es ohne Belang, wem das Kapital auf seinem Grund und Boden gehört, wenn es sich seinen Gesetzen unterwirft, nicht ohne Chinas Einwilligung abgezogen werden darf und die Gewinne in China reinvestiert werden. Und darauf achtet China. Damit ausländisches Kapital für Chinas Bereicherung wirtschaftet, muss es Joint Ventures mit chinesischen Firmen eingehen, ohne die keine Entscheidungen getroffen werden, müssen Gewinne in China reinvestiert werden bis zu 50 Prozent des eingesetzten Kapitals, darf nur ein Teil des Gewinns ins Ausland transferiert werden, und das auch nur nach staatlicher Prüfung und Genehmigung. Früher konnte das Kapital des Nordens aus den armen Ländern unkontrolliert mehr Geld herausholen, als es da investiert hatte, sodass die Investitionen die Länder zurückwarfen. Der heutige Aufschwung der Schwellenländer basiert also auch darauf, dass diese Auslaugung erschwert oder ganz verhindert wird.

Dramatisch ist auch der Rückgang der staatlichen Investitionen. Man liest über Großbritanniens Eisenbahn Schauriges. Aber auch in Deutschland wurden die staatlichen Bruttoinvestitionen von 1960 bis 2013 von über drei Prozent der Jahreswirtschaftsleistung auf 1,5 Prozent halbiert. Zieht man den Vermögensverschleiß ab, sind sie ins Minus gerutscht. Die vom Bundestag beschlossene Schuldenbremse wird zu einem wesentlichen Teil durch Investitionseinsparungen eingehalten. Die Folgen sind sichtbar: kaputte Straßen und Schulen, brüchige Schienen und Brücken, überschwemmtes Bauland, fehlende Stromnetze. Der ehemalige EZB-Direktor Jörg Asmussen sagt, es sei unstreitig, «dass Deutschland unterinvestiert ist. Wir leben von der Substanz». Jedes Jahr fehlten 75 Milliarden Euro, die dringend für die Reparatur und den Ausbau von Straßen, Brücken, Kanälen, Häfen, Breitbandnetzen benötigt würden.

Marx kam in seiner Akkumulationstheorie zu dem Resultat, dass die Profitrate des Kapitals in Folge des schneller wachsenden toten Kapitalblocks bzw. des «fixen Kapitals» (Anlagen, Maschinen, Rohstoffe) im Verhältnis zum Einsatz der allein wertschöpfende lebendige Arbeit («variables Kapital») tendenziell sinken müsse. Er bezeichnete diesen Prozess als tendenziellen Fall der Profitrate als Folge der wachsenden organischen Zusammensetzung des Kapitals und hob diesen Zusammenhang als das «Mysterium, um dessen Lösung sich die ganze politische Ökonomie [...] dreht» hervor. In der Krise sind einige bürgerliche Ökonomen näher an Marx herangerückt, ohne dass sie es je zugeben würden. Stefan Kooths, der stellvertretende Leiter des Prognose-Zentrums im Institut für Weltwirtschaft an der Uni Kiel, analysiert, dass

Kapitalströme durch erwartete Renditedifferenzen in Gang gesetzt werden. «So fließt Kapital aus dem hochkapitalisierten Deutschland netto in den Rest der Welt, wo die Pro-Kopf-Kapitalausstattung im Schnitt geringer ist.» («FAZ», 10.2.2014) Das ist dieselbe Erklärung: Investiert wird, wo die Profitrate hoch ist, und die ist da höher, wo die organische Zusammensetzung des Kapitals noch niedrig ist. Kooths bezeichnet die niedrige organische Zusammensetzung als niedrige «Pro-Kopf-Kapitalausstattung».

Nach Marx eignet das Kapital sich einen Teil des von der lebendigen Arbeit geschaffenen Werts an. Er nennt ihn Mehrwert. Im einfachen Modell: Der Kapitalist kauft Arbeitskräfte, nach Marx: variables Kapital, zum Wert von 100 ein (Lohn und Nebenkosten, mit denen das Proletariat seine Alten, Kranken und Arbeitslosen versorgt), die einen Mehrwert von 80 herstellen. Die Mehrwertrate beliefe sich auf 80 Prozent. Da der Kapitalist weitere 300 verausgabt für das fixe Kapital (Maschinen, Fuhrpark, Rohstoffe, Halbfabrikate, Betriebsmittel, Versicherungen, Abschreibungen, Dienstleistungen), müsste man den Mehrwert von 80 auf den gesamten Kapitaleinsatz von 400 beziehen und käme auf eine Profitrate von 20 Prozent. Nebenbei: Der durch Arbeit geschaffene Wert verteilt sich nach Abzug des Lohnes, auf den beschäftigenden Kapitalisten als Profit, auf andere Unternehmen, die von den Aufträgen leben (Lieferanten, Dienstleister, Versicherer), Banken, die für das «Fremdkapital» Zinsen haben wollen, Haus- und Grundeigentümer, die Pacht und Miete abziehen, sowie auf den Staat, der seine Steuern eintreibt.

All diese Fraktionen sind also gleichermaßen daran interessiert, aus den Arbeitskräften einen steigenden Wert herauszupressen, um dessen Verteilung sie konkurrieren. Der Streit um die Anteile wird täglich im Fernsehen ausgetragen. Wenn die vom Kapital bezahlten Sozialwissenschaftler etwa über zu hohe Renten klagen, die «wir» alle nicht mehr finanzieren könnten oder unseren Kindern aufladen würden, plädieren sie für die Umschichtung von Wert zugunsten der Profitmasse. Tatsächlich bezuschusst der Staat die Renten mit achtzig Milliarden Euro im Jahr.

Zudem deutet die modellhafte Überlegung von Marx an, dass die durch den Konkurrenzdruck erzwungene Verdrängung der lebendigen Arbeit durch das fixe Kapital, dessen Wachstum übrigens die einzige Größe für erfolgreiches Wirtschaften ist (wurde der Kapitalwert der Firma gesteigert oder verringert?), zu einer stagnierenden oder sinkenden Mehrwerterzeugung führen muss, sofern aus den Arbeitskräften nicht ein immer größerer Wert herauszuholen ist. Gelingt das nicht, verzehren die steigenden Kosten des fixen Kapitals einen Teil des Profits. In diesem Fall müsste der Mehrwert der lebendigen Arbeit «in einem stets abnehmenden Verhältnis stehn zum Wertumfang des angewandten Gesamtkapitals. Dies Verhältnis der Mehrwertmasse zum Wert des angewandten Gesamtkapitals bildet aber die Profitrate, die daher beständig fallen muss» (Marx). Der Kapitalismus geriete demnach in Krisen, wenn die schnellere Ausdehnung der Produktionssphäre in Relation zur lebendigen Arbeit die bisherige Profitabilität des Kapitals nicht mehr garantiert. Die Profitrate sinkt, Investitionen lohnen sich nicht mehr, gemessen am erzielbaren Profit (nicht absolut) ist eine Überproduktion von Kapital entstanden. Es setzt die Flucht des Geldes in Geldanlagen ein, wo es durch dubiose Schöpfungen und durch das Fluten des Marktes mit Liquidität der Notenbanken und der staatlichen Kreditnachfrage zur Ankurbelung der schließlich lahmenden Konjunktur weiter vermehrt wird. So lange, bis der Kapitalismus eine umfassende Entwertung und Vernichtung von Kapital einleitet, mit der er die organische Zusammensetzung des Kapitals nach unten korrigiert. Zuerst verschwindet das fiktive Börsenkapital, das auf Wetten beruht, dann die unrentablen «Überkapazitäten», vielleicht auch die Ersparnisse. Durch die Korrektur stellt sich eine erhöhte Profitrate ein, wie etwa nach der Zerschlagung im Zweiten Weltkrieg.

Der Kapitalberg wird im Kapitalismus von Zeit zu Zeit nach unten korrigiert. Auch im keynesianischen Modell. Wenn die laufende Ausmerzung von unproduktivem Kapital durch Staatsnachfrage, Staatssubvention oder durch die Regulierung in staatskapitalistischen Systemen behindert wird, bläht der Kapitalberg sich durch den Erhalt unrentabler Kapitale auf, bis er mit einem umso lauteren Knall platzt. Der ganze Osten wurde deindustrialisiert, nachdem seine Industrie durch den Eintritt in die Marktwirtschaft konkurrierendes, aber nicht konkurrenzfähiges Kapital geworden war. Der von Staatswegen erhaltene unproduktive Anteil der Wirtschaft fiel der Ausmerzung anheim. An der Wirkung gemessen, ist die Differenz zwischen neoliberaler und keynesianischer Krisenpolitik minimal. Der Neoliberalismus zieht die permanente, der Keynesianismus die aufgeschobene und dadurch aufgetürmte Bereinigung vor.

Man muss sich nicht an das Modell von Marx klammern. Es ist abstrakt und statisch, außerdem wird der Fall der Profitrate sowohl durch die Senkung der Kosten des fixen Kapitals als auch durch die Steigerung des Mehrwerts, der aus den Arbeitskräften herausgeholt wird, ständig korrigiert. Wenn ihm keiner in die Quere kommt, restauriert der Kapitalismus seine Profitrate laufend, gleichwohl verheerend und mit ungewissem Ausgang. Der Mehrwert wird gesteigert durch die Senkung der Löhne und der Lohnnebenkosten sowie durch die Verlängerung der unbezahlten Arbeitszeit. Die Instrumente sind die Beseitigung der Tariflöhne und ihre Ersetzung durch Leiharbeit, Zeitarbeit und Werkverträge (in Deutschland arbeiten 49 Prozent der unter 20-Jährigen im Niedriglohnsektor). Eine spezielle Variante besteht in der Aufstockung von Niedriglöhnen durch Gelder, die der Gesellschaft entzogen werden. 2011 zahlte der Staat 8,7 Milliarden Euro Aufstockergeld an Arbeitskräfte, die von ihrem Lohn nicht leben konnten. Inzwischen hat sich in Deutschland die Lohnsubvention durch «Aufstockung» auf 90 Milliarden Euro angehäuft. Die deutsche Wirtschaft bezieht einen Teil ihrer Wettbewerbskraft durch die gesellschaftliche Finanzierung der Arbeit.

Der Profit lässt sich durch den Zukauf von Profitmasse steigern, etwa durch Firmenübernahmen (Kapitalkonzentration), die den vorhandenen Mehrwert auf weniger Firmen als vorher konzentriert und als Profitsteigerung wahrgenommen wird, obwohl kein neuer Profit entstanden ist. Er lässt sich steigern durch den Mehrwertimport aus dem Ausland. Dem dienen Exportüberschüsse, günstigere Terms of Trade, in Ausnahmefällen Krieg und Protektoratsbildung, durch die Errichtung von Produktionsstätten im profitableren Ausland (Kapitalexport). Sowohl der Kapitalexport als auch der Import von kostengünstigen Arbeitskräften aus dem Ausland senkt das Lohnniveau. Zur Senkung des variablen Kapitals trägt die Verteilung der Fertigungsstufen auf mehrere Länder bei. «Vermehrt sich das Kapital ohne ein entsprechendes Anwachsen seiner organischen Zusammensetzung, d. h. fließt ständig neues Kapital niedriger organischer Zusammensetzung durch die Ausdehnung der kapitalistischen Produktionsweise in die Marktwirtschaft ein und senkt dadurch die durchschnittliche organische Zusammensetzung, so werden Mehrwertmasse und Profitrate steigen. Kapitalsparende Innovationen, die die organische Zusammensetzung des Kapitals vermindern, müssten dieselbe Wirkung haben [...] Die wachsende organische Zusammensetzung des Kapitals vermindert die tatsächliche Profitrate solange nicht, wie sich das Kapital schneller akkumuliert als die Profitrate fällt» (Paul Mattick).

Was man einwenden mag, die Empirie bestätigt das von Marx konstruierte Modell. Vielleicht nur deshalb, weil sich ein größerer Kapitalblock mühsamer zu gleich hohen Raten verzinsen lässt als ein kleiner. Die Wachstumsraten der Bundesrepublik und des wiedervereinigten Deutschlands bestätigen den Lehrsatz: Je niedriger die organische Zusammensetzung des Kapitals, desto dynamischer die Wachstumsrate.

Die jährliche Wirtschaftsleistung der BRD wuchs von 1950 bis 1960 um 8,2 Prozent, von 1960 bis 1970 um 4,4, von 1970 bis 1980 um 2,9, von 1980 bis 1990 um 2,6, in der Epoche von 1990 bis 2000 im wiedervereinigten Deutschland um 1,6 und von 2000 bis 2010 nur noch um 0,9 Prozent. Gleichzeitig stieg der Kapitalwert in astronomische Höhen. Der Anstieg der Wirtschaftsleistung schrumpfte mit dem Anwachsen der organischen Zusammensetzung des Kapitals. Im Gegensatz dazu schoss die Wirtschaftsleistung in Ländern, in denen eine ständig steigende Zahl von Erwerbstätigen in der Industrie eine im Durchschnitt erheblich geringere Kapitalmasse bewegte, zeitweise zweistellig in die Höhe. In dem ganzen Zeitraum von 1999 bis 2009 wuchs die Wirtschaftsleistung Deutschlands, dem stabilsten Land Europas, um 8,6 Prozent, also unter einem Prozent im Jahr, die italienische um 5,2 Prozent, die US-amerikanische um 19,3 und die japanische um 7,3 Prozent. In derselben Zeit stieg Chinas Wirtschaftsleistung um sagenhafte 166 Prozent, Indiens um 93,8, Indonesiens um 65, die südkoreanische Wirtschaft um 53,6, die türkische um 43,2, die taiwanesische um 39,4 und die brasilianische um 38,5 Prozent. Die Zahlen beschreiben zwei verschiedene Welten unter dem gemeinsamen Dach des Kapitalismus. Wer zu Bedenken gibt, dass in Asien und Südamerika weniger Kapital gewälzt wird als in den USA und Europa, bestätigt die Theorie von Marx.

Krisenursache war nicht der Banken- und Finanzsektor, so verrückt seine Wetten auch sind, sondern der Niedergang der wertproduzierenden Wirtschaft, der an den sinkenden Investitionen (Kapitalakkumulation) abzulesen ist. Auch dem Crash von 1929 ging eine lange Phase sinkender Investitionen voraus. Die heutige Krise beruhe darauf, dass «die Nachfrage der Unternehmen nach Investitionen kollabiert» ist, sagt Nobelpreisträger Edmund S. Phelps (USA). Das letzte Jahrzehnt habe «gezeigt, dass es eine beachtliche Schwäche der unternehmerischen Investitionen und Innovationen gibt. Die Wirtschaft wäre auch ohne Zusammenbruch des Häusermarktes schwach gewesen.» Eswar S. Prasad schreibt in seinem Buch «The Dollar Trap. How the U. S. Dollar tightened its Grip on Global Finance», dass die Finanzkrise ihren Ursprung in einer Rezession in den Vereinigten Staaten habe. Nouriel Roubini von der New York University, früher Wirtschaftsberater der Clinton-Regierung, schreibt: «Es scheint also, als hätte Karl Marx teilweise recht gehabt, als er argumentierte, dass [...] die Umverteilung von Einkommen und Vermögen von der Arbeit hin zum Kapital den Kapitalismus zur Selbstzerstörung führen würde.» Carmen M. Reinhart, Wirtschaftsprofessorin an der Universität Maryland, und Kenneth S. Rogoff, Professor in Harvard: «Finanzkrisen treten selten in einem Vakuum auf. Meistens beginnt eine Finanzkrise erst, nachdem ein realer Schock die Konjunkturzyklen beeinträchtigt. Sie ist daher eher ein Verstärkungsmechanismus als ein Auslöser.»

Liquidität und Bankenkrise

Mit den Finanzmärkten ist es wie im TV-Tatort. Der erste Verdächtige hat zwar was auf dem Kerbholz, ist aber nicht der Mörder. «Stehen die Dinge schlecht», ist also kein Profit zu erwarten, werden Unternehmen «sich natürlich weigern, ihre laufenden Ersparnisse zu investieren», meinte Joseph A. Schumpeter. Diese Feststellung kommt der Krisenanalyse von Karl Marx nahe. Dagegen führte John M. Keynes die schrumpfende Investition u. a. auf eine psychische Neigung zurück, nämlich auf die dem Unternehmer eigene «Vorliebe für Liquidität». Das ist nahe bei Dagobert Duck, der lieber in seinem Geld badet, statt es zu investieren. In jedem Fall strömt das Geld, wenn seine Anlage in der Produktion sich nicht rentiert oder die Börse eine höhere Verzinsung verspricht, in den Finanzkreislauf. Im Kapitalismus ist das Maß aller Dinge die Geldvermehrung. Ihr haben sich alle systemischen Charaktermasken verschrieben, ob Banker, Unternehmer, Zahnärzte, Fußballprofis oder Musiker.

Gegen die moralisierende Trennung des Kapitalismus in den guten Unternehmer und den bösen Banker, die in jeder Krise aufkommt, wandte Marx ein, dass auch der Unternehmer die Produktion nur «als notwendiges Übel zum Behuf des Geldmachens» betrachte und sich deshalb nicht scheue, «ohne Vermittlung des Produktionsprozesses das Geldmachen» zu betreiben. Wie der Inhaber der Firma «Ratiopharm», Adolf Merckle. Als er seinen Konzern durch Firmenkäufe an den Rand des Ruins getrieben hatte, wettete er mit seinem verbliebenen Bargeld auf sinkende VW-Kurse. Porsche-Chef Wiedeking wettete zur gleichen Zeit auf steigende VW-Kurse und gewann das Spiel der beiden Spekulanten aus den Kreisen des schaffenden Kapitals. Der Calvinist Merckle warf sich vor die Donautalbahn, Kontrahent Wiedeking wurde von Ferdinand Piëch, dem Patriarchen der Porsche-Dynastie, rausgeworfen. Hauen und Stechen bis zum Tod unter Industriellen, vor dem der Spekulant mit seinem Bonisystem erschaudert. Wer den Kapitalismus, in dem alle Funktionen verzahnt sind, unbedingt in Gut und Böse trennen will, um eine Fraktion mit Moral auszustatten, sollte den Unternehmer als schlimmeren Wicht auswählen, weil er das Geld nicht nur verwettet, sondern andere Menschen für sich arbeiten lässt.

Die Wirtschaftsdynamik in den USA und in Europa lief seit den 1980er-Jahren auf Sparflamme. Um 2000 wurde in der Dotcom-Krise Geld beseitigt, Firmen gingen pleite, Kapital wurde vernichtet. Die traditionellen Industriezentren befanden sich in der Krise, das Kapital zog an die Börse oder in die Schwellenländer. Und da die Notenbanker (wie Keynesianer) zu der falschen Auffassung neigen, die Wirtschaft stagniere nicht wegen der niedrigen Profitrate, sondern weil es ihr an Nachfrage mangelt, versorgten sie die Banken mit noch mehr Geld, als sie eh schon aus der Wirtschaft eingesammelt hatten, damit diese es in Form von Krediten zur Ankurbelung der Konjunktur unter die Leute bringen. Die Banken zogen nach Aussage von Peer Steinbrück wie Drückerkolonnen durch die Lande und schwatzten Unternehmern und Privathaushalten Kredite auf. In den USA wurden Haushalte mit Hypothekenkrediten für Eigenheime, mit Krediten für den Konsum, für Anschaffungen und für die Tilgung von Kreditkartenschulden überschwemmt.

Als deutsche, französische und holländische Großbanken in Geld schwammen, verliehen sie es u. a. an Banken in Irland und Spanien. Die verwandelten die Anleihen in Kredite für die Baubranche, der in Spanien zwischen 2005 bis 2008 322 Milliarden Euro zuflossen. In Spanien wurden damit wertlose Touristensiedlungen gebaut, die heute noch mit siebzig Prozent ihrer Scheinwerte in den Büchern stehen. In Irland entstanden Büropaläste und Reihenhaussiedlungen, in die niemand einzog, weil die Wirtschaft in eine Krise gestolpert war. Die spanischen und irischen Banken blieben auf ihren Krediten sitzen und konnten die Anleihen bei den Großbanken der Zentren nicht mehr tilgen. Obwohl die Großbanken ihr Geld durch riskante Kredite verspielt hatten, mussten die Regierungen in Spanien und Irland die Haftung für die Tilgung übernehmen. Dadurch verdoppelte sich die irische Staatsschuld. Die irische Regierung quetschte 2008 64 Milliarden Euro aus den Iren heraus, um u. a. deutsche Forderungen an irische Pleitebanken zu begleichen. Das Einkommen der Iren sank um 25 Prozent, weil sie für deutsche Risikogeschäfte zu haften hatten. Spanien spart an allen Ecken. Nicht nur bei den Renten und anderen sozialen Transferzahlungen. Durch drastische Einsparungen verfügt Spanien nur noch über eine virtuelle Armee. Zwischen 2008 und 2014 wurde der Militäretat um ein Drittel zusammengestrichen, Spaniens Flugzeugträger wurde als nicht einsatzbereit ausrangiert, die Leopard-Panzer rosten vor sich hin, Mirage-Kampfjets wurden südamerikanischen Staaten und Ägypten zum Kauf angeboten. Die NATO spricht voller «Besorgnis» über ihre südeuropäische Flanke.

Da die Wirtschaftskrise sich in nachlassenden Investitionen, Investitionstransfers nach Asien, sinkender Beschäftigung und sinkenden Einkommen äußerte, wurden Kredite nicht mehr bedient. Die Zahlungsunfähigkeit von Unternehmen und Haushalten zog die Banken in Mitleidenschaft. Der faul gewordene Kredit ist die Folge sinkender Einnahmen. Dem Unternehmen fehlt der Profit, der Arbeitskraft der Lohn und dem Arbeitslosen eine ausreichende Transferzahlung. Bankkredite werden nicht von selbst faul, schon gar nicht deshalb, weil der Bankangestellte bei der Bonitätsprüfung nicht aufgepasst hat. Forderungsausfälle sind Anzeichen einer vorher eingesetzten Wirtschaftsflaute.

Solange die Banken sich wesentlich über das Geld der Bankkunden refinanzierten, bestand das Risiko in einem «Bank run», der begrenzt werden kann durch Kapitalverkehrskontrollen und Einlagensicherungen des Staates. Heute reagieren sachkundige Banker auf schlechte Meldungen hysterischer als die Bankkunden, weil sie besser wissen, welche Leichen bei ihnen und ihren Kollegen in den Kellern liegen. Beim ersten Hauch eines drohenden Verlustes, etwa nach der Lehman-Pleite, schlossen die Geldmarktfonds, und Banken liehen sich kein Geld mehr, sodass der Interbankenmarkt zum Erliegen kam. Dass die Banken sich gegenseitig so sehr misstrauten, dass sie sich kein Geld mehr leihen wollten, verschärfte die Krise. Des Weiteren erwähnen die Wirtschaftswissenschaftler Viral V. Acharya von der New York University und Sascha Steffen von der European School of Management and Technology den «Carry Trade», die kurzfristige Finanzierung von langfristigen Anlagen, etwa Staatsanleihen. Dabei verschulden Investoren sich in Ländern, die Geld zu niedrigen Zinsen anbieten, um es in Ländern mit hohen Zinsen anzulegen. Diese Finanzierung sei von Geldmarktfonds unterstützt worden, die sich seit Frühjahr 2011 aus den Banken der europäischen Krisenländer zurückgezogen hätten. Die so entstandene Lücke sei von der EZB gestopft worden, die im Dezember 2011 und im Februar 2012 über eine Billion Euro mit einer Laufzeit von drei Jahren in die europäischen Banken pumpte. Mit dieser Billion sollten die Banken ihr privates Kreditgeschäft ankurbeln. Da die Firmen aber keine Kredite nachfragten, kauften die Banken von dem Geld Staatsanleihen der Krisenländer.

Im dinglich überzüchteten Kapitalismus wird der Mangel an Mehrwert (Profit) mit Finanzschrott aufgefüllt, wird also Kapital «auf die Bahn der Abenteuer gedrängt: Spekulation, Kreditschwindel, Aktienschwindel», schrieb Marx. Mit der Geldschwemme, so Marx, vervielfältige sich auch diese «Brut von Spielern», die auf alles wettet. Das angehäufte fiktive Kapital werde aber «sofort entwertet mit dem Fall der Einnahmen, auf die er berechnet ist». Dabei muss der Finanzcrash die Konkurrenzkraft des produktiven Kapitals nicht beeinträchtigen. «Soweit die Entwertung [...] dieser Papiere unabhängig ist von der Wertbewegung des wirklichen Kapitals [...] wurde die Nation um keinen Heller ärmer durch das Zerplatzen dieser Seifenblasen von nominellem Geldkapital.» Wenn die Finanzblase platzt, geht überwiegend Spielgeld verloren. Nach der Lehman-Pleite schrumpften die Finanzanlagen in 14 Tagen weltweit um 16 Billionen Dollar auf 178 Billionen. 16 Billionen waren weg, und keiner nahm davon Notiz und das produzierende Kapital machte weiter wie bisher. Wer mitgewettet hatte, verlor sein Geld natürlich.

Die Berliner Verkehrsbetriebe (BVG) haben 2007 mit einer Wette 150 Millionen Euro verloren. Sie investierten in die Wette namens «Synthetic Collateralized Debt Obligation», deren Wettbedingungen nach Auskunft des BVG-Finanzexperten mit allen Definitionen auf «500 Seiten Papier oder so» kam. Man muss kein Experte sein, um zu wissen, dass Wetten mit unaussprechlichem Namen und einem Wust von Kleingedrucktem verloren werden. Eine JPMorgan-Tochter bot die Wette an, dass von 150 ausgesuchten Firmen mindestens zehn in zehn Jahren Zahlungsschwierigkeiten bekämen. Die BVG verlor das Geld und reichte Klage ein. Sie habe gedacht, alle 150 müssten pleite sein. Wie dumm muss jemand sein, der mit JPMorgan um Pleiten wettet, die JPMorgan selbst bestimmen kann?

Amerikanische Banken packten (verbriefte) kreativ faule Forderungen in fiktive Tüten und boten sie als lukrative XXL-Super-Immobilienfonds europäischen Landesbanken, Geschäftsbanken, Sparkassen, Kommunen, Sängern, Fußballspielern, Zahn- und Chefärzten an. Europäer kaufen aus Geldgier jedes Papier, für das man ihnen zwanzig Prozent Zinsen verspricht, und geben, wenn das Papier sich als wertlos erweist, den Amerikanern die Schuld. Darunter Derivate, das sind Wetten unter Banken außerhalb des Börsengeschehens auf Kursveränderungen zu einem späteren Stichtag. Der Markt an Derivaten ist unüberschaubar groß. Für den Spekulanten Warren Buffet sind Derivate «Massenvernichtungswaffen». Die neueste Wette ist die auf Katastrophen. Weil Pensions- und Hedgefonds ihren Anlegern die versprochenen Zinsen nicht mehr bieten können, hat man sich die Katastrophenwette ausgedacht. Versicherungsgesellschaften wie Allianz und Axa bündeln ihre Risiken in Paketen, sortiert nach Regionen und Postleitzahlen, und verkaufen sie gegen zweistellige Zinsraten, statt sich bei Rückversicherern abzusichern. Je näher die vermutete Katastrophe rückt (Erdbeben in San Francisco, Hurrikan in Florida), desto höher sind die Zinsen, denn beim Eintritt der Katastrophe ist das Papier nichts mehr wert. Wenn die Erde bebt, streicht der Erstversicherer die komplette Geldanlage der Investoren ein und regelt damit den Schaden. Der Investor hat in diesem Fall die Pensionen verspielt. Bleibt die Katastrophe allerdings aus, bekommt er die laufenden Zinsen und den Wert des Bonds am Ende der Laufzeit zurück.

Für die meisten faulen Bankenaktiva standen die Staaten gerade, den Rest übernahmen die Zentralbanken durch Notkredite, Anleihekäufe und Niedrigzinsen. Die riskanten Anlagen der Banken wurden auf dem Höhepunkt der Bankenkrise in Deutschland auf 853 Milliarden Euro geschätzt, darunter 268 bei der Hypo Real Estate (HRE), 105 bei der HSH Nordbank, 101 bei der Commerzbank, 92 bei der Landesbank BaWü und 84 bei der WestLB. Die Banken durften «strukturierte» Risikopapiere, also Kreditverbriefungen, zum Buchwert auf die staatliche Bad Bank übertragen und erhielten im Gegenzug eine staatlich garantierte Anleihe in voller Höhe, die sie bei der EZB in Geld verwandeln konnten. Durch diesen Deal wurden faule Aktiva gegen gute Aktiva ausgetauscht. Ein Teil der faulen Forderungen bringt am Stichtag noch Geld. Für den Ausfall haftet die Gesellschaft. In Irland steht noch eine Summe von 34,7 Prozent des BIP aus, in Griechenland 15,4, in den Niederlanden 4,9, in Spanien 4,5 und in Großbritannien 4,4. Wären die Banken jedoch pleite gegangen, wären die Spargelder, die Pensionsfonds und die Gelder der Krankenkassen, Lebens- und Rentenversicherer weg gewesen. Die Bankenrettung ließ die Staatsschulden in der EU um knapp 25 Prozent wachsen.

In den USA druckt die Notenbank Geld und kauft dem Staat Anleihen ab. Da die EZB den EU-Staaten keine Banknoten aushändigen darf, gibt sie den Geschäftsbanken für niedrige Zinsen ein Kreditvolumen, das diese dann als Kredite gegen höhere Zinsen an die Wirtschaft und Haushalte weiterleiten oder an die Staaten, indem sie ihnen Staatsanleihen abkaufen. Wenn Engpässe drohen, kauft die EZB den Geschäftsbanken diese Staatsanleihen ab. Dass die Ursache der Krise nicht nur mangelnde Geldnachfrage ist, wurde deutlich, als die EZB 2011 die lahmende Wirtschaft mit einem Kreditvolumen von einer Billion («Dicke Bertha») ankurbeln wollte, aber die Geschäftsbanken nur die Hälfte davon loswurden. «Der Gaul, dem die Tränke so schön gefüllt wurde, will einfach nicht saufen» («SZ»). Mit einem großen Batzen des billigen Geldes kauften die Banken Staatsanleihen der eigenen Nation. Spanische Banken halten 90 Prozent der spanischen, italienische 70 Prozent der italienischen Staatsanleihen. Dadurch entsteht eine enge gegenseitige Abhängigkeit von Banken und Staat. Die Staaten retten die Banken, die Banken sind die Gläubiger der Staaten.

2013 war die Summe der Kreditrückzahlung an die europäischen Banken höher als die Nachfrage nach neuen Krediten. Die sinkende Kreditnachfrage der Wirtschaft ist ein Zeichen für die sinkende Profitabilität der Geldanlage in der Produktion. In Europa verliere die Kreditvergabe permanent an Schwung, teilte die EZB mit. In den südeuropäischen Krisenländern und in Irland ging die Nachfrage nach Krediten zweistellig zurück. Jeder Kapitalist würde Geld, das nichts kostet, nehmen, um es im Produktionsprozess zu vermehren, es sei denn, die Produktion wirft keinen adäquaten Profit ab. Der Krisenkreislauf ist längst nicht zu Ende. Nach Schätzungen werden in der Eurozone 30 Prozent der in den Büchern stehenden Bankkredite an Firmen nicht mehr bezahlt werden können und deshalb abgeschrieben werden müssen. Sinken die Einnahmen oder fallen sie aus, nimmt der Staat weniger Steuern ein, und wenn der Staat zudem marode Banken und Unternehmen retten soll, steigt die Staatsverschuldung. Der Ausgangspunkt bleibt die Akkumulations- oder Profitkrise, denn wenn die Immoblienkäufer ausreichend Jobs und Einkommen für die Tilgung gehabt hätten, wären die Kredite nicht faul geworden.

Die Spekulation kann die Krise verstärken, wenn die hohe Scheinliquidität zu Abenteuern verführt. Aber sowohl am Schwarzen Freitag 1929 als auch heute war und ist die Beseitigung der Finanzblase nur ein Reflex auf die wirkliche Krise. Die stockende Kapitalakkumulation und der folgende Protektionismus haben die Weltwirtschaft nach 1929 in den Abgrund gerissen. Die Kapitalbildung entwickelte sich damals lange vor dem Crash zurück, während die Börsenkurse sich in drei Jahren verdreifacht hatten. Der laute Knall, mit dem die Finanzblase periodisch platzt, verleitet zu der falschen Annahme, dass die Finanzmärkte die Ursachen der Krisen sind. Über diese falsche Beobachtung schrieb Karl Marx in einem Kommentar zur Handelskrise 1857 in der «New York Daily Tribune»: «Wenn Spekulation gegen Ende einer bestimmten Handelsperiode als unvermittelbarer Vorläufer des Zusammenbruchs (crash) auftritt, sollte man nicht vergessen, dass die Spekulation selbst in der vorausgehenden Phase der Periode erzeugt worden ist und daher selbst ein Resultat und eine Erscheinung (accident) und nicht den letzten Grund und das Wesen (the final cause and the substance) darstellt. Die politischen Ökonomen, die vorgeben, die regelmäßigen Zuckungen (spasms) von Industrie und Handel durch Spekulation zu erklären, ähneln der jetzt ausgestorbenen Schule von Naturphilosophen, die das Fieber als den wahren Grund aller Krankheiten ansehen.» (MEW 12, nach Hanloser).

Die Belastung der Profitrate durch soziale Kosten

Im sozial-demokratisch verfassten Kapitalismus des Westens entfällt fast die Hälfte des Konsums auf Menschen, die selbst keinen Wert herstellen. In der diktatorisch organisierten Marktwirtschaft wird die Profitrate oft durch die Familienhaftung für alte, kranke oder arbeitslose Verwandte entlastet. Diese soziale Komponente, die Generationen erst erkämpfen mussten, trägt zu der geringeren Profitabilität und Wettbewerbskraft Europas bei. Der Kapitalismus verkraftet kein Sozialsystem. Je sozialer er funktioniert, desto stärker sinkt seine Profitrate und desto eher geht er zugrunde.

Der Kapitalismus müsse sich «seinen Opfern widmen, damit sie stillhalten», schrieb Paul Mattick, «aber das System wird diese Verluste nur tragen», wenn die Produktivität genug Wert für die Kapitalakkumulation abwerfe. Werden die Profite «von den Kosten der Erhaltung der nicht-produktiven Bevölkerung aufgezehrt», höre «das Kapital auf, als Kapital zu fungieren».

Daraus folgt, dass der Kapitalismus und der Staat, der ihm die günstigsten Reproduktionsbedingungen zu verschaffen hat, um die kostengünstigste Regelung der sozialen Versorgung bemüht sind. Die Höhe der Lohnnebenkosten ist daher ebenso umkämpft wie der Lohn selbst. Der Staat und staatsähnliche Institutionen wie das Fernsehen begleiten jeden Versuch, die Renten, Kranken- und Arbeitslosenversorgung zu senken, mit Diffamierungskampagnen und Lügen. Plötzlich feiern die Kranken nur krank, Arbeitslose werden zu Schmarotzern, Rentner beuten die Kinder aus. Nicht selten finden solche Kampagnen Zustimmung gedemütigter Charaktere, deren psychische Verfassung nicht erträgt, dass andere Menschen morgens ausschlafen können und eventuell einen weniger stressigen Tag haben. Selbstverständlich beutet kein Rentner die Jugend aus. Alle Altersgruppen, die in die Renten- und Steuerkassen einzahlen, finanzieren jeweils zu ihrer Zeit die Renten. Auch die 80-Jährigen. Wieso kommt auf Kinder plötzlich nur die Rentenfinanzierung zu? Auf sie kommt in vierzig Jahren alles Mögliche zu. Straßen und Autobahnen müssen repariert, Schienen erneuert und Stromtrassen gelegt werden und zwischendurch in Afrika acht Kriege geführt werden. Warum sagt keiner: Wir hinterlassen unseren Kindern Autobahnen! Weil Autofahrer Autobahnen haben wollen, während Rentner ein Klotz am Bein der Kapitalproduktion sind. Übernimmt die Jugend die Kampagne, zerstört sie ihre eigene Rente und wird die Eltern versorgen müssen.

Mit den Begriffen «Hartz IV» oder «Agenda 2010» verbindet sich der Beginn einer Epoche, in der die Profitrate regeneriert werden soll durch die Reprivatisierung der Lebensrisiken im Kapitalismus. Soziale Errungenschaften, die frühere Generationen mühsam erkämpft haben, werden wieder beseitigt. Im Zentrum der rot-grünen Rückabwicklung stand der beschleunigte Ruin des arbeitslos gewordenen Ingenieurs und Facharbeiters. Mitgliedern der privilegierten Schichten der Arbeiterklasse, die Friedrich Engels zur Arbeiteraristokratie gezählt hat, wird alles genommen, was das Arbeiten erträglicher zu machen schien: Haus, Auto, Party, Opern-, Restaurant- und Kinobesuche. Dieser Aderlass drückt symbolisch aus, dass der erhöhte Konsum eine kompensatorische Leistung für die Entbehrungen der Arbeit war. Der Mensch hat nur Wert, wenn er durch Arbeit den Mehrwert anhebt. Fällt er raus, wird ihm die Kompensation genommen. Statt Menschen mit Geld zu ködern, sollen sie über die Angst zur Unterwürfigkeit erzogen werden. Jeder Beschäftigte soll sich sagen: Da möchte ich nie landen, deshalb leiste ich Übersoll und gehorche. Den Erfolg beleuchtete ein 55-jähriger Ingenieur, der sich acht Jahre als Zeitarbeiter verdingt und 1.300 Bewerbungen geschrieben hatte. Er sagte in der von Marietta Slomka moderierten TV-Sendung: «Wie geht's Deutschland?», er habe früher als festangestellter Ingenieur zwölf bis 14 Stunden am Tag gearbeitet, «ich habe es gern getan», und er werde alles tun, um zu den alten Zuständen zurückzukehren, denn als Zeitarbeiter käme er sich vor «wie ein fahrender Zigeuner».

Der deutschen Arbeitskraft fehlt es nicht an Fleiß, Pünktlichkeit und Fügsamkeit, aber im positiven Denken ist der amerikanische Kollege einen Schritt weiter. Was der Deutsche aus Angst macht, macht der Amerikaner gern. Die USA sind sanierungsfähiger als Europa. Ein Grund ist der Pioniergeist der Amerikaner. Ein Ehepaar saß in der Abendsonne auf Campingstühlen vor ihrem Wohnmobil an einem Fracking-Loch irgendwo in North Dakota – North Dakota ist übersäht mit Fracking-Löchern, durch die das mit Chemikalien versetzte Wasser-Sand-Gemisch in die Tiefe geschossen wird. Durch die Flammen, die überschüssiges Gas und Öl verbrennen, ist North Dakota nachts so hell erleuchtet wie New York. Die beiden erzählen, dass sie ihr Eigenheim in der Immobilienkrise verloren hätten. Aber bald hätten sie genug Geld zusammen, um sich das Haus zurückzukaufen. Dasselbe? Ja, dasselbe! Sie fahren den Löchern hinterher. Die Jobs werden außergewöhnlich gut bezahlt. Die vielen Tausend Tanklastwagenfahrer, die das Wasser zu den neuen Industrieansammlungen bringen, verdienen 80.000 US-Dollar im Jahr. Tausende von Wohnwagen und Wohnmobilen bilden an den Förderstellen neue Städte. Ein anderes Ehepaar mit einem riesigen Wohnmobil, das einer Villa ähnelt, erzählt, dass sie ihr Wohnhaus verlassen mussten, weil im Vorgarten Gasfontänen in die Höhe schossen. Sie seien durch die Entschädigungszahlungen reich geworden, hätten aber unterschreiben müssen, über das, was da geschehen ist, zu schweigen.

Diese Leute sind wie Hamster in Laufrädern. Sie jammern nicht, sie plagen keine Inflationsängste, vielleicht wenden sie sich nicht einmal einer rechtspopulistischen Partei zu. Sie steuern einfach nur die nächste Baustelle an. Der kommunistischen Revolution wird man sich auf diese Weise nicht nähern. Diese Verhaltensweise ist allenfalls Deutschen vorzuziehen, von denen die Geschichtsschreibung sagt, dass sie ab fünf Millionen Arbeitslosen nach dem Führer rufen. Aber das ist eine Geschichtslüge. Der Nationalsozialismus kam nicht wegen der Arbeitslosigkeit an die Macht, sondern wegen des weit verbreiteten Antisemitismus, einer Erziehung zu Befehl und Gehorsam, einer Obrigkeitshörigkeit und einer Kasernenhofdisziplin, einer Kollektivpsychose, das ewige Opfer irgendwelcher Mächte auf der Welt zu sein, wegen des übersteigerten Nationalismus, aus Profitgier und anderer Traditionen.

Der sozialversicherte Kapitalismus kann das Dilemma, Arbeitskräfte freizusetzen und für sie auf Kosten des realisierbaren Profits aufkommen zu müssen, nicht abstreifen. «Die disponible Arbeitskraft wird durch dieselben Ursachen entwickelt wie die Expansivkraft des Kapitals. Die verhältnismäßige Größe der industriellen Reservearmee wächst also mit den Potenzen des Reichtums.» (Marx) Der hohe Grad der Modernisierung produziert einen Menschenüberschuss, der bezahlt werden muss. «Kapital fungiert als solches nur, insoweit es Profit bringt. Wie hoch immer die Profitraten sein mögen, je mehr vom gesellschaftlichen Gesamtkapital in nicht profitabler Produktion beschäftigt ist, desto geringer ist der Gesamtprofit des Gesamtkapitals.» (Paul Mattick) Die kostengünstigste Verwaltung der Menschenmasse, die keine Werte herstellt, entscheidet mit über Sieg oder Niederlage in der internationalen Konkurrenz. Wenn China seine Arbeitslosen der Familienhaftung überlässt, kann es den eingesparten Wert in Kapital verwandeln für die Durchdringung Europas, den Kauf von Konkurrenten und Rohstofflagern in Asien und Afrika, es kann den Spielraum nutzen für Preissenkungen, für die Forschung und Entwicklung neuer Produkte, für die Verdreifachung seines Militärs.

Für den Kapitalismus läge die profitabelste Lösung im frühen Tod der aus seiner Sicht überschüssigen Menschen, also der Rentner, der nicht regenerationsfähigen Kranken und solchen Arbeitslosen, die nicht als Reserve taugen. Das sollen Arbeitslose, Rentner und Kranke spüren. Deshalb werden sie gedemütigt, mit Arbeitszwang traktiert, ihre Wohnungen werden von Aufsichtsbeamten durchgewühlt, ihre Krankheit wird ihnen nicht abgenommen, Rentner bekommen täglich via Fernsehen mitgeteilt, dass sie der Jugend auf der Tasche liegen. Arbeitslose, die das kapitalistische System bejahen, aber gleichzeitig ahnen, dass sie mit ihrem Suizid dem System am besten helfen würden, müssen gelähmt sein. Erst der Gedanke, ein System, das so funktioniert, verdient Abscheu und Revolution, kann die Lähmung lösen. Deshalb ist jeder Gedanke an eventuell doch gute Seiten des Marktes, weil er bei der Ermittlung von Bedürfnissen oder der Verteilung der Waren helfe, ein intellektuelles Desaster. Der Markt ist die Übertragung der Naturauslese auf die menschliche Gesellschaft.

Der Kapitalismusforscher am Max-Planck-Institut, Wolfgang Streeck führt die hohe Verschuldung des Staates auf die Finanzierung des Sozialstaates zurück. Der Staat sei in die Kreditfalle geraten, weil er Wohlstand auf Kredit finanziert habe. Ab Mitte der 1970er-Jahre hätten die Renditeerwartungen des Kapitals die «steigenden, wenn man so will: Lebens-Erwartungen nicht mehr» befriedigen können. Hier wird unterstellt, dass der Staat aus sozialer Verantwortung das Kapital überforderte. Der Staat habe «die sozialpolitischen Ansprüche der Bürger durch Vorgriff auf erst später zu erwirtschaftende Ressourcen zu befriedigen versucht [...] Das geschah [...] in Form einer wachsenden Staatsverschuldung [...] Die Stunde der Wahrheit kam mit der Finanzkrise 2008, die die aufgetürmten Kreditpyramiden in sich zusammenstürzen ließ und die Staaten selbst schließlich in Haftung zwang.» (aus «Gekaufte Zeit») Die Behauptung, die Gesellschaft habe über ihre Verhältnisse gelebt und das Kapital damit überfordert, ist die übliche Propaganda der unternehmernahen Institute und des Mittelstands. Dabei begann Kanzler Helmut Schmidt bereits mit der Senkung der Sozialtransfers («Rotstiftpolitik»). Die Renten sind von 2000 bis 2012 in Westdeutschland um 19 Prozent, im Osten um 23 Prozent gesunken. Gleichzeitig stieg das ausgewiesene Einkommen aus Unternehmertätigkeit und Vermögen um 32 Prozent. Des Weiteren bleibt unbeachtet, dass die Staatsschulden durch die in den 1970er-Jahren einsetzende Steuerflucht, die Ölkrisen und die spätere Bankenrettung schubweise anstiegen.

Staatsschulden und Keynesianismus! Warum bleibt vom Deficit Spending oft nur das Deficit?

Das Lustige am Linkskeynesianer ist sein flotter Umgang mit Geld, über das er nicht verfügt. Er druckt mehr Geld (fiktiv) als die Neoliberalen von der amerikanischen Notenbank und auch mehr, als der Kapitalismus ihm abnehmen würde. Dazu lässt er den Staat Kreditgeld (fiktiv) in die Wirtschaft pumpen. Weniger lustig ist seine Obsession, den Kapitalismus unbedingt retten und über Krisen hinweghelfen zu wollen. Darin unterscheidet er sich nicht von den Marktradikalen. Auch Neoklassiker wollen dem Kapitalismus helfen. Aber während der Neoklassiker wie ein Handwerker zur Reparatur schreitet, neigt der Linkskeynesianer, obwohl er dasselbe will, dazu, seine schnöde Nachfragesteigerung wie eine Mission zu preisen. Er geht übers Wasser, obwohl er nur einen Vorschlag kennt: Mehr Nachfrage. Meistens soll der Staat sich verschulden, um mit dem geliehenen Geld nachzufragen. Was? Das richtet sich nach der Mode. Mal sind es Autobahnen, mal «ökologische Zukunftsinvestitionen».

Der Linkskeynesianer ist nicht links. Erstens verpflichtet er sich, dem Kapitalismus zu dienen, statt ihn zu beseitigen. Zweitens setzt er antiaufklärerisch einen neutralen Staat voraus. Der Staat ist Teil der herrschenden Klasse, der im Inneren für den Betriebsfrieden zu sorgen hat, damit die Mehrwerterzeugung glattgeht, und in der Außenpolitik dem expansiven Kapital alle Wege zu ebnen hat. Das Personal ist zwischen Staat und Wirtschaft austauschbar. Ob Joschka Fischer als Staatsmann Belgrad bombardieren lässt oder als Manager für die Deutsche Energiewirtschaft Wege für Gaspipelines erschließt – er dient derselben Sache. Der Linkskeynesianer trifft heute bereits auf eine hohe Staatsverschuldung, sodass er nicht mehr ganz so laut nach der weiteren Verschuldung ruft. Die hohe Staatsverschuldung ist Ausdruck der Krise, in ihr schlägt sich die Bankenrettung nieder, und verstärkt die Krise, weil ein hoher Staatsanteil der Profitwirtschaft Wert entzieht, ohne selbst Profit zu erzeugen, und die Tilgung Mehrwert aus der privaten Wirtschaft abzieht. Der Anstieg des Staatsanteils an der Wirtschaft signalisiert den Niedergang der profitablen Wirtschaft.

Nach John M. Keynes soll der Staat sich in Krisen verschulden, um die Wirtschaft mit seiner Nachfrage nach Investitionen (nicht nach Konsum) anzukurbeln, und sich in der hoffentlich kommenden Prosperität wieder zu entschulden. Historisch steigert sich das «Deficit Spending», und am Ende bleibt das Deficit, das durch eine Währungsreform, einen Staatskonkurs mit Schuldenschnitt und durch die Übertragung der Lasten auf die Gesellschaft und die Gläubiger beseitigt wird. Das Kernproblem besteht darin, dass Nachfrage den Mangel an Mehrwert nicht behebt. Die Nachfrage des Staates schafft Umsatz, aber keinen Mehrwert. Wenn ein Betrieb mit Verlust produziert, erhöht jede Nachfragesteigerung die Verlustmasse und obendrein die Staatsverschuldung. Der Kapitalismus benötigt für die Kapitalverwertung im Markt auch Nachfrage. Die sollte aber das Ergebnis der Wertschöpfung sein. Binnennachfrage muss es übrigens nicht sein. Die Unternehmen können die im Inland produzierten Waren auch im Ausland absetzen. In diesem Fall wird aus den Arbeitskräften Wert herausgepresst, von dem sie nichts haben. Die Lohnstagnation und ein steigender Export passen gut zusammen, wenn man die Einnahmen ohnehin im Ausland investieren will.

Die Steigerung der Nachfrage, die nicht auf eine höhere Warenproduktion trifft, wird durch Inflation beseitigt. Das war in den Hochzeiten der Nachfragepolitik ständig der Fall. In den 1970er-Jahren hatte Großbritannien eine Inflationsrate von zwanzig Prozent. Die Reallohnsenkung konnte durch Streiks nicht kompensiert werden. Im Gegenteil: Die Produktionsausfälle spitzten die Situation zu. Schwerer wiegt, dass der Wert, mit dem der Staat nachfragt, früher oder später erwirtschaftet werden muss. Der vom Staat beanspruchte Kredit wettet auf künftige Einnahmen, wie die Banken mit ihren Derivaten auf später eintretende Ereignisse. Er muss sich die Steuern für die Tilgung seiner Schulden aus den rentablen Sektoren holen, weil nur sie Überschüsse erwirtschaften. Mit seinen Krediten fördert er jedoch die maroden Sektoren, weil nur sie auf Staatssubventionen angewiesen sind. Die rentablen Bereiche können sich selber helfen. Indem der Staat mit seiner Nachfragepolitik permanent Wert aus den wettbewerbsfähigen, rentablen Sektoren in verlustreiche Sektoren umschichtet, senkt er den Durchschnittsprofit des Gesamtkapitals und beschleunigt so den Niedergang der gesamten Wirtschaft. Nach Ansicht des Linkskeynesianers müsste die Alimentierung Ostdeutschlands nach der Wiedervereinigung die Wirtschaft in Schwung gebracht haben, weil sie Nachfrage induzierte. Einmal davon abgesehen, dass durch den «Soli» nur Nachfrage von A nach B umgeschichtet wurde, hat dieser Zwangskeynesianismus aus Gründen der nationalen Befriedung die weltmarktfähigen Sektoren vier Prozent der Wirtschaftsleistung gekostet.

Der Aderlass wird dadurch verstärkt, dass der Staat dem Kapitalismus die Selbstreinigungsfunktion nimmt. Er behindert die fortlaufende Restauration der Profitrate durch die Ausmerzung unproduktiver Sektoren und positioniert sich durch seine Firmenförderung im unrentablen Bereich als Konkurrent der rentablen Wirtschaft. Indem er den maroden Wirtschaftsblock im Wachkoma hält und so die Wirtschaft nach unten zieht, bringt der Staat mit dem Deficit Spending am Ende seine eigene Einnahmequelle zum Versiegen. Erfolgt die Kreditaufnahme zur einheimischen Nachfrageförderung im Ausland, bewirkt sie außerdem einen wachsenden Wertabfluss ins Ausland. Nach Zahlen der Deutschen Bundesbank war der deutsche Staat 2013 mit 410 Milliarden Euro bei inländischen und mit 1.040 Milliarden Euro bei ausländischen Banken sowie mit 330 Milliarden Euro bei Privaten, Sozialversicherungen, Bausparkassen und Versicherungen verschuldet.

Die Annahme, dass brachliegende Ressourcen einfach nur durch Nachfrage reaktiviert werden müssen, übersieht, dass es einen Grund für die Untätigkeit gab. Offensichtlich war die Beschäftigung nicht profitabel, sonst hätte das Kapital die Sache selbst in die Hand genommen. Nur die Kapitalakkumulation, die auf der vorherigen Vernichtung von unrentablem Kapital beruht, induziert Wachstum, Einkommen und eine auf der realen Wertproduktion beruhenden Nachfrage. Karl Marx schrieb in «Der Produktionsprozess des Kapitals» (Kapital, Band I): Staatliche Anleihen «befähigen die Regierung, außerordentliche Ausgaben zu bestreiten, ohne dass der Steuerzahler es sofort fühlt, aber sie erfordern doch für die Folge erhöhte Steuern. Andererseits zwingt die durch Anhäufung nacheinander kontrahierter Schulden verursachte Steuererhöhung die Regierung, bei neuen außerordentlichen Ausgaben stets neue Anleihen aufzunehmen.»

Heute steht der Keynesianer vor dem Problem, dass die Staaten hoch verschuldet sind. Soll er ihnen eine noch höhere Verschuldung empfehlen? Und das, obwohl die Wirtschaft das Geld zum Teil gar nicht abnimmt, weil ihr die Profitrate zu niedrig ist? Der Keynesianer Heiner Flassbeck, der theoretische Souffleur der Partei «Die Linke», Chefvolkswirt bei der UN-Organisation für Welthandel und Entwicklung (Unctad) und Staatssekretär im ersten Kabinett Schröder, wo er mit Finanzminister Oskar Lafontaine ein Tandem im Geiste bildete, sieht offenbar ein, dass er Staaten nicht noch mehr Schulden aufhalsen kann. Er bleibt der Nachfragesteigerung aber treu und setzt nunmehr auf höhere Löhne zur Ankurbelung der Wirtschaft, statt auf Staatskredite. Nichts gegen Lohnerhöhungen, noch weniger gegen Rentenerhöhungen. Aber beide taugen nicht zur Ankurbelung der Wirtschaft, weil sie zunächst einmal die Profitrate senken und eine bereits stockende Kapitalakkumulation zum Stillstand bringen könnten, wahrscheinlicher jedoch eine galoppierende Inflation in Gang setzen. Warum begreift der Keynesianer nicht, dass der Kapitalismus, wenn Lohnerhöhungen ihm guttäten, die Löhne selbst anheben würde? Höher als die Gewerkschaften fordern und das jeden Monat.

In der Programmdebatte der Linkspartei mutmaßte Flassbeck, «dass wir in eine Lohnkrise hineinlaufen [...] im Kern eine globale Lohnkrise (haben), eine Krise des nicht Steigens der Löhne». An anderer Stelle sagte er: «Wenn wir also stagnierende Löhne auf der Welt haben, gibt es im Prinzip kein Mittel, mit dem man solche Wirtschaft wieder auf die Beine bringt.» Es sei denn, durch Lohnerhöhungen. Wie kommt er nur auf die Idee, dass wir eine globale Lohnkrise haben, wenn Chinas Wirtschaft in zehn Jahren um 166 Prozent gewachsen ist und die Löhne 2012 in China im Durchschnitt um 23 Prozent gestiegen sind? Mehr noch: Die halbe Erdbevölkerung in den Aufschwungländern erfreut sich steigender Löhne. Wenn außerdem feststeht, dass Deutschland aufgrund der steigenden Löhne im übrigen Europa (selbst Belgien eilt Deutschland voraus) einen Wettbewerbsvorteil erworben hat, dann existiert auch in Europa von Portugal bis Griechenland und von Belgien bis Finnland keine Lohnkrise. Flassbeck denkt sich etwas aus, um «Nachfrage» sagen zu können. Sein Vorschlag, Krisenländern Lohnerhöhungen zu verordnen, ist allenfalls geeignet, ihnen den Todesstoß zu verpassen. Sollte er jedoch die Löhne in Deutschland anheben wollen, wogegen nichts einzuwenden wäre, hätten wir es nicht mit einer «globalen Lohnkrise» zu tun. Dass der Linkskeynesianer die aus seiner Sicht fehlende Konsumnachfrage nicht durch die Anhebung der Renten beheben will, liegt daran, dass er den schaffenden Menschen bevorzugt.

Die Lohnfrage, sagte Flassbeck zu Recht, sei eine Machtfrage. «Wer setzt sich da durch am Arbeitsmarkt?» Die deutschen Gewerkschaften nicht, das ist bekannt. Daher sollen Löhne «auch vom Staat sozusagen mit einer Richtlinie oder wie auch immer» erhöht werden. Hier treffen wir auf ein weiteres Phänomen des Linkskeynesianers. Er wähnt den Staat stets an seiner Seite, obwohl der alles unternimmt, um die Löhne zu senken und das Kapital von Sozialtransfers zu befreien. Flassbeck möchte aber, dass die Staaten die Löhne erhöhen, damit mehr Nachfrage ist, sie sollen sogar «begreifen, dass sie nicht gegeneinander im Wettbewerb stehen. Diese Frage der Wettbewerbsfähigkeit, der Wettkampf der Nationen ist die entscheidende Frage für mich, politisch, wo man ansetzen muss, wo man sagen muss, es gibt keinen Wettkampf der Nationen [...] Da finde ich, muss die Linke eine entscheidende Position aufbauen, die sagt: Wettkampf der Nationen kann es überhaupt nicht geben.» Diesen Vortrag hat Flassbeck vor den Abgeordneten der Linkspartei gehalten. Was mögen die gedacht haben? Sie sind mehrheitlich Realpolitiker und wissen, dass es, solange Nationen existieren, auch nationale Konkurrenzen gibt. Und nun kommt da einer, der ihnen erzählt, dass die Nationen gar nicht in einem gegenseitigen Wettbewerb stehen. Der deutsche Staat wird die Löhne nicht erhöhen, weil er kein Interesse daran hat und weil er keine Gewerkschaft ist. Er wird nur, wenn er klug ist, für Mindestlöhne sorgen, um unproduktiven Firmen, die nur dadurch existieren können, dass sie Hungerlöhne zahlen und die Arbeitskräfte zwingen, sich den Rest zum Leben vom Arbeitsamt zu holen, die Existenz zu entziehen.

Keynes, dem es ums Wohlergehen des Kapitalismus ging, schlug übrigens vor, die Arbeiterklasse zu überlisten, um die Profitrate zu steigern. Da «die Arbeiter einer Senkung der Geldlöhne mehr Widerstand entgegensetzen als einer Senkung der Reallöhne», sollte man die Geldmenge erhöhen, um per Inflation die Reallöhne zu kürzen. Überraschenderweise will nun auch Flassbeck den Arbeiter/innen die eben noch zugestandene Lohnerhöhung wieder entwenden. Die Löhne sollten «steigen, und dann kann man darüber mit den Arbeitern diskutieren, was mit diesem Geld gemacht wird, ob man es für ökologische Zwecke einsetzt oder ob man es für primitiven Konsum einsetzt». Plötzlich taugt der Konsum nichts. Man ahnt, welche Verachtung diesen Primitiven blüht, die ihren Lohn nicht für die Investition in Windkraftanlagen hergeben wollen.

Flassbeck beschreibt die Gegenwart als «pervers», weil sie mit der alten «Marktwirtschaft nichts zu tun» habe; er rede «jetzt wirklich von Marktwirtschaft, wie man sie traditionell verstanden hat in den ersten 30 Jahren nach dem Krieg». Viele Kader der Linkspartei sind bekanntlich genauso angetan von der Adenauer-BRD. Sogar der linke Politikwissenschaftler Joachim Hirsch beklagt den heutigen Verlust der «sozialstaatlichen keynesianischen Strukturen der Nachkriegszeit». Die Suggestion, dass eine prokapitalistische Staatstheorie und Staatspolitik es schon richten wird, ist die intellektuelle Beseitigung des handelnden Subjekts und damit die faktische Negation der sozialen Verbesserung. Die meisten solcher Reformen gab es unter Adenauer als Reflex auf die Anti-Wiederbewaffnungs- und die Anti-Atomtod-Bewegung und auf den längsten Streik der bundesdeutschen Geschichte (Metallarbeiterstreik für die Lohnfortzahlung im Krankheitsfall von Oktober 1956 bis Februar 1957). Wie kann man nur auf die Idee kommen, diese Erfolge neoklassischen Staatsideologen wie Adenauer und Erhard gutzuschreiben?

Die Linke hat genauso wie Keynes eine Aversion gegen das revolutionäre Subjekt und ein dementsprechendes ambivalentes Verhältnis zum autoritären Staat. Keynes schrieb in der Einleitung zu seiner «General Theory»: «In Deutschland hat es immer wichtige Wirtschaftsschulen gegeben, die die Zulässigkeit der klassischen Theorie für die Analyse zeitgenössischer Ereignisse stark in Frage gestellt haben [...] Ich darf daher erwarten, dass ich bei den deutschen Lesern auf weniger Widerstand stoßen werde als bei den englischen, wenn ich ihnen eine Theorie der Beschäftigung und Produktion als Ganzes vorlege, die in wichtigen Beziehungen von der orthodoxen Theorie abweicht [...] Die Theorie der Produktion als Ganzes kann viel leichter den Verhältnissen des totalen Staates angepasst werden, also die Theorie der Erzeugung und Verteilung einer gegebenen, unter Bedingungen des freien Wettbewerbs und eines großen Maßes von Laissez-faire erstellten Produktion.» (nach Hanloser) Gemeint war der NS-Staat, der sich ordnungspolitisch über die Wirtschaft erhob, national bestimmt war und sich um Schulden, Kreditausweitung und Lösung der Währung vom Goldstandard nicht scherte.

Häufig wird auf den Erfolg des amerikanischen New Deals als Antwort auf die Weltwirtschaftskrise 1929 und Folgejahre verwiesen. Der New Deal ist kein Beweis für gelungene Krisenbewältigung durch Staatsnachfrage. Im Gegenteil, der New Deal ähnelt der Zwangsarbeit mit begleitendem Protektionismus. Und was noch wichtiger für das theoretische Verständnis ist: Die notwendige Kapitalvernichtung zur Korrektur der organischen Zusammensetzung des Kapitals hatte bereits seit Jahren gewütet, bevor der New Deal kam. Als Franklin D. Roosevelt 1933 US-Präsident wurde (er blieb es bis 1941) und Mindestlöhne und Schutzzölle einführte sowie Millionen Arbeitslose dazu verpflichtete, das Tennessee-Becken zu industrialisieren, hatte die Wirtschaft eine massive Kapitalvernichtung hinter sich. Der New Deal war nicht einfach nur eine per Kredit angekurbelte Staatsnachfrage. Im Mittelpunkt standen die Civilian Conservation Corps (CCC). Das war eine Arbeitsbeschaffungsmaßnahme unter Führung von Armeeoffizieren, die dem Reichsarbeitsdienst ähnlich war. Roosevelt selbst machte daraus keinen Hehl. Er ließ den amerikanischen Botschafter den Reichsarbeitsdienst untersuchen und informierte sich über die Ergebnisse. Der Kerngedanke war: Arbeitszwang statt Arbeitslosenunterstützung. Das Programm rekrutierte junge Männer von 18 bis 25 Jahren, deren Familien von Sozialhilfe lebten, für öffentliche Arbeitsprogramme. Bei Indianern und Veteranen des Ersten Weltkrieges wurden auch Ältere genommen.

Die Männer wurden in «Workcamps» untergebracht, getrennt nach Weißen, Indianern und Schwarzen. Verpflegung und Unterkunft waren frei, jeder bekam dreißig Dollar im Monat, von denen er fünf behalten durfte. Den Rest musste er seiner von Sozialhilfe lebenden Familie geben. Auf diese Weise übertrug der Staat die Haftung für arbeitslose Familien auf die Kinder. Das größte Projekt war der Bau von zwanzig Staudämmen im Tennessee Valley, durch den gleichzeitig Sümpfe trockengelegt, die Malaria ausgerottet und Überschwemmungen verhindert wurden. Andere Einsatzgebiete waren Straßenbau, Kanalisation, Waldbrände, Bewässerung, Gewinnung landwirtschaftlicher Nutzflächen. Ab 1937 gab es ein Parallelprojekt für Frauen. Im Krieg mussten die CCC auch Flughäfen und Übungsgelände anlegen. Dazu gab es für die weiße Mittelschicht zinsgünstige Kredite für Eigenheime mit dreißig Jahren Laufzeit. Der Erfolg des CCC ist umstritten. Nach Ansicht des Nobelpreisträgers Paul Krugman basiert die angebliche Erfolgsstory auf der Kriegsproduktion, die die USA aus der Weltwirtschaftskrise herausgeführt habe.

Wann kommt endlich die Inflation?

Nach dem Ersten Weltkrieg kam es zu einer Hyperinflation, weil die deutsche Reichsbank Geld druckte und Staatspapiere kaufte, um die Kriegskosten und Reparationszahlungen mit faulem Geld zu finanzieren. Von 1914 bis 1922 stieg die Geldmenge um das Zwanzigfache, während sich die Industrieproduktion halbiert hatte. 1923 kam es dann zu einer täglichen Inflation von 40 Prozent. Eine Briefmarke kostete 100 Millionen RM. Da die Staatseinnahmen die Inflation mitmachten, die Staatsschulden aber auf ihrem früheren Wert lauteten, entschuldete der Staat sich nachhaltig. Die Staatsschulden waren, wenn sie an den Preisen von 1914 gemessen werden, von 174 Milliarden RM auf 16 Pfennig geschrumpft. Die Deutschen jubelten Adolf Hitler zu, der dann zur nächsten Inflation schritt, um seine Kriege zu finanzieren. Mit der Währungsreform 1948 wurden die Ersparnisse der Bevölkerung und die Kriegsschulden der Nazis beseitigt.

Die Entschuldung der Staaten durch Inflation ist schon aus der Antike bekannt. Nach der Überlieferung geht sie auf den Tyrannen Dionysios von Syrakus zurück. Der hatte sich vierhundert Jahre vor Christus bei seinen Untertanen so hoch verschuldet, dass er zahlungsunfähig war. In der Not sammelte er alle 1-Drachme-Münzen ein und prägte eine 2 darauf. Natürlich auch auf seine eigenen Münzen. Durch diesen Schachzug verdoppelte er nominell das eigene Vermögen und das Vermögen seiner Untertanen. Die Geldmenge und die Warenpreise stiegen, die Schulden behielten ihren Wert und hatten sich relativ halbiert. Der Tyrann konnte seine Schulden bezahlen und die Bevölkerung schwamm in Geld, konnte aber nicht mehr kaufen, weil der Geldmenge kein doppeltes Warenangebot gegenüberstand. Aber warum betrieb der Tyrann diesen Aufwand, statt die Streichung seiner Schulden anzuordnen? Wegen der Massenpsyche! Wenn der Staat der Bevölkerung per Dekret einen Teil der Einkommen und Spargelder wegnehmen würde, riskierte er eher einen Aufstand, als bei einer Inflation. In Syrakus hatte das Volk sogar doppelt so viel Geld in der Hand. Das fühlt sich gut an und klärt nebenbei, dass der Geldfetisch eine vorkapitalistische Erscheinung ist. Die Lohn-Preis-Spirale funktioniert ähnlich. Da holen die Unternehmen sich die Lohnerhöhungen durch Preissteigerungen wieder, riskieren aber ihre internationale Wettbewerbsposition.

Der Wirtschaftsprofessor und Fernsehexperte Max Otte sagt: «Die Schuldenberge, die wir aufgetürmt haben, lassen sich nur durch Inflation beseitigen. Alles andere wäre fatal. Wenn dagegen so etwas passiert wie 1929, also eine Phase extremer Deflation bis hin zur Depression, dann gute Nacht.» Andererseits sagt Nobelpreis-Ökonom Edmund Phelps: «Würden wir die Inflationsrate für fünf Jahre von zwei Prozent auf fünf Prozent anheben, würde die reale Schuldenlast um 16–17 Prozent sinken. Das würde uns nicht entscheidend weiterbringen.» Derzeit sieht alles nach einer Inflation aus, die über Jahrzehnte gestreckt wird. Die wäre nicht besonders schlimm. Man erinnere sich daran, dass die Inflationsrate 1975, als es uns definitorisch noch gutging, in Deutschland acht Prozent, in Italien zwölf Prozent und in Großbritannien 20 Prozent betrug. Wegen der Krisenfaktoren vergessen viele, dass der Euro seit 15 Jahren stabiler ist als es die DM jemals war.

Die Inflation wird an den Verbraucherpreisen gemessen und die steigen nur dann, wenn die Geldschwemme als Nachfrage auf dem Markt landet. Das wäre der Fall, wenn die Geschäftsbanken das billige Geld der EZB als Kredite an Unternehmen und Haushalte weiterleiten. Aber die Nachfrage nach Krediten stagniert, sodass Geldmenge «M3», die maßgeblich für die Inflation ist, im Zaum bleibt. Geld, das nur im Finanzkreislauf zirkuliert, erzeugt keine Nachfrage nach Waren und eben auch keine Inflation. Der ehemalige EZB-Direktor Jörg Asmussen sagte: «Von der Ausweitung der Zentralbank-Geldmenge MO, die in etwa unsere Bilanzsumme ist, geht derzeit keine Inflationsgefahr aus. Die weiter gefasste und wichtigere Geldmenge M3 ist zuletzt nur schwach gewachsen.» Nur auf Spezialmärkten haben wir eine Inflation, genauer: eine Vermögensinflation. Die Aktienpreise und die Immobilienpreise in den Innenstädten schossen in die Höhe. Die Preise für Eigentumswohnungen stiegen von 2007 bis 2013 in Düsseldorf um 39 Prozent und in Berlin und Hamburg jeweils um 33 Prozent. Außerdem verlieren die Sparer durch die Nullzinsen auch bei geringer Inflationsrate Geld.

Das europäische Problem ist vielmehr, dass keine Inflation zustande kommt, weil die Unternehmen wegen der schlechten Renditemöglichkeiten die Kredite bei den Geschäftsbanken nicht abrufen. Im Euroraum waren 2013 die Rückzahlungen alter Firmenkredite an die Banken höher als die Nachfrage nach neuen Krediten. In den südeuropäischen Krisenländern ist die Nachfrage nach Krediten sogar zweistellig zurückgegangen. Ein großer Teil der Geldmenge bleibt im Finanzsystem hängen, mit dem Spekulanten spielen dürfen. Käme dieses Geld, von dem die Schattenbanken allein 60 Billionen Dollar verwalten, als Nachfrage auf den Markt, hätten wir 1.000 Prozent Inflation.

Abgesehen von einer galoppierenden Inflation, die in Deutschland zwei Mal in einer völligen Geldentwertung mit anschließender Währungsreform endete, ist die schleichende Deflation für die Wirtschaft ein größeres Risiko als die schleichende Inflation. Das liegt an den unterschiedlichen Erwartungen. Wenn die Wirtschaftsakteure steigende Preise erwarten, wächst die Neigung, den Kauf oder die Produktion vorzuziehen, um den steigenden Preisen zuvorzukommen. Die Wirtschaft geht dann ihren Gang, wird vielleicht sogar angekurbelt. Bei sinkenden Preisen (Deflation) wächst die Neigung, die Wirtschaftsaktivitäten aufzuschieben, um in Zukunft billiger einkaufen und produzieren zu können. Die Wirtschaft käme tendenziell zum Erliegen. Daher ist, allen Unkenrufen über die Inflation zum Trotz, die Angst vor der Deflation in der EU berechtigt größer als die vor der Inflation.

12. Krise und Verschwörung

Krisen waren immer ein fruchtbarer Acker für Verschwörungen, Propagandalügen, religiöse und esoterische Faseleien. Vor der Aufklärung sollten Juden Ernten verhext haben, nach der Aufklärung steigerte die Naturwissenschaft die Produktivität und maß den Charakter des Menschen an der Ohrlänge, in der modernen Krise teilen linke und rechte Antisemiten dümmlich oder aus Kalkül den Kapitalismus in Anlehnung an die falsche Kapitalismuskritik in einen schaffenden und einen raffenden, nehmen den schaffenden in ihre völkische Obhut und wähnen den raffenden in angloamerikanisch-jüdischen Händen. Die unwissenschaftliche Trennung bildet den Nährboden für die doppelte Propaganda: Sie bietet der kapitalistischen Mehrwertproduktion einen Schutzraum, indem sie die Schicht in der Fabrik oder auf dem Bau als das Produktive heilig spricht, und schiebt alles Ungemach auf die Finanzen und damit auf ein Bündel von antisemitisch konnotierten Krisenbegriffen: Spekulation, vagabundierende Finanzen, globale (internationale) Finanzen, Banken, Börsen, Wallstreet, New York, Zinsen. Wer will, findet in dem Topf ein Stichwort, das zu seiner Verkümmerung passt. So ist die Krise wie alles, was mit Geld zu tun hat und die Suche nach Schuldigen sprießen lässt, ein Fundus für antisemitische Verschwörungen, die sich mit dem Feindbild «Angloamerika» verbrüdern, aber nicht müssen. Im Unterschied zum «Juden» grenzt die Krisenpropaganda gegen die USA sich von einem wirklichen Weltkonkurrenten ab.

Die Trennung des Kapitalismus in den schaffenden und raffenden Sektor war bereits für die NS-Ideologie elementar, um die Massen an den «arischen» Wirtschaftsführer zu binden und Juden als zinstreibende, sich ohne Arbeit bereichernde Schmarotzer zu stigmatisieren. Halt so wie «in der Tier- und Pflanzenwelt das schaffende und das parasitäre Prinzip vertreten ist», sagte der NS-Ideologe Rosenberg. Die Verschwörung ist eben nur ein waberndes Gerücht ohne Bodenhaftung, denn in Wahrheit schlichen parasitäre «Herrenmenschen» in der Reichspogromnacht mit den von jüdischen Familien schmarotzten Standuhren, Radios und dem Spielzeug der jüdischen Kinder durch die Nacht. Adolf Hitler hielt viel von Gottfried Feder und dessen Werk: «Manifest zur Brechung der Zinsknechtschaft», weil Feder «mit rücksichtsloser Brutalität den ebenso spekulativen wie volkswirtschaftsschädlichen Charakter des Börsen- und Leihkapitals» sowie den «Zustand der Völker, die unter der Geld- oder Zinsknechtschaft der alljüdischen Hochfinanz stehen» festgestellt habe («Mein Kampf»).

Dass Krisen sich «auf den ersten Blick» und damit oberflächlich «als Kreditkrise und Geldkrise» darstellen (Marx), wird von linken, rechten und bürgerlichen Verschwörungsideologen zum Vorwand genommen, den Kapitalismus aufzuspalten und nutzbar zu machen für die Propaganda gegen die Wall Street, den angloamerikanischen Kommerz oder New York, wo Eingeweihte Juden an der Macht vermuten, und auch, um von der wahren Diktatur abzulenken, die noch immer in den Betrieben herrscht. Oskar Lafontaine behauptet: «Erst wenn die Diktatur der Finanzmärkte gebrochen wird, kann [...] die Demokratie wieder hergestellt werden» und spricht verschwörerisch von der «gekauften Republik». Mit Ausnahme seiner Partei würden alle Parteien «aus der Finanzindustrie gesponsert». In Wahrheit standen VW, Siemens und andere Wertschöpfer bei allen Spendenskandalen in der ersten Reihe und werden die Leute in der Frühschicht, auf dem Bau, in der Bank oder im Werbebüro auch dann keine Demokratie haben, wenn die Finanzmärkte vom Staat reguliert sind. Das Gerede von der Diktatur der Finanzmärkte hat nur einen Sinn: den Mythos vom bösen raffenden und guten schaffenden Kapital am Leben zu halten.

Die Aufspaltung ist wissenschaftlich falsch, weil Industrie, Dienstleistungen und Finanzwelt sich gegenseitig durchdringen und beaufsichtigen. Und auch moralisch absurd, denn man müsste Spekulanten für moralischer halten als Unternehmer, die ihr asoziales Dasein offenbaren, indem sie andere Menschen für sich arbeiten lassen. Das ist wahres Schmarotzertum. Winkt kein adäquater Profit in der Produktion, ist der Unternehmer genauso schnell mit der Spekulation im Bund wie der Banker, um das Geld zu vermehren. Die großen Konzerne sind inzwischen ihre eigenen Banken, um sich mit Anleihen zu refinanzieren, und selbstverständlich kauft und verkauft der Unternehmer Firmen wie die Private Equities («Heuschrecken»). Wohin soll der Applekonzern sonst mit seinem Barvermögen von 160 Milliarden Dollar? Der ganze Komplex aus Industrie, Handel, Banken und Staat ist zusammengewachsen. Der Staat hilft der nationalen Wirtschaft im Inland, indem er für den Betriebsfrieden sorgt, im Ausland, indem er ihr die Wege für seine Expansion ebnet. Andersrum versorgt das Kapital den Staat und vergütet das politische Personal mit Rentenverträgen. Beide gehören zur herrschenden Klasse, aber der Vorstandschef kassiert Millionen, der Kanzler, der ihm den Weg bis China öffnet, viel weniger. Die Staffelung wahrt den demokratischen Schein. Die Massen ahnen, dass sie nicht der Souverän sind, und wollen sich am gewählten Personal rächen dürfen. Es soll schlecht bezahlt werden und moralischer sein als sie. Die Wirtschaft weiß das und gleicht den Verlust aus. Während der Amtszeit mit einer Loge beim Opernball, danach mit einem Berater- oder Managervertrag.

Der Antisemitismus ist der Kitt, der die Straße mit dem Salon verbindet

Nicht jedes Gerücht über Juden bedarf der Krise. Dafür ist der Antisemitismus eine zu stete und üppig sprudelnde Quelle des Unheils. Aber die Aggressionen, die von der Angst vor Inflation, Währungsreform, Geld- und Existenzverlust herrühren, schwellen in der Krise an, suchen Ventile und mischen sich in Europa mit dem im arabisch-islamischen Raum tief verwurzelten Wunsch, Juden zu vertreiben. Nachdem sie aus den meisten arabischen Ländern verschwunden sind, geht es nun gegen die in «Israel». Eine Antwort auf die Frage, ob der Antisemitismus in Europa in der Krise angewachsen ist, geben am besten Jüdinnen und Juden selbst. Der Antisemitismusbericht 2013 der European Union Agency for Fundamental Rights (Agentur der Europäischen Union für Grundrechte), kurz: «FRA», hat 6.000 Jüdinnen und Juden in den acht europäischen Ländern Belgien, Frankreich, Deutschland, Ungarn, Italien, Schweden, Großbritannien und Lettland, in denen die meisten Juden wohnen, befragt. 76 Prozent antworteten, dass der Antisemitismus in den letzten fünf Jahren stark angestiegen ist, 33 Prozent leben ständig mit der Angst, einer antisemitischen Attacke zum Opfer zu fallen, die Hälfte erwartet innerhalb eines Jahres Opfer einer Hassattacke zu werden, 29 Prozent überlegen zu emigrieren. 80 Prozent der ungarischen Juden gaben an, dass sie von rechten Gruppen bedroht werden, während in Frankreich 73 Prozent und in Belgien 60 Prozent angaben, hauptsächlich von muslimischen Gruppen bedroht zu werden. Diese Zahlen sind in verschiedener Hinsicht beeindruckend. Sie erzählen von einem Leben in täglicher Unsicherheit und Schutzlosigkeit, führen die Bedeutung eines in jeder Hinsicht zu sichernden jüdischen Staates vor Augen und entlarven einmal mehr die Aussagen von Habermas und Sloterdijk (und tausend anderen Antiamerikanern), dass die Kultur in Europa und nicht in Amerika zu Hause sei, als Legitimation von rundum miesen Gesellschaften aus Größenwahn.

Der Antisemitismus markiert die größte Massenbewegung in Europa. «Weit über 150 Millionen Antisemiten leben in der EU, hat der israelische Antisemitismusforscher Manfred Gerstenfeld auf der Basis der von der Friedrich-Ebert-Stiftung initiierten Bielefelder Studie von 2011 und den Bevölkerungsziffern der entsprechenden Länder errechnet;

so viele EU-Bürger nämlich sind der Meinung, Israel führe einen ‹Ausrottungsfeldzug› gegen die Palästinenser» (Stefan Frank in «Konkret» 1/2014). Nach einer Forsa-Umfrage vom Herbst 2013 stimmen siebzig Prozent der Deutschen der Aussage zu, Israel verfolge seine Interessen ohne Rücksicht auf andere Völker. Die Frage ist Teil des Problems. Die Befragten würden die deutsche Regierung, die aus Rücksicht auf Griechen und Chinesen handelte, selbstverständlich abwählen. Schon gar nicht berücksichtigt sie, dass die Wahrung der Interessen der PLO, Hamas und Hisbollah für Israel ein Selbstmordprogramm wäre. 57 Prozent der Deutschen glauben, Israel führe einen Vernichtungskrieg gegen die Palästinenser. Das sind erheblich mehr als im übrigen Europa und erklärt sich aus der deutschen Geschichte. Der Antisemitismus nach 1945 muss mit dem Wissen um Auschwitz fertig werden. Je völkischer der Deutsche fühlt, desto unerträglicher ist für ihn der Gedanke, dass seine Sippe auf hoher Zivilisationsstufe doch nur ein Bluthund war. Deshalb soll an den Juden unbedingt etwas dran sein.

«Wenn der Bürger schon zugibt, dass der Antisemit im Unrecht ist, so will er wenigstens, dass auch das Opfer schuldig sei» (Adorno). Wohl auch deshalb stimmen 40,5 Prozent der Deutschen der Aussage zu, dass Israel «die Palästinenser im Prinzip so behandelt, wie die Nationalsozialisten die Juden». Wer den Umstand, dass 20 Prozent der israelischen Bevölkerung Palästinenser sind, die in Israel arbeiten, studieren, zur Armee gehen, Richter sind, heiraten, Auto fahren, wohnen, baden, feiern, zur Schule gehen, Rente beziehen und sich ebenso vor Selbstmordattentätern fürchten wie Juden, gleichsetzt mit der systematischen Vernichtung aller Juden auf der Welt, ist von einer unheimlichen Mixtur aus Blödheit, Verbitterung, Vorurteil und Hass gezeichnet. Das also trifft auf fast jeden zweiten Deutschen zu. «Ein Deutscher ist ein Mensch, der keine Lüge aussprechen kann, ohne sie selbst zu glauben», schrieb Adorno. Deshalb wirken Deutsche auch dann überzeugend, wenn sie puren Wahnsinn von sich geben. Wenn der Deutsche die Allmacht will, sagt er nicht: «Ich will allmächtig sein!», sondern verbreitet das Gerücht, die Juden seien allmächtig, weshalb man sich sofort gegen sie zur Wehr setzen müsse. Die große Zahl der Zustimmenden führt zur falschen Gewissheit. Die Projektion ist das Verfolgen eigener Wünsche in anderen, ein Mechanismus, bei dem der Mensch das, was er für sich nicht gelten lässt, in sich verleugnet oder sich verbietet, um der Norm zu genügen, sich über die Verfolgung anderer abreagiert, denen er andichtet, sich das zu erlauben, was er sich verbietet. Vermuten die Leute seiner Umgebung dasselbe wie er, wird die Wahnvorstellung zur Gewissheit.

Antisemiten trauen sich wieder etwas. Nicht nur im Salon, in dem Martin Walser, Günter Grass und Jakob Augstein über antijüdischen Gedichten brüten, auch auf der Straße. Sie marschieren in Budapest, Berlin, Warschau und Paris. Das heutige Klima in Frankreich erinnert den Vorsitzenden des Dachverbands der jüdischen Organisation (Crif), Roger Cukierman, an «das Deutschland der dreißiger Jahre». Genau an diese Epoche appelliert der Starkomiker Frankreichs Dieudonné M'bala M'bala, ein antisemitischer Hetzer. Frankreich sei von Juden beherrscht, sagt er, und nennt sie auf der Bühne «Drecksjuden». Er bedauert, dass es keine Gaskammern mehr gibt, obwohl er ihre Existenz und den ganzen Holocaust leugnet. Er wollte unbedingt Gast in der Morgensendung des jüdischen Journalisten Patrick Cohen sein. Als der ihn nicht einlud, sagte Dieudonné: «Wenn ich an Cohen denke, kommen mir unweigerlich die Gaskammern in den Sinn.» Die Leute amüsieren sich über ihn und seine Judenwitze. Sie können gar nicht genug davon bekommen. Der Höhepunkt seiner Show ist das Lied «Shoananas», in dem er sich über Auschwitz lustig macht. Tausende singen mit.

Die Veranstaltungen sind ausverkauft – auch in der Schweiz. Der von ihm erfundene «Quenelle»-Gruß, bei dem zum Zeichen des Judenhasses und des Vernichtungswunsches die linke Hand auf den zum gesenkten Hitlergruß durchgestreckten rechten Arm gelegt wird, ist inzwischen so populär, dass viele Jugendliche sich in den Straßen und auf Schulhöfen so grüßen und der prominente französische Fußballstar Anelka ihn nach seinem Tor für den englischen Club West Bromwich Albion den Zuschauern im Stadion zeigte. Ein Sponsor kündigte daraufhin seinen Vertrag. Die Banlieue-Jugend ist besonders begeistert, aber auch die Mittelschicht pilgert zu seinen Veranstaltungen. Jean-Marie Le Pen, der offen antisemitische Flügel der Le-Pen-Familie, ist Taufpate der Tochter von Dieudonné M'bala M'bala. Die französische Zivilgesellschaft lässt sich nirgendwo blicken. Vielleicht ist sie erschöpft vom Kampf gegen die Homoehe, vielleicht beginnt auch eine neue Dreyfus-Affäre.

Sein Gesinnungsmix ist ein Angebot für Antisemiten in den Migrantenszenen und für die, die ihre Solidarität auf Palästinenser einengen, ohne zu fragen, was die wollen. Meistens wünschen sie Linke zum Teufel. Die Szenen, die Dieudonné M'bala M'bala nachlaufen, sind gegen den Rassismus, der sich gegen Schwarze und Araber richtet, haben Sympathie für die Radikalität der Islamisten, lehnen den weißen Neo-Kolonialismus ab, hassen Juden und vermuten, dass sie hinter allem stecken. Genau das Richtige für die beiden Frauen aus der Linkspartei, die mit der Gaza-Flottille 2010 zur Hamas vordringen wollten, damit der Weg für Waffenlieferungen frei ist, und die sich unter Deck verstecken mussten, weil die islamischen Krieger fanden, dass Frauen an Deck nichts zu suchen hätten. Für Linke, zumal für deutsche, hätten die Abschiedsrufe im Hafen von Istanbul: «Tod den Juden!» eigentlich genügen müssen, das Schiff zu verlassen. Die französischen Dieudonné-Anhänger leisten sich überdies die nationalistische Geste, die Marseillaise zu singen. Dieser wilde Politmix passt nicht zu den Salonrechten, die keine Schwarzen, Rumänen oder Muslime sehen wollen.

Auf einer Demonstration in Berlin riefen arabische Frauen und Männer: «Juden, Juden, die Armee von Mohammed kommt!» und: «Deutschland! Deutschland! Sieh dich um, Israel bringt Kinder um» und: «Kindermörder! Kindermörder!» Eine Demonstrantin erläuterte der TV-Anstalt das Motiv ihres Hasses: «Im Untergrund sind die, und wir sind alles Marionetten, mit denen die spielen. Das geht alles von höheren Mächten aus. Ich will jetzt niemandem etwas unterstellen, aber es geht mehr um Land gewinnen und um Geld.» Geld, Landgewinn, Allmacht! Sie wollte niemandem etwas unterstellen. Roger Waters von Pink Floyd ließ bei seinen Mammut-Events ein schwarzes Schwein als Ballon über die Köpfe der Fans kreisen. Auf dem Schwein waren die Symbole des Bösen, darunter der Davidstern. Nicht einmal die Israel-Flagge, sondern das Symbol, das Juden während der Naziherrschaft auf dem Jackett tragen mussten. Am Ende des Konzertes wurde das Schwein abgeschossen. Die Menge jubelte. Ein deutscher Pink-Floyd-Fan wurde gefragt, was das Schwein ausdrücken sollte. Er antwortete: «Faschismus im weitesten Sinne, alles, was uns Übles will.» Und der Davidstern? «Schwierige Geschichte, aber der gehört, glaube ich, mit zur Gewalt.»

Das deutsche Zentralorgan für antisemitische Attacs und Linke ist die «Junge Welt» (JW), die sich für links hält und deshalb nicht zu verwechseln ist mit der rechtsradikalen «Jungen Freiheit», obwohl beide mit Juden nicht zimperlich umgehen. Die «JW» deckt in ihrer Ausgabe vom 9.9.2013 eine Verschwörung auf. Je weniger an dem Gerücht dran ist, desto detailgetreuer ist der Bericht. Die Amerikaner, schrieb sie, wollten Syrien angreifen, und der Bundesnachrichtendienst (BND) und die Bild würden gemeinsam «Stimmung für den Angriff» machen. Bild habe nämlich unter Berufung auf den BND berichtet, dass ein Spionageschiff der Bundesmarine im östlichen Mittelmeer Funksprüche syrischer Kommandeure abgehört habe, die «von Präsident Baschar Al-Assad die Zustimmung zu einem Giftgaseinsatz gefordert haben» sollen.

Die «JW» vermutete sogleich eine jüdische Verschwörung: «Der BND arbeitet eng mit dem israelischen Mossad zusammen, der sogenannte Trojaner einsetzt, um andere Geheimdienste irre zu leiten.» Dazu verstecke der Mossad auf einer kleinen Insel vor der Küste Syriens unter einem «künstlichen Felsen» ein Gerät, das Meldungen auffange, die «von der Desinformationsabteilung des Mossad verschlüsselt ausgesendet» würden und nur von dem «Kommunikationsgerät» unter dem Felsen aufgefangen werden könnten. Das Gerät strahle den Text dann «auf einer anderen, offiziellen Frequenz im Feindesland aus», die «wiederum von anderen Geheimdiensten aufgefangen» werde, zum Beispiel vom BND, der den Text dann an Bild gibt. Man muss die Psyche des Antisemiten nicht analysiert haben, um zu begreifen: Hier grassiert der Wahn. Dass den USA ein Angriffskrieg unterstellt wird, den sie auf keinen Fall wollten, nimmt man so hin. Aber warum rufen zwei befreundete Geheimdienste sich nicht einfach an, sondern führen sich unter dem Einsatz von Geräten im Meer gegenseitig in die Irre? Vielleicht aus Freude am Beruf.

Durchaus nicht selten taucht in der «JW» ganz unvermittelt der Jude auf. Werner Pirker schrieb über die Demonstrationen in der Türkei. Die Regierung habe die Proteste nicht nur der Parkrodung zu verdanken, auch «Ankaras Politik der Einmischung in syrische Angelegenheiten wird von der türkischen Bevölkerung mehrheitlich abgelehnt» und «Erdogans neo-osmanische Ambitionen» fänden «unter seinen Landsleuten keinen Anklang. Dass diese abenteuerliche Politik im [...] Einverständnis mit Israel erfolgt, macht sie für die patriotischen Kräfte des Landes vollends unakzeptabel.» Plötzlich ist der Jude da! Nichts wies auf ihn hin, und der Zusammenhang ist aus der Luft gegriffen. Die Türkei und Israel liegen im Streit. Mit dem Konflikt in der Türkei, der durch den Zusammenprall von Moderne, religiöser Regression und Korruption entsteht, hat Israel nichts zu tun. Israel ist schon gar nicht für die Islamisierung der Türkei und für die neo-osmanische Politik zu haben, weil Palästina dann wieder ein osmanisches Protektorat wäre. Die Verschwörungsgeschichte gipfelt in der Behauptung: «Das syrische Gemetzel hat mit Israels ‹Kriegseintritt› eine neue Stufe der Eskalation erreicht.» Hier verliert das Gerücht jede Bodenhaftung. In Syrien metzeln Assads Soldaten, die Hisbollah und diverse Dschihadisten, die JW aber wähnt Israel da im Krieg!

Je mehr man sich der Israel-Kritik der Linken nähert, desto offensichtlicher wird, dass sie sich gegen alle Juden und die Existenz Israels richtet. Nie würde die linke Propaganda Garibaldis Bewegung für die italienische Nation anzweifeln, während der «Zionismus» bei ihr nicht als historische Bewegung für eine jüdische Nation vorkommt, sondern, um der jüdischen Nation die Legitimität abzustreiten, nur als

Wurmfortsatz des Imperialismus und als Hauptfeind der Menschheit. Die antisemitische Linke fordert für Palästinenser den ganzen Staat, dasselbe Anliegen wird Juden ohne Rücksicht auf ihre Verfolgungs- und Pogromgeschichte, die in die nationalsozialistische Totalvernichtung mündete, bestritten – von Anfang an. Die KPD beschimpfte Zionisten 1925 als «Kettenhunde des englischen Imperialismus». Heute sollen sie Handlanger des US-Imperialismus sein. Absichtsvoll soll der Jude es mit demjenigen treiben, der den Weltmachtstatus hat, damit die Allmacht des Juden wabert. Während der antijüdischen Pogrome in Palästina schrieb die «Rote Fahne» 1929 frohlockend: «Der Araberaufstand wächst.» Der alte Wunsch vieler Linker, endlich einmal in der Mehrheit zu sein – beim Antisemitismus geht er in Erfüllung.

Dafür werden minimale linke Anliegen wie Demokratie und Humanismus preisgegeben. Die UN ist nicht ihre Organisation, aber wenn die UN, in der hundert Diktatoren sitzen, Beschlüsse gegen Israel fasst, beruft man sich auf sie, um den einzigen demokratischen Staat im Nahen und Mittleren Osten der Diktatur zu bezichtigen. Man verbündet sich mit solchen arabischen Fronten, die Israel beseitigen wollen, die jüdische Kinder, Frauen und Männer auf Marktplätzen und in Schulbussen in die Luft sprengen, jeden aus dem Gefängnis entlassenen Judenmörder enthusiastisch feiern und von demokratischen und humanistischen Ideen Welten entfernt sind. Die antisemitische Linke fordert selbst nicht die Beseitigung Israels, sie lässt es ihre Verbündeten aussprechen und unterminiert gleichzeitig Israels Existenz, indem sie Gerüchte verbreitet und seine angeblichen oder wirklichen Verfehlungen über alles in der Welt stellt. Selbst wenn es sich um selbstverständliche Sicherheitsmaßnahmen gegen Attentäter handelt. Die Verblendung geht so weit, dass die Attentate in der linken Berichterstattung nicht vorkommen oder als Widerstand glorifiziert werden.

Oben im Salon widmete die «Süddeutsche Zeitung» (SZ) in der Wochenendausgabe 4./5. Oktober 2008, die Krise war auf ihrem Höhepunkt, dem ehemaligen Chef der US-Notenbank Alan Greenspan, dem Sohn jüdischer Einwanderer, eine dreiviertel Seite. Ein großes Farbfoto zeigte seinen Kopf von der Seite. Unter dem Foto stand: «Der Herr der Blasen», rechts neben dem Foto die Frage: «Ist er der Teufel persönlich? Alan Greenspan (großes Foto), 82 Jahre alt, Notenbank-Legende, trägt für viele Experten eine Mitschuld an der Finanzkrise. Jahrelang pumpte er Geld in den Markt und förderte die Immobilienblase [...]» Aus der Mitschuld wird eine Hauptschuld und am Ende die Alleinschuld: «Die Schatten, die sich knapp drei Jahre nach Greenspans Abgang auf sein Werk legen, werden immer größer.» Für eine wachsende Zahl bedeutender Personen sei er «sogar einer der Hauptschuldigen des Debakels. ‹Es besteht kein Zweifel, dass Alan Greenspan die globale Finanzkrise auf dem Gewissen hat›, sagt ein amerikanischer Nobelpreisträger.»

Ein einzelner Mensch soll die Weltwirtschaft in den Abgrund gestürzt haben? Ein Professor von der European Business School wurde aufgetrieben: «Greenspan hat die Krise erfunden.» Das auch noch! Man kann sich den Unterrichtsstoff der Business School lebhaft vorstellen. Wenn ein einziger Jude die Krise erfand, dann wird der Kapitalismus im Ganzen und an und für sich wohl krisenfrei sein. Dabei sei Greenspan gar nicht viel eingefallen, nur: «Zinsen senken». Während die EZB in Europa mit Zustimmung der EU seit Jahren die Zinsen senkt, bis es kaum noch weiter nach unten geht, hat Greenspan – dasselbe getan. Doch die unterstellten Absichten unterscheiden sich. Während die EZB die Wirtschaft mit den niedrigen Zinsen ankurbeln wollte, hat Greenspan die Zinsen laut «SZ» gesenkt, «um die Börsen weltweit wieder auf Wachstumskurs zu bringen».

Beide tun dasselbe, aber der Jude verfolgt damit die Absicht, die Börsenspekulanten mit Geld zu versorgen. Er habe Anleger «aus Festgeldern und Anleihen in Aktien» getrieben, weil «die Renditen bei Staatspapieren nicht mehr stimmten». Getrieben hat er sie. Auch «die unseriösen Kreditvergaben und massenhaften Pleiten soll Alan Greenspan mit seiner Fed befördert haben». Er ist der Allmächtige! Man hatte es geahnt. Die Kreditvergabe an Private und Unternehmen ist nun wirklich Sache der Geschäftsbanken, und Firmenpleiten fallen nicht in seine Zuständigkeit. Nun interessiert uns noch: «Wie reagiert der viel Gescholtene? [...] Tenor seiner Aussagen: ‹Ich bin unschuldig!› So versucht Greenspan, sein Lebenswerk zu retten: Die Exzesse [...] Wie der ewige Optimist in die Zukunft blickt? Die jetzige Krise sei schlimmer als 1929, sagte er kürzlich. Vielleicht saß Greenspan vor dieser Analyse auch in seiner Badewanne. Und sah, wie eine Seifenblase platzte.» Der mächtige Jude, der Herr über Zinsen, der Macher aller Krisen, der «Ewige», der sich den «Exzessen» verschrieb, sich aber nicht zu seiner Schuld bekannte.

Es war Günter Grass, der die große jüdische Bluttat erfand. Israel wolle das iranische Volk «auslöschen» und bedrohe den Weltfrieden, dichtete er. Er wollte die Juden unbedingt zu den Völkermördern zählen, um den deutschen Völkermord zu relativieren und um sich mit seiner SS-Vergangenheit zu versöhnen. Schon sein Weltfriede ist eine Lüge, die Millionen Kriegstote in Afrika für belanglos erklärt. Mit derselben Impertinenz türmen Antisemiten fiktive Opferberge auf, die Juden in künftigen Weltkriegen anrichten würden. Jakob Augstein, Mitinhaber des «Spiegel», häufiger Gast im Fernsehen und auf Klausuren der Linkspartei, schwärmte, Günter Grass habe zu Recht geschrieben, dass Israel «den ohnehin brüchigen Weltfrieden» gefährde und einen Plan schmiede, der «das iranische Volk auslöschen» könne. «Dieser Satz hat einen Aufschrei ausgelöst. Weil er richtig ist. Und weil ein Deutscher ihn sagt.» Er dankte Grass, dass er es auf sich genommen habe, «diesen Satz für uns alle auszusprechen». Religiöse Erlöserrhetorik! Grass hat ihm und den Deutschen den auf ihnen lastenden Fluch genommen. Sie können nun – unter Berufung auf ihren Nobelpreisträger – Juden des beabsichtigten Völkermords und der Gefährdung des Weltfriedens bezichtigen, können also die schlimmsten Taten der Deutschen auf Juden projizieren. Und so führe Netanjahu «die ganze Welt am Gängelband eines anschwellenden Kriegsgesangs», schrieb Augstein in Anspielung auf den «anschwellenden Bocksgesang» von Botho Strauß, mit dem der ausdrücken will, dass Stammeskulturen sich durch die Tötung Fremder naturhaft regenerieren.

Da den Juden weder Völkermord noch Weltkrieg anzulasten sind, konzipieren Augstein und Grass eine fiktive Welt, in der Juden es umso mörderischer treiben. Die realen Kriege stellen in der Scheinwelt des Antisemiten kein Risiko dar – es gibt sie nicht. Auch nicht die Opfer. Der Antisemit verhält sich zwangsläufig gegenüber Millionen Toten in Afrika rassistisch, weil ihm ein einziger, von Israel getöteter Hamas-Krieger wertvoller ist als eine Million Tote mit schwarzer Haut. Die Legende über das, was Juden anrichten können, impliziert die Notwendigkeit, sie in Ketten zu legen. Die gleiche Methode hat Hitler gewählt, als er im Reichstag die Juden für den nächsten Weltkrieg verantwortlich machte und ankündigte, dass sie ihre Tat bereuen würden. Während Grass Legenden in die Welt setzte, deutete Augstein die jüdische Weltherrschaft an: «Wenn es um Israel geht, gilt keine Regel mehr [...] Politik, Recht, Ökonomie – wenn Jerusalem anruft, beugt sich Berlin dessen Willen.» Deutsche Politik, Justiz, Wirtschaft – das alles soll von Jerusalem aus gesteuert werden? Ob dieser Ohnmacht stellt er verzweifelte Resignation zur Schau: «Israel bekommt das, was es will.» Erst hätten «die Deutschen Hunderte von Millionen überwiesen [...] Später haben sie U-Boote hinterhergeschickt.» Für Jerusalem setze man alle «Regeln der guten Haushaltspolitik und der marktwirtschaftlichen Ordnung [...] außer Kraft».

Der antisemitische Verschwörer geht bei allem, was geschieht, von der Schuld des Juden aus. Selbst wenn die Hamas zwanzig Raketen in der Woche auf Israel abschießt, schreibt er sie einer Verzweiflungstat oder einem notwendigen Widerstand zu. Der verkehrte Opferritus impliziert, dass mit jeder Hamas-Rakete automatisch die jüdische Generalschuld wächst. Für Jakob Augstein zum Beispiel ist die Bewaffnung Israels nicht Schutz vor den Vernichtungsdrohungen, sondern eine Bedrohung für die Verkünder. So werde der Iran durch Israel «genötigt», «eine eigene Bombe zu haben», und jede Waffe für Israel erhöhe den Druck auf «arabische Nachbarstaaten, selbst zum Mittel der nuklearen Aufrüstung zu greifen». Den erklärten Feinden Israels die atomare Aufrüstung ans Herz zu legen und Israel die Entwaffnung zu gönnen ist eine Dialektik, die gedanklich die Vernichtung der Juden in Kauf nimmt.

Augstein scheut nicht einmal Begriffe, die Israel in die Nähe des Dritten Reichs rücken. Er propagiert Gaza als «Endzeit des Menschlichen», als «ein Gefängnis. Ein Lager (!)», wo Menschen «zusammengepfercht hausen». Die Gaza-Bewohner haben eine Lebenserwartung von 74 Jahren, so hoch wie in Ungarn und höher als in der Türkei und über hundert Staaten, und sie können, wenn ihnen danach ist, Raketen auf Juden schießen. Man stößt bei Augstein auf alle modernen Kriterien des Antisemitismus: das Vorurteilssyndrom bis zu wahnhaften Projektionen, die modernen Synonyme für Judenheit: Israel oder Jerusalem, den Griff nach der Weltherrschaft, die Störung eines vermeintlichen Weltfriedens, die jüdische Verantwortung für den nächsten Weltkrieg, die Täter-Opfer-Umkehr bis zum unterstellten Völkermord, auf jüdische Blutbäder und Kindsmorde. Man sollte dem Simon-Wiesenthal-Center (SWC) dafür danken, dass es die Weltöffentlichkeit auf den smarten antisemitischen Dauerhetzer aus Deutschlands Top-Medien aufmerksam gemacht hat.

Weder Deutschlands Elite noch sein Tresenpublikum nahmen es hin, dass das SWC den deutschen Journalisten auf die Liste der zehn schlimmsten Antisemiten setzte. Zudem Juden aus den USA, wo jeder Präsidentschaftskandidat «sich vor Wahlen immer noch die Unterstützung der jüdischen Lobbygruppen» zu sichern habe, wie Augstein sagt. Zwar hat der Kandidat sich überall beliebt zu machen, auch bei Schwulen, ohne dass ihnen unterstellt würde, die Welt zu beherrschen. Augsteins antisemitischer Okkultismus taugt nicht mal fürs Astro-TV, doch alle Medien, die als seriös gelten, würdigten ihn als kritischen Journalisten. Er ist einer von ihnen und daher von tadelloser Gesinnung. «Die Zeit» fragte, ob sie «durchdrehen: Israel und seine Lobby»? Die «Süddeutsche» warf dem SWC «eine Feinderklärung» vor, die «FAZ» sah «schwere intellektuelle und strategische Fehler» des SWC. Die «Frankfurter Rundschau» bekannte dümmlich: «Aus Augsteins Texten spricht kein Ressentiment». Peinlich und daher repräsentativ solidarisierte sich der Parlamentskorrespondent der «taz» mit dem «scharfen, rationalen Kritiker» Jakob Augstein: «Wir Antisemiten!» Radio Brandenburg nahm Henryk M. Broder aus dem Programm: «Wir reden stattdessen mit einem Antisemitismusexperten.» Augstein selbst immunisierte sich mit dem gebräuchlichsten Gegengift. Er bedauerte, dass Juden selbst den großartigen Kampf der Deutschen gegen den Antisemitismus schwächten. Aber «jeder Kritiker» müsse damit rechnen, «als Antisemit beschimpft zu werden». Dieser Reflex ist effektvoll, weil er mehrere Stereotype für den Gegenangriff zentriert. Er macht in routinierter Täter-Opfer-Umkehr den Deutschen zum Opfer der Juden, deklariert Juden zu Verursachern des Antisemitismus und kolportiert das Gerücht von der jüdischen Allmacht. Ja, darf denn keiner mehr Israel kritisieren, in einem Land, «wo ‹Israelkritik› Volkssport ist?» («Titanic»).

Kauft nicht bei Juden!

In einer breiten und erfolgreichen europäischen Initiative geht es um die Kennzeichnung bestimmter jüdischer Waren auf der Verpackung. Die NPD, Die Linke, Die Grünen, 22 christliche Organisationen, Attac, Verbraucherinitiativen, Ärzte für das Gute, das Europäische Parlament und die EU wollen dem Verbraucher ermöglichen, jüdische Waren zu selektieren und nicht zu kaufen. Zum ersten Mal traute sich ein deutscher Politiker in einer Rede, die er in der israelischen Knesset halten durfte, den Abgeordneten die Positionen der PLO, einschließlich der von ihnen verbreiteten Propaganda (falsche Daten und Zusammenhänge über die Wasserversorgung) um die Ohren zu hauen. Es war der EU-Parlamentspräsident Schulz (SPD), der dazu erklärte, er habe nun einmal die Ansichten Europas zum Besten zu geben. Umso schlimmer. Die EU fokussiert sich in der Krise tatsächlich immer mehr auf die Israel-Schelte. In einer Epoche, in der Israel von Gaza, Libanon und bisweilen von den Golanhöhen aus beschossen wird, Israel aufzufordern, seine Sicherheitsräume und jüdische Siedlungen zu verlassen, während dem Iran der Einbau von Zentrifugen zur Anreicherung des Urans und die Tests von Langstreckenraketen zugestanden werden, signalisiert über den normalen Antisemitismus hinaus den Wunsch, die Kooperation mit dem Iran und den arabischen Staaten einem Bündnis mit Israel vorzuziehen. Vielleicht in der Hoffnung, dass die EU im Nahen Osten nach dem Abzug der Amerikaner etwas holen kann.

Von keinem Land der Welt verlangt die EU Vergleichbares. In welchem Gebiet China seine Gärten pflegt und Waren herstellt, ob in Tibet, Xinjiang oder Guizhou, und unter welcher gnadenlosen Ausbeutung produziert wird, interessiert niemand. In Argentinien verwalten und verkaufen französische Konzerne das privatisierte Trinkwasser. Kein Mensch kümmert sich drum, dass arme Menschen das Wasser nicht mehr bezahlen können. In Saudi-Arabien dürfen Frauen geschlagen und eingesperrt werden, aber kein Grüner oder Linker käme auf die Idee, das Öl abzulehnen. Genauso wenig die Öl- und Gasversorgung aus Russland – trotz Krieg gegen Tschetschenen und Hetzjagd auf Homosexuelle. Keine Ware aus irgendeiner Diktatur wird boykottiert, nur die jüdische Ware. Ganz offensichtlich sind sich Linke und Nazis dann einig, wenn es gegen Israel geht. Die NPD beantragte im Landtag von Mecklenburg-Vorpommern, «palästinensische und israelische Produkte verbraucherfreundlich zu kennzeichnen» und «klare Herkunftsbezeichnungen einzuführen». 22 christliche Vereine gründeten die Initiative: «Handel gegen Frieden – Wie Europa zur Erhaltung illegaler israelischer Siedlungen beiträgt». Auch Christen sind sich selten so einig. Unterzeichnet hatten Quäker, Baptisten, Methodisten, medico international, Ärzte für die Verhütung des Atomkrieges und Pax Christi. Menschen, die sich politisch links definieren, liefen in Sweatshirts durch Kaufhäuser mit der Aufschrift: «Boykott Apartheid – Made in Israel!» Vor dem Gebäude hissten sie das Transparent: «Israelische Produkte? Kaufe ich nie!» Bei den Nazis hieß es: «Deutsche! Kauft nicht bei Juden!»

Attac war ganz vorne. Auf ihrer Homepage wird Israel gedroht: «Im Gegensatz zu dem Hund von Baskerville bellen die Hunde der Siedlungen laut. Es ist der Klang des Krieges [...] September ist nicht nur der Name eines Monats [...] Er ist das Symbol einer schrecklichen Gefahr, einer unaussprechlichen existenziellen Bedrohung.» Attac unterstützte die Aktion von Pax Christi, jüdische Waren zu kennzeichnen und dazu eine bundesweite Aktion zu starten. Norman Paech (Die Linke) darf auf der Homepage von Attac seitenlang über den Untergang Israels fantasieren, den die Juden wieder einmal selbst zu verantworten hätten. Das Russell-Tribunal habe Israel «als Apartheid-Regime scharf kritisiert». Woanders auf der Welt sei das, was Israel mache, zum Glück noch «ein Verbrechen gegen die Menschlichkeit und strafbar». Das jüdische «Apartheid-System» habe «keine Überlebenschancen. Sein Untergang [...] ist nur eine Frage der Zeit [...] Und wenn sich der Friedensratschlag in diesem Jahr das Motto ‹Bundeswehr raus aus Afghanistan!› gegeben hat, so sollte er für Palästina hinzufügen: ‹Israel raus aus den besetzten Gebieten!›»

Die Reihe setzt sich fort mit der Anfrage der Linkspartei «zur Kennzeichnung von Waren aus Siedlungen in den von Israel 1967 besetzten Gebieten». Sie machte die Bundesregierung darauf aufmerksam, dass «alle europäischen Staaten verpflichtet (sind), für die Einhaltung und Durchsetzung des humanitären Völkerrechts in Israel und den besetzten palästinensischen Gebieten Sorge zu tragen». Deutschland habe «in Israel» für die Durchsetzung des humanitären Völkerrechts Sorge zu tragen! Was prädestiniert Deutschland zur israelischen Aufsichtsmacht? Seine Geschichte? Woher nimmt Die Linke die Unverfrorenheit, Israel zu unterstellen, sie halte humanitäre Rechte nicht ein, obwohl Araber in Israel wohnen, während Juden auf arabischen Böden nicht siedeln dürfen? Warum spezialisiert man sich auf die Markierung israelischer Produkte und verbietet nicht den Import von Waren aus Diktaturen. Die Begründung der Linken: Damit «kritische Konsumentinnen und Konsumenten [...] ihre Kaufentscheidung im Sinne der Achtung des Völkerrechts treffen». Warum sollen israelische Firmen mit Rücksicht auf deutsche Konsumenten nicht produzieren dürfen, wo deutsche Firmen mit nationalsozialistischer Vergangenheit, das sind alle mit einer «großen» Tradition, sich niederlassen dürfen?

Am 26. April 2013 prangerten die Grünen in einer kleinen Anfrage an: «Von israelischer Seite wird als Herkunftsland pauschal Israel angegeben und nicht zwischen Produktionsstätten in Israel in den Grenzen von 1967 und in israelischen Siedlungen aus besetzten Gebieten (Westbank) unterschieden.» Um eine «informierte Kaufentscheidung» zu ermöglichen, solle eine genaue Gebietskennzeichnung auf Waren, die Israel in die EU liefert, erfolgen. Die Bundesregierung solle «Richtlinien erlassen, wonach Produkte aus israelischen Siedlungen als Westjordanland gekennzeichnet werden». Kerstin Müller erklärte, die Kennzeichnung solle den Verbraucher in die Lage versetzen: «Kaufe ich jetzt ein Produkt aus Israel oder aus den Siedlungsgebieten?» Die deutschen Kinderzimmer quellen über von Waren aus China, dem Land mit den meisten Hinrichtungen.

Die EU befindet sich im Prozess der Fäulnis und die Grünen und die Linkspartei faulen kräftig mit. Nach ihrer Leitlinie aus Juli 2013 will die EU Fördermittel nur an israelische Projekte vergeben, die keine Verbindung in die besetzten Gebiete haben. Die «SZ» frohlockte: Ausgeschlossen seien «etwa die neue Universität in der Siedlung Ariel oder ein Hightech-Unternehmen, das sich in Ostjerusalem angesiedelt hat [...] Die EU setzt Israel Grenzen [...] Der mit harten Bandagen geführte Kampf darf als Beleg dafür dienen, dass die Europäer immer weniger bereit sind, Israels Landnahme [...] zu akzeptieren.» Auch Großbritannien, Dänemark und Schweden verdonnerten alle Geschäfte, Waren aus jüdischen Siedlungen und von «palästinensischen Erzeugern» zu kennzeichnen.

«Europäer quälen Israel mit Boykott», schrieb die «FAS» (16.2.14) und zählte auf. Europäische Unternehmen lehnten immer häufiger Waren ab, die in israelischen Siedlungen produziert werden. Dort produzieren rund 1.000 israelische Firmen, die 23.000 Araber zu Löhnen beschäftigen, die weit über dem Niveau des Westjordanlandes liegen. Israel trägt auf diese Weise 300 Millionen Dollar zur Wirtschaftsleistung der Palästinensergebiete bei. Der EU-Botschafter in Tel Aviv, Lars Faaborg-Andersen, erklärte, man müsse nur den europäischen Firmen erklären, welche Nachteile sie haben könnten, wenn sie Geschäfte mit israelischen Unternehmen in diesem Gebiet betrieben, und sie zögen sich zurück. «Die Verbraucher selber entziehen dann durch ihr Verhalten den Israelis einen Markt. Israel wird international immer mehr isoliert.» Inzwischen lehnen große deutsche Handelshäuser israelische Waren aus Siedlungsgebieten ab. Der Tengelmann-Konzern (Kaiser's) gehört dazu und Lidl, bei dem israelische Lieferanten sich schriftlich verpflichten müssen, solche Waren nicht im Sortiment zu haben.

Die Unionsfraktion im Bundestag distanzierte sich wohltuend von der EU. Philipp Mißfelder (CDU) kritisierte die Symbolpolitik. Von den Brüsseler Finanzhilfen an Israel flößen nur 0,5 Prozent in Projekte der genannten Gebiete. Außerdem sei Israel dort die anerkannte Verwaltungsmacht, ohne die Entwicklungsprojekte wie Solaranlagen oder Klärwerke nicht errichtet werden könnten. Die Leitlinien der EU hätten eine ähnliche Qualität wie die jüngste Anfrage der Fraktion von Bündnis 90 / Die Grünen zur Produkt-Etikettierung von Waren aus dem Westjordanland, dem Gazastreifen oder Ostjerusalem. «Anstatt sich israelfeindlich zu äußern», sollten die Grünen sich auf die wesentlichen Fragen des Nahost-Konfliktes konzentrieren: «Das Existenzrecht für Israel, ein Ende von Terrorismus und fundamentalistischer Gewalt sowie die Schaffung von Grundlagen für eine Zwei-Staaten-Lösung, in deren Verlauf auch die endgültigen Grenzen der beiden Staaten geregelt werden».

Wie das postmoderne Wohlgefühl den Antisemitismus ignoriert

Gerhard Hanloser schreibt in seinem Buch «Krise und Antisemitismus», die Projektion wegen der Rafferei richte sich nur noch in den seltensten Fällen gegen Juden, und «sie kann sich auch gegen den ‹Abgabenstaat› wenden». Es ist nicht dasselbe, ob der Bürger zu hohe Steuern und staatliche Geldverschwendung kritisiert oder von jüdisch-amerikanischen

Finanzen annimmt, dass sie deutsche Arbeitsplätze vernichten und die Welt in den Abgrund reißen. Die Klage über die Steuern schafft es bis zum nächsten Karneval, aber nicht zum pogrombereiten Wahn.

Er schreibt, wir lebten «in einer Gesellschaft des Post-Nationalen und der Post-Industrialisierung, die neue Formen des Ticketdenkens produzieren». Tatsächlich leben wir in einer Epoche der nationalen Regression, die Europa zerreißen könnte, und wir erleben die größte Industrialisierungswelle der Geschichte – als messbare Größe. Genau genommen erzählt dieser Zusammenhang aber nichts über den Antisemitismus. Der Antisemit nimmt auf Moderne oder Postmoderne keine Rücksicht. Ideologisch lässt sich jede Materie in eine Fiktion verwandeln, die Industrie in eine Tanzveranstaltung, der Antisemitismus in ein Phänomen des Mittelalters. Man muss nur nicht hinsehen, was heute ist. Hanloser bemüht sich, den Antisemitismus als Spezialität von Wenigen kleinzureden, wohl deshalb, weil er nicht zu der postmodernen Wohlfühlatmosphäre passt. Da glauben zwar 70 Prozent der Deutschen, dass am Juden etwas merkwürdig sei, jeder Zweite hält Juden für «ehrgeizig» und knapp 28 Prozent für «geldgierig und raffgierig», aber Hanloser findet: «Der ewige Deutsche? Es scheint ihn zu geben, er passt jedoch nicht in das aktuell gefragte ‹Regulationsmodell›.» Was ist das denn? Richtet sich menschliches Denken und Verhalten nur nach Regulationsmodellen?

Er hat den Eindruck, dass Geld und Geist heute «gegen die fordistischen alten Prinzipien von ‹Arbeit und Nation› in Anschlag gebracht» werden müssten, der Standort müsse «global denken». Vieles scheine Zygmunt Baumans These Recht zu geben, «wonach der Antisemitismus ein Phänomen war, das zur Moderne gehörte und nun sich abgenutzt habe». So viel Verharmlosung ist unerträglich. Warum antworten wohl 76 Prozent der europäischen Juden, dass der Antisemitismus zunimmt, und warum fühlt jeder dritte Jude sich bedroht? Spinnen die?

Der Antisemitismus habe sich mit der Moderne «erschöpft», «in den postmodernen Zeiten trete nun die Konstruktion von Identität als ‹do it yourself-Job ohne Werkstätten und Fabrikdirektoren› auf. ‹Die Postmoderne hat die Erfolgsaussichten antisemitischer Staatspolitik in weite Ferne gerückt›.» Darüber hinaus «pocht der deutsche Staat auf sein Gewaltmonopol und macht gegen die Straßengewalt der Neonazi-Szene mobil. Der Rassismus und Antisemitismus der Straße zeige sich nämlich als äußerst dysfunktional. In der Welt der Globalisierung» sei das ein «klassisches Randgruppenphänomen» einer «untergehenden Schicht», «weil Neonazis vollends in der alten Welt von Arbeit und Staat gefangen, noch nicht den Sprung des postmodernen Kapitalismus verstanden haben, der auch im ideologischen Sinne einem Paradigmenwechsel der Tugenden zugunsten der neuen Primärkategorien des Raffens propagiert. Der Arbeit entfliehen ist keine Schande, der Wunsch, aus Geld einfach mehr Geld zu machen und die Ideologie des Abzockens gehören zu den zündenden Lebensentwürfen der aktuellen Reklamestrategien» und derlei Unsinn mehr.

Das ist postmodernes Gewäsch, von dem kein Begriff stimmt. Faschistische und rechtspopulistische Parteien verzeichnen den größten Aufschwung in Europa, und der international agierende Kapitalismus sorgt sich sehr um den Aufschwung des «Randgruppenphänomens», das in Österreich auf dreißig Prozent kommt und in Ungarn den Staat regiert. Die Demonstranten gegen Nazi-Aufmärsche machen mit dem Staat und seinen Organen andere Erfahrungen, nämlich die gleichen wie die ganze Gesellschaft in der rassistisch motivierten Mordserie der Nazibande «NSU»: Der Staat ließ Akten, die seine Mittäterschaft vielleicht bewiesen hätten, vernichten. Der Paradigmenwechsel zugunsten des Raffens hat nirgendwo stattgefunden, es sei denn im engeren Kreis postmoderner Banausen, die nach dem achten Bier mit ihren zweihundert Euro an die Börse wollen. Im Gegenteil: Das Raffen ist heute das Verpönte. Die Arbeit treibt immer neue Millionen richtig fordistisch in die Fabriken in Wolfsburg und irgendwo in Bangladesch. Die Arbeitsdisziplin wird in Deutschland gegen die «griechische Krankheit» ins Feld geführt, mit der Faulenzerei und Feiern gemeint ist.

Doch könne durchaus der Sozialtypus auftreten, schreibt Hanloser, der «sich von Verschwörern und Räubern umstellt» wähnt, «spätestens dann, wenn es ums Geld geht». Na also. Aber nur, wenn es ums Geld gehe. Sonst gebe es heute eher den Menschentyp, der dem zirkulären Wahn als «autoritärer Anti-Etatist» verfallen sei, «der nicht mehr die Börse, sondern den defizitären Staat, nicht mehr die Rendite, sondern die Steuern und Abgaben angreift», der nicht die Rendite, sondern die Staatsschuld und die Abgabenlast als Problem begreife. Außerdem sei «der Antisemitismus tabuisiert und gesellschaftlich geächtet, an seine Stelle ist unmittelbar nach 1945 der philosemitische Habitus getreten». Da aber trotzdem vorhanden ist, was eigentlich nicht mehr sein soll: «Allerdings bietet der Israel-Palästinenser-Konflikt die Möglichkeit unverhohlen Antisemitisches von sich zu geben.» Eine ungeheuerliche Bemerkung. 150 Millionen europäische Antisemiten und die tägliche Bedrohung von Juden in Europa soll auf den Israel-Palästinenser-Konflikt und nicht auf die Antisemiten selbst zurückzuführen sein? Die postmoderne Fantasie hat schon viel Unsinn kreiert. Mit der Behauptung, wir lebten in einer Postmoderne, während die halbe Menschheit neu in die Industrieproduktion integriert wird, lässt sich leben, aber die Verleugnung des Antisemitismus erinnert an Max Schmeling, der an der Reling in New York den wartenden Journalisten erzählte, den Juden gehe es im NS-Deutschland ganz hervorragend.

Die angloamerikanischen Finanzen und Herr Wüllenweber vom «Stern»

Schlimmer als der Geldfetisch ist die Fetischisierung des produktiven Kapitalismus, den man verbal von Finanzeinflüssen befreien möchte, um ihn hochleben zu lassen. In der ARD-Dokumentation: «Geld regiert die Welt» (13.1.2014) tönte es aus dem Off: «Seit das globale Geld in der Firma steckt, geht es mit den Arbeitsbedingungen bergab.» Ein Kollege der Firma WMF, berühmt durch die silbernen Bestecke, sagt: «Ich habe mich innerlich von der WMF verabschiedet, weil das nicht mehr die WMF ist, die ich geliebt habe als Firma. Es geht bloß noch um Profit.» Früher, in deutscher Hand, da waren «die Chefs [...] für ihre Leute da, gingen durch die Werkstatt und haben zum Teil nach der Familie gefragt». Heute ist der Investmentriese KKR aus New York an der WMF beteiligt und hinter der KKR steht der Investor Black Rock aus New York, dessen Chef alle Fäden der globalen Finanzwelt in der Hand halte, so die ARD. Sein Name: Larry Fink. TV-Kronzeuge für das gute nationale Kapital und das böse fremde Finanzkapital ist ausgerechnet ein Kollege, für den die Welt in Ordnung ist, wenn der Chef «zum Teil» nach dem Befinden seiner Frau fragt. Warum haben die Deutschen den Laden verkauft? Vermutlich des schnöden Mammons wegen. Warum würde der deutsche Staat seine ganze Gewaltenteilung gegen Kolleginnen und Kollegen der WMF einsetzen, wenn sie sich den Laden aneignen wollten?

Die öffentlich-rechtlichen Fernsehanstalten wechseln zwischen zwei Experten: Professor Max Otte, der die Krise vorausgesagt hat, und Dirk Müller («Mister Dax», dessen Buch «Cashkurs» Nummer eins der «Spiegel»-Bestsellerliste war), der die Krise ebenfalls hat kommen sehen. Jeder Pessimist sieht den Untergang voraus. Manchmal genügt die Erfahrung, dass es mit Börsen rauf und runter geht. Dirk Müller ist «maximal authentisch», ein «Erklärer der Bankenkrise, Schuldenkrise, Euro-Krise», Müller weiß, «was dahinter steckt», schreibt das Handelsblatt. Was steckt dahinter? «Im östlichen Mittelmeer liegt unglaublich viel Öl und Gas», sagt Müller, «aber unsere europäischen Politiker [...] enthalten uns das bewusst vor. Stattdessen sehen sie dabei zu, wie andere sich die Rohstoffe sichern.» Die anderen sind «amerikanische und russische Konzerne». Es gebe «eindeutige Hinweise darauf, dass auch die Geheimdienste im Hintergrund aktiv sind». Es soll Bemühungen «von westlicher Seite außerhalb Europas», also von den USA, gegeben haben, Griechenland zu destabilisieren, weil Karamanlis lieber den Russen das Öl und Gas geben wollte. Dann sei Karamanlis abgesägt worden.

In seinem Buch «Showdown. Der Kampf um Europa und unser Geld» verwandelt Müller die Krise in einen Verschwörungskrimi. Der Euro sei drauf und dran gewesen, den US-Dollar abzulösen. (Das weiß wirklich nur er.) «Es musste dringend etwas geschehen. Gegen Europa bringt man allerdings nicht die sechste Flotte in Stellung, sondern die Einheiten der Wall Street, deren Banken und Ratingagenturen und die Waffe der Geheimdiplomatie.» Nichts muss bewiesen werden, weil alles geheim ist. Giorgos Papandreou, eine «Marionette Amerikas», hat als Geheimprojekt per Selbstanzeige «Griechenland und damit Europa in den Abgrund gestürzt». Papandreou wandte den bekannten Trick an, dass er und seine Leute «alles in ihrer Macht Stehende (unternahmen), um Europa und Deutschland gegen sich aufzubringen». Die Griechen inszenierten so lange Skandale, bis Europa anfing, «sich selbst zu zerfleischen», «stets geschürt von Studien großer Wall-Street-Banken oder US-Ratingagenturen». Dann schickte die Wall Street sogar einen Mörder, um «das Problem Karmanlis final zu lösen». Agenten flüchteten auf einem gelben Geländemotorrad und ein Taxifahrer sagte: «Jeder weiß es, aber öffentlich wird darüber nicht gesprochen.» Umgekehrt war es: Keiner wusste es, aber alle sprachen öffentlich darüber.

Zurück zum Öl. Müller: «Nach übereinstimmenden Aussagen hochrangiger Wissenschaftler und Ölmarktexperten sind die Gasvorkommen im östlichen Mittelmeer so umfangreich, dass sie die gesamte energiestrategische Situation Europas und des östlichen Mittelmeerraumes neu definieren.» Und so sieht Müller alle Konflikte heute mit anderen Augen. Revolutionen in Libyen, Ägypten und Syrien, Konflikt im Libanon, die «Herbeiführung des wirtschaftlichen Zusammenbruchs Griechenlands und Zyperns. Lediglich die US-Verbündeten Israel und Türkei [...] sind nicht direkt betroffen. Wenn es nicht nur ein einziger großer Zufall ist, dass all diese Konflikte nahezu gleichzeitig ausbrechen, dann ließe sich hier an eine Agenda denken, an deren Ende man sich die vollständige amerikanisch-israelische Hoheit über diesen neuen ‹Persischen Golf› vorstellen könnte.» Israel kann machen, was es will, es ist immer dran. Die «JW» fantasiert über Israels Krieg in Syrien, Müller lässt Israel das Mittelmeer beherrschen, weil es nicht an den Konflikten beteiligt ist. Die Pfeile, die da abgeschossen werden, kämen «aus dem angelsächsischen Raum. Da sehe ich eine koordinierte Aktion.» Müller sieht gar nichts, und in der Krisenvorhersage war Nostradamus genauer.

Max Otte teilt den Kapitalismus in den «aggressiven, transaktionsorientierten, sehr renditeorientierten angelsächsischen», der auf dem Vormarsch sei, und in den guten, den «wir in Kontinentaleuropa als soziale Marktwirtschaft bezeichnen, einen sozialen Kapitalismus, einen Kapitalismus mit Regeln für alle, und in diesem Kampf der Betriebssysteme setzt sich der angelsächsische Kapitalismus durch. Wir stehen vor einem Kollaps der sozialen Marktwirtschaft.» Wenn man bedenkt, was in Europa mit den Ländern im Süden und in Irland geschieht, welche sozialen Versorgungen beseitigt werden und wenn man bedenkt, welche Geschichte der deutsche Kapitalismus hat, sind solche Bemerkungen schamlos. Otte schreibt: «Diese Finanzoligarchie, bestehend aus Investmentbanken, Hedgefonds, Schattenbanken, Ratingagenturen und weiteren Akteuren, ist die derzeit dominierende zivile Weltmacht. Das ist keine irgend geartete Verschwörungstheorie [...]» Doch, Otte, das ist es. Otte traut sich selbst nicht so ganz, denn an anderer Stelle, wo er einem «Machtkomplex aus Wissen und Geld» auf der Spur ist und herausgefunden haben will, dass sein «Zentrum [...] nach wie vor die Wallstreet» sei, fügte er wieder hinzu: «Es geht hier nicht um ‹Verschwörungen›». Doch, auch hier! Darum geht es schon deshalb, weil Otte genauso wie die Linkspartei den Kapitalismus unwissenschaftlich in eine Finanz- und eine Realwelt trennt und die Welt der realen Ausbeutung des Menschen rühmt. Wer behauptet, dass Probleme nur durch «Hedgefonds oder Private-Equity-Gesellschaften» entstünden, gibt das Glaubensbekenntnis für den Kapitalismus ab.

Die Private-Equity-Branche setzt Gelder ihrer Investoren und Kredite ein, um Firmen zu kaufen, zu betreiben, Gewinn zu machen oder die Firma mit Gewinn zu verkaufen. Das ist genauso unseriös wie der ganze Kapitalismus, der so wie eine «Heuschrecke» funktioniert. Die Eigentümer von WMF machen hundert Jahre Gewinn und verkaufen dann die Firma. Als der TV-Gerätehersteller Loewe pleite war, übernahm eine Gruppe deutscher Familienunternehmer und Branchenkenner den Laden. «Die Traditionsmarke solle in deutscher Hand fortbestehen», schrieb die «JW». Die erste Geschäftshandlung der Deutschen war die Auslagerung der Geräteproduktion nach China.

Ottes Lösung lautet: «Eigenkapitalfinanzierung»: «Die Basis einer marktwirtschaftlichen Ordnung ist freilich das Eigenkapital.» Eigenkapital ist aber nichts anderes als der vom Inhaber einbehaltene Mehrwert, ist die in Wert umgesetzte Zeit, die der Kapitalist den Arbeitskräften raubt. Sowohl das Fremdkapital als auch das Eigenkapital sind fremde Werte, wobei das Eigenkapital nicht an die Arbeitskräfte, die es erwirtschaftet haben, zurückzuzahlen ist, während der Kredit bei den Banken abgestottert werden muss.

Jürgen Habermas will gesehen haben, dass «ein gewisser Triumphalismus [...] der angelsächsischen Lösung der inzwischen aufgestauten ökonomischen Probleme Rückenwind gegeben» habe. Überall liest und hört man, dass der Angelsachse die Kultur in Europa bedrohe, obwohl sich in Europa nichts so schnell ausbreitet wie faschistische, rechtspopulistische, antisemitische und antiislamische Stimmungen und Parteien. Es könnte die Zeit kommen, da man bei den Angelsachsen wieder um Hilfe bittet. Für Habermas traf der höhere europäische Geist auf den «realpolitischen Zynismus der Abgebrühten» in den USA. Er fluchte über Amerikas «Sicherheitsdoktrin, die völkerrechtlichen Grundsätzen spottet». Dass deutsche Bomber Belgrad ohne UN-Mandat bombardiert hatten, heilte er mit philosophischer Magie: «Milosevic muss gestoppt werden» durch den Krieg «der demokratischen Staaten, die eine Beschlusskompetenz ausüben, die, wenn es bereits heute mit rechten Dingen zuginge, unabhängigen Institutionen zustünde». Das Deutschland ohne internationale Legitimation losbombte, war demzufolge legitim, weil die Tat legitim gewesen wäre, wenn es heute mit rechten Dingen zuginge. George W. Bush war derselben Meinung. Die USA begannen ihre Kriege ohne UN-Mandate, weil sie die, wenn es mit rechten Dingen zugegangen wäre, umstandslos bekommen hätten.

Habermas zitiert zustimmend Streeck (Max Planck): «Gleichzeitig verwandelten sich die Kapitalmärkte in Märkte für Unternehmenskontrolle, die die Steigerung des shareholder value zur obersten Maxime guter Unternehmensführung erhoben [...]» Der Shareholder-Value ist der Firmenwert. Ihn zu steigern, statt in Konkurs zu gehen, ist keine angelsächsische Spezialität, sondern das Nonplusultra der Marktwirtschaft. Als hätten deutsche Unternehmer von Amerikanern und Briten zum ersten Mal gehört, dass man im Kapitalismus auch Profit machen kann. Habermas: «Vor den Toren der Europäischen Währungsunion wacht ein britischer Premier, dem es mit der neoliberalen Abwicklung des Sozialstaates nicht schnell genug geht und der, als der wahre Erbe Margaret Thatchers, eine willige Bundeskanzlerin aufmunternd antreibt [...]» Außer Habermas kommt kein Mensch auf die Idee, dass der Brite Deutschland antreibt und kontrolliert oder den Griechen das Leben schwer macht.

Weiter unten im Geiste, bei Walter Wüllenweber vom «Stern» (Ausgabe vom 1.8.2013), geht's einfacher zu. Er will herausgefunden haben: «Rücksichtslosigkeit ist die prägende Charaktereigenschaft» des

Amerikaners. Die Erkenntnis wird er aus Cowboy-Filmen gewonnen haben. «Kompromisse sind ihm wesensfremd», hatte er herausgefunden. Seine recht eigenwillige Erklärung: Amerikaner seien in einem weiten Land aufgewachsen, in dem niemand mit seinem Nachbarn sich je habe absprechen müssen. Im Gegensatz zu Immanuel Kant, der den Charakter aus dem Blut und dem Klima ablas, versteift Wüllenweber sich auf die Landschaft. Bei uns sei das alles anders, denn es gebe auf dem europäischen «Kontinent kein weites Land». Da sei alles eng, weshalb Europäer gelernt hätten, Kompromisse zu schließen. Kompromisse seien zwar «umständlich» und «manchmal [...] faul. Doch gibt es keine Alternative» zu ihnen. Dass der Deutsche besonders kompromissfähig sei, läge daran, dass «in Deutschland kaum ein Ort weiter als zwei Autostunden von der nächsten Grenze entfernt» sei. Wüllenwebers verkehrslastige Sein-schafft-Bewusstsein-Definition kann nicht erklären, warum die Europäer trotz dieser raumbedingten Vorteile ständig übereinander herfielen, besonders oft die Preußen und die Deutschen über ihre Nachbarn, während die Amerikaner trotz ihrer kompromisslosen Weite nur einen einzigen Sezessionskrieg hatten. Wüllenweber muss sich doch fragen, warum keiner den Deutschen vor den Weltkriegen erzählt hat, dass sie wegen der räumlichen Enge ganz sanftmütige, zur Versöhnung neigende Wesen sind.

Wüllenweber dehnt den Vorwurf auf den NSA-Skandal aus, den er als «milliardenfachen digitalen Verrat durch Amerika» interpretiert. «In jedem einzelnen von uns sieht Amerika ein Sicherheitsrisiko. Wir sind nicht mehr Schutzobjekt, sondern Angriffsziel. Uns zu hintergehen war keine unvermeidliche Nebensächlichkeit. Der Betrug ist eine tragende Säule der militärischen Strategie des langjährigen Verbündeten. Das Land der Freien ignoriert unsere Freiheit mit System. Und wir dachten, wir wären Freunde.» Diese verlogene Freundschaft! Die größten Amerikahasser in Deutschland mimen die enttäuschten Freunde der Amerikaner. Sie hatten spätestens seit dem Vietnamkrieg oder dem von der CIA organisierten Putsch in Chile mit den USA gebrochen. Gegen diesen Bruch war das Abhören von Angela Merkel lächerlich. Dass Deutsche sich durch den amerikanischen Geheimdienst bedroht fühlen, die Überwachung durch den Inlandsdienst aber normal finden, liegt auf der gleichen Ebene, wie sie nach der Wiedervereinigung froh waren, dass ihr Dienst den ostdeutschen besiegt hatte. Herr Wüllenweber klagt Amerika, sich selbst bemitleidend, an, obwohl ihm kein Leid zugefügt wurde. Natürlich hatten die US-Geheimdienste es nicht auf ihn abgesehen, sondern auf deutsche Firmen, deutsche Waffenlieferungen an Saudi-Arabien und dunkle Geschäfte mit dem Iran. Amazon,

Apple, Facebook oder Google «bieten nicht immer die beste Technik oder den besten Service. Aber sie ziehen schneller», sagt Wüllenweber und befindet sich gedanklich wieder im Western.

Die amerikanische «Gier bescherte der Welt eine Wirtschaftskrise, für deren Schäden auch künftige Generationen noch geradestehen müssen. Bei den Aufräumarbeiten kommt für Amerika ein Kompromiss mal wieder nicht in Frage. Die USA blockierten jahrelang internationale Vereinbarungen, die Banken zu mehr Eigenkapital in ihren Tresoren zu verpflichten.» Wüllenweber weiß nicht, wovon er redet. Das Eigenkapital der Banken beträgt in den USA immerhin sieben Prozent der Bilanzsumme, in Europa nur drei Prozent. Wüllenweber findet aus seinem Verschwörungsfilm nicht mehr heraus. «Die naiven Europäer suchen in solchen Verhandlungen immer den Ausgleich, so wie sie es aus der EU gewöhnt sind.» Fragt Griechen und Zyprer! Plötzlich schreibt Wüllenweber: «Obama ist der coolste politische Führer unserer Zeit. Er hat die Krankenversicherungspflicht [...] durchgekämpft. Er hat wenigstens versucht, die Waffengesetze zu ändern und Guantánamo zu schließen.» Doch Papa «hat sich abgewendet. Sein Blick geht nach Asien. Deutschland ist für ihn ein Fall für die NSA.»

Der Antiamerikanismus ist eine beachtliche Projektionsleistung. Hans und Franz konsumieren amerikanische Kultur – Rock, Pop, Hollywood, Literatur, Theater – und bezichtigen die Amerikaner der Kulturunfähigkeit und der Folter. Gerade erst hatte das Antifolterkomitee des Europarates festgestellt, dass in europäischen Gefängnissen Folter zum Alltag zählt. In spanischen Haftanstalten spielt man mit Häftlingen Erstickungstod, indem man ihnen Plastiktüten über den Kopf zieht. In Bulgarien entfällt die medizinische Versorgung, Italien und Griechenland wurden vom Europäischen Gerichtshof für Menschenrechte wiederholt wegen Misshandlungen verurteilt. Das Antifolterkomitee rügte insbesondere die «nachlässige ärztliche Untersuchung von Folteropfern in europäischen Haftanstalten». «Auch in zivilisierten Ländern Westeuropas gibt es Missstände», stellte das Komitee fest, sagte aber nicht, welche Länder es meine, weil es zur Vertraulichkeit verpflichtet sei.

13. Die große Bereinigung und die Systemfrage

Die Konstante im Kapitalismus ist, dass der Kapitalberg immer wieder seiner Vernichtung entgegengeht und dabei große Verheerungen anrichtet. Etwas theorielastig würde man sagen, dem europäischen Kapitalismus steht eine Zeit der Entwertung und Vernichtung von Kapital bevor, um die organische Zusammensetzung des Kapitals nach unten zu korrigieren. Erst das fiktive Kapital, dann die unrentablen «Überkapazitäten», schließlich auch Ersparnisse. Durch die Korrektur stellen sich eine erhöhte Profitrate und eine größere Handlungsfähigkeit des Staates ein. Vielleicht wird Deutschland dann seine Militärausgaben verdoppeln können, um afrikanische Länder und die Westukraine einzunehmen. Nouriel Roubini schrieb: Der Höhepunkt einer Finanzkrise sei zwar nicht der ideale Zeitpunkt für die Gesundschrumpfung, «doch irgendwann muss sie kommen. Schulden müssen erlassen werden, Banken müssen untergehen, Automobilhersteller müssen Fabriken schließen.»

Der US-Ökonom Kenneth Rogoff sagt: «Es kann keine Rückzahlung der Schulden zu 100 Prozent geben. Das gilt für Griechenland, Portugal und Spanien, vielleicht auch für Irland und Italien. Das heißt nicht, dass offiziell Schulden gestrichen werden, es geht auch über die Verlängerung von Fristen oder die Herabsetzung von Zinssätzen.» («HB», 2.12.2013) Der Rechtskeynesianer Professor Hankel fasste den kapitalistischen Kreislauf so zusammen: «Aus jedem Blutbad geht der Kapitalismus gestärkt hervor [...] Am Ende wird das Zerstörte wieder aufgebaut, Aufträge werden erteilt, Einkommen geschaffen, und es stellt sich je nach der Dimension der Katastrophe ein größeres oder kleineres Wirtschaftswunder ein.» Die Kapitalvernichtung gehört genauso zum Kapitalismus wie die Kapitalvermehrung. Es ist Sache der Masse der Nichteigentümer, das wiederkehrende Blutbad zu beenden.

Europa siecht nicht einträchtig dahin, es bricht förmlich auseinander. Griechenland und vermutlich bald andere Länder oder Regionen Südeuropas fallen zurück in einen «Dritte-Welt-Status». Die europäische Solidarität, mit der die Menschen in der Ukraine geködert werden, um die Ukraine oder – im Falle der Spaltung des Landes – die Westukraine an Deutschland und die EU anzuschließen, ist pure Heuchelei. Denn zur selben Zeit wird in Griechenland das Sozialsystem zerstört, um so viel Geld wie möglich aus der Bevölkerung herauszupressen. Forscher der britischen Universitäten Cambridge, Oxford und London haben in einer im Februar 2014 veröffentlichten Studie die Folgen der von den internationalen Kreditgebern (Deutschland, EZB, EU, IWF) geforderten Einsparungen im Gesundheitswesen von sechs Prozent des Bruttoinlandsprodukts bekannt gegeben. Die Lebenserwartung in Griechenland hat sich in sechs Jahren dramatisch verkürzt. Die Ursachen: Die Ausgaben für Medikamente wurden halbiert, die Einnahmen der Kliniken um 25 Prozent gesenkt, wer zwei Jahre ohne Arbeit ist, verliert die Krankenversicherung. Auf Deutschland übertragen entspräche die Sparvorgabe einer Halbierung der Gesundheitsausgaben von insgesamt 320 Milliarden Euro.

Die dramatisch anwachsende wirtschaftliche und soziale Disparität in Europa wirft die Frage auf, wie lange es den Euro und die Eurozone noch geben wird. Wolfgang Schäubles Berater Kai A. Konrad, Direktor am Max-Planck-Institut in München, analysiert realistisch, dass Deutschland «in den nächsten Jahren weiter von der Krise profitieren» und einen Zuzug von Fachkräften aus dem übrigen Europa erleben werde. So entstünden «auf der einen Seite leistungsfähige Zentren in Europa und auf der anderen Seite ganze Gebiete voller Rentner und Transferempfänger. Europa gerät so in eine Mezzogiorno-Situation.» Entweder bricht die Eurozone auseinander, oder Deutschland alimentiert dauerhaft die Armutsregionen. Dann hätte die westdeutsche Wirtschaft nicht nur Ostdeutschland, sondern auch andere europäische Krisengebiete zu finanzieren. Diese Perspektive ist weder mit der deutschen Politik noch mit dem deutschen Nationalbewusstsein hinzubekommen.

«Angesichts dieser Spannungen droht dem Euro das Aus», vermutet Konrad. Die Krisenstaaten aus dem Euro zu drängen, wie es die deutschen Nationalisten wollen, hält er für unmöglich: «Die dann wegen der Währungsabwertung höheren Auslandsverbindlichkeiten würden das Land erdrücken [...] Wenn, dann muss Deutschland aus dem Euro raus.» (Interview in «Die Welt» vom 17. 8. 2013). Derselben Meinung ist der Großspekulant George Soros, der in Frankfurt vor Managern der deutschen Hochfinanz sagte: Die Krise lasse sich nur lösen, «wenn Deutschland endlich die Idee einer europäischen Staatsanleihe akzeptieren würde [...] Auf jeden Fall hat Deutschland kein Recht, den anderen Ländern dies zu verwehren, sonst müsste Deutschland aus dem Euro ausscheiden und nicht etwa Italien.»

Im europäischen Massenbewusstsein werden die regressiven Tendenzen zurück zur Nation oder Region so oder so wachsen. Das Schweizer Referendum, in dem eine knappe Mehrheit sich für die Einschränkung des freien Personenverkehrs in Europa aussprach, ist eine ernst zu nehmende Prognose über die Entwicklung des Massenbewusstseins in Europa. Etwas mehr als 50 Prozent votierten für die Wohlstandsabschottung. Nach dem ZDF-Politbarometer Ende Februar 2014 sprachen sich in Deutschland 55 Prozent für eine Zuwanderungsbegrenzung aus, also mehr als in der Schweiz. Das Schengen-Abkommen erlaubte den Personenverkehr innerhalb Europas ohne Grenzkontrollen und Auflagen für weiße Europäer, bei gleichzeitiger Abschottung Europas gegenüber Flüchtlingen und rassistischer Polizeikontrolle innerhalb Europas.

In der Krise addiert sich zu den nationalistischen und rassistischen Grundgefühlen die Angst der Mittelschichten vor dem Abstieg. Was in der internationalen Politik der sich verstärkende Protektionismus ist, ist in den europäischen Gesellschaften der Wunsch, einen Schutzwall um das eigene Einkommen und das verbliebene Vermögen zu ziehen. Die Schweizer mögen hundert Aversionen gegen Flüchtlinge und Deutsche haben, im Falle der Deutschen lässt sich sicher auch eine Reaktion auf deren protziges Auftreten feststellen, es geht im Kern aber um die Angst, dass Arbeitslose, Studenten und qualifizierte Fachkräfte aus dem europäischen Ausland den Schweizern die Plätze streitig machen. Abstiegsängste befördern nationalistische Ab- und Ausgrenzungen.

Und die werden vermutlich wachsen, denn wir stehen am Anfang einer Epoche, in der den Massen in den Zentren versteckte und aufgeschobene Krisenverluste aufgebürdet werden. Die Staatsschulden und maroden Banken sind zu sanieren, gleichzeitig erzielt der Kapitalberg in Europa keine Profit- und Wachstumsraten, aus denen die Verluste sich locker finanzieren ließen. Den Krisenländern steht das Wasser bis zum Hals, und die Umstellung der Produktionsverhältnisse auf eine Schadensvermeidung erfordert einen hohen Investitionsaufwand, der zu Lasten des Konsums geht.

Einige Staaten sind hoffnungslos verschuldet, Griechenland mit 170 Prozent, Portugal mit 128 und Italien mit 133 Prozent des Bruttoinlandsprodukts. Und im Gegensatz zu den USA hat Europa seine Bankenkrise verschleppt und die Bereinigung daher noch vor sich. Europa ist voller Zombiebanken, die nur durch billiges Geld von der EZB am Leben gehalten werden. Der ehemalige EZB-Direktor Jörg Asmussen sagt: «Die Euro-Zone braucht einen ähnlich gründlichen Prozess», wie in den Vereinigten Staaten. Vielleicht lässt die Bereinigung der Bankbilanzen sich auf Jahrzehnte strecken. Das wäre dann eine lange Epoche der Zwangsausterität, denn ohne Staatshaftung wird das Bankenwesen wieder vor dem Ruin stehen.

Möglichst schonend wird den Sparern bereits beigebracht, dass sie einen Teil ihres Guthabens verlieren werden. Erst hatte der IWF den europäischen Staaten empfohlen, allen Sparern zehn Prozent ihres Sparvermögens wegzunehmen. Ende Januar 2014 griff die Deutsche

Bundesbank den Gedanken wieder auf: «Im Vergleich zur Staatsinsolvenz könnte die Erhebung einer Vermögensabgabe wohl strukturierter und geordneter gestaltet werden.» Sie schlug «eine einmalige Vermögensabgabe» zur Sanierung der Staatskassen vor. Schnell und ohne Vorankündigung müsse den Leuten das Geld abgenommen werden. Am besten am Wochenende, wie auf Zypern, um einer Kapitalflucht zuvorzukommen. Gegen Ende 2014 wird die EZB-Bankenaufsicht die Bilanzen von über 120 europäischen Großbanken durchforsten und auf abschreibungspflichtige Aktiva stoßen. Der Kollaps wurde hinausgezögert, indem die wertlosen Aktiva (uneinbringliche Kreditforderungen an Firmen und Privatpersonen) nicht abgeschrieben, sondern zum Nominalwert in den Büchern gelassen wurden. Eine Reihe von Bankbilanzen ist also frisiert. Ein Trick besteht darin, Kredite, die nicht mehr getilgt werden und abgeschrieben werden müssten, gegen neue Kredite mit längeren Laufzeiten oder gegen sogenannte Debtor Warrants auszutauschen. Das sind Kredite, die zunächst einmal nicht bezahlt werden müssen, sondern erst in der Zukunft unter ominösen Bedingungen wieder aufleben.

Nach Schätzungen belaufen sich die wertlosen Kredite auf 30 Prozent der Bilanzsummen. Bei einem Eigenkapital von durchschnittlich drei Prozent der Bilanzsumme in Europa (USA: sieben Prozent) würden die Banken schon bei einer Abschreibung von etwas mehr als drei Prozent Konkurs anmelden müssen. Irgendwann müssen die faulen Aktiva zu Lasten von irgendwem abgeschrieben werden. Und auf der Passivseite stehen den faulen Forderungen eben die Spareinlagen gegenüber. Geplant ist, dass bei der Abwicklung der Pleitebanken zuerst die Anteilseigner der Banken (Aktionäre) haften, dann die Gläubiger der Bank (Inhaber von Anleihen), dann Sparer mit mehr als 100.000 Euro. Es folgt ein von den Banken selbst gespeister «Einlagensicherungsfonds», der in zehn Jahren 55 Milliarden Euro angesammelt haben soll. Das Geld in diesem Topf haftet nach Nationen getrennt. Wenn eine italienische Bank pleite geht, wird das von deutschen Banken eingezahlte Geld nicht angetastet. Gemessen an den europäischen Spareinlagen von insgesamt 6.900 Milliarden Euro, sind 55 Milliarden Euro für die Einlagensicherung nur ein Placebo.

Die Bilanzen der Notenbanken in den Industriestaaten haben sich von 2007 bis 2013 von 3,3 Billionen Dollar auf zehn Billionen Dollar verdreifacht, ohne dass diesem Buchgeld reale Werte gegenüberstünden. Die Staatsverschuldung der sieben bedeutendsten Industrienationen USA, China, Japan, Deutschland, Großbritannien, Frankreich und Italien ist in dieser Zeit um 18 Billionen auf 42 Billionen Dollar gestiegen.

Irgendwann wird das Experiment, das System mit billigem Geld zu fluten, beendet sein. Dann werden die Zinsen steigen, die Kredite teurer und Unternehmen und Privathaushalte Probleme bekommen, ihre Schulden zu tilgen. Mit dem Anstieg der Zinsen beginnt möglicherweise auch die Inflation.

Bei der Fokussierung auf die Banken wird häufig übersehen, dass die Schulden der Unternehmen (ohne Banken) und Staatshaushalte in der Eurozone (ohne Deutschland) in zehn Jahren von 130 Prozent auf 180 Prozent des BIP gestiegen sind. Die Schulden steigen, und die Vermögen werden laufend geschmälert. Bei Null-Zinsen und 2,5 Prozent Inflation, sind die Ersparnisse in 20 Jahren halbiert. Gewinner sind die Banken durch die Zinsdifferenzen (15 Prozent Überziehungskredit), der Staat, der sich billig Geld beschafft, seine alten Kredite mit entwertetem Geld zurückzahlt und durch die inflationär gestiegenen Umsätze, Gewinne und Einkommen mehr Steuern einnimmt; und vor allem gewinnt der produzierende Kapitalismus, der durch seine jährliche Preissteigerung das Geld der Konsumenten stiehlt, ohne ihnen dafür eine Gegenleistung anzubieten. Im freien Fall befinden sich auch die 1800 Milliarden Euro von Deutschen angesparter Lebensversicherungen für die private Altersversorgung.

Auf der Produktionsebene ist der deutsche Versuch, mit der dritten, der grünen industriellen Revolution (nach Dampfmaschine und Massenmobilität) Vorreiter einer neuen Epoche zu werden und Konkurrenzvorteile zu erlangen, durch die Rückkehr etlicher Staaten zur Atomkraft (China, Großbritannien) und dem vom Fracking ausgelösten Verfall der Energiepreise in den USA gebremst worden. Die in Deutschland geplanten Stromautobahnen verbinden den Süden nun doch zunächst wieder mit Braunkohlengebieten. An der Umstellung des Kapitalismus auf grüne Techniken führt aber perspektivisch kein Weg vorbei. Sie wird ein großes Investitionsvolumen erfordern und alles andere als sanft und friedlich sein, zumal sie mit der Nachindustrialisierung der halben Weltbevölkerung zusammenfällt.

Gaskraftwerke, Megawindräder, Solaranlagen, Speicherfabriken, Stromautobahnen auf dem Kontinent und irgendwann auch als Verbindung zwischen Europa und den Solarfabriken in Nordafrika, schwimmende Städte und Fabriken werden Beton, Stahl, Kupfer verschlingen. Die Mehrwertkette des regenerativen Imperialismus ist nicht weniger blutig als die in Kolonialzeiten. Allein die Okkupation der Böden für den Anbau von Energiepflanzen geht zu Lasten der Pflanzen, die dringend als Nahrungsmittel benötigt werden. Es kommt hinzu, dass China, Indien, Saudi-Arabien und andere Staaten in Afrika fruchtbare Böden auf

Vorrat kaufen, um die vom Klimawandel verursachten Verwüstungen in den eigenen Ländern kompensieren zu können. Für die unaufhaltsame Angleichung der Verkehrsdichte wird man tausend Stoffe aus der Erde holen. Der regenerative Kapitalismus wird die letzten Freiflächen industrialisieren. Meere, Berge, Wälder, Äcker und Wüsten werden gepflastert mit Monokulturen und neuen Industrien. Für Kabelstrecken durchs Mittelmeer wird man in der halben Welt nach Kupfer baggern. Da kein Windrad, keine Photovoltaikanlage, kein Hybridantrieb, kein E-Mobil ohne Seltene Erden auskommt und China deren Monopollieferant ist, werden Afrika, Osteuropa, Australien und Kanada umgegraben. Um sich aus den Klauen Chinas zu lösen, hat Deutschland bereits langfristige Schürfrechte mit der Mongolei und Kasachstan vereinbart und marschiert mit seinem Militär neuerdings durch Afrika.

Bei der grünen Revolution geht es nicht um bessere Einsichten. Die Antriebsfedern sind die vom Kapitalismus selbst verursachten verheerenden Schadensbilanzen der Kohle- und Öl-Ökonomie und die Mutation von Produktionsmitteln zu Apparaten mit hohem Selbstzerstörungspotenzial (Atomkraft). Der Klimawandel hat die Schwelle, nach der es kein Zurück mehr gibt, überschritten. Forschungsinstitute empfehlen, mit «Anpassungsmaßnahmen» zum Schutz vor massiven Niederschlägen, tropischen Wirbelstürmen und Flutwellen in Europa unbedingt zu beginnen. Der Zwang zur grünen Revolution wächst allein dadurch, dass die Nachindustrialisierung sich auf der bisherigen stofflichen Basis nicht bewältigen lässt. Das weltweite Industriepotenzial wird sich in 20 Jahren verdoppelt haben. Bei drei Milliarden neuen Autos versagen der Rohstoffnachschub, das Klima und die Böden. Von sanfter Energie zu sprechen, ist ein Werbetrick. Der grüne Kapitalismus entfernt sich von der Betonindustrie der 60er-Jahre, indem er sie verdoppelt. Die Millionen Arbeitskräfte, die in China Staudämme bauen, erinnern an den Eisenbahnbau durch die Rocky Mountains oder in Sibirien. Zu befürchten ist, dass der grüne Kapitalismus, einschließlich der Reaktivierung der Kolonialsysteme, eine größere moralische Legitimation erhält als bisherige Akkumulationstypen, weil er sich als Retter der Menschheit anbietet.

Die neue industrielle Revolution schafft eine neue Klasse von Kleinproduzenten, die über Einkommen und Grundbesitz verfügen und die im Unterschied zum ewig nörgelnden, sich betrogen fühlenden Kleinbürgertum, das einem auch im Gewand des um seine Dividende betrogenen Kleinaktionärs begegnet, reinen Herzens und im Bewusstsein, etwas Gutes zu tun, mit Strom handelt. Vom Konzern über das Kleinbürgertum bis zum Proletariat werden alle nur Gutes tun, und sei es, dass die neue Klasse über ein Eigenheim mit Photovoltaik auf dem Dach seinen Nebenerwerb steigert. Im Fernsehen wurde das ökologische Superdorf mit den neuen Menschen vorgestellt: Spiegel auf den Dächern, private Rapspresse im Keller, die Viehfutter und Sprit produziert. Der Dorfphilosoph sagte: «Hier funktioniert die menschliche Gesellschaft ähnlich wie im Tierreich.» Aber der Mensch wolle auch Geld sehen. Da habe er vorgerechnet, dass ein gemeinsames «Bürgerkraftwerk» (Blockheizkraftwerk) teures Heizöl ersetze. Verheizt werden Industriemais und Pappelwälder.

Das Vereinsleben blühe wieder auf, weil man immer etwas entscheiden müsse: Wasserkraft, Windkraft, Photovoltaik, «grad so, als könnte sich jeder das Liebschte aussuche». Alle zögen am gleichen Strang, keiner wolle im Verdacht stehen, die Abhängigkeit Deutschlands von Ölscheichs und Ölmultis zu fördern, statt heimische Industrien und das Handwerk, bei denen ihre Kinder in die Lehre gehen. Drei Geschwister im pubertären Alter hatten von Oma Geld geerbt. «Zuerscht» hätten sie es ausgeben wollen, dann aber auf Anraten des Vaters ins Solardach investiert. Das bringe zehn bis zwölf Prozent. Viktor erzählt, seine Mitschüler hätten es schon komisch gefunden. Er habe ihnen dann erklärt, «dass es ja auch wächst, das ganze Geld, durch den Strom, wo man einsparen kann. Für später, wenn du alt bischt.» Diese Dörfer mögen die Welt retten, aber wer mag in ihnen leben?

Die staatlich geförderte Schaffung der Klasse von Millionen Wertproduzenten, die neben ihrer ordentlichen Arbeit ihre Schatzbildung in Kapital auf dem Dach verwandeln, ist die revolutionärste Erscheinung der Energiewende. Der Kapitalismus hat «die Dinge und Kräfte so vervielfacht, dass es zu deren Verwaltung nicht bloß der Könige, sondern auch der Bürger nicht mehr bedarf: nur noch Aller» («Dialektik der Aufklärung»). Aber bei voranschreitender Ausdifferenzierung. Nur die Nebenerwerbsunternehmer setzen Arbeitskräfte für Installation, Wartung und Reparatur ein, verhandeln mit Netzbetreibern und organisieren den Schutz fürs Bürgerkraftwerk, konzentrieren dadurch Macht über Nichteigentümer. Ihre Gesinnung ist geprägt von nationaler Autarkie und lokaler Auftragslage. Wer nicht das Geld hat, in Luxusräumen zu siedeln oder im Urlaub in die Ferne zu fahren, sitzt möglicherweise zwischen Spiegelanlagen, wo früher Wiesen waren, frühstückt unter Strommasten und Elektrosmog und rauschenden Windrädern, blickt auf Speicher, Staumauern oder eine Biogasanlage. Doch schlimmer ist das dörfliche Zwangskollektiv.

Im Unterschied zu vorherigen Systemen ist der Kapitalismus ein Circulus vitiosus, dem das politische System nicht ganz, aber in der Regel ziemlich gleichgültig ist. Er reproduziert sich in Demokratien,

Autokratien, Militärdiktaturen, Oligarchien mit Wahlrecht und in anderen Staatsformen. Wenn es sein muss, auch in einer Ökodiktatur, die nach Naturkatastrophen die Wirtschaft, die Arbeit und die Lebensbedingungen regulieren könnte als moderner Typ von Faschismus, vielleicht sogar esoterisch-religiöser Provenienz. Die Marktwirtschaft ist ein schäbiges und zugleich flexibles System. Sie reduziert das lebendige Leben auf seine Funktionalität, ruiniert die Erde und das Klima und bietet sich gleichzeitig als Rettungsdienst an. Sie wird den Niederlanden, wenn das Wasser steigt, schwimmende Städte und Schiffe für den Nahverkehr anbieten und die Menschen in Bangladesch den Fluten überlassen, weil sie keine Geldnachfrage haben, was den Linkskeynesianismus nebenbei als Luxustheorie entlarvt. Auf diese Weise integriert die Marktwirtschaft den Gedanken an das werte und unwerte Leben, den der Faschismus aus Staatsform organisiert. Nach dem Marktgesetz ist alles Unproduktive dem Untergang geweiht.

Zurzeit stören die faschistischen und rechtspopulistischen Parteien in Europa die Regeneration des Kapitalismus, weil sie ihm nationale und regionale Fesseln anlegen wollen. Die Rückkehr zum Protektionismus, von dem der Wunsch nach nationalen Währungen ein Ausdruck ist, läuft auf die ethno-nationale Abschottung hinaus. Die deutsche Exportwirtschaft klagt über zunehmende Handelsbarrieren. «Die Liste an Handelshemmnissen für unseren Außenhandel wird länger und länger.» (DIHK) Russland riegelt sich ab mit wechselnden Zollvorschriften und Kennzeichnungsregeln, Argentinien verlangt vereidigte Importeurserklärungen, Brasilien verschärft Zollkontrollen für Textilien und arbeitet mit Steuervergünstigungen für inländische Autoproduzenten. China führt neue Einfuhrvorschriften ein, Saudi-Arabien erfindet bürokratische Hindernisse. Indien hat Einfuhrbeschränkungen erlassen, um das Handelsdefizit zu verringern. Kriege um Einflusszonen und Rohstoffe sind genauso programmiert wie Flüchtlingsbewegungen.

14. Abschließende Gedanken über Europa, die Verdinglichung des Menschen, die Linke und die griechische Krankheit als Etappe der Befreiung

Das linke Europa gibt es genauso wenig wie das linke Vaterland. Warum auch sollte der linke Internationalismus, der das Ausplündern der Welt im Namen der europäischen «Kultur» und «Weltmacht» beenden, die Ausbeutung des Menschen durch die Enteignung der Produktionsmittel aufheben und eine Rätedemokratie oder Vergleichbares einrichten will, Grenzen ziehen, die hinter die Handelsfreiheit des Kapitals zurückfallen? Die Argumente für Europa sind meistens dünn. Wer die offenen Grenzen anführt, soll Stellung nehmen zum todbringenden Außenwall und zur Residenzpflicht für Flüchtlinge, die nicht einmal die Freiheit haben, ins Nachbardorf zu fahren. Und das Argument, dass die EU Kriege unter Europäern verhindert habe, zählt nur, wenn man unterstellt, dass Europa kriegswütige, niederträchtige Regierungen und Einwohner beherbergt, die ohne formale Union übereinander herfallen würden. Das Argument ist auch deshalb falsch, weil der letzte Krieg in Europa erst 15 Jahre her ist. Da bombardierte eine Allianz unter deutscher Beteiligung die Serben. Wenn man Nationen und Nationenbündnisse danach bewertet, wie lange sie keinen Krieg losgetreten haben, wäre China das Vorbild der Menschheit. Die Befürworter des Europagedankens meinen ohnehin nicht den Frieden, sie sind verkappte Nationalisten, denen Deutschland zu klein vorkommt, um seine Weltmachtambitionen durchzusetzen. Europa ist ohne Befreiung vom Kapitalismus kein postnationales Projekt, sondern eine Supernation, die ihr versammeltes Gewicht in die Weltkonkurrenz werfen würde. Der Europagedanke ist also einerseits ein Kalter-Krieg-Gedanke.

So wie sich Europa entwickelt, wäre man andererseits froh, wenn Aufstände und Streiks den Wertraub der Zentren sowie den Aufstieg der Nationalisten, Ethno-Fanatiker, Faschisten und Rassisten stoppen und die Entwicklung zu solidarischen Gesellschaften mit verlässlichen sozialen Standards und offenen Grenzen einleiten würden. Man sollte den freien Grenzverkehr und die Befreiung von betrügerischen Wechselstuben an Bahnhöfen mitnehmen und fordern, dass die Reisefreiheit, die heute nur dem weißen Mitteleuropäer zusteht, für alle zu gelten hat, für Rumänen, Bulgaren, Serben, Türken, für Flüchtlinge aus Afghanistan, Syrien oder aus Afrika. Dass man Europa nicht bekämpft, sondern einfach durchgehen lässt, liegt an den gruseligen Antieuropäern, mit denen man um nichts in der Welt etwas zu tun haben möchte. Wichtig ist die Beibehaltung des Prinzips, dass der Gedanke der sozialen Befreiung sich nicht mit Grenzen, Nationen und Machtblöcken verträgt, sondern nur mit deren Beseitigung. «Kommunisten unterstützen überall jede revolutionäre Bewegung gegen die bestehenden gesellschaftlichen und politischen Zustände.» (Kommunistisches Manifest) Darum muss es gehen. Allerdings sollten Linke nicht aus der Not, keine solchen Bewegungen vorzufinden, die Hamas mit einer revolutionären Bewegung verwechseln.

Als die Adelsgesellschaft zerfiel, war die Bourgeoisie zur Stelle. Heute ist der Kapitalismus überholt, aber keiner ist zur Stelle. Sein Entwicklungsniveau würde reichen, um die Welt zu ernähren, aber durch ihn ist die Hälfte der Menschheit dem vorzeitigen Tod durch Hunger, Krankheit und Krieg ausgesetzt. Inzwischen ist der Tod durch Unterernährung und unbezahlbare Medizin nach Europa zurückgekehrt, wie der Anstieg der Säuglingssterblichkeit in Griechenland um 43 Prozent in sechs Jahren zeigt. Der Produktionstyp vernichtet einen wachsenden Teil der von ihm geschaffenen Werte durch Katastrophen und anhaltende Verwüstungen. Die Erderwärmung kündet davon, dass das System sich auffrisst. Im Aufschwung der nachholenden Industrialisierung schuften Massen zu den Arbeitsbedingungen des 19. Jahrhunderts, und das Zusammentreffen der neuen Industrieschübe mit der grünen industriellen Revolution führt zu einem Rohstoffverzehr in nie dagewesener Dimension. Flugzeugträger und Flotten nehmen Aufstellung im chinesischen Meer ...

Anlässe, die Verhältnisse durch neue zu ersetzen, gibt es genug. Doch nirgendwo strebt das Bewusstsein eine von dieser Dynamik befreite Gesellschaft an, es sei denn durch die Rückkehr zum Islamismus des Mittelalters. Das Massenbewusstsein, das in armen Ländern Autokratien beseitigt, wendet sich der Militärdiktatur oder klerikal-faschistischen Führern zu und lehnt emanzipatorische Lebensmodelle kategorisch ab. In reichen Ländern bleibt die Kritik im Gestrüpp des Systems hängen. Institute des Guten (Greenpeace, Linkspartei, Occupy, Dritte-Welt-Foren, Konsumberater, Keynesianer) dienen sich an, den Kapitalismus zu reparieren und zu modernisieren, die auf die Finanzwelt reduzierte Kritik gleitet in den Antisemitismus ab, andere Linke freuen sich über jeden Aufstand im islamischen Raum und wünschen der ganzen Welt den westlichen Kapitalismus, den sie schon hat.

Der Linkskeynesianismus ist heute an die Stelle des Kommunismus getreten. Damit ist die «Alternative» zum Kapitalismus eine prokapitalistische Staatsdoktrin. Wenn die Linke sich demselben Ziel verpflichtet fühlt wie die Rechte, verdichtet sich die Marktwirtschaft im gesellschaftliche Bewusstsein zu einer schicksalhaften Einheit, aus der es kein Entrinnen gibt, nur die gemeinsame Reparatur. Der Begriff «links» bedeutet nichts mehr. Seit nicht mehr der Kapitalismus, der Imperialismus und der Nationalstaat mit den tausend Fangarmen kritisiert werden, sondern nur das nebulöse Globale, wachsen der Hang zur Heimat, der den Bahnhof und das Ökodorf zu etwas Höherem verklärt und die Stromtrasse störend findet, und, um der Welt etwas Gutes mitzugeben, die Liebe zur Alpaka-Wolle von indigenen Völkern. Was soll verändert werden, wenn Kriege, Eroberungen, Krisen und Armut nicht dem Kapitalismus zugeschrieben werden, sondern einer Globalisierung und einem Neoliberalismus, Begriffen also, die so beliebig sind, dass sie als Plattform für allerlei Projektionen taugen: Parteien, Banken, Finanzen, Angloamerika, Shareholder Value, Hedgefonds, Heuschrecke, Israel? Alles soll weit weg sein vom Kapitalismus. Seine Frühschicht und Apple-Ästhetik sind heilig und damit auch die Ausbeutung und die Entfremdung des Menschen.

Die Ideologie gibt sich halbwegs postmodern, während der Kapitalismus die letzten Freiflächen industrialisiert und Arbeitskräfte in Fabriken verbrennen oder aus Fabrikfenstern in den Tod springen. Das Bewusstsein will von den großen Zusammenhängen gar nichts mehr wissen und lässt sie deshalb von Soziologen als unübersichtlich definieren. Übersichtlich sind der Volkstanz, der Schamane, die kratzende Kopfbedeckung aus Alpaka-Wolle und andere Refugien, die sich gegen den Kulturimperialismus aus Amerika haben behaupten können. Linke behaupten im Ernst, eine Globalisierung habe die Nationen aufgelöst, greifen aber sofort auf die Nationen zurück, wenn sie die USA und Israel schuldig sprechen wollen. Als wäre es um das Leben in der Epoche des Nationalismus unter der Ägide der Faschisten und Nazis besser bestellt gewesen. Wenn Attac diagnostiziert: «Durch Finanzcrashs werden jahrelange Bemühungen ganzer Volkswirtschaften über Nacht zunichte gemacht», äußert sich die auf die nationale Volkswirtschaft verkommene Empathie.

Das Antiglobale, Ethnische und Regionale läuft auf den Schrebergarten und das Verständnis für zurückgebliebene Kulturen hinaus. Wer wie indische Religionen, die Vergewaltiger nicht bestraft, weil man, wie ein Mönch sagte, «beim Klatschen beide Hände benötigt», das gequälte Mädchen also eine Mitschuld habe (wohl wegen des Karmas), vor Coca-Cola und der Private-Equity-Kultur beschützen will, fällt einerseits hinter Heidis Berggeister zurück. Andererseits ist der bei pro-amerikanischen Linken ausgeprägte Wunsch, der Westen möge anderen seine Zivilisation und Demokratie bringen, die heimliche Verehrung der deutschen Gemütlichkeit, die die ganze Welt genießen möge. Erstens war das, was im Irak, in Afghanistan und in Libyen mit Waffengewalt verbreitet wurde, keine Demokratie, zweitens förderten die militärischen Aktionen und die speziellen Folterungen den Hass auf den Westen und den Rückfall in die Scharia. Geopolitisch hinterließen die Kriege des Westens im Ausland Chaos und Stammeskriege und zu Hause hohe Schulden.

Für das vom System in Haft genommene Bewusstsein ist die Irrationalität der Verhältnisse rational: die Reduktion des Individuums auf seine Produktivität, die Zerschlagung der produzierten Dinge als beste Voraussetzung für den nächsten Aufschwung (Schumpeter sprach von der schöpferischen Zerstörung), der Schmerz, den jemand spürt, wenn sein Auto einen Kratzer bekommt, die Verfolgung desjenigen, der nicht denselben Takt schlägt oder anders aussieht, das Ausmaß der Lenkung und Gestaltung von Bedürfnissen, die bereits die herrschaftlichen Kontrollsysteme in sich tragen, die Identifizierung des Menschen mit der Objektwelt, mit Waren und Firmen, die den Grad erreicht, dass Menschen sich in ihren Waren wiedererkennen. Das Auto, die richtige Versicherung, die Kleidung, das Design, die digitale Kommunikation konfiszieren das Individuum mehr als die Staatsideologie.

Alles ist Arbeit. Die Effektivität hat den Menschen derart in Beschlag genommen, dass junge Menschen heute Drogen konsumieren, um im Betrieb, in der Schule, im Studium und im organisierten Vergnügen mehr Leistung zu erbringen und ihre Pflichten erfüllen zu können. In früheren Zeiten wurden Drogen genommen, um die Flucht aus den Verhältnissen anzutreten. Die neue Technik begünstigt die Einverleibung des Menschen durch die Aufforderung zur fesselnden Interkommunikation mit dem System. Die Leute spielen und tanzen auf YouTube, fotografieren sich, kaufen ein, gucken Pornos, kommunizieren, eröffnen eigene Geschäfte, gehen wieder pleite, sitzen in der virtuellen Bibliothek. Unter dieser zusätzlichen Fülle von Aufgaben, die jeder neben der Erwerbsarbeit und anderen Tätigkeiten (Auto, Versicherung, Bank, Weiterbildung, Wohnung etc.) und den normalen TV-Programmen wahrnimmt, ist keine Zeit mehr für Muße und Besinnung, die Voraussetzung für Widerstand sind. Wer ständig in Betrieb gehalten wird, kann nur den nächsten praktischen Schritt denken. Der Europäer wird den nächsten Marsch der Schwarzhemden auf Rom nicht mitbekommen, weil er noch Omas Geburtstagsfeier, auf der Onkel Erwin so toll gesungen und die Kleine Purzelbäume geschlagen hat, ins Netz stellen muss, damit der Chinese das sieht und der Sofa-Regisseur von seiner Entdeckung träumen kann.

Das Internet suggeriert Freiheit, fördert aber zwanghafte Handlungen. Die einen organisieren den Shitstorm, die anderen müssen manisch überprüfen, ob sie noch gefragt sind. Statistisch gucken Jugendliche alle zehn Minuten im Smartphone nach Meldungen. Die letzten technischen Erfindungen, die tatsächlich die Freiheit förderten, waren das Kofferradio und der batteriebetriebene Plattenspieler. Mit diesen Instrumenten wurden die Kinder zum ersten Mal in der Menschheitsgeschichte von der Musik der Eltern befreit. Sie waren nicht mehr dem Radio der Eltern ausgesetzt, aus dem von morgens bis abends Märsche, Schlager, Operetten, Seemannschöre schwallten. Mit diesen Geräten begann die Ära des Rock und Pop. Der Seemann brachte neue Schallplatten von Chuck Berry aus den USA mit, und die Eltern standen beim Abspielen vor ihrer zweiten Niederlage, diesmal vor dem Zusammenbruch ihrer Jagdhorn-Kultur. Das Internet fördert diesen Bruch zwischen den Generationen nicht. Es fesselt, mit ihm lässt sich arbeiten und den Konsum steuern. Es gewährt den Kids das Ausleben ihrer pubertären Egozentrik. Sie können sich zum ersten Mal der ganzen Welt mitteilen, egal, ob diese von ihnen Notiz nimmt. Wenn ein Niemand den Mut hat, sich auf der ganzen Welt lächerlich zu machen, bietet YouToube ihm einen ungewöhnlichen Erfolg.

Die Dingwerdung des Menschen und die Manipulation der Sinne

Die ökonomischen Zwänge, die in Kooperation mit dem Staatsauftrag dahin drängen, die sozialen Risiken des Kapitalismus zunehmend zu privatisieren, treffen auf einen Schwund des kritischen Bewusstseins. Die Kritik war immer in der Minderheit, aber in drei Jahrzehnten mutierte die Kritik vom politischen Anspruch auf das Ganze zum mikropolitischen Anspruch auf die korrekte Verpackungsaufschrift. Was mit dem Kommunitarismus begann, setzte sich fort in der Armenspeisung, die zugleich ausloten sollte, ob das Sozialsystem nicht ganz auf Naturalien umgestellt werden könnte. Die EU richtete dazu das Jahr der Freiwilligkeit aus, um die Menschen an Arbeit ohne Entgelt zu gewöhnen, und ein deutsches Gericht beschloss, dass Kinder auch dann für ihre Eltern aufkommen müssen, wenn diese sie verprügelt und enterbt haben. Der Weg führt zurück zur Familienhaftung, der man in den aufstrebenden Schwellenländern gerade entkommen will.

Wer auf den Gedanken der sozialen Befreiung zurückkommen will, muss einen Berg von Irrtümern abräumen. Die beiden wirkmächtigsten linken Irrtümer sind die keynesianische Suggestion, dass die gute alte Zeit, in der der Nachkriegskeynesianismus herrschte, von einem bösen Neoliberalismus verdrängt worden sei, und die falsche Trennung des Kapitalismus in einen schaffenden und raffenden, der die Tore für den Einzug des Antisemitismus weit öffnet. Der Linkskeynesianer gibt das kritische Denken und das Widerstandspotenzial an den Staat ab, er soll alles regeln, und beseitigt intellektuell das handelnde Subjekt, das allein dem Kapitalismus etwas abringen kann. Das hat in der Krise eine fatale Wirkung. Leistet der Mensch keinen Widerstand, wird ihm in der Krise das wieder abgenommen, was frühere Generationen mühsam erkämpft haben. Der Linkskeynesianer blendet aus, dass die soziale Reform, die das Leben der Menschen im Kapitalismus erleichtert, der Preis ist, den der Staat zahlt, um Widerstand zu befrieden, und nicht das Produkt einer Staatsidee. Regiert wird nach den Bedürfnissen des Kapitals.

Der Keynesianismus beseitigt Ansprüche an den Mehrwert schaffenden Kapitalbetrieb. Damit sie aber gar nicht erst aufkommen, wird der Kapitalismus mithilfe der Linken und Aktionisten (Attac, Okkupy, NGOs etc.) in einen raffenden und schaffenden geteilt. Die Kritik an Banken oder ihr Bonisystem ist gerade noch gestattet. Wer VW-Wolfsburg oder BASF-Ludwigshafen oder Daimler-Stuttgart reglementieren und demokratisieren wollte, wird für verrückt gehalten. Dazu bedarf es keiner Befehle von oben, TV-Moderatoren und Zuschauer in einer Talk-Runde kämen auf keinen anderen Gedanken mehr. Die neuen Götter der Produktivität und der Effizienz haben die alten Götter verdrängt. Auch die Linke legt den neuen Göttern Opfer auf den Altar, um sie milde zu stimmen. Sie kritisiert Banken und Finanzen, um die Mehrwerterzeugung zu schützen. Wer den Kapitalismus nur wegen des Geldes, der Banken und der Spekulation falsch findet, hat Frieden mit seiner eigenen Freiheitsberaubung geschlossen. Er fährt zur Arbeit, um sich seine Tagesration an Demütigungen abzuholen, und kann gar nicht fassen, was Finanzjongleure da machen in Angloamerika.

Die Aufspaltung hat eine lange Tradition. Der Marxist Karl Kautsky schrieb 1915: An Stelle des Kampfes der nationalen Finanzkapitale sei «die gemeinsame Ausbeutung der Welt durch das verbündete Finanzkapital getreten». Auch Keynes machte viel Lärm um «tätige» und «untätige» Kapitalisten. Heute unterscheidet die Linkspartei «zwischen Unternehmern, die Funktionen im Wertschöpfungsprozess wahrnehmen, und Finanzkapitalisten». Thilo Sarrazin und die AfD ordnen die Effektivität rassistisch zu, finden, dass Nordmenschen währungstauglicher sind als Südmenschen. Die Occupy-Bewegung ordnet das Böse den Finanzen und dem Shareholder-Value aus Amerika zu, als sei der Profit in Europa bis dahin ein unbekanntes Phänomen gewesen. Das Weltsozialforum beschloss in diesem Sinn, nur die «soziale europäische Union» biete Rettung vor der «globalen Macht» und «Wucherei», die überall auf der Welt die «Kultur der Völker» zerstöre.

Wer der abstrakten Abspaltung des Finanzsektors vom übrigen Kapital aufgesessen ist, wird nicht gegen den Kapitalismus rebellieren, sondern – wie Occupy und Attac – vor Banken und Börsen zelten oder jüdische Waren mit dem Davidstern kennzeichnen wollen. Für sie ist Arbeit nur ein Schöpfungsprozess und nicht Ausbeutung, Entfremdung, Versklavung. An ihrer Seite ist Papst Franziskus, der über die Katholiken hinaus einen guten Ruf genießt, weil er in seinem Evangelii Gaudium so etwas sagte wie: «Diese Wirtschaft tötet.» Die Aussage ist richtig, doch er lobt gleichzeitig den Unternehmer über den grünen Klee. Der leiste «edle Arbeit», sei davon beseelt, «die Güter dieser Welt zu mehren und für alle zugänglicher zu machen» und auf diese Weise «dem Gemeinwohl zu dienen». Das Böse käme von «der Finanzspekulation», vom «Fetischismus des Geldes».

Die Arbeit hat den Homo sapiens vorangebracht, aber spätestens seit der Industrialisierung wird auch der Anteil der Arbeit an der Dummwerdung des Menschen reflektiert. Arbeit mache «stumpfsinnig und einfältig» (Adam Smith), konfisziere alle «geistige Tätigkeit» (Friedrich Engels), schaffe «Paläste», aber auch «Blödsinn, Kretinismus für den Arbeiter» (Karl Marx). Wenn Smith, der Papst der bürgerlichen Wirtschaftstheorie, Menschen attestiert, durch die Art und Weise ihrer Erwerbstätigkeit stumpfsinnig und einfältig zu werden, müsste das genügen, um die eigene Verkümmerung stoppen zu wollen. Könnte man denken. Aber wie soll das zum Kretin abgestumpfte Wesen das Zeug zum revolutionären Subjekt haben? Der Witz besteht darin, dass «Marxisten» die Tatkraft des Proletariats glorifizierten («Helden der Arbeit!»), aber Marx seinem revolutionären Subjekt wirkliche Erleuchtung nur in arbeitsloser Zeit zutraute. Die «disposable time» sei «Mußezeit», «Zeit für höhere Tätigkeit» und Entfaltung «des Genusses» und daher «die Bedingung der Emanzipation».

Der Kapitalismus beseitigt die «Bedingung der Emanzipation», indem er die «disposable time» in Beschlag nimmt durch die Ausdehnung des Arbeitstages, die ständige Erreichbarkeit für den Firmenzweck, das organisierte Vergnügen, hundert digitale Kommunikationsmöglichkeiten, die Ausbildung zum sachkundigen Konsumenten, sodass der Mensch rund um die Uhr in Betrieb gehalten wird. Der moderne Kapitalismus erfasst und integriert die Menschen als Produzenten und Konsumenten rund um die Uhr. Dazu werden Millionen Menschen ohne spürbaren Widerstand auf die unterste Existenzstufe gebracht: Sie werden verliehen. Kommunisten halfen mit. Sie riefen die Verdammten dieser Erde auf, Müßiggänger beiseite zu schieben, statt genauso viel Muße zu fordern wie der Adel sie hat, der Volksmund feierte mit: «Müßiggang ist aller Laster Anfang» seine eigene Versklavung, und Kinder archivierten den vor allem durch die Protestanten unter die Leute gebrachten Arbeitsfluch in Poesiealben: «Sei deiner Eltern Freude, beglücke sie mit Fleiß, dann erntest du im Alter dafür den höchsten Preis. Dein Onkel H.» – «Zwei Lebensstützen brechen nie, Gebet und Arbeit heißen sie. Dein Schulkamerad A.» – «Jedem seine Not nicht klagen, sich in Glück und Unglück schicken, ist eins der größten Meisterstücken. Deine Handarbeitslehrerin.» Wo hat man je tadellosere Anleitungen für ein neurotisches Leben gefunden?

Während das Proletariat friedlich arbeitet, regt der Wutbürger sich auf und sieht dabei albern aus. Wie der Journalist Klaus Brinkbäumer, der im «Spiegel» raste: «Die USA sind krank [...] Eine amerikanische Regierung, die ein Spitzelprogramm wie Prism absegnet, respektiert nichts und niemanden mehr [...] Merkel müsste sagen: Ihr seid manisch, und was ihr tut, ist krank.» Aber er blieb mit seiner Wut allein. In einer Epoche, in der Millionen Jugendliche weltweit um Resonanz betteln und dafür auf allen Kanälen hüpfen, reden, singen, ulken, rätseln, um Aufmerksamkeit zu erheischen, und die dafür persönlichen Daten für die Markenprofile freiwillig anbieten, regt sich niemand auf, wenn auch Geheimdienste von ihnen Notiz nehmen. Warum sollen Staaten nicht dürfen, was Firmen tun? Während die Eltern sich also als Wutbürger gerieren, sind die Kids die Ruhe selbst. Die 16. Shell Jugendstudie ermittelte, dass 77 Prozent der Jugendlichen sich nach Geborgenheit und Heimat, nach Familie, Haus, Garten und Hund sehnen. Die Generation Gartenzwerg machte die Runde, und die Bausparkasse LBS ließ ein kleines Mädchen im Werbespot sagen: «Papa, wenn ich groß bin, will ich auch mal Spießer werden.»

Einer dieser Digital Natives ist Philipp Riederle, ein «Podcaster und Unternehmensberater», der in dem vom Kulturfernsehen angepriesenen Bestseller: «Wer wir sind und was wir wollen» Auskunft gibt, was seine Generation will. Sie will wahrgenommen werden, und das Internet lädt sie dazu ein. Die Social Media und andere Angebote der digitalen Interaktion bieten eine technische Plattform für Massen, die systematisch ignoriert werden, in die Welt hinauszuschreien, dass sie existieren. Die Firmen nutzen das in einem weltweiten Konsumenten-Coaching zum Aufbau von Firmen- und Markenfangemeinden. Man kauft, was im Netz «größtenteils empfohlen wird», schreibt Riederle. Nähe aufzubauen sei für seine Generation wichtiger «denn je». Mit ganz vielen Freunden im digitalen Diskurs. Und auch mit Firmen und ihren Marken. Neulich, beim Joggen, ging seine «Sportwatch von Nike+» (Das Plus nicht vergessen!) kaputt. Sie «registriert alles – vom Kilometer bis zur Kalorie und vor allem die Laufstrecke per GPS. Die gebe ich dann per Stick im Armband auf Nike+ Connect ein; das Programm öffnet sich und holt sich die Daten mit Landkarte, mit denen ich dann auf Wunsch sogar auf Facebook und Twitter vor meinen Freunden und Followern ein bisschen angeben kann (dafür muss allerdings auch die Leistung stimmen, sonst gibt's hämische Kommentare).» Dieses vernetzte System, an dessen Ende die verdrahtete und automatisch funktionierende Egozentrik namens Philipp hängt, war kaputtgegangen, und Philipp war «untröstlich», weil ihm nun jede Orientierung abhandengekommen war.

Um seine Einsamkeit zu überwinden, ging er beherzt ran an die Nike-Hotline, wo ein Björn aus Frankfurt sich meldete. «Björn und ich gehen erst einmal alle möglichen Ursachen des Defekts durch.» Kein Problem, denn «Björn von Nike+ ist geduldig. Er wirkt [...] als sei er der coole Verkäufer aus dem Sportgeschäft, wo ich die Uhr gekauft hatte – einer, der selbst immer so aussieht, als käme er gerade von ein paar Runden zurück. Sehr sympathisch.» Früher wurde für Rock'n-Roll-Stars, Liedermacher und Protestsänger, Punkstars oder Rapper geschwärmt, heute für den Verkäufer und die Marke. Ein gewisser Trend zur Kommerzialisierung des gelenkten Bewusstseins ist nicht zu übersehen. «Wenig später erhalte ich die Mail von Björn, und nun nimmt eine muntere Mailerei ihren Lauf, bei der Björn und ich uns gewissermaßen kennen lernen. Leider gelingt es nicht, den Defekt zu beheben.»

Kurz gesagt: Philipp bekommt nach zwei Tagen Reparaturdialog eine neue Uhr. Nike findet über diesen Weg die Vorlieben der Kunden heraus, bindet sie an die Marke und benutzt sie für den Reparaturbetrieb – etwa so, wie die Sparkassen heute alle Formulare vom Kunden selbst ausfüllen lassen. Und Nike hat Philipp um den Verstand gebracht, was zweifellos Björns Auftrag war. So sehr, dass Philipp fortan wie eine Nike-Reklametafel herumläuft. Es sei darum gegangen, sagt er, «dass ich mit Björn rede und nicht mit Nike+», und darum, «dass ich ein persönliches Verhältnis mit dem Unternehmen habe, ein riesiges Vertrauen gewinne und ihm vermutlich noch lange Zeit gewogen bleiben werde». Er glaubt an das Gute in Björn, nur weil der sich mit ihm abgegeben hat. Eine tragische Geschichte. «Ich bin sein Freund geworden.» Philipp will nun die hervorragende Nike-Serviceleistung «hinaus in die Welt posten und twittern». Diese Kommunikation waren für ihn «verkörperte und ausgelebte Werte im Rahmen einer Unternehmenskultur, bei der man stolz ist, dem Kundenkreis anzugehören».

Ich bin stolz, ein Nike zu sein! Philipp will, da das Netz sein Freund geworden ist, im Netz alles von sich preisgeben. Was ihn interessiert und wie er sich fühlt, welchen Musikgeschmack und andere «Konsumvorlieben» er hat, und das Netz wird es ihm danken, indem es ihm schon bald auf ihn «individualisiert» zugeschnittene «Produktinformationen» anbietet. Und er wird als Ware durchs Netz rauschen, seine Marke mit der Netzgemeinde besprechen und notfalls reparieren. Auf diese Weise entsteht ein integrales Geschäft. Philipp: «Denn wir werden dann keine Kunden sein, sondern Eure Fans [...] Lasst Loyalität wachsen.» Sein Fazit: «Werbung kann einem buchstäblich nichts mehr vormachen. Mit anderen Worten: ‹Das Ende der Dummheit der Konsumenten› ist erreicht.» Tatsächlich ist Werbung überflüssig, wenn Kunden mit den Marken eins geworden sind. Ob der Konsument klug oder dumm ist, hängt dann von der Beschaffenheit der Ware ab.

Philipp sagt: «Wenn es früheren Generationen wichtig war, Individualität zu betonen, ja sogar eventuell ‹gegen den Strom zu schwimmen›, dann sind wir einfach Masse. Wir sind nicht Avantgarde. Wir sind der Strom. Wir sind Mainstream. Wir machen alles mit, was daherkommt.» Wenn es Sinn mache, «lasse ich Unternehmen und Marken gerne in mein Leben blicken. Ich lasse sie sogar in meine Facebook-Chronik, zu der nur meine engsten Freunde Zugang haben, wenn ich ein Fan von ihnen bin.» Was für die Älteren «die Popgruppen, sind für uns die Marken. Apple oder Samsung, Ben Sherman oder Carhartt». Ein Bekenntnis folgt dem nächsten: «Ja, wir sind die, vor denen uns unsere Eltern immer gewarnt haben: Bausparer. [...] weil wir in einer unsicheren Welt den Wohlstand unserer Eltern halten wollen.» Der Top-Hit, der den vorherrschenden Geist gegen alle früheren Befreiungsversuche junger Generationen exemplarisch wiedergibt, lautet: «Ich muss noch schnell die Welt retten!» Eine ironische Replik auf früheres Aufbegehren und Weltverbessern, der Versuch, solche Ansinnen lächerlich zu machen.

Philipp ist marktkonform, aber nicht todbringend, wie die Indoktrination im NS-Regime. Dem NS-Regime gelang es, ohne Internet und Fernsehen, Menschen als mordende Bestien zu programmieren. Kinder zeigten ihre eigenen Eltern an und demütigten andere Menschen abgrundtief, bevor sie sie vergasten. Das wird die digitale Steuerung wohl nicht schaffen. Doch etwas unheimlich wird einem schon, wenn man mit der Mutation des Menschen zur Ware konfrontiert wird. Als die Muslimbrüder in Kairo marschierten und die Macht ergriffen, unterhielten deutsche Linke sich ernsthaft darüber, wie toll die digitale

Kommunikation geholfen hatte. «Die Menschen erkennen sich in ihren Waren wieder; sie finden ihre Seele in ihrem Auto, ihrem Hi-Fi-Empfänger, ihrem Küchengerät». (Marcuse: «Der eindimensionale Mensch») Dass man heute andere Geräte nennen würde, beweist, dass wir nicht in einer postmodernen, antifordistischen Epoche leben, sondern in einer Industriegesellschaft, die tausend neue Dinge produziert.

Wer auf dem Weg zur Ware Hilfe benötigt, steht vor einem riesigen Angebot von Coaching-Systemen, die Menschen mit der psychischen Härte ausstatten, die sie für ihre Mutation zum Objekt benötigen. Dieser Prozess vollendet den Kapitalkreislauf, indem er Menschen verleitet, ihre Freizeit mit Arbeit zu füllen, um die berufliche Tauglichkeit zu verbessern, jünger auszusehen, sich zu kompetenten Konsumenten oder Experten zu entwickeln. Am Ende ist der Konsument ehrenamtlicher Verkäufer von Waren und Diensten an sich selbst, sodass Saturn, HUK-Coburg oder Demeter ihr Personal nach Hause schicken können. Der gute Coach ist auch ein gefragter Mediator, der im Kapitalbetrieb legitime Proteste in harmlose Konflikte umwandelt, die er dann durch hinhaltende Regelungsprozesse erstickt. Dazu muss er eine Stimmung erzeugen, in der die Beteiligten sich schon deshalb nach einem schnellen Kompromiss sehnen, weil sie die Beratungstortur hinter sich bringen wollen. In alternativen Betrieben signalisiert die Berufung eines Mediators das Ende der Solidarität. Meistens will eine Gruppe mit seiner Hilfe die andere vom Kommerz überzeugen.

Der Coaching-Markt (Training, Beratung, Motivation) boomt wie kein anderer, weil die gesellschaftliche Resignation so weit fortgeschritten ist, dass Menschen glauben, ohne Hilfe von Experten nicht mehr essen, laufen, springen, denken, lachen, arbeiten und einkaufen zu können und keine Lebenspartner zu finden. Weitere Antriebe wurzeln in der Angst, von der Norm abzuweichen und die Sozialkassen zu belasten, und in der Entfremdung von der Natur. Viele Menschen können sich der Natur nur noch auf Trimmpfaden nähern. Sie genießen sie nicht, sie bewältigen sie. Der Mensch rächt sich für das, was ihn quält, an seinem Körper. Die Tortur erklärt, warum positiv Denkende keine zufriedenen Menschen sind, sondern arme Teufel oder grinsende Rohlinge, die das Gespräch über Flüchtlinge, die im Mittelmeer versenkt werden, als Spaßbremse abtun. Die Übermacht der Dinge ist ihnen derart in die Glieder gefahren, dass sie der Peitsche nicht mehr bedürfen, sondern sich freiwillig messen, kontrollieren und disziplinieren. Sie geißeln sich und stellen die Ernährung um, weil sie glauben, dass sie für ihre Krankheit und ihren Tod verantwortlich sind. Ängstlich achten sie auf Berichte, die ihnen vorrechnen, wie hoch Krankheit, Pflege, Arbeitslosigkeit und fehlende Fitness die Gesellschaft belaste und die suggerieren, dass, wer nicht mitmacht, genauso draußen ist wie der Kommunist. Wie Anti-Coaching geht, erfährt man in Marx-Brothers-Filmen, in denen Groucho Marx ständig unaufgefordert in die Rolle des Coaches schlüpft, um das Leben so durcheinanderzubringen, dass am Ende keiner mehr weiß, worum es gegangen ist.

Schon Karl Marx sprach von der Mutation des Menschen zu einem Teilwerkzeug einer Teilmaschine. Adorno formulierte das radikale Motiv, den Kapitalismus zu beseitigen, als er das Subjekt ins Verhältnis zur organischen Zusammensetzung des Kapitals setzte. Entscheidend sei «die organische Zusammensetzung des Kapitals. Darunter verstand die Akkumulationstheorie ‹das Wachstum in der Masse der Produktionsmittel, verglichen mit der Masse der sie belebenden Arbeitskraft› (Marx)». Wenn die Subjekte immer rigider als bloße Teilmomente vom Gesamtbetrieb vereinnahmt würden, setze «die ‹Veränderung in der technischen Zusammensetzung des Kapitals›» sich in den Menschen fort. «Es wächst die organische Zusammensetzung im Menschen an. Das, wodurch die Subjekte in sich selber als Produktionsmittel und nicht als lebende Zwecke bestimmt sind, steigt wie der Anteil der Maschinen gegenüber dem variablen Kapital.» Dieser Befund lässt sich populärer ausdrücken. Gleichwohl: Ohne den Wunsch, die eigene Verdinglichung im Sinne der Funktionalität für das System aufheben zu wollen, gibt es keinen Kampf für ein besseres System.

Aus der Verdinglichung folgt, dass kritisches Bewusstsein hierzulande am Umgang mit der «griechischen Krankheit» zu messen ist, an Gesang und Tanz, an der Herzlichkeit und dem offenen Haus, der fehlenden Ehrfurcht vor der Arbeit, dem Staat und dem Sparen. Es kommt nicht darauf an, wie der Grieche ist, sondern was in ihn hineinprojiziert wird. Deutsche, die auf Griechen schimpfen, weil sie ihnen unterstellen, nach Lust und Laune zu leben, können vor Neid nicht begreifen, dass ihnen selbst mit der Immunisierung gegen die «griechische Krankheit» das Leben ausgetrieben werden soll, um sie für die Vergesellschaftung der Schulden zu präparieren und sie auf die Ethik von Disziplin und Gehorsam zu programmieren. Der Geldfetisch und der Fetisch von der rechtschaffenen Arbeit bilden seit jeher ein Paar. Je mehr dieses verteufelt wird, wird jenes geheiligt. Das deutsche Proletariat arbeitet die Kolleginnen und Kollegen im übrigen Europa nicht nur wegen des niedrigen Lohnniveaus an die Wand, sondern auch wegen seiner Disziplin, Unterwürfigkeit und Anpassung an die Apparatur. Alles was an Griechenland verlockend war, fliegt dem Land heute um die Ohren. Das Land war so herrlich unproduktiv, lag in der Sonne und schien sich den Lebensfreuden hinzugeben, statt am Fleiß zu ersticken. In der Krise wurde die Vision vom Schönen durch die Propaganda in einen Betrug umgemünzt.

Emanzipation beginnt mit der Rückkehr zum Anspruch auf das Ganze, basierend auf der Erkenntnis, dass das System nicht deshalb Kritik verdient, weil es zu wenige Arbeitsplätze bereitstellt, sondern weil es die mannigfaltigen Fähigkeiten und Bedürfnisse des Menschen angreift und tötet – seine Wünsche, Ideen, Lust, sein Spiel, seine Kunst, Sensibilität, Musik, Liebe, Sehnsucht nach Freiheit –, um an die Stelle aller Möglichkeiten das Arbeiten und Kaufen zu setzen. Insofern liegt in der pathologischen Projektion der Erwerbstätigen, dass Arbeitslose ihre Tage wohl genussvoll verbringen und sich Müßiggang erlauben, das subtile Fundament der Befreiung. Die Erwerbstätigen müssten nur noch so leben, wie sie es den Arbeitslosen neiden, und die vom Sockel stürzen, die ihnen den Weg dahin versperren wollen, statt ihre Verkümmerung zu pflegen und an Arbeitslosen und Ausländern auszulassen, die ihnen nichts tun. Die Arbeitslosen müssten wiederum nur noch tun, was die Erwerbstätigen ihnen unterstellen. Wenn die Leute sich von diesen Zwängen befreiten, müsste auch der auf der Kompensation der eigenen Entbehrung beruhende Anteil am Rassismus und Antisemitismus sinken.

Wer sich nicht mehr fürchtet vor einem erfolgreichen, arbeitsamen Leben und seiner Reduktion auf den Status eines funktionstüchtigen Experten als vor der Arbeitslosigkeit, ist für das kritische Bewusstsein vorerst verloren. Auch viele Linke kommen mit ihrem Leben nur klar, wenn sie sich mit ihrem Job identifizieren. Bei der Wahrung der Distanz zu dem Regime geht es um die Freiheit, für die Freiheit zu kämpfen und dabei einen Hauch von ihr zu erhaschen. Die ganze Freiheit ist in diesem System illusorisch.

Die Liebe der linken Parteilinken zu Nation und Volk

Die Führungskräfte der Linkspartei übertreffen sich mit Alternativen, die dem Kapitalismus helfen sollen. Sie verstehen sich als Reparaturwerkstatt des Kapitalismus und leiden darunter, dass der ihnen keine Aufträge erteilt. Sie dienen sich an, indem sie dem Kapital mehr Binnennachfrage oder Ludwig Erhard anbieten und mit Bekenntnissen zum Markt. Das ist erbärmlich, schlimmer ist jedoch der sich als radikal verstehende Parteiflügel. Dessen außenpolitische Formel lautet schlicht: «Der Feind meines Feindes ist mein Freund!» Und wenn es die Hamas oder der Iran oder andere antiwestliche und antisemitische

Männerbünde sind. Vielen Linken genügt es, Widerstand gegen die Vereinigten Staaten und Israel zu leisten. Die von diesem «Widerstand» geschaffene Gesellschaft, die Männerbünde, die Frauen einschließen, in Säcke stecken und in die Luft sprengen, wenn sie der Organisation als «schwarze Witwen» noch etwas schuldig sein sollen, verschwindet aus der Kritik und damit auch das Links-Sein, das solche Verhältnisse zuerst beseitigen müsste. In der Sprengung der eigenen Leute um des Todes anderer willen, ob Frau, Kind oder Mann, verschmelzen links und rechts. Wer die Kinder seines «Volkes», um das es den Tätern angeblich immer geht, für Wert hält, in die Luft gesprengt zu werden, sieht in ihnen ein totes Ding, einen Sprengsatz, der seiner Nützlichkeit zugeführt wird. Jesus ging zwar auch für die Sache in den Tod, er opferte aber nur sich; sein Gott verlangte von ihm nicht die Ermordung anderer.

Der Vorstand der Linkspartei hatte ein Europaprogramm vorgelegt, in dem es hieß, die EU sei eine «neoliberale, militaristische und weithin undemokratische Macht». Außerdem wurde der Austritt aus der NATO gefordert. Gregor Gysi fand den Austritt zu nationalistisch und ihm schienen solche radikalen Formulierungen «nicht ganz gelungen» zu sein. Er wollte es europäischer: «Für uns linke Internationalisten gibt es kein Zurück zum früheren Nationalstaat. Wir müssen Befürworter der europäischen Integration sein.» Natürlich weiß er, dass der linke Internationalismus nicht den Zusammenschluss der Bourgeoisien und ihrer Kapitalverbände und auch nicht die Bildung eines imperialen Blocks meinte. Der Hinweis, es gebe kein Zurück mehr zum früheren Nationalstaat, ist insofern irreführend, als die Nationalstaaten in der EU stets dominant sind.

Die linke Fraktion, zu der in diesem Fall Wolfgang Gehrcke, Diether Dehm und Sevim Dağdelen zählten – in der Regel gehören Sarah Wagenknecht und Oskar Lafontaine dazu – kritisierte den Entwurf als verwerflichen «Europäismus». Dem Vorstand wurde vorgeworfen, er betreibe «eine Absage an den Nationalstaat, der im Bewusstsein der übergroßen Mehrheit der Bevölkerung der Ort der Demokratie und der Volkssouveränität ist». Der Volkssouverän wählt in Bayern CSU und macht in der Schweiz die Grenzen dicht! Es gelte, «unser gutes Grundgesetz» gegen das «Europa der Eliten» zu verteidigen, zumal die EU «ein Generalangriff auf die erkämpften Standards, auf Löhne und Sozialstaatlichkeit, wie sie im nationalen Recht verankert sind», sei. Hier wird die deutsche Nation zur Schutzmacht der Volksinteressen im Konflikt mit Fremdmächten. Aus einem Nationalgefühl heraus, denn tatsächlich ist Deutschland verantwortlich für das Lohndumping, den Abbau von Demokratie und den Krieg gegen Flüchtlinge. Dass die Nationalisten in der Linken der radikalere Flügel sein sollen, ist Ausdruck allgemeiner Verwirrung. Wer die Deutsche Nation zum Garanten für das Soziale und die Demokratie erklärt, muss von allen guten Geistern verlassen sein.

Oskar Lafontaines Code war stets das von außen bedrohte «Volk», dem er sich als Erlöser anbot. Er ließ ungezügelt «Fremdarbeiter» und «gesunde Flüchtlinge» auftauchen, beschwor als Bedrohungen die «Wall Street» und den «angelsächsischen Neoliberalismus», und als die CDU ihren Antisemiten Hohmann aus der Partei warf, kritisierte er in «Bild», die «gelbe Karte» hätte es auch getan. Anlässlich der vielen Migranten fragte er sich, wann es wohl so weit sei, dass «Spitzenpolitiker in Europa die Zuwanderer in ihrer Heimatsprache umwerben». So weit soll es mit der Zersetzung unserer Kultur gekommen sein! Auch Klaus Ernst sorgte sich, «dass durch eine schrankenlose Öffnung Menschen» einsickerten.

Die «Junge Welt» steht dieser nationalbornierten Strömung gönnerhaft zur Seite. Passend zur deutschnationalen Attitüde hat man Israel zum Hauptfeind stilisiert und regressive Islamisten, die im Übrigen alles hassen und verbieten, was Linke anstreben, als Bündnispartner auserkoren. Die Palästinenser sind die Projektionsfläche, die für die Rehabilitation der Eltern und Großeltern und als Ersatzvolk benutzt wird. Linke sind traditionell von einer Sehnsucht nach dem Volk getrieben. Sie wollten immer das Volk an ihrer Seite haben, wollten mit den «Volksmassen» den Volksaufstand und die Revolution wagen. Doch dem deutschen Volk war nicht danach. Wenn es aufbegehrte, wollte es Schlesien, Ostpreußen und das Sudetenland haben. Also begaben Linke sich auf die Suche nach Ersatzvölkern und fanden sie in Mittel- und Südamerika und in Afrika, neuerdings bei Arabern und immer wieder und besonders bei Palästinensern, bei denen es so richtig klerikal-völkisch zugeht. Stubenrein, bis zur ethnischen Säuberung. Sie heißen es gut, dass Juden aus allen arabisch-islamischen Ländern vertrieben wurden, und spielen verrückt, wenn jüdische Familien auf dem von ihnen beanspruchten Boden siedeln. Ihr Gebiet soll judenfrei sein, die Hamas und die korrupte Führung hingegen passen unter das völkische Dach. Schon bei einem ganz niedrigschwelligen linken Anspruch würde man die patriarchale Sippenherrschaft, die Verfolgung und Hinrichtung von Schwulen und Lesben, die häusliche Inhaftierung von Frauen und Mädchen als Schreckensherrschaft begreifen. Aber die Kraft des Antisemitismus scheint stärker zu sein.

Typisch für die Kombination der rebellischen Attitüde mit dem Antisemitismus und antizivilisatorischer Regression außerhalb der Partei ist das viel beachtete Buch: «Der kommende Aufstand», in dem das Autoren-Komitee dafür plädiert, alles kaputtzumachen, was nach westlicher Zivilisation riecht (statt die Eisenbahn zu sozialisieren und alle umsonst fahren zu lassen) und aufs Land zu ziehen. Ins «Bergdorf», wo «das spöttische Lächeln eines in seinen Burnus gehüllten alten Widerstandskämpfers» und «Frauen, die traditionelle Gemüse- und Viehwirtschaft betreiben» dafür bürgen, dass die Sippe noch in Schuss ist. Der Mann ist Krieger, die Frau arbeitet. Hier, in den Bergen, sind die Männer nicht «stetiger pornografischer Innovation» ausgesetzt. Und Frauen reden nicht «die Sprache der Frauenzeitschriften», wie im Metropolenzug, der «vom Flirt zur Scheidung, vom Konkubinat zum Patchwork» fährt.

Die Autoren finden jede sexuelle Freiheit ekelhaft und diffamieren sogar das Scheidungsrecht, diese wunderbare Errungenschaft, die Napoleons Code civil in Europa verbreitete. In dieser Luis-Trenker-Welt also, inmitten der «Vertrautheit des Dorfes», wo der «Chibani» (alter arabischer Immigrant), der «in seinen Worten weiser ist» als sonst wer, das Sagen hat, da gibt es noch das «Bedingungslose in den Verwandtschaftsverhältnissen». Wie verwerflich ist dagegen die der Sippe entflohene junge Metropolenfrau, «die ihr Glück in Klamotten, Typen und Feuchtigkeitscremes sucht» und mit solchen «unangenehmen Attributen» beladen ist, wie «Wille, Selbstkontrolle, Gefühllosigkeit». Eigener Wille, statt Muttergefühl und Gemüsebeet! Solche Abartigkeiten habe die «abendländische Intelligenz» ins reine Bergdorf gebracht. Die linke Intelligenz vor allem habe «natürliche Welten verwüstet». Die Natur ist fressen und gefressen werden.

Aber wer soll die Metropolen des Westens so zugerichtet haben? «Die bewaffneten Kräfte passen sich der Metropole nicht nur an, sie gestalten sie. So machen sich die israelischen Soldaten seit der Schlacht von Nablus zu Innenarchitekten.» Der Jude rücke «senkrecht und waagerecht innerhalb der urbanen Konstruktion vor» und überrasche «den Feind [...] wie ein Wurm, der sich vorwärts bewegt, in dem er auffrisst, was er auf seinem Weg findet». Die Autoren berufen sich auf einen israelischen Offizier, der ihnen das mitgeteilt habe. Auf der einen Seite der jüdische Wurm, auf der anderen Seite der Islam, der «stark» ist durch seine «Hilfen» für die Bevölkerung in den von «Israels Armee zerstörten» Gebieten. Wahr sei nicht etwa die Wahrheit, sondern – irgendwie existentialistisch – nur das «Ereignis», das wir fühlen, das uns erschüttere. «Wahrheit setzt mich zusammen und nimmt mich wieder auseinander» und setzt mich im Himmel wieder zusammen. Die Kapitulation vor dem Seinsrauschen, die Martin Heidegger schon mit Blindheit schlug, hat auch das Komitee beduselt. Zivilisation jedenfalls erleuchte «den Planeten mit Bordell-Licht» und verströme «Pestgestank». Die Dieudonné-Bewegung ist die halbe Anwendung von «Der kommende Aufstand». Noch fehlen die Sprengungen.

Der Kapitalismus und der Westen als linke Exportartikel

Nicht nur von Keynesianern, auch von anderen Linken wird der westliche Kapitalismus nicht mehr als Ausbeutungsmodell wahrgenommen, sondern als exportfähiges Produkt, dass anderen ein gutes Leben bescheren soll, trotz des Aufschwungs rechtsradikaler, rassistischer, heimatverbundener, antisemitischer und gegenüber den ausländischen Nachbarn feindlich Gesonnener in Europa, die bald dreißig Prozent erreichen oder – wie in Ungarn – an der Macht sind. Diese Strömung hat eine Nähe zur Außenpolitik der Grünen, die, wenn man sie nicht stoppen würde, den Westen der Ukraine schon lange besetzt hätten. Der Exportartikel «Westen» ist das Bündnis der Deutschen, der EU und der USA mit der Timoschenko-Partei, der Klitschko-Partei und den Faschisten von Swoboda in der Ukraine. Eigentlich müsste es zu denken geben, dass gleich nach dem Sieg der ukrainischen Opposition, der laut Swoboda einer über die Russen und Juden ist, ein Rabbiner in Kiew alle Juden aufrief, wegen der zu erwartenden Übergriffe die Stadt zu verlassen.

Trotz dieser und anderer schlechter Erfahrungen mit der Expansion des Westens, schreibt Thomas von der Osten-Sacken in «Jungle World» sich die Expansion des Westens schön. Selbst aus schweren Niederlagen macht er Siege der Amerikaner. Zwar ist das Leben der Amerikaner und Juden im arabisch-islamischen Raum aufs Höchste gefährdet, aber für Osten-Sacken herrschte nach dem Sturz Gaddafis nur «Freude und Jubel über die neue Freiheit». In Syrien begrüßten die Menschen «die Einnahme von Tripolis euphorisch» und «skandierten ‹Adieu Gaddafi, Bashar ist der nächste›». Auch «in Jemen jubelten die Demonstranten». Er schwärmt: «Wie wohl wirken Bilder von jubilierenden Libyern, die ihre Befreiung u. a. feiern, indem sie ihre Autos mit Sternenbanner und Union Jack schmücken [...] Und was empfand man wohl im Hauptquartier der Hamas in Damaskus, als man den Amerika-Flaggen schwenkenden ‹libyschen Revolutionären› zum Sieg gratulierte? [...] Das also ist geblieben von der glorreichen arabischen Renaissance, der historischen Massenmobilisierung gegen Kolonialismus, Imperialismus und Zionismus?»

Er reitet durch Arabien wie Laurence in dem Historienfilm und lässt sich von Sternenbanner schwenkenden Wüstensöhnen bejubeln. Der einzige Wehrmutstropfen ist die Realität. Er und sein Amerika stolperten von einer Niederlage in die nächste. Mit einer Ausnahme (Tunesien) sind nach dem Sturz der Autokratien überall antisemitisch-islamistische Massen auf dem Vormarsch, alte islamische Sippen haben in Libyen schwarze Arbeitskräfte aufs Mittelmeer gejagt oder ermordet und kämpfen nun gegeneinander und mit Al-Qaida um die Ölgebiete. Mittendrin wird die US-Botschaft abgefackelt und das Personal ermordet. In Ägypten wurden die US-Amerikaner durch die Allianz der Militärs und der Tamarod-Islamisten, die das Ende des amerikanischen Einflusses verlangt hatten, aus dem Land getrieben. Im Irak stehen sich die entmachteten Sunniten der Bath-Partei, die Bündnisse mit Al-Qaida-Ablegern geschmiedet haben, und die vom Iran finanzierten schiitischen Milizen der Regierung im Krieg gegenüber. In Syrien verbrennt die Opposition das Sternenbanner. Die militärischen Eingriffe der USA und der anderen westlichen Staaten haben von Syrien bis Mali die Talibanisierung des Raumes vorangetrieben.

In der Debatte um die deutsche Außenpolitik in «Jungle World» Nr. 7, 2014, empfiehlt Jörn Schulz in der Linken erst einmal den Ausgangspunkt zu klären: «Ist die globale Durchsetzung ‹westlicher› kapitalistischer Verhältnisse die Voraussetzung für den Übergang zum Sozialismus, wie es die historische Entwicklung nahe zu legen scheint?» Die Frage impliziert die Antwort. Er findet es schon sinnvoll zu überlegen, «wie wenigstens die Errungenschaft der bürgerlichen Revolution – dröge Politiker statt geliebte Führer, ein Job im Callcenter statt Hungerleiden auf kargem Ackerboden, eine Hochhauswohnung statt der Decke am Abwasserkanal, unfreundliche Polizisten statt Macheten schwingende Fanatiker – den mehreren Milliarden Menschen zugänglich gemacht werden können, die sie noch nicht genießen.»

Faszinierend ist der Messianismus, mit dem wenige Linke den Milliarden auf der Welt erzählen, dass Deutschland super ist. Hört mal her! Bei uns gibt es Callcenter, dröge Politiker und unfreundliche Polizisten, die, wenn ihnen danach ist, total überwachte Gefahrenzonen einrichten, Ausländer schlagen oder Flüchtlinge im Mittelmeer ertränken, von uns werden Salafisten mit Waffen versorgt, wir finden iranische Raketentests in Ordnung und sorgen dafür, dass unser Konsum in Asien produziert wird – zu Bedingungen wie damals in Manchester. Aber, was ist das schon gegen eure Macheten? Was ist das Motiv, den Kapitalismus, der in Bangladesch die Arbeitskräfte für den westlichen Textil-Konsum umbringt und im Kongo für den westlichen Hightech-Konsum in den Bergwerken von Todesschwadronen versklaven lässt, der ganzen Welt anzupreisen? Sind wir wirklich glücklich im Callcenter? Das Stufenmodell (erst Feudalismus, dann Bourgeoisie, danach Sozialismus und Kommunismus) ist überholt. Meistens bleibt es sowieso in der gerade angepeilten Stufe stecken. Der ihm zugrunde liegende Gedanke war attraktiv. Die Kommunisten wollten dem Kapitalismus die gnadenlose Disziplin überlassen, die für die Produktion des Reichtums nötig war, den Sie dann sonnigen Gemüts verwalten wollten. Der Makel bliebe am Kapitalismus kleben.

Leider ging das nicht auf. Der sogenannte Sozialismus nahm die Industrialisierung und die Peitsche selbst in der Hand. Mit millionenfacher Zwangsarbeit unter Stalin. Heute bringen Ein-Partei-Diktaturen (China) und islamistische Feudalregimes (Saudi-Arabien) die Reichtumsproduktion in Gang, und der Kapitalismus erntet. Außerdem hat das Bürgertum auch den Nationalsozialismus und Faschismus, Militärdiktaturen und Protektorate installiert, während der Sozialismus die Parteidiktatur mit Führerkult schuf. Da das alle wissen und man ohnehin keinen Einfluss hat, sollte man vielleicht doch lieber für den Kommunismus mit anarchistischen Einsprengseln oder für einen Anarchismus mit kommunistischen Einsprengseln werben. Und unbedingt sagen, was man will, statt sich hinter Stufenmodellen zu verstecken. Wenn ich will, dass Frauen in Saudi-Arabien frei herumlaufen, ihr Gesicht zeigen, Führerscheine machen, sich Mann oder Frau frei auswählen, Fußball spielen, Jeans tragen und sich scheiden lassen sollen, so oft sie wollen, muss ich das aussprechen, statt ihnen ans Herz zu legen, sie sollten sich erst einmal für den Kapitalismus westlicher Prägung ins Zeug legen. Die Antwort dürfte lauten: Den haben wir schon, und zwar ohne Fußball und das andere. In Riad und Abu Dhabi entstehen Hochhäuser, so weit das Auge reicht, führerlose Metrostrecken und Solaranlagen, und 800 westliche Firmen sind vor Ort, darunter amerikanische, deutsche, französische und chinesische, die sich da bereichern und deshalb keine Zeit finden, sich um das Los der Frauen zu kümmern. Ist es da nicht sinnvoll, saudischen Frauen und dem pakistanischen Proletariat die Revolution gegen die Kirche und die Fürsten zu empfehlen zur gesellschaftlichen Aneignung des Reichtums?

Der theoretische Fehler liegt in der Ausblendung der Tatsache, dass der westliche Konsum auf der Sklaverei in China, Indien, Bangladesch, dem Kongo und vielen anderen Ländern der Erde beruht. Der ganze technische Spaß, vom Handy bis zum Mac-Dingsbums, zu Hause und mobil, könnten sich drei Viertel der deutschen Kids nicht leisten, wenn in den Ländern, in denen die Seltenen Erden liegen und der ganze Hightech-Wust in finsterer Sieben-Tage-Woche hergestellt wird, westliche Löhne bezahlt würden. Wer den Menschen auf der Welt den Westen bringen will, kann ihnen nur einen Torso davon anbieten. Die Ausplünderung der übrigen Welt ist nach wie vor die Bedingung des eigenen Konsumniveaus. Das Spielzeug, die Musikinstrumente und die Mediengeräte aus China füllen doch nicht deshalb die Kinderzimmer, weil sie an Qualität nicht zu überbieten wären, sondern weil die Herstellung aufgrund der unbezahlten Arbeitszeit einen Mehrwert abwirft, der Fabrikanten und Händlern selbst bei niedrigen Verbraucherpreisen einen hohen Profit lässt. Früher beutete der Imperialismus vorrangig Böden und Bergwerke aus, heute schafft eine Milliarde Menschen in Manchester-Fabriken zusätzlich Wertmasse.

Ägypten war eine Lehrstunde, dass Aufstände nicht der Aufstände wegen bejubelt werden sollten und schon gar nicht voreilig als proamerikanisch. Da setzte eine Demokratie-Bewegung Wahlen durch, in denen sich drei Viertel für die Scharia aussprachen. Als die kam, rief die Bewegung nach dem Militär, damit es die Demokratie wieder beseitige. Wenn irgendwer Demokratie fordert, sollte man nachfragen: Für was? Demokratie an sich kann sich in einer Mehrheitsdiktatur erschöpfen oder in der Verwaltung der real existierenden kulturellen, betrieblichen, patriarchalen, militärischen und kollektiv-psychotischen Machtverhältnisse. Das Kapital des Westens expandiert stets für Menschenrechte durch die Welt. Sobald es sich niedergelassen hat, geht es ihm nur noch um Stabilität.

In Ägypten konstituierte der Islam beide Seiten des Machtkampfes. Als der Ruf des Muezzin auf dem Tahrir-Platz, wo die Liberalen sein sollen, ertönte, verließen die Frauen artig den Platz (sonst wäre es ihnen schlecht ergangen) und die Männer spannten Absperrseile. Einer aus der Tamarod-Bewegung warf Mursi vor, er habe «die reine Lehre vergessen, gestattete Frauen, abends auf der Straße zu sein». Die Tamarod-Bewegung hat nur deshalb so viele Unterschriften gegen Mursi sammeln können, weil sich bei ihr – mit Ausnahme der Muslimbrüder – alle wohlfühlen konnten: Moderne, Salafisten, Nasseristen, Mubarakanhänger, Kopten, Staatsjustiz und Junta.

Der Text, für den Tamarod sammelte, war populistischer Schund. Man müsse Mursi das Vertrauen entziehen, weil er nicht für Sicherheit auf den Straßen sorge, weil die Armee nicht mehr ihren Platz habe, Ägyptens Würde beschädigt sei durch Mursis Bettelei im Ausland und seiner Unterordnung unter die USA. Weder Demokratie noch Schutz für Frauen gegen die sexuellen Übergriffe wurden erwähnt. Wer den Putsch jenes Militärs bejubelt, das für Massaker verantwortlich ist und bei Massenvergewaltigungen, die als Bestrafung selbstbewusster Frauen gerechtfertigt wurden, Spalier stand, ist auf der Suche nach dem kleineren Übel ganz weit unten angekommen. «Ägypten» ist einmal im Kreis gelaufen und wieder am Ausgangspunkt angekommen, nur, dass der neue starke Mann Abdel-Fattah al-Sisi heißt und mit schwarzer Sonnenbrille Junta übt. Das Prädikat «Frühling» sollte man im islamisch-arabischen Raum nur vergeben, wenn der Aufstand sich für die Gleichberechtigung von Frauen und Mädchen und die Freiheit von Minderheiten einsetzt, dafür ist, Sexualität unbedrängt zu leben, sich nach Lust und Laune zu kleiden und zu musizieren und religiöse Bindungen auflöst und den Antisemitismus vertreiben will.

Ein anderer Werbespot für die kapitalistische Weltgesellschaft war die «Multitude», diese von Michael Hardt und Antonio Negri in ihrem Buch «Empire» verbreitete friedliche Menschenmasse. Das Buch schlug drei Fliegen mit einer Klappe. Es befriedigte die Sehnsucht nach dem Volk (die Multitude), warb für die USA als Garanten für den Weltfrieden und bot so viel Nebulöses, dass die Gemeinde ein Leben lang rätseln kann, was die Autoren uns sagen wollen. Es herrsche Frieden unter den Völkern in einer Welt, in der sich «Ausbeutung nicht mehr lokalisieren und quantifizieren» lasse, in der die abstrakte Arbeit eine Tätigkeit ohne Ort sei (fragt den chinesischen Wanderarbeiter beim Bau des Staudamms!), wo die Macht «durch kommunikative Netzwerke bestimmt» werde. Wir alle haben Macht, wir müssen nur vernetzt sein und zu Hause mit der Maus spielen. Die Desertion trete «an die Stelle des Widerstands». Eine Fahnenflucht ohne Ort gleicht dem Umherirren in einem Raum ohne Krieg. Die Nationen hätten sich aufgelöst und «die Geschichte der imperialistischen, interimperialistischen und antiimperialistischen Kriege ist vorüber. Das Ende dieser Geschichte kündet von der Herrschaft des Friedens.» Das war kurz vor den Kriegen im Irak und in Afghanistan, denen 35 weitere Kriege folgten. «Der Weltmarkt homogenisiert Territorien», wie in Syrien, in der Ukraine, im Irak, in Mali, im Kongo, eigentlich also nirgendwo. Und in einer Welt, die kein Außen mehr kenne, sondern nur noch ein Innen, da werde «dieses Innen die produktive Kooperation der Massenintelligenz und affektiver Netzwerke, die Produktivität postmoderner Biopolitik. Diese Militanz (?) verwandelt [...] Rebellion in ein Projekt der Liebe.» Amen! Ein Liebesroman, in dem die Königs- und Fürstenhäuser und die Förster und Landärzte fehlen.

Die linke Endzeittheorie

Spätestens seit Nostradamus haben Endzeitvisionen in Krisen Konjunktur. Ständig geht dem Kapitalismus die Arbeit aus, heute sogar das ganze warenproduzierende Modell, obwohl der Kapitalismus Massen von Menschen zusätzlich in die Industrieproduktion holt. Als Karl Marx den Kapitalismus analysierte, arbeiteten nach dem von ihm verwandten Zensus von 1861 21 Prozent in der Industrie, 15 im Haushalt, 14 in der Landwirtschaft und 50 Prozent in staatlichen Dienstleistungen (Beamte, Angestellte, Soldaten). Einschließlich der industrienahen Dienstleistungen arbeiten heute sogar in den Zentren mehr Menschen in der Industrie als zu Marx' Zeiten. In China ist die Quote ungleich höher.

Rosa Luxemburg war eine hartnäckige Vertreterin der Endzeit: Durch die «Aufteilung und Verschlingung Asiens» bleibe dem Kapitalismus «kein neues Gebiet zur Eroberung übrig, die Welt wird dann wirklich verteilt sein» und die Großindustrie fände «keinen Abflusskanal» mehr. (aus «Verschiebungen in der Weltpolitik», «Leipziger Volkszeitung», 13. 3. 1899) Sobald «der ganze Erdball vom Kapitalismus umspannt ist – und dies wird mit der Aufteilung Asiens fast endgültig vollzogen –, [...] wird der Kapitalismus seinerseits am Ende seines Lateins angelangt sein». Für Luxemburg lag der Widerspruch in der Expansion der Produktionssphäre und der beschränkten Konsumtionsfähigkeit der Märkte. Das ist insofern unlogisch, als die Expansion der Mehrwertproduktion auch die Märkte erweitert durch Löhne und die Nachfrage nach Maschinen und Transportsystemen. Außerdem gibt es keine geografisch bestimmbare Grenze. Der Kapitalismus kann sein industrielles Potenzial in einem begrenzten Raum verzehnfachen oder auch vernichten und von neuem beginnen.

Endzeittheoretiker berufen sich heute auf die Kreditfinanzierung. Das «Zeitalter des fiktiven Kapitals» sei angebrochen, jene «kapitalistische Epoche, in der die Akkumulation von fiktivem Kapital an den Finanzmärkten zum zentralen Motor der kapitalistischen Dynamik geworden ist, weil ein selbst tragender Boom auf der Ebene des Realkapitals nicht mehr möglich ist», schreiben Norbert Trenkle und Ernst Lohoff («In der Eurofalle»). Dass die Industrialisierung in den Wachstumsstaaten nicht echt sei, weil sie auf Pump betrieben wird und die zukünftige Wertschöpfung verpfände, ist die Sicht des Buchhalters. Jede Neuerung geschah auf Kredit, und die Tilgung ist abhängig von den künftigen Einnahmen. Kein Haus würde gebaut werden, wenn jede Familie bis ins Rentenalter den Kaufpreis ansparen müsste, um ein Haus bar bezahlen zu können, außer man hat das Geld geerbt oder im Lotto gewonnen. Die Tilgung ist gefährdet, wenn die Einnahmen ausfallen. Aber selbst dann passiert oft nicht viel, wie die deutsche Geschichte zeigt. Der Nationalsozialismus finanzierte den Bau moderner Fabriken, den Zwangsarbeiter leisteten, auf Kredit bzw. durch fiktives Kapital. Nach dem Krieg wurden die Schulden entwertet. Auf der Londoner Konferenz zur Wiederherstellung der westdeutschen Kreditfähigkeit (1951) verblieben der Bundesrepublik Schulden in Höhe von 15,6 Milliarden DM. Die Industrieanlagen waren aber keine Fiktion, sondern konnten in Betrieb genommen werden für das westdeutsche «Wirtschaftswunder». Auch ein auf Kredit gebauter Staudamm in China wäre nach einer Währungsreform oder einem Schuldenschnitt weiterhin ein Staudamm, der jede Menge Strom erzeugt.

Die Bedeutung der Wertthorie liegt nicht in der okkultistischen Weissagung des Zusammenbruchs. Der Sinn liegt in dem Nachweis, dass und warum der Mensch um sein Leben betrogen wird und das System allein aus diesem Grund beseitigt gehört, gleichgültig, ob es sich gerade besser, schlechter oder gar nicht reproduziert. Die Werttheorie hat ihren Sinn in der Vermittlung der Einsicht, dass die gesellschaftliche Wertproduktion den Menschen Zeit und Lebenskraft raubt, und dass die Marktwirtschaft kein Naturgesetz ist, sondern eine historische Form des gesellschaftlichen Austauschverhältnisses mit der Natur, die sich ersetzen ließe. Dagegen ist der Endzeit-Alarmismus ein kokettes Spiel. Der Kapitalismus ist nicht verlegen darum, neue Dinge zu erfinden. Und wenn er das alte Auto wegwirft und die Welt mit der E-Mobilität beglückt, Hausdächer zu Energiefabriken umbaut, schwimmende Städte gegen den Anstieg des Meeresspiegels konstruiert, die Wohnungen in Hightech-Fabriken mit diversen Roboterfunktionen verwandelt und die Haltbarkeit der Geräte manipuliert. Die Endzeit gibt es ohnehin nur, wenn das Bewusstsein neue Verhältnisse anstrebt und bereit ist, für sie zu kämpfen. Sonst wird der Kapitalismus nach seinem Ruin halt wieder von vorne anfangen.

Aspekte der sozialen Befreiung

Die politischen Begriffe sind heute Show. Der Europawahl-Slogan der Linkspartei hieß 2014: «Europa geht anders: sozial, friedlich, demokratisch.» Die Begriffe sind entweder so wertlos wie «Freiheit, Gleichheit, Brüderlichkeit», die bald auf der Guillotine landeten, oder die Freiheit der Industriellen und Händler meinte. Wer die Demokratie aber ernst nimmt, muss zur Revolution aufrufen, denn Demokratie wäre nur denkbar als Enteignung der Wirtschaft und die gesellschaftliche Kontrolle über sie. Demokratie und Emanzipation sind die Hebel der Befreiung. Was der Mensch täte, wenn Demokratie herrschte, weiß man nicht. Aber man ahnt, dass er nicht dasselbe täte wie heute in der diktatorisch organisierten Arbeitswelt, die jede Abweichung mit Isolation und dem Verlust des Einkommens und der Rente bestraft. Ob er dann alle Zensuren abschafft, frei über die Zeit verfügt, auf blödsinnige Warenberge verzichtet, weil der Verzicht Zeitgewinn bedeutet für alles, was Spaß macht. Wir ahnen, dass die Warenmenge, die heute Ersatz für die erlittene Entbehrung ist, nicht mehr nötig sein könnte, wenn die Entbehrung entfällt. Wir wissen nicht, in welchem Umfang es gelingt, Effizienz als Lebenszweck aufzulösen oder sie Maschinen zu überlassen, auch nicht, wie viel an die seit der Kolonialzeit ausgeplünderte Welt zurückgezahlt würde. Vielleicht wird über unsere Epoche später in Museen gelacht. Die Malocherdenkmäler, der männliche Charakter, der Schreihals an der Börse.

Wir wissen nicht, wie sich mit der Auflösung der männlichen Schaffenskraft auch die männliche Dominanz der Sinne auflöst. Wir wissen nicht, wie sehr sich die Menschen nach ihren Sehnsüchten richten werden und ihre Autonomie an die Stelle des Kümmerlichsten setzen: Besitzen, Arbeiten, Kaufen. Heute ist die Demokratie ausgeschlossen, verboten. Der Mensch begibt sich jeden Morgen in die Diktatur. In allen Betrieben, die Arbeit vergeben, um sich an ihr zu bereichern, herrscht Diktatur. Ein höchster Chef, ein niederer Chef fürs Fach, ein Chef für Personalangelegenheiten, ein Sicherheitschef und der Kapitaleigner, der nach der Rendite fragt. Keiner lässt mit sich reden, es sei denn, man macht einen Vorschlag zur Steigerung der Rendite. Von morgens bis abends regeln die Menschen ihr Austauschverhältnis mit der übrigen Natur und das Miteinander in diktatorischen Verhältnissen. Wer will von ihnen ein sanftes Natur- und Solidarverhältnis erwarten?

Sobald der Mensch durch das Werkstor oder die Drehtür geht, büßt er jedes demokratische Recht ein. Er darf kündigen und sich an die nächste Diktatur verkaufen. Erlaubt ist, sich bis zu einer Diktatorenstelle hochzuarbeiten. Sonst darf der Mensch in der Betriebs- oder Büroorganisation nichts. Nicht die Beauftragten wählen und abwählen, die den Betrieb in Verhandlungen, auf Kongressen und im Ausland vertreten, nicht die Delegierten benennen, die in den Planungsstab kommen. Nicht darüber befinden, was in welcher Zeit für wen produziert werden soll, welche Schadstoffe beseitigt und welche schonenden Verfahren eingeführt werden sollen, über wie viel freie Zeit er und die anderen verfügen wollen, wie gut es die Alten und Kranken haben sollen, in welchem Rhythmus er kommt und geht, wie lange er sich erholt und was mit dem Geld geschehen soll. Er darf nicht einmal mit demokratischer Mehrheit ein System einführen, bei dem niemand mehr Angst vor dem Verlust seiner Versorgung haben muss.

Der Kapitalismus funktioniert nach der uralten Ständeordnung. Die Elite bespricht sich, und wer unten ist, wird von ihr hören. Wie im alten Athen und in der letzten freien Bauernrepublik Dithmarschen. Die Team-Arbeit ändert nichts, weil die von oben gesetzten Zielvorgaben zu erfüllen sind und die gegenseitige Disziplinierung zur Einhaltung derselben für Langsame und Kranke oft noch schmachvoller ist. Nur durch die Fremdbestimmung, die sich bis zur Kleiderordnung, der Sitzhaltung und anderer Formen der vollkommenen Selbstaufgabe erstreckt, erwirbt der Mensch einen Anspruch auf Lebensmittel. Wenn er rausfällt aus der Arbeit, wartet die Entmündigung von Amts wegen. Beim Bezug von Sozialgeld kann es ihm passieren, dass er verliehen wird wie ein Gegenstand und dass Kontrolleure ins Haus kommen, um Betten und Toiletten zu inspizieren. Erst wenn das Austauschverhältnis mit der Natur demokratisch, frei und solidarisch erlebt wird, werden die Menschen ihr gestörtes Natur- und Solidarverhältnis verbessern und Ideen entwickeln und ohne hundert Phobien leben. «So könnte eine Gesellschaft, deren Fessel gefallen ist, darauf sich besinnen, dass auch die Produktivkräfte nicht das letzte Substrat des Menschen, sondern dessen auf die Warenproduktion historisch zugeschnittene Gestalt abgeben. Vielleicht wird die wahre Gesellschaft der Entfaltung überdrüssig und lässt aus Freiheit Möglichkeiten ungenützt, anstatt unter irrem Zwang auf fremde Sterne zu stürmen.» (Adorno)

Marktwirtschaft und Demokratie sind wie Feuer und Wasser. Der Markt ist die Übertragung der darwinistischen Naturordnung «fressen und gefressen werden» auf die menschliche Gesellschaft. Der Markt selektiert in permanenter Konkurrenz Unternehmen, Staaten und Individuen nach den Kriterien «stark» und «schwach», wertes und unwertes Leben. Er kennt nur die Ausmerzung alles Nicht-Konkurrenzfähigen. Der behutsame Umgang mit Schwachen ist dem Markt so fremd wie dem Raubtier. Unternehmen ruinieren Konkurrenten und fressen die verwertbaren Reste des Kadavers: Kundenstamm, Personal, Technik, Gebäude. Starke Staaten plündern schwache aus, wie in der Eurozone. Unten regelt der Arbeitsmarkt, welches Individuum einen Preis erzielt und welches auf Halde kommt, welches mobbt und welches gemobbt wird.

Das psychische Elend im Kapitalismus spiegelt sich darin, dass Millionen jeden Morgen zur selben Zeit vom Wecker geweckt werden, sich auf dem Weg zur Arbeit machen und unterwegs den übereinstimmenden Gedanken haben: Wann ist endlich Feierabend oder Wochenende?

Sie wollen den Tag nicht gelebt haben, machen sich aber keine Vorstellung davon, wie kurz ihr Leben wirklich ist. Die Abfederung dieses Prinzips durch Sozialgesetze ist das Ergebnis sozialer Kämpfe, in denen der Reinheit des Marktes Kompromisse abgerungen worden sind. Immanent gibt es am Ende aber immer nur eine Wahrheit: Der Sieg des Produktiven über das Unproduktive als Naturgesetz. Insofern ist Friedrich Nietzsche der Philosoph des Marktes. Er dachte das Prinzip zu Ende, bis zur Krankentötung.

Aber die Sowjetunion war nicht besser! Es lassen sich viele Regime aufzählen, die schlechter sind als die westliche Betriebs- und Behördendiktatur mit Wahlrecht. Auch die islamistisch-patriarchale Diktatur ist, sofern der Westen nicht zum Faschismus greift, schlechter. Deshalb wollen neunzig Prozent der Araber in Israel nicht in einem palästinensischen Staat leben. Wer will es ihnen verdenken. Nur Deutsche wünschen den Palästinensern die Hamas an den Hals. Ein Kapitalismus, in dem Schwule tanzen dürfen, ist besser als ein Regime, in dem sie von den eigenen Verwandten erschlagen werden. Schwule Palästinenser schleichen nachts über Grenzposten, wo man sie kennt und durchwinkt, nach Israel, um ihre Partner zu treffen oder in Schwulenbars zu gehen, was im Westjordanland tödlich wäre. Diese Toleranz liegt aber nicht am Kapitalismus, sondern an der israelischen Gesellschaft. Kapitalistisch organisiert ist auch das homophobe Russland oder Indien, wo Vergewaltiger meist straffrei davonkommen.

Die Sowjetunion war auch deshalb nicht besser, weil sie eben keine Union der Sowjets war. Es braucht Zeit, bis die Menschen begreifen, dass die autoritären Regime im Ostblock antikommunistische Systeme waren. Für Marx war der Sozialismus die Epoche des «absterbenden Staates» auf dem Weg zur freien Assoziation. Auf dem Weg in den Kommunismus sollten der Staat und seine Funktionen «aufgehoben» werden. Friedrich Engels schrieb: Mit der Auflösung der Klassen «fällt unvermeidlich der Staat. Die Gesellschaft, die die Produktion auf Grundlage freier und gleicher Assoziation der Produzenten neu organisiert, versetzt die ganze Staatsmaschine dahin, wohin sie dann gehören wird: ins Museum der Altertümer, neben das Spinnrad und die bronzene Axt.» (MEW 17). Marx: «Die Kommune – das ist die Rücknahme der Staatsgewalt durch die Gesellschaft als ihre eigne lebendige Macht, an Stelle der Gewalt, die sich die Gesellschaft unterordnet und sie unterdrückt; das ist die Rücknahme der Staatsgewalt durch die Volksmassen selbst, die an Stelle der organisierten Gewalt der Unterdrückung ihre eigne Gewalt schaffen; das ist die politische Form ihrer sozialen Emanzipation.» (Marx: Entwurf zum Bürgerkrieg in Frankreich) Grundsätzlich seien Revolutionen daran zu messen, inwieweit sie «wirklich die bürgerlichen Lebensverhältnisse in Frage stellen, oder wieweit sie nur ihre politischen Formationen treffen». (Marx: «Die Klassenkämpfe in Frankreich»)

Daran gemessen, waren die Sowjetunion und die DDR nicht sozialistisch, sondern antikommunistisch. Die bürgerlichen Lebensverhältnisse wurden geradezu zementiert, und statt in die Epoche des absterbenden Staates einzutreten, bildete sich ein Überstaat heraus, der bis in die Kinderzimmer hineinregierte. In der von Marx ersonnenen, grob skizzierten Gesellschaft sollte jeder nach seinen Fähigkeiten sich entfalten können und jedem nach seinen Bedürfnissen gegeben werden. Die Gesellschaft sollte die auf gleichen Möglichkeiten beruhende freie Entfaltung des Individuums schaffen, also das Gegenteil von Gleichmacherei, die ihm unterstellt wird. Für Gleichmacherei sorgt der Kapitalismus, indem sein Räderwerk unablässig Experten und Hilfskräfte für die Reproduktion desselben züchtet und einverleibt.

Der Kapitalismus wird nicht an inneren Widersprüchen zugrunde gehen, schon gar nicht an der Finanzblase, die sich aufbläht und platzt und dabei – durchaus ökologisch – nutzloses Geldkapital beseitigt, das im Wirtschaftskreislauf eine Hyperinflation auslösen würde. Der Kapitalismus kann nur, wie obsolet gewordene Gesellschaften früher, an einem Bewusstsein scheitern, das ihn beseitigen will, um egalitäre und solidarische Produktions- und Lebensverhältnisse, die allseitige Entwicklung der menschlichen Fähigkeiten und Bedürfnisse – letztlich den autonomen Menschen – zu ermöglichen. Durch den Kommunismus also, der, an der ursprünglichen Idee anknüpfend, erster Kritiker der in seinem Namen im 20. Jahrhundert installierten Zwangsherrschaften zu sein hätte. Voraussetzung ist die Enteignung der Produktionsmittel, nicht die Spaltung in kleine Einheiten, die häufig angeboten wird und doch nur im reaktionären Dorf endet. Die Eisenbahn, in der alle kostenlos mitfahren dürfen, ließe sich auch als Riesengebilde wunderbar gesellschaftlich verwalten.

Es ist schwer sich vorzustellen, dass ein schlechtes Sein ein gutes Bewusstsein schafft, es sei denn, es schlummert bereits im Verborgenen und widersetzt sich der Manipulation. Es ist da. Wie könnten wir spüren, dass etwas fehlt, wenn wir keine Vorstellung von einem anderen Leben hätten? Der Dichter Friedrich Hebbel schrieb im 19. Jahrhundert über seine Kindheit und klärte nebenher über den tief im Menschen verwurzelten Wunsch nach Freiheit auf, indem er seine Zerstörung beklagte: «Der Hauptreiz der Kindheit beruht darauf, dass alles, bis zu den Haustieren herab, freundlich und wohlwollend gegen sie ist, denn daraus entspringt ein Gefühl der Sicherheit, das bei dem ersten Schritt in die feindselige Welt hinaus entweicht und nie zurückkehrt. Besonders in den unteren Ständen ist dies der Fall. Das Kind spielt nicht vor der Tür, ohne dass die benachbarte Dienstmagd, die zum Einkaufen oder Wasserschöpfen über die Straße geschickt wird, ihm eine Blume schenkt; die Obsthändlerin wirft ihm aus ihrem Korb eine Kirsche oder eine Birne zu [...] der Fuhrmann knallt vorüberkommend mit seiner Peitsche, der Musikant entlockt seinem Instrument im Gehen einige Töne, und wer nichts von allem tut, der fragt es wenigstens nach seinem Namen und Alter oder lächelt es an.»

Der Nachbar, ein Maurer, der seinen Betrieb in die Pleite getrieben hatte, «weil er die Kegelbahn zu oft besucht und ein gutes Glas Wein zu sehr» geliebt habe, will Hebbel wegen seines Genusses «nicht schelten». «Ich kann seiner nicht ohne Rührung gedenken; wie sollte ich auch? Er hat den Paukenschläger und den Trompeter, die er mir und meinem Bruder einst zum Jahrmarkt schenkte, von dem Spielwarenverkäufer mit größter Mühe erborgt.» Dann und wann kamen die beiden unverheirateten Brüder des Maurers vorbei, «die meistens im Lande herumstreiften und Taugenichtse sein mochten». Aber wenn sie kamen, «Onkel Hans oder Johann, war es für uns ein Fest, denn sie ließen ein neues Stück Welt in unser Nest fallen, sie erzählten uns von Wäldern und ihren Abenteuern darin, von Räubern und Mördern, denen sie nur kaum entgangen seien, von Schwarzsauer (gekochtes Schweineblut mit Speck und Schweinefüßen), das sie in einsamen Waldschenken gegessen, und von Menschen-Fingern und -Zehen, die sie zuletzt auf dem Grunde der Schüssel gefunden haben wollten.»

Die glückliche Zeit war jäh zu Ende, als Hebbel zur Schule kam. In einen finsteren Saal, «die Knaben auf der einen Seite, die Mädchen auf der andern». Vor der Lehrerin lag ein langes Lineal, «das aber nicht zum Linienziehen, sondern zu unserer Abstrafung benutzt wurde [...] eine Tüte voll Rosinen, zur Belohnung außerordentlicher Tugenden bestimmt, lag daneben [...] Susanna (die Lehrerin) verteilte ihre Geschenke übrigens sehr parteiisch. Die Kinder wohlhabender Eltern erhielten das Beste und durften ihre oft unbescheidenen Wünsche laut aussprechen, ohne zurechtgewiesen zu werden; die Ärmeren mussten mit dem zufrieden sein, was übrig blieb, und bekamen gar nichts, wenn sie den Gnadenakt nicht stillschweigend abwarteten [...] in treuester Befolgung der Evangeliumsworte: Wer da hat, dem wird gegeben! Sobald Susannas Parteilichkeit und die Ungerechtigkeit ihrer Magd mir ins Bewusstsein traten, hatte ich den Zauberkreis der Kindheit überschritten. Es geschah sehr früh.»

Das Geheimnis des Glücks ist die vollkommene Abwesenheit des Existenzkampfes, den die Menschen in permanenter Konkurrenz gegeneinander ausfechten. Dem Kind wird dies abgenommen. Früchte, Kleider und Spielzeug sind einfach da. Das Kind darf spielen, und wenn ihm danach ist, lesen die Erwachsenen ihm Geschichten vor oder erfinden Abenteuer. Nur für ihn scheinen der Garten, der Fuhrmann, die Nachbarn da zu sein. Das Spiel und die Lebensfreude sind noch nicht vergällt durch Arbeit, Existenzkampf, Konkurrenz, Kündigung. Das Kind ist noch nicht auf Nützlichkeit und Ordnung getrimmt. Ein Zauberkreis, den wahrlich nicht alle Kinder erleben. Aber für viele hat es in ihrem Leben eine kurze Zeit des Kommunismus als subjektive Wahrnehmung gegeben. Eine freundliche Zeit, die den Wunsch speichert, sie sich zurückzuholen oder aber aus Resignation aus dem Gedächtnis zu verdammen. Der Wunsch nach dem sorgenfreien Leben wird tagtäglich erschlagen und als zwecklos und damit als idiotisch beleidigt, bis der Mensch seine Kindheit verleugnet und die Freiheit und alles, was danach aussieht, abtötet, um den Schmerz, den die Erinnerung auslöst, mit der Erinnerung auszumerzen.

«Im Alter von 40 bis 50 Jahren pflegen Menschen eine seltsame Erfahrung zu machen. Sie entdecken, dass die meisten derer, mit denen sie aufgewachsen sind und Kontakt behielten, Störungen der Gewohnheiten und des Bewusstseins zeigen. [...] Aber auch die, bei denen einschneidende Ereignisse nicht eintreten, tragen Anzeichen von Dekomposition. Die Unterhaltung mit ihnen wird schal, bramarbasierend, faselig [...] Zu Beginn ist er geneigt, die Entwicklung seiner Altersgenossen als widrigen Zufall anzusehen. Gerade sie haben sich zum Schlechten verändert [...] Schließlich entdeckt er, dass die Erfahrung ihm vertraut ist, nur aus einem anderen Aspekt: dem der Jugend gegenüber den Erwachsenen. War er damals nicht überzeugt, dass bei diesem und jenem Lehrer, den Onkeln und Tanten, Freunden der Eltern, später bei den Professoren der Universität oder dem Chef des Lehrlings etwas nicht stimmte! Sei es, dass sie einen lächerlichen verrückten Zug aufwiesen, sei es, dass ihre Gegenwart besonders öde, lästig, enttäuschend war. Damals machte er sich keine Gedanken, nahm die Inferiorität der Erwachsenen einfach als Naturtatsache hin. Jetzt wird ihm bestätigt: unter den gegebenen Verhältnissen führt der Vollzug der bloßen Existenz bei Erhaltung einzelner Fertigkeiten, technischer oder intellektueller, schon im Mannesalter zum Kretinismus. Auch die Weltmännischen sind nicht ausgenommen. Es ist, als ob die Menschen zur Strafe dafür, dass sie die Hoffnungen ihrer Jugend verraten und sich in der Welt einleben, mit frühzeitigem Verfall geschlagen würden.» («Dialektik der Aufklärung»)

Literatur

Konrad Adenauer / Theodor Heuss «Unter vier Augen», Siedler

Carmen M. Reinhart, Kennth S. Rogoff: «Diesmal ist alles anders – Acht Jahrhunderte Finanzkrisen», FinanzBuch Verlag

Nouriel Roubini, Stephen Mihm: «Das Ende der Weltwirtschaft und ihre Zukunft», Campus

Max Otte: «Stoppt das Euro-Desaster», Ullstein

Max Otte: «Die Finanzkrise und das Versagen der modernen Ökonomie», 2009

Dirk Müller: «Showdown – Der Kampf um Europa und unser Geld», Droemer, 2013

Henryk M. Broder: «Die letzten Tage Europas – Wie wir eine gute Idee versenken», Knaus, 2013

Fischer Weltalmanach 2013/2014, Fischer

Wolfgang Wippermann: «Agenten des Bösen, Verschwörungstheorien von Luther bis heute», be.bra verlag

Konkret texte: «No way out?»

Margret Geitner: «Die neuen Bundesländer als regionale Peripherie», ad fontes

Daniel Cohn-Bendit und Guy Verhofstadt: «Manifest für den Bundesstaat», 2012

Karl Marx: «Das Kapital I, II und III», «Entwurf zum Bürgerkrieg»

Friedrich Engels: «Anti-Dühring», zitiert nach «Neue Zeit», IX. Jahrgang 1890/91. Nr. 42. S.49–52. Wiedergegeben in «Sozialistische Hefte», München 1948, Verlag: Das Volk, S. 45 ff

Friedrich Engels: aus «Neue Zeit», IX. Jahrgang 1890/91. Nr. 42. S. 49–52. Wiedergegeben in «Sozialistische Hefte», München 1948. Verlag: Das Volk, S. 45 ff

Rosa Luxemburg: «Verschiebungen in der Weltpolitik», «Leipziger Volkszeitung» vom 13. 3. 1899 und «Sozialreform oder Revolution», «Leipziger Volkszeitung» vom 18. 4. 1899 – zitiert aus «Gesammelte Werke», Dietz Verlag, Berlin 1979

W. I. Lenin: «Über die Losung der Vereinigten Staaten von Europa», 1915

Leo Trotzki: «Über die Aktualität der Parole ‹Vereinigte Staaten von Europa›», 1923

Richard Wagner: «Das Judentum in der Musik», 1850

Richard Wagner: «Was ist deutsch?», 1865

Friedrich Nietzsche: «Der Antichrist», «Die Morgenröte», «Also sprach Zarathustra»

Kurt Tucholsky, Gesammelte Werke, rororo
Paul Mattick: «Marx und Keynes», Europäische Verlagsanstalt
Ausgaben von «Konkret» und «Jungle World»
Friedrich Hebbel: «Aufzeichnungen aus meinem Leben – Meine Kindheit»
Heiner Flassbeck: Vortrag vor der Bundestagsfraktion «Die Linke» vom 27. 8. 2011: «Die Verteilungsfrage muss vor der Wachstumsfrage gelöst sein»
Peter Bierl: «Schaffendes und raffendes Kapital – Die Tauschringe, die Lehre des Silvio Gesell und der Antisemitismus»
Gerhard Hanloser: «Krise und Antisemitismus», Unrast 2003
Theodor W. Adorno: «Minima Moralia»
Max Horkheimer / Theodor W. Adorno: «Dialektik der Aufklärung»
Max Horkheimer: «Die Juden in Europa», «Autoritärer Staat», «Vernunft und Selbsterhaltung»
Norbert Elias: «Studien über die Deutschen», suhrkamp
Jürgen Habermas: «Kleine Politische Schriften XII» («Europäische Zustände»)
«Süddeutsche Zeitung» vom 4./5. Oktober 2008 «Der Herr der Blasen»
«Handelsblatt»: Interview mit «Mister Dax» Dirk Müller (26. 4. 2013) – Gastkommentar «Die Fähigkeitslücke» von Thomas Enders (EADS) und Wolfgang Ischinger (Vorsitzender der Münchener Sicherheitskonferenz)
«Handelsblatt» vom 12. Juli 2013, Kommentar von Martin Hellwig, Direktor des Max-Planck-Instituts und Mitautor des Buches «The Banker's New Clothes»
«Handelsblatt» vom 28. Januar 2014: «Europas Abstieg»
Ashoka Mody, Gastprofessor an der Princeton University im «Handelsblatt» vom 9. August 2013: «Die Banken sind der Schlüssel»
Hans-Werner Sinn (ifo-Institut), Interview in «Frankfurter Allgemeine Sonntagszeitung» vom 28. 4. 2013
Wolfgang Streeck (Max-Planck-Institut), Interview in «Frankfurter Allgemeine Sonntagszeitung» vom 11. 8. 2013
«Frankfurter Allgemeine Zeitung» vom 21. 5. 2013: «Die große Unruhe»
«Stern» vom 1. 8. 2013: «Der falsche Freund – Keine Rücksicht, keine Moral: Warum Amerika die Freiheit verrät», Walter Wüllenweber
Ulrich Beck: «Merkiavellis Macht – Das Zögern der Kanzlerin bei der Euro-Rettung», (Zusammenfassung seines Buches «Das deutsche Europa. Neue Machtlandschaften im Zeichen der Krise»)
Ulrich Bernd: «Wofür Deutschland Krieg führen darf. Und muss», Rowohlt 2011

«WeltTrends – Zeitschrift für internationale Politik» September/Oktober 2012)
Antisemitismusbericht der Agentur der Europäischen Union für Grundrechte (FRA) für 2013
Die Linke: Leitantrag an den Erfurter Parteitag «Krisen des Kapitalismus – Krisen der Zivilisation»
«Prokla» 168: «Die EU und der Euro in der Krise»
Krisis: «In der Eurofalle – wie die inneren Widersprüche der europäischen Währungsunion den Krisenverlauf in Europa prägen»
Peter Bofinger, Jürgen Habermas, Julian Nida-Rümelin: «Einspruch gegen die Fassadendemokratie» («Frankfurter Allgemeine Zeitung», 4. 8. 2012)
Peter Gauweiler: «Alles so großtuerisch, so herzlos und leer!» («Frankfurter Allgemeine Zeitung», 2. 8. 2012)
Dieter Hundt, Hans-Peter Keitel, Hans Heinrich Driftmann, Otto Kentzler: «Retten Sie den Euro», offener Brief der Wirtschaftsverbände an die Abgeordneten des Deutschen Bundestages
Michael Rogowski (ehemaliger BDI-Chef): «Der Euro ist ein Segen für die deutsche Wirtschaft»
Oskar Lafontaine: «Wir brauchen wieder ein europäisches Währungssystem», 30. April 2013
Norbert Trenkle: «Weltmarktbeben – über die tieferliegenden Ursachen der aktuellen Finanzmarktkrise», Krisis, 2008
Elmar Altvater: «Blätter für deutsche und internationale Politik», 5/2013
Herbert Schui: «Zwangsarbeit und Wirtschaftswunder» in «Blätter für deutsche und internationale Politik», 2/2000
«Libération»: «Ein lateinisches Reich gegen die deutsche Übermacht», 26. 3. 2013
Paul Krugman: «The Story Of Our Time», «New York Times», 30. 4. 2013
Martin Luther: «Von den Juden und ihren Lügen», Wittenberg 1543
Matthias Wissmann: «Wir müssen uns zur Wehr setzen», «Süddeutsche Zeitung» vom 25. 5. 2013
Interview mit dem italienischen Philosophen Giorgio Agamben in «Frankfurter Allgemeine Zeitung» vom 25. 5. 2013
«Top-Ökonomen: Die Euro-Krise ist nicht vorbei», «Frankfurter Allgemeine Zeitung» vom 10. September 2013
Winfried Wolf: «Raus aus dem Euro!», «Tageszeitung», 30. 5. 2013
«Süddeutsche Zeitung»: Neue Handelsrouten, 20. Juli 2013
Zeit – Philosophie: «Was ist das gute Leben?», «Die Zeit» Nr. 25, Juni 2013

Der «Spiegel» Nr. 32, 5. 8. 2013: «Die bequeme Republik»
Kai A. Konrad, Max-Planck-Ökonom und Chefberater von Wolfgang Schäuble im Gespräch mit der «Welt» – 17. August 2013
Maurizio Bach, Ordinarius für Soziologie an der Universität Passau und Mitherausgeber der «Zeitschrift für Politik» in Süddeutsche Zeitung vom 19. August 2013: «Solidarität oder Spaltung»
Christian Thimann, Generaldirektor und Berater des Präsidenten Mario Draghi in der Europäischen Zentralbank (EZB) in der «FAZ» vom 2. August 2013: «Die Ordnung der Wirtschaft»
Peter Münch, «Süddeutsche Zeitung» vom 20. August 2013: «Israel – Angst vor der Anarchie»
«Handelsblatt» vom 6. September 2013: «Die Kosten der Kriege»
«Süddeutsche Zeitung» vom 12. September 2013: «Wie zufrieden sind Sie in Ihrem Job?»
Interview mit Kai A. Konrad vom Max-Planck-Institut in «Die Welt» vom 17. August 2013: «Wenn, dann muss Deutschland raus.»
«Spiegel Special»: «Der kalte Krieg – Wie die Welt das Wettrüsten überlebte»
Peter Sloterdijk: «Im Glückskreis mit Matthäus», Rede zum Wirtschaftsbuchpreis 2013, Nachdruck im «Handelsblatt» Nr. 196
Glienicker Gruppe (elf deutsche Ökonomen, Politologen und Juristen) entwerfen «ein neues Europa», veröffentlicht in «Die Zeit» vom 17. Oktober 2013
«Was machen die den ganzen Tag» – «Die Zeit» vom 7. 11. 2013
Antwort der Bundesregierung auf die «Kleine Anfrage der Linkspartei zur Kennzeichnung von Waren aus Siedlungen in den von Israel 1967 besetzten Gebieten» – 18. 7. 2012
Kleine Anfrage der Fraktion Bündnis 90 / Die Grünen zu «Importe von Produkten aus israelischen Siedlungen» – 29. 4. 2013